Heinz-Kurt E. Wahren

Zwischenmenschliche Kommunikation
und Interaktion in Unternehmen

Heinz-Kurt E. Wahren

Zwischenmenschliche Kommunikation und Interaktion in Unternehmen

Grundlagen, Probleme und Ansätze
zur Lösung

Walter de Gruyter · Berlin · New York 1987

Autor

Heinz-Kurt E. Wahren, Dipl.-Betriebswirt
Lehrbeauftragter
Wirtschafts- und Sozialwissenschaftliche Fakultät
Universität Augsburg

CIP-Kurztitelaufnahme der Deutschen Bibliothek

Wahren, Heinz-Kurt E.:
Zwischenmenschliche Kommunikation und Interaktion
in Unternehmen : Grundlagen, Probleme u. Ansätze
zur Lösung / Heinz-Kurt E. Wahren. – Berlin ; New
York : de Gruyter, 1987.
  ISBN 3-11-010988-3.

Satz und Druck: Tutte Druckerei GmbH, Salzweg-Passau. – Bindung: Dieter Mikolai, Berlin.
Einbandentwurf: Thomas Bonnie, Hamburg – Printed in Germany

„Als die grundlegende in Organisationen angewandte Sinn-
methode wird das *Reden* zwecks Enthüllung des Denkens angesehen."

Karl E. Weick
in: Der Prozeß des Organisierens (1985)

„Es kann schon schwierig werden, wenn lauter ehrliche Leute
ganz offen untereinander reden."

Gerd Bucerius
in: „Die Zeit" vom 21.2.1986

„Sowohl Künstler als auch Wissenschaftler haben bei der
Ausarbeitung eines Stils oft den Hintergedanken, es handle
sich um die Darstellung „der" Wahrheit oder „der" Wirklichkeit.
Wahrheit ist, was der Denkstil sagt, daß Wahrheit sei. So war
es einmal wahr, daß die griechischen Götter existierten, aber
heute ist das für viele Menschen Unsinn.
Der Erfolg kann einen Denkstil nur dann auszeichnen, wenn
man bereits Kriterien besitzt, die bestimmen, was Erfolg ist.
Für den Gnostiker ist die materielle Welt Schein, die Seele
wirklich und Erfolg also nur, was der letzten geschieht."

Paul Feyerabend
in: Wissenschaft als Kunst (1984)

Vorwort

Es gibt Zeiten, in denen gewisse Begriffe und Ausdrücke *in* sind. *Total in* ist derzeit der Begriff „Kommunikation". Henscheid bezeichnet ihn in seinem satirisch-polemischen Wörterbuch als „*das* Zauberwort der 70er Jahre". Der Begriff „Kommunikation" findet heutzutage nicht nur Verwendung zur Bezeichnung dessen, was wir üblicherweise als „Gespräch" bezeichnen, er hat zwischenzeitlich auch Eingang in viele andere Bereiche gefunden. So wird er von Technikern, Ingenieuren, Mathematikern, Informatikern und Werbeleuten zur Beschreibung von allen möglichen Vorgängen der Verarbeitung und Übermittlung von Daten bzw. Informationen verwendet. Dieser Tage wurde, wie in den Nachrichten gemeldet, ein weiterer Kommunikationssatellit in den Weltraum geschossen. Wie der Philosoph Dolf Sternberg feststellt, wurde das Wort „Kommunikation", da es zwischenzeitlich fast nur noch zur Kennzeichnung von Prozessen der Nachrichtenübermittlung verwendet wird, „ganz entzaubert" – war es doch früher „ein Herzenswort, das uns im innersten traf, zugleich ein Mysterium und ein ethischer Anspruch. Kommunikation meinte eine Beziehung (...) von Existenz zu Existenz."

Hochkonjunktur hat der Begriff „Kommunikation" derzeit auch in Unternehmen. Es gibt kaum einen Manager, der es nicht als eine seiner wesentlichen Aufgaben ansehen würde, die Kommunikation zu verbessern. Unterstützt wird er hierbei von einem Heer von Beratern, die sich auf dieses Gebiet spezialisiert haben. Auch in den Fachzeitschriften für Manager, wie „manager magazin" oder „Management Wissen", findet man in neuerer Zeit vielfältige Ratschläge zur Verbesserung der Kommunikation in Unternehmen. Die Spannbreite der hier vorgestellten Empfehlungen ist weit. Da wird einerseits empfohlen, die Kommunikation in Unternehmen mittels Einführung von Zeitplanbüchern, Unterschriftenmappen, Terminkästen, Pultordnern und Kurzzeichen zu verbessern. Im gleichen Atemzug wird auch empfohlen, die endlosen Diskussionsrunden einzuschränken und bei Zusammenkünften besser gleich über Sportereignisse zu reden. Auf der anderen Seite stehen Berichte über umfassende Maßnahmen zur Veränderung der Kommunikation in Unternehmen mittels gruppendynamisch orientierter Trainings und durch Veränderung der Organisationsstruktur mit dem Ziel, diese vor allem auch für die zwischenmenschlichen Belange durchlässiger zu gestalten.

Wie andere Begriffe wird auch der Begriff „Kommunikation" von vielen benützt, nicht etwa darum, weil er besonders präzise ist, sondern gerade wegen des Gegenteils: weil er unscharf, vage und mehrdeutig ist. Wenn jemand sagt, daß er die Kommunikation verbessern möchte, klingt das zunächst einmal sehr positiv. Doch was er dabei ganz konkret vorhat, ist keinesfalls ersichtlich. In diesem Sinne schafft der Begriff Kommunikation häufig ein illusorisches gemeinsames Band, das lediglich eine vordergründige Verständigung erlaubt: Geschaffen wird ein diffuses, nicht-konkretes Problembewußtsein, das nur in Einzelfällen dazu dient, die unterschiedlichen Erfahrungen und Erlebnisgestalten vieler Menschen (der Betroffenen) in umfassendere Lösungsansätze zu integrieren.

In der Vergangenheit hat sich eine Vielzahl von Wissenschaftlern und Praktikern mit den Problemen der Kommunikation in Unternehmen beschäftigt. Es wurden hierbei viele Spuren verfolgt und viele theoretische Ansätze entwickelt. Zwischenzeitlich ist die Literatur zum Thema Kommunikation in Unternehmen zu einem riesigen Berg angewachsen. In den meisten Veröffentlichungen wird auf die Probleme der *zwischenmenschlichen* Kommunikation in Unternehmen lediglich punktuell eingegangen – umfassende und praktikable Ansätze sind kaum vorhanden. Mein Anliegen ist es deshalb, in einer ganz grundsätzlichen Form zu klären, was (vorrangig aus Sicht des Kommunikationssystems Unternehmen) hinter dem Begriff „zwischenmenschliche Kommunikation" steckt, welche Bedeutung diese für Unternehmen hat und welche sinnvollen Möglichkeiten sich bieten, die Probleme der zwischenmenschlichen Kommunikation in Unternehmen besser in den Griff zu bekommen.

Wie Westerlund/Sjöstrand in vielen Beispielen aufzeigen, ist gerade der Wissensbereich Unternehmensführung und Management, vor allem auch was die Kommunikation in Unternehmen betrifft, durchsetzt von einer Vielzahl von Mythen. Mythos wird hier im Sinne des griechischen Ursprungs verstanden als Wort, Rede, Erzählung, aber auch als Gerücht, Erdichtetes. Der Mythos ist eine wichtige Erzählung, die fast alle glauben. Wichtig ist diese Erzählung, weil sie sagt, wie alles gekommen ist, warum alles ist, wie es ist oder auf welche Weise das, was ist, wieder verschwinden wird. Da an Mythen alle glauben, gibt es auch kaum einen, am besten keinen, der das was hinter ihnen steht, überprüft. Heute halten sich viele an diese Regel. Was alle sagen ist wahr! Man darf nicht überprüfen wollen, nicht nachsehen, nicht methodisch kritisieren. Man darf eben nicht – wie Hübner in seiner „Wahrheit des Mythos" sagt – auf den Olymp klettern, um nachzusehen, was Zeus und die Götter so machen. Die sind dann immer gerade außer Haus.

Nennt man diese Neugier, einmal nachzusehen, ob das, was man erzählt und denkt, auch wirklich ist, Wissenschaft, so stehen sich Mythos und Wissenschaft als Feinde gegenüber, handelt es sich doch um eine jeweils andere Sicht der Dinge. In diesem Sinne sind auch die meisten Empfehlungen zur Bessergestaltung der Kommunikation in Unternehmen, da ihnen eine wissenschaftliche Bestätigung fehlt, dem Reich der Mythen zuzuordnen. Es ist nun jedoch nicht so, daß das Erzählen von Mythen eine sinnlose Sache wäre. Ganz im Gegenteil. Das Erzählen von Mythen hat vielfältige Funktionen. Vor allem wird das Gefühl von Unsicherheit vermindert: Man ist sich nicht länger unsicher, ob man das richtige tut, *man weiß*. Für den Gläubigen drückt der Mythos somit Realität aus – wir glauben, daß die vermittelten Symbole die Wirklichkeit abbilden.

Weitverbreitet in unserer Gesellschaft ist die Suche nach Mythen, eine gewisse Gier nach Rezepten bzw. Anleitungen zum Besser-machen oder zum Glücklich-

Sein. Vor allem Manager glauben sehr gerne an Mythen, nehmen Theorien, sofern sie möglichst einfach, in allen denkbaren Fällen anwendbar und effizient sowie an den vorherrschenden Denkmustern orientiert sind, sehr bereitwillig auf. Im Rahmen der Bemühungen zur Schaffung einer Unternehmenskultur wird auch der gezielte Einsatz von Riten und Mythen empfohlen. Schöne Beispiele hierfür liefern die Best-Seller in der Management-Literatur von Deal/Kennedy, sowie die Veröffentlichung von Peters/Waterman. Notwendige wissenschaftliche Basisarbeit, einschließlich aufklärender Kritik, wird hier ersetzt durch den Mythos vom Mythos. Doch offensichtlich ist nicht nur im Bereich Unternehmensführung und Management eine Zeit angebrochen, in der man das Heil verstärkt in Mythen bzw. im esoterischen Bereich sucht. Überall werden geheimnisvolle Bilder beschworen; kritisches Denken wird abgelöst durch Flucht ins Geheimnis.

Mein zweites Anliegen ist deshalb, nicht den vielen bereits vorhandenen Mythen weitere hinzuzufügen, sondern vielmehr in einer mehr analytischen Sicht den Problembereich zunächst etwas zu ordnen, gleichzeitig aber auch Wege zur Bessergestaltung der zwischenmenschlichen Kommunikation in Unternehmen aufzeigen, wobei ich mir sicher bin, daß die von mir zusammengestellten Empfehlungen, da ebenfalls wissenschaftlich zumeist nicht abgesichert, auch dem Gebiet der Mythen zugeordnet werden können. Wie Hübner in seinen philosophischen Betrachtungen zum Mythos darstellt, haben auch Mythen einen unterschiedlichen Grad an Rationalität und Wahrheit. Ich hoffe, daß ich mit meinen Empfehlungen die *wahren* getroffen habe.

Sofern ich Empfehlungen ausspreche, möchte ich diese auch vorrangig als Denkanstoß und nicht als Patentrezepte verstanden wissen. Meines Erachtens gibt es auf dem Gebiet der zwischenmenschlichen Kommunikation keine Patentrezepte, hingegen aber sehr viele allgemeine Ansichten, die – als Denkanstöße verstanden – helfen können, die vielfältigen Probleme kompetenter anzugehen.

Nachdem die vorliegende Veröffentlichung, zunächst als wissenschaftliche Arbeit konzipiert, nun einer breiten Öffentlichkeit zugänglich gemacht werden soll, habe ich mich bei der Überarbeitung vor allem darum bemüht, die sehr knappe und mehr wissenschaftlich orientierte Form durch längere *Beleg-Teile* zu ergänzen. Einerseits sollen die Beleg-Teile dazu dienen, vorgetragene Gedanken zu vertiefen beziehungsweise aus einer anderen Perspektive nochmals zu betrachten. Ergänzt durch Beleg-Teile wurden vor allem die mehr praxisorientierten Empfehlungen zur Verbesserung der Kommunikation und Interaktion in Unternehmen. Darüber hinaus habe ich versucht, bei den mehr theoretischen Teilen Verbindungen zum alltäglichen Erleben und Verhalten herzustellen, in dem ich auch Berichte über Alltägliches, Geschichten, Metaphern sowie ironische, hintergründige, z. T. provokative und deshalb auch nicht immer unkritisch (!) aufzunehmende Beleg-Teile auswählte. Oft sind die „rechtshemisphärischen" Sprachformen ungleich wirkungsvoller als die fachlich-ernsten Deutungen von Sachverhalten. In diesem Sinne weicht die vorliegende Veröffentlichung auch von den üblichen Veröffentlichungen zu diesem Gebiet ab. Wir haben es beim Thema „Kommunikation" mit einem wesentlichen Teil unseres Erlebens und Verhaltens zu tun. Kommunikation ist nicht etwas, das außerhalb von uns liegt. Die Art wie wir Informationen aufnehmen und abgeben, die Art, wie wir uns mit unseren Mitmenschen verständigen, bildet den wesentlichen Teil unserer Persönlichkeit. Aus diesem Grund soll durch die eingeschobenen Beleg-Teile auch immer wieder ein Bezug zu uns selbst und zum alltäglichen Geschehen, so wie wir es in Unternehmen, im Privatleben, in der Politik oder im kulturellen Bereich erleben, hergestellt werden. Vom eiligen, beziehungsweise mehr wissenschaftlich interessierten Leser können die Beleg-Teile deshalb überlesen werden.

Wie fast jedes Werk entstand auch die vorliegende Veröffentlichung nur dank der Anregung und der Mithilfe von vielen Personen. Ich möchte deshalb an dieser Stelle all jenen danken, die unmittelbar oder mittelbar zum Entstehen dieses Buches beigetragen haben, vor allem aber Prof. Dr. Oswald Neuberger vom Lehrstuhl für Psychologie an der Universität Augsburg, der die dieser Veröffentlichung zugrundeliegende Abschlußarbeit innerhalb des Kontaktstudiums Management betreut, sowie die vorliegende Veröffentlichung mit vielen Ideen und Tips bereichert und gefördert hat.

Mein besonderer Dank geht auch an Dr. Lars Cassio Karbe vom Institut für Kommunikationswissenschaft an der Universität München, der sicherlich viele seiner Anregungen hier wiederfinden wird sowie an Dr. Michael Kochs und die Mitarbeiter des Kontaktstudiums Management an der Universität Augsburg, die sich in außerordentlich kompetenter und engagierter Weise um die Fortbildung von Führungskräften bemühen.

Mögglingen, 1986   Heinz-Kurt E. Wahren

Inhaltsverzeichnis

1. Einleitung

Gemessen am Stellenwert, den die Kommunikation für unser Leben hat, machen wir uns zumeist wenig Gedanken über dieses Gebiet. Im allgemeinen bauen wir darauf, daß Kommunikation funktioniert. Und da dies auch meist irgendwie der Fall ist, sind wir zwar an den Zwecken, die irgendein konkreter kommunikativer Vorgang für uns erfüllt, interessiert, nicht aber an der Kommunikation selbst.

Immer wieder stoßen wir jedoch auf Schwierigkeiten in der Verständigung. So gelingt es oft nicht, den anderen zu verstehen bzw. uns dem anderen verständlich zu machen. Eine Analyse der Probleme im Bekanntenkreis, im Betrieb oder im größeren Kontext der Gesellschaft (bzw. zwischen Gesellschaften) zeigt, daß diese Probleme sehr oft mit einer mangelnden und fehlerhaften Kommunikation, mit zufälligen oder systematischen Verständigungsschwierigkeiten zusammenhängen. Dies ist dann der Punkt, wo man beginnt, sich mehr mit der Kommunikation zu beschäftigen: einem Sektor unseres Verhaltens, der bestimmte Verhaltensweisen erfordert, die wir zwar zumeist *können*, aber zu wenig *kennen*.

Wenn sich die vorliegende Veröffentlichung mit der zwischenmenschlichen Kommunikation und Interaktion in Unternehmen beschäftigt, so hat sie eine – wie Watzlawick et al. (1980) sagen – *conditio sine qua non* menschlichen Lebens, gesellschaftlicher Ordnung und betrieblicher Wirklichkeit zum Gegenstand. Theoretiker und Praktiker vieler Disziplinen, so z.B. Informationstheoretiker, Kybernetiker, Psychologen, Soziologen, Biologen und Verhaltensforscher beschäftigen sich (wenn auch in vielen Fällen nur am Rande ihres Wissensgebietes) mit der Kommunikation und Interaktion. So gibt es auch eine nahezu unübersehbare Vielzahl von Veröffentlichungen zur Kommunikation und Interaktion in denen – basierend auf unterschiedlichen Erfahrungen und Zielsetzungen – die Phänomene aus immer neuen Perspektiven betrachtet werden.

Der vorliegenden Veröffentlichung vorangestellt seien deshalb vier Prämissen, die meines Erachtens für die Behandlung des Themas „Zwischenmenschliche Kommunikation und Interaktion in Unternehmen" von grundsätzlicher Bedeutung sind und in etwa auch den Standort und die Ziele der Betrachtung kennzeichnen.

1. Der Kommunikation und Interaktion liegen komplexe psychische und soziale Prozesse zugrunde. Eine sinnvolle Behandlung des Themas erfordert deshalb, daß man die Komplexität des Prozesses durch eine umfassende, vieldimensionale Analyse erfasst.

Graumann (1972) hat sich als einer der ersten Sozialwissenschaftler im deutschen Schrifttum ausführlich mit der Kommunikation und Interaktion beschäftigt. Die Ergebnisse seiner Analyse faßt er wie folgt zusammen: „Im ganzen gesehen scheint die Zeit für eine umfassende psychologische Theorie der Kommunikation noch nicht gekommen zu sein. Nicht nur wissen wir über die vielen Variablen des Kommunikationsgeschehens (…) zu wenig. Es fehlt bisher auch noch das theoretische, begriffliche und methodische Rüstzeug, um die Grenzen einer rein psychologischen, individuumzentrierten Betrachtungsweise zu überschreiten.‟

An dieser vor über zehn Jahren gemachten Feststellung Graumanns hat sich nicht viel geändert. Zwar hat sich in den letzten Jahren das Wissen zu Teilgebieten der Kommunikation ständig erweitert; eine zusammenfassende, interdisziplinäre Theorie steht jedoch noch aus. Zu fragen wäre hier auch, ob bei der Breite des Wissens, das in das Gebiet Kommunikation einfließen müßte, eine zusammenfassende Theorie überhaupt noch sinnvoll erstellt werden kann, oder ob es für denjenigen, der sich mit diesem Gebiet beschäftigt, auch weiterhin Aufgabe sein wird, sich je nach Vorwissen und Interessenlage seine Informationen in verschiedenen Teildisziplinen „zusammenzukramen‟.

Beleg 1

Der Mythos von der kompletten Beschreibung

„In diesem Zusammenhang muß auch über die Konsequenzen nachgedacht werden, die sich aus der Tatsache ergeben, daß Beschreibungen notwendigerweise begrenzt sind. Es wird also immer Phänomene geben, die *nicht* beschrieben werden; und andere Möglichkeiten, ein Phänomen zu beschreiben, müssen vernachlässigt werden. (…) Wir möchten diese Vorstellung den *Mythos der kompletten Beschreibung* nennen.

Niemand ist imstande, eine „komplette‟ Beschreibung zu liefern, geschweige denn sie aufzunehmen und zu variieren. Außerdem ist es mühsam, sich von einer erworbenen Spezialsprache oder einer „Tunnelsicht‟ zu befreien und andere Phänomene als die gewohnten wahrzunehmen („Wie sollten *wir* denn etwas Wesentliches übersehen haben?‟). Vielleicht wird der *Mythos der kompletten Beschreibung* aufrechterhalten, weil wir so oft das Verlangen verspüren, ihn uns gegenseitig zu erzählen, und weil wir die in diesem Mythos enthaltene Konsequenz – die „rationale‟ Entscheidung – so sehr schätzen.‟

aus: Westerlund/Sjöstrand 1981: 31

In diesem Sinne wird auch die vorliegende Arbeit zur Kommunikation in Unternehmen nur eine unvollständige von subjektiven Vorlieben geprägte Zusammenstellung von verschiedenen Erkenntnissen sein. Ganz generell verfolge ich hier zwei Ziele: Zum einen möchte ich aus einer mehr interdisziplinären Sicht die Komponenten zusammentragen, die (meines Erachtens) notwendig sind, den Kommunikationsprozeß mit geschultem Auge wahrzunehmen, Störungen zu bemerken und gegebenenfalls Änderungen einzuleiten.

Zum anderen möchte ich in einer mehr allgemeinen Form eingehen auf die Probleme der zwischenmenschlichen Kommunikation und Interaktion in Unternehmen, so wie sie sich z. B. in Einzel- und Gruppengesprächen, in Gesprächen zwischen Vorgesetzten und Untergebenen oder in Gesprächen zwischen Kollegen ergeben, und dabei auch die vielfältigen Vorschläge zur Bessergestaltung darstellen und diese – sofern notwendig – kritisch kommentieren.

2. Kommunikation und Interaktion bilden den Lebensnerv von Unternehmen. Ein Unternehmen ohne Kommunikation und Interaktion ist nicht denkbar.

Wie Ulrich (1970: 257) ausführt, ist „ein zielorientiertes Handeln eines realen Systems ohne Kommunikation zwischen seinen Elementen und mit der Umwelt nicht denkbar." Folgerichtig bezeichnet Ulrich deshalb auch die Gestaltung der kommunikativen Dimensionen als einen wesentlichen Ansatzpunkt bei der Gestaltung des Systems Unternehmen.

Basierte in der Vergangenheit der Erfolg eines Unternehmens im wesentlichen auf dem Fleiß seiner Mitarbeiter und Führungskräfte, entscheiden heute vor allem die Steuerungs- und Kommunikationsvorgänge über den Erfolg: fleißig sind heute die Maschinen. Gefordert wird, daß sich Mitarbeiter und Vorgesetzte in der Bewältigung vielseitiger und laufend wechselnder Aufgaben schnell und sinnvoll verständigen können. Fragen der Gestaltung zwischenmenschlicher Kommunikation und Interaktion in Unternehmen erhalten deshalb auch eine zunehmende Bedeutung.

3. Kommunikation und Interaktion in Unternehmen findet immer in einem besonders zu berücksichtigenden Kontext statt. Fragen der Hierarchie, der Macht, der Wirkungen von Organisation schlechthin sind deshalb in die Betrachtung mit einzubeziehen.

Fragen zur Bessergestaltung der Kommunikation und Interaktion in Unternehmen können nicht losgelöst werden von Fragen der Macht und Organisation. So ist die Steuerung der betrieblichen Kommunikation und Interaktion − nach Crozier/Friedberg (1979) − eines der wesentlichen Mittel, Macht auszuüben und das organisatorische Gefüge zu stabilisieren.

Eine Vielzahl von Problemen der Kommunikation und Interaktion haben ihren Ursprung in hierarchischen Strukturen, in einer ungleichen Informationslage der Gesprächspartner und in kommunikationshemmenden Arbeitsstrukturen. Diese Probleme lassen sich auch nur durch eine Veränderung der Strukturen selbst reduzieren und nicht durch das eine oder andere Kommunikationstraining.

Mit anderen Worten: Eine Verbesserung der Kommunikation macht es erforderlich, daß Hierarchien durchlässiger werden, und daß Führungskräfte (zumindest in Teilbereichen) auf ihr Monopol verzichten, die betrieblichen Informationsströme nach eigenem Gutdünken zu steuern.

4. Die Gestaltung der betrieblichen Kommunikation und Interaktion darf sich nicht einseitig an technisch-rationalen Gesichtspunkten orientieren: Es müssen im gleichen Maß soziale und emotionale Belange berücksichtigt werden.

Die Literatur zur zwischenmenschlichen Kommunikation und Interaktion *in* Unternehmen ist zumeist einseitig technisch orientiert. Die Betriebswirtschaftslehre selbst hat sich mit diesem Gebiet bisher nur am Rande beschäftigt, und wenn, vor allem unter dem Gesichtspunkt des Herrschaftswissens, d.h. vorrangig der Frage, wie sich Kommunikation und Interaktion zur Durchsetzung betrieblicher Ziele bzw. des Willens der Führungskraft besser einsetzen lassen. So sind die Kurse zur Dialektik, Rhetorik und Körpersprache vor allem deshalb bei Managern so beliebt, weil man sich hier erhofft (zum Teil auch suggeriert bekommt), daß einem das vermittelte Wissen hilft, Mitarbeiter geschickter zu beeinflussen.

Eine sinnvolle zwischenmenschliche Verständigung basiert jedoch nicht auf *besserem Reden* oder irgendwelchen rhetorischen oder kommunikativen *Tricks*, sondern der Einsicht in die Komplexität dieser Vorgänge, ihrer Wirkungen und Verwobenheit in das soziale Leben.

Wie Neuberger (1982: 8) ausführt, darf die Kommunikation in Unternehmen deshalb „nicht nur zweck- und leistungsbezogen gesehen werden; sie erfüllt auch wichtige soziale und emotionale Funktionen". Wo in Unternehmen die Möglichkeit zu einer sinnvollen zwischenmenschlichen Kommunikation, z. B. durch ungeeignete organisatorische Gestaltungsmaßnahmen oder durch ein ungeschicktes Vorgesetzten-Verhalten, unterbunden wird, kann es in der Folge zu Beeinträchtigungen von Leistungseinsatz und -ergebnissen kommen.

Noch wichtiger aber sind die Auswirkungen auf die Persönlichkeit des einzelnen. So führt eine mangelhafte Kommunikation zu „Erfahrungen der Vereinzelung, der Bedeutungs- und Sinnlosigkeit, der Desorientierung". Andererseits besteht die Möglichkeit, „durch persönliche Begegnungen und zwischenmenschlichen Kontakt ein Gegengewicht zu diesen Erfahrungen zu schaffen und gewollte Veränderungen bewußt einzuleiten". (Beide Zitate Neuberger 1982: 8)

Eine Verbesserung der betrieblichen Kommunikation und Interaktion bietet somit gleichfalls zwei Chancen: Einerseits ermöglicht sie, daß betriebliche Prozesse reibungsloser ablaufen; andererseits befriedigt sie die kommunikativen Anforderungen der Mitarbeiter, fördert das soziale Miteinander und wirkt dadurch sicherlich auch positiv auf die Leistungsbereitschaft.

Die hier vorgetragenen grundsätzlichen Überlegungen zur zwischenmenschlichen Kommunikation haben bereits Eingang in Unternehmen gefunden. Um diese Aussage zu belegen, möchte ich auszugsweise einige Passagen aus einer Veröffentlichung der Unternehmensgruppe Bertelsmann (veröffentlicht anläßlich des 150-jährigen Firmenjubiläums) zitieren: „Wo Mitarbeiter nicht mitsprechen können, verkümmert die Initiative (...) In der Praxis des Anhörens, Informierens und Mitsprechens verflechten sich zwei Erwartungsstränge. Der wachsende Wunsch des einzelnen nach Selbstverwirklichung auch am Arbeitsplatz trifft sich mit dem unternehmerischen Interesse, kreatives Potential – wo immer es in den Betrieben aufzuspüren ist – für gemeinsame Vorhaben zu nutzen."

Abschließend noch einige grundsätzliche Hinweise zur Gliederung der vorliegenden Veröffentlichung.

Im folgenden *Teil 2* werden zunächst die physischen Grundlagen der Kommunikation sowie die Probleme der Wahrnehmung und Sprache behandelt. Daran anschließend werde ich die Begriffe „Kommunikation" und „Interaktion" abgrenzen und auf der Basis eines erweiterten Modells der zwischenmenschlichen Kommunikation den Begriff „Kommunikation", so wie er in dem vorliegenden Buch verstanden wird, präzisieren.

Im *Teil 3* werden die Besonderheiten der Kommunikation in Unternehmen dargestellt, wobei ich auch eingehen werde auf die grundsätzlichen Probleme der Gestaltung der betrieblichen Kommunikation und die Auswirkungen, die ein verstärkter Einsatz der Mikroelektronik sowie geänderte Wertvorstellungen der Mitarbeiter auf die Kommunikation und Interaktion in Unternehmen haben.

Ich gehe davon aus, daß die Probleme der Kommunikation und Interaktion (im Sinne Batesons) unterschiedlichen logischen Ebenen (Typen) angehören und deshalb auch getrennt zu behandeln sind. So werde ich in *Teil 4* die Probleme der Kommunikation, in *Teil 5* die Probleme der Interaktion in Unternehmen behandeln, wobei ich nach einer grundsätzlichen Analyse in der Folge jeweils Ansatzpunkte zur Lösung dieser Probleme darstelle.

Abgeschlossen wird das vorliegende Buch – in *Teil 6* – mit Überlegungen, inwieweit die Kommunikation und Interaktion in Unternehmen durch eine Anhebung der kommunikativen (sozialen) Kompetenz der Mitarbeiter und durch begleitende strukturelle und organisatorische Maßnahmen verbessert werden kann.

2. Grundlagen der Kommunikation und Interaktion

Die Frage, *was Kommunikation ist*, kann nicht einfach beantwortet werden. Kommunikation ist etwas, was wir alle nahezu ständig betreiben und erleben, ob wir wollen oder nicht. Kommunikation ist etwas, das selbstverständlich für uns ist. Zudem ist Kommunikation so eng mit unserem Leben verbunden, daß wir sie nur schwer unbefangen betrachten können. Und schließlich geht es bei der Kommunikation um etwas, das wir anscheinend ohne systematische Gebrauchsanweisung *können* und ohne Kenntnis der zugrunde liegenden Gesetzlichkeiten physikalischer, biologischer, psychologischer und sozialer Natur *verstehen*. Burgoon/Ruffner (1978: 3) verwenden zur Kennzeichnung dieser Situation sehr treffend das Verhältnis des Fischs zum ihn umgebenden Wasser: ,,A fish would be the last to discover the existence of water (...) because water was such a pervasive and important part of a fish's environment, its existence would not even be noticed unless it were absent."

Während man früher bei der Betrachtung der Probleme der Kommunikation und Interaktion von relativ einfachen Modellen ausging, hat sich die Basis zur Erforschung dieser Gebiete durch die Erkenntnisse der letzten Jahre in den verschiedenen Bereichen der Wissenschaften (zu nennen wären hier vor allem: Biologie, Medizin, Evolutionstheorie, Soziologie und Psychologie) wesentlich verbreitert. Hiernach müssen selbst einfache Kommunikationsvorgänge als hoch-komplexe Vorgänge betrachtet und analysiert werden. Außerdem ist nicht nur das Wissen über die Kommunikationsvorgänge selbst umfangreicher geworden. Eine sinnvolle Analyse von Kommunikationsvorgängen erfordert darüber hinaus eine systemorientierte, komplexe (ganzheitliche) Betrachtung von ganzen Kommunikationssequenzen: Das, was man als *Interaktion* bezeichnet. Erst diese ergänzende, ganzheitliche Betrachtung liefert sinnvolle Ergebnisse und auch gezielte Ansatzpunkte, die allerorts vorhandenen Probleme der Kommunikation und Interaktion zu lösen.

In diesem Abschnitt sollen zunächst die Grundlagen der Kommunikation und Interaktion behandelt werden. Im einzelnen werde ich hierbei eingehen auf

- die physischen Grundlagen der Informationsaufnahme und -verarbeitung sowie auf einige besondere Probleme der Wahrnehmung und der Sprache (2.1),
- die Begriffe ,,Kommunikation" und ,,Interaktion" (2.2),
- das dieser Veröffentlichung zugrunde liegende erweiterte Modell der zwischenmenschlichen Kommunikation (2.3),
- den pragmatischen Aspekt der Kommunikation und Interaktion (2.4) sowie auf
- die Veränderung des Selbst durch Autokommunikation (2.5).

2.1 Grundlagen und Probleme der Informationsaufnahme und -verarbeitung

Die Formen, Möglichkeiten und Grenzen zur Aufnahme und Verarbeitung von Informationen über unsere Umwelt sind sowohl genetisch vorgeprägt, als auch kulturell erlernt. So sind unsere Organe zur Aufnahme und Verarbeitung von Informationen in verschiedenen evolutionären Stufen entstanden; die Ausbildung dieser Organe ist die Antwort der Genese auf die Anforderungen der Umwelt (2.1.1). Andererseits ist die individuelle, kulturell determinierte Entwicklung kommunikativen Verhaltens, d.h. einer bewußten Wahrnehmung der eigenen Person und der Umwelt (2.1.2) und das Erlernen der Sprache (2.1.3) ein individueller Prozeß, und wie Mead (1973) sagt, der wesentliche Faktor in der Entwicklung der Identität des Individuums.

2.1.1 Physische Grundlagen der Informationsaufnahme und -verarbeitung

(1) In Abbildung 1 ist in Anlehnung an Eccles (1978) und Stadler (1977) der physiologische Prozeß der menschlichen Informationsaufnahme und Verarbeitung in seinem materiellen Aufbau in vereinfachter Form dargestellt.

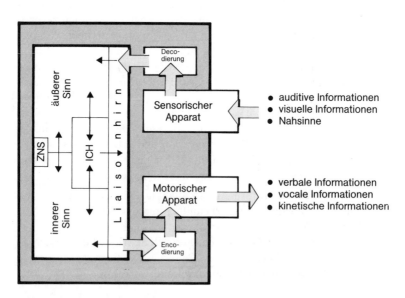

Abb. 1: Der Prozeß der Informationsaufnahme und -verarbeitung

Die Aufnahme von Informationen erfolgt über den *sensorischen Apparat* (die Sinnesorgane), wobei hier auditive (mit den Hörorganen aufgenommene), visuelle (mit den Sehorganen aufgenommene) und die genetisch wesentlich älteren Nah- oder Körpersinne, deren Rezeptoren in der Haut liegen (haptische Kontakte, Temperatur, Geschmack und Geruch), unterschieden werden. Der sensorische Apparat wiederum gibt die decodierten Signale an das *zentrale Nervensystem* (ZNS) weiter.

Beleg 2

Ein Suchscheinwerfer im Gehirn

Unsere Aufmerksamkeit „richtet sich wie ein Scheinwerfer auf Einzelheiten der Wahrnehmungswelt. Stellen wir uns vor, wir sitzen zu Hause und sehen fern. Wir sehen das halbe Zimmer, aber wenn der Film interessant ist, bemerken wir es nicht. Unser aufmerksames Bewußtsein ist auf den Bildschirm gerichtet; nicht auf alles was dort zu sehen ist (die Palme im Hintergrund bemerken wir auch nicht), sondern auf die wichtigste Einzelheit (das Gesicht der Hauptdarstellerin). Wenn wir wollten, könnten wir den Scheinwerfer der Aufmerksamkeit auf jedes andere Detail des gesamten Bildes richten; passiert darin irgendwo etwas möglicherweise Wichtiges (gibt es irgendwo eine neue Bewegung), richtet er sich automatisch dorthin. Gleichzeitig hören wir den Filmdialog, „überhören" aber völlig die ebenso laute Filmmusik, die unsere Stimmung dennoch stark beeinflußt. Unbemerkt hören wir viel mehr: die Mücken an der Decke, das Gurgeln der Heizung, die Unterhaltung im Nebenzimmer. Fällt dort etwa unser eigener Name, so nehmen wir die Hör-Aufmerksamkeit prompt von dem Film fort und richten sie auf das Gespräch; also hatten wir unbewußt mitgehört und unseren Namen verstanden. Unser Geruchssinn meldet Zigarettenrauch nur, wenn die Wahrnehmung neu ist; ist Gewöhnung eingetreten, riechen wir auch beim besten Willen nichts mehr. Nur neu und genügend starke Meldungen des Temperatur- und Tastsinns dringen ins Bewußtsein vor; wie sich die Kleidung auf der Haut anfühlt, ignoriert es – das leise Kitzeln des Haars, das in den Kragen fällt, wird bemerkt. Unsere Sinne halten uns die ganze Welt zur Verfügung; im Fall des Sehens in einer Weise, die man nur bewußt, wenn auch großteils unbemerkt nennen kann; im Falle der anderen Sinne unbewußt, aber jederzeit ins Bewußtsein rufbar; beim Riechen nur das Neue. „Richtig" bewußt wird nur, worauf die Aufmerksamkeit fällt; und dies wird auch bevorzugt dem Gedächtnis eingeschrieben."

aus: Zimmer, *Zeit-Magazin* 45/1985

Auf der anderen Seite ist der *motorische Apparat* (der Muskelapparat), der die Aufgabe der Informationsübermittlung übernimmt. Unterschieden werden können hier die verbale (sprachliche), vokale (klangliche) und kinetische (körpersprachliche) Abgabe von Informationen. Der motorische Apparat wird – wie auch der sensorische Apparat – über das ZNS gesteuert. Die vom ZNS gesendeten Signale müssen vom motorischen Apparat zunächst encodiert, die vom sensorischen Apparat an das ZNS gegebenen Informationen decodiert werden.

Zum ZNS gehören Gehirn und Rückenmark. Die Funktion dieses Systems ist es, zu korrelieren und zu integrieren, d.h. die verschiedensten Teile des Körpers zu regulieren. Der motorische und sensorische Apparat gehören zum peripheren Nervensystem; dieses verbindet die Zellen mit dem ZNS, wobei Rezeptoren Reize aufnehmen und Effektoren diese verarbeiten.

Ein wesentlicher Teil des ZNS ist das *Liaisonhirn*, in dem eingehende Informationen, die bis zu diesem Zeitpunkt noch *Materie* sind, für das Bewußtsein aufbereitet werden. Eccles (1978) unterscheidet an dieser Stelle (in Anlehnung an das Poppersche *Modell der drei Welten* (Popper/Eccles, 1982)) in die neuronalen (materiellen) Vorgänge der Informationsverarbeitung innerhalb der *Welt 1* und die durch den Geist verarbeiteten Informationen in der *Welt 2*. Die von den Sinnesorganen kommenden Informationen werden dem Gehirn und dessen neuronalen Strukturen als komplexe, raumzeitliche Impulse vermittelt, aber beim Überqueren der Grenze verwandeln sie sich auf wunderbare Weise in die vielfältigen *Erfahrungen*, die für unsere Wahrnehmungswelt charakteristisch sind und die einer von den Vorgängen in der Neuronenmaschinerie völlig verschiedenen Seinsweise zugehören.

Beleg 3

Die letzten Fragen

„Hier ist man plötzlich bei den letzten Fragen. Wer nach dem Wesen des Bewußtseins fragt, wirft das uralte Leib-Seele-Problem auf, an dem sich die Denker seit Jahrtausenden die Zähne ausbeißen, und begibt sich mitten in eine Geheimniszone, in der sich heute nur ein paar Philosophen, Hirnforscher und Science-fiction-Phantasten verstohlene und ziemlich ratlose Blicke zuwerfen.

Es herrscht, von ein paar unentwegten Dualisten abgesehen, heute nahezu Einigkeit darüber, daß das, was wir Geist oder Seele nennen und wozu auch das Bewußtsein gehört, auf einem gleich differenzierten materiellen Prozeß im Zentralnervensystem beruht. Es herrscht Einigkeit nicht darum, weil das ein für allemal bewiesen wurde, sondern weil es zunehmend schwerer wird, das Gegenteil anzunehmen.

Solange nicht gegenteilige Tatsachen ans Licht kommen (sollte man davon ausgehen), daß Geist und Gehirnprozesse nicht zweierlei, sondern nur zwei Seiten eines Geschehens sind. Das heißt dann auch: Es gibt Ereignisse und Zustände im Gehirn, die sich sowohl von außen wie von innen, physiologisch wie psychologisch beschreiben lassen; und keine psychologische Theorie darf behaupten, was physiologisch unmöglich ist. Das sehr schwer ausdenkbare Verhältnis von Gehirn und Geist läßt sich vielleicht ein wenig besser begreifen, wenn man es mit dem Verhältnis zwischen Orgel und Toccata oder zwischen Computer und Programm vergleicht. Das eine ist die Maschinerie, auf der das andere „läuft" – nur daß das Gehirn eine Orgel ist, die ihre Toccaten weitgehend selber hervorbringt, ein Computer, der sich seine eigenen Programme schreibt."

aus: Zimmer, *Zeit Magazin* 48/1985

Eccles gliedert die Welt 2 in drei Hauptkomponenten. Da ist zunächst der *äußere Sinn*, der mit seinen Sensoren für Licht-, Farb-, Gehör-, Geruchs-, Schmerz- und Berührungsempfindungen spezifische Aufgaben der Wahrnehmung übernimmt, indem er die unmittelbar durch den sensorischen Apparat bereitgestellten Informationen verarbeitet. Daneben gibt es den *inneren Sinn*, der eine Vielzahl kognitiver Erfahrungen umfaßt: Gedanken, Gefühle, Erinnerung, Träume, Vorstellungen, Absichten. Im Kern von Welt 2 liegt das *Ich* oder das *Selbst*, das die Grundlage der persönlichen Identität darstellt, „die jeder von uns sein ganzes Leben hindurch erfährt, und das zum Beispiel auch die täglich während des Schlafs auftretenden Bewußtseinslücken überbrückt" (Eccles 1978: 1140)

> Beleg 4
>
> *Es gibt keine Welt „an sich"*
>
> „Unbewußt, dem Bewußtsein prinzipiell unzugänglich ist die Signalebene unserer Psyche. Alle Sinneseindrücke, alle Selbstwahrnehmungen übersetzt sich das Nervensystem in seinen eigenen Code. In unserem Kopf ist die Welt in Gestalt elektrischer Impulse repräsentiert, die von Nervenzelle zu Nervenzelle weitergegeben werden. Der ganze Reichtum der Welt, ihre Formen, Farben, Gerüche, ihre Laute und unsere Gedanken und Gefühle dazu: unser Kopf bewegt ihn in Gestalt einer einzigen Art elektrischer Signale, unterschieden nur nach ihrem Ort, ihrer Bahn, ihrer Frequenz. In diese Schicht der zuckenden Potentiale greift das Bewußtsein nie hinab. Es erreicht auch die Strategien nicht, die das Gehirn zur Analyse der Außenwelt anwendet, die ja nicht so, wie sie ist, „an sich", in den Kopf gelangt, sondern in einer artspezifischen Deutung. Wie die Welt „an sich" ist, kann niemand sagen: Atomwolken, Energieschwaden. Unser Gehirn macht daraus, unbewußt, etwas Anschauliches, Begreifbares. Daß es bestimmten Lichtfrequenzen bestimmte Farben zuordnet oder Kontraste betont, läßt sich durch keinen Akt des Bewußtseins beeinflussen."
>
> aus: Zimmer, *Zeit Magazin* 48/1985

Mit anderen Worten könnte man das Gehirn auch als „Werkzeug" der menschlichen Informationsverarbeitung bezeichnen. In den folgenden Ausführungen werde ich die wesentlichen, vor allem naturgeschichtlich-genetisch bedingten Besonderheiten in der Arbeitsweise dieses Werkzeuges darstellen.

(2) Auch das Gehirn des Menschen entwickelt sich als Antwort auf die jeweiligen Anforderungen in der Umwelt: Stammhirn, Zwischenhirn und Großhirn, die drei Hauptabschnitte unseres Gehirns „spiegeln daher bis auf den heutigen Tag die drei wichtigsten Schritte wider, mit deren Hilfe die Evolution von der biologischen zur psychischen Ebene emporstieg. Sie sind das Ergebnis dieser Entwicklung und nicht etwa ihre Ursache". (Ditfurth 1983: 15)

Die Forscher beschreiben die drei Gehirne oft als *biologische Computer*. Völlig verschieden in Aufbau und chemischen Reaktionen bilden sie eine Hierarchie in der Verarbeitung von Informationen. Jedes Hirnteil hat seine eigene Subjektivität, Intelligenz, Zeitvorstellung, ein eigenes Programm also, mit dem es auf die Signale der Umwelt reagiert.

Das *Stammhirn*, der entwicklungsgeschichtlich älteste Teil, beherbergt die Instinkte, die biologischen Erfahrungen und die Kunst des friedlichen Überlebens. Das Stammhirn ist bemüht, feste Ordnungen zu schaffen und durch starre Rituale zu sichern. Die Reaktionen dieses Gehirnteils kann der Mensch aber weder bewußt erleben noch korrigieren. Die vegetativen Programme des Stammhirns, so wie sie z. B. beim Frieren festgestellt werden können, sind jeweils Antworten auf Veränderungen in der unmittelbaren Umwelt.

Das genetisch etwas jüngere *Zwischenhirn* hat sich erstmals bei den früheren Säugetieren entwickelt. Dieses Organ fügt den fixierten Programmen des Stammhirns die Emotionen hinzu, die Eigenschaft, im *Hier und Jetzt* zu agieren, spontan zu handeln. Es mobilisiert die Energien für den Konkurrenzkampf; entscheidet bei Angst oder Wut darüber, ob die Flucht ergriffen oder Widerstand geleistet werden soll. Doch auch dieser Teil des Gehirns ist fixiert, „sprachlos", Argumenten kaum zugänglich, vor allem darauf abgestellt, die für das Individuum biologisch-bedeutsamen Eigenschaften der Umwelt zu erfassen, und somit ausschließlich ein Organ zum Überleben, nicht zum Gewinn von Erkenntnissen über die Welt. Nicht auf die Erfassung einer objektiven Welt in ihrer Gegenständlichkeit kommt es an, sondern allein auf die möglichst frühzeitige und fehlerlose Erfassung und Bewertung der Umweltfaktoren, die, sei es im positiven, sei es im negativen Sinn für die physische Existenz bedeutsam sind.

Erst das *Großhirn*, der genetisch jüngste Teil des Gehirns, verfügt über menschliche Fähigkeiten, die Anlagen zur Planung, zum abstrakten Denken, zur Symbolbildung in Wort, Schrift und Bild: ist bewußtseins- und lernfähig. Während das Zwischenhirn primär nach einem einfachen Freund-Feind-Schema arbeitet, kann das Großhirn Informationen zu einem komplexen Bild zusammensetzen, das neue Möglichkeiten der Orientierung aber auch der Selbsttäuschung schafft. Wichtig ist nun, daß alle Verbindungen zwischen dem Großhirn und der Außenwelt durch die älteren Gehirnregionen, durch das Zwischenhirn und den Hirnstamm, verlaufen. Jede Information, die im Großhirn eintrifft, hat vorher das Zwischenhirn mit seinen eigenen, archaischen Gesetzen gehorchenden Zentren passieren müssen, in dem Informationen, wie es die sog. *optischen Täuschungen* und *Sinnestäuschungen* (siehe Eccles 1978) zeigen, zum Teil erheblich verändert werden. Die vom sensorischen Apparat kommenden Informationen werden somit bis zum Eintreffen im Großhirn mehr und mehr kondensiert, unter Verzicht auf die ursprüngliche Detailfülle vereinfacht, gewissermaßen eingeschmolzen. So nimmt z. B. das Auge wesentlich mehr Informationen auf, als beim Zwischenhirn, dem ersten hierarchischen Filter in der Verarbeitung von Informationen, eintreffen. Höchstens ein Prozent der von unseren Sinnen aufgenommenen Informationen wird ans Gehirn weitergeleitet.

Beleg 5

Nur ein geringer Teil aufgenommener Informationen erreicht unser Bewußtsein

„Durch die verschiedenen Sinne fließen sekündlich 600 000 Bit ins Gehirn, über vier Fünftel davon Sehdaten. Durchs Bewußtsein aber fließen nur 10 bis 20 Bit pro Sekunde. Das gesamte Langzeitgedächtnis faßt etwa 400 Millionen Bit. Das aber heißt: Nur ein Vierzigtausendstel der Informationen, die der wache Mensch aufnimmt, stößt bis in sein Bewußtsein vor, der Rest wird schon vorher ausgefiltert; und von den 30 Milliarden Bit, die sein Bewußtsein im Laufe des Lebens erreichen, kann sein Gedächtnis nur gut ein Hundertstel speichern. Solche Zahlen nimmt man besser nicht zu wörtlich; es gibt andere, um etliche Größenordnungen abweichende Schätzungen. Das Verhältnis zwischen bewußten und unbewußten Informationen ist auch bei diesen etwa das gleiche. Durch das Bewußtsein strömt immer nur ein verschwindender Teil der Informationen, mit denen das Gehirn insgesamt zu tun hatte und hat."

aus: Zimmer, *Zeit Magazin* 48/1985

Während bis zum Zwischenhirn die eingehenden Informationen ständig verdichtet werden, steht in der nachfolgenden Stufe der Informationsverarbeitung im Großhirn die Auffächerung der ankommenden Informationen im Vordergrund. Aufgabe des Großhirns ist es, die Außenwelt möglichst objektiv, d. h. ohne Beeinflussung durch angeborene Erfahrungen abzubilden. Hierzu wird die im Großhirn angelangte Information auf verschiedene Zentren verteilt, wobei diese Zentren jeweils spezialisiert sind für den Umgang mit Informationen besonderer Art (z. B. auditive oder visuelle Informationen).

Schon diese kurzen Ausführungen zur Informationsverarbeitung zeigen, daß die zumeist als selbstverständlich vorausgesetzte Objektivität unserer Wahrnehmung eine Illusion ist. Ditfurth (1983: 270) führt hierzu aus: „Denn ausgesprochen oder unausgesprochen gehört zu unserem naiven Selbstverständnis vor allem anderen die über jeden Zweifel erhabene Überzeugung, daß wir im Unterschied zu allen anderen Lebewesen der Erde in einer objektiven Welt leben. Daß wir die einzigen sind, die einen Entwicklungsstand erreicht haben, der sie in die Lage versetzt, die Welt in ihrer wahren Beschaffenheit zu erkennen, „so wie sie ist". Jetzt endlich sind wir (...) an dem Punkt angekommen, an dem uns aufzugehen beginnt, wie groß die Illusion ist, der wir uns mit diesem Vorurteil hingeben."

(3) Vor 40 Jahren kam der Physiologe Pawlow zu dem Schluß, daß man die Menschen im großen und ganzen in zwei Gruppen aufteilen könne: in Künstler und Denker. In neuerer Zeit haben Neurophysiologen (hier vor allem der amerikanischer Nobelpreisträger Roger Sperry) eine anatomische Gegebenheit entdeckt, die dieser Behauptung eine Grundlage gibt.

Eine der besonderen Eigenheiten des menschlichen Gehirns besteht darin, daß jede seiner Hälften, die *rechte* und die *linke Hemisphäre*, auf besondere Aufgabenbereiche eingestellt sind. Das *linke Gehirn* denkt in Begriffen und kann sie – als Sitz der Sprache – verbal mitteilen. Es ist der Bereich des abstrakten Denkens, der Logik, des Verstandes sowie komplizierter Formen der Wahrnehmung und des Handelns; es analysiert, organisiert, kontrolliert und vollzieht Problemlösungen Schritt für Schritt. Das *rechte Gehirn* ist sprachlos. Es ist musikalisch, denkt in Bildern und Analogien, hält sich nicht an Regeln, tut spontan phantasievolle Dinge. Im Gegensatz zur linken Hälfte hat die rechte Hälfte wesentliche Vorteile in der Bild- und Mustererfassung sowie geometrische und räumliche Fähigkeiten. Während bei der linken Hälfte mehr das Detaildenken im Vordergrund steht, arbeitet die rechte Hälfte ganzheitlich bildhaft. Wie Eccles (1978) ausführt, haben die beiden Hirnhälften – die über den Hirnbalken ständig Informationen austauschen – in der Verarbeitung von Informationen komplementäre Funktionen.

Eine solche Arbeitsteilung ist für die Informationsverarbeitung sehr leistungsfähig, da jede Hemisphäre unabhängig von der anderen ihre eigenen, besonderen Fähigkeiten in der Aufbereitung und Verarbeitung von Informationen einsetzen kann. Wenn man eine verbale Information aufnimmt, dominiert die linke Hälfte, wenn es darum geht, Nuancen in der Melodie der Sprache wahrzunehmen, also

Tonfall und Stimmcharakter, dominiert die rechte Hälfte. Deshalb muß man bei der menschlichen Kommunikation zwischen zwei Kommunikationskanälen unterscheiden. Die verbale Verständigung, nur dem Menschen möglich und eine entwicklungsgeschichtlich nicht sehr alte Erscheinung, wird von der linken Gehirnhälfte gelenkt. Die prosodischen Elemente aber, die wir mit den Tieren teilen, sind sehr alt und werden von der rechten Hemisphäre erfaßt.

Die Fähigkeiten und die Persönlichkeit eines Individuums werden stark von seinen geistigen Gewohnheiten beeinflußt. Eine der wichtigsten Gewohnheiten ist, wie Blakeslee (1982) ausführt, „die Tendenz eines Menschen, sich in erster Linie auf sein linkes oder sein rechtes Gehirn zu verlassen". So achtet in der Kommunikation der eine mehr auf die inhaltlichen Aspekte der Sprache, der andere mehr auf die Modulation, die Nuancen: wie etwas gesagt wird.

Beleg 6

Hemisphärenhokuspokus?

„Was nun läßt sich aus all dem machen? Fast unwiderstehlich ist die Versuchung, die unterschiedlichen Spezialisierungen der beiden Hirnhälften in ein griffiges Gegensatzpaar zu pressen. Es ist immer wieder versucht worden. (…) Heute besteht einige Übereinstimmung darüber, daß der Unterschied am besten von dem Paar sequentiell/simultan getroffen wird. Das rechte Hirn erledigt seine Arbeit in einem einzigen Akt: das linke zerlegt sie sich in Folgen einzelner Schritte, in Sequenzen. Oder wie der amerikanische Psychiater Marcel Kinsbourne es sieht: Das linke Hirn kümmert sich um einzelne Merkmale, um die Details, das rechte um deren Beziehungen zueinander, um das Ganze.

Eines kann man sich jedenfalls nicht klar genug machen: Alle jene imposanten Begriffspaare, auch das Paar sequentiell/simultan, sind keine erschöpfenden Beschreibungen und Erklärungen erst recht nicht. Es sind nur grobe Etiketts für höchst komplexe Verhältnisse. Sie sind es schon darum, weil die meisten Unterschiede zwischen den Hirnhälften kein Entweder-Oder darstellen, entweder „Sprache" oder „Raum", entweder „Analyse" oder „Synthese", sondern nur quantitativ sind. Was eine Hirnhälfte kann, geht der anderen nicht ganz und gar ab. Fast alles können sie beide, nur können sie es verschieden gut, nämlich verschieden schnell und verschieden genau. Bei sehr vielen Aufgaben ist jeweils eine Hemisphäre überlegen.

In all diesen Hemisphären-Lehren sieht es so aus, als säßen dem Menschen zwei Zwerge im Kopf, die tief wesensverschieden und miteinander verzankt sind. Der linke Zwerg: kühl, trocken, detailversessen, analytisch, intellektualisierend; der rechte: warm, den großen Zusammenhängen zugetan, intuitiv, mystisch. Der linke muß sich plagen und kommt doch nie zu einem guten Ende; dem rechten fällt alles ohne Anstrengung in den Schoß. Warum Wissenschaft, wenn man auch Visionen haben kann? Links die Pedanterie, rechts die Kreativität. Links das helle „Männliche" Yang, rechts das dunkle „Weibliche" Yin. Links die westliche Zivilisation, rechts das Schamanentum und die alte Weisheit des Fernen Ostens. „Die alternative Kulturszene hat die rechte Hemisphäre begeistert als die ihre umarmt", schrieb der Gehirnforscher Robert Nebes kopfschüttelnd."

aus: Zimmer, *Zeit Magazin* 18/1984

(4) Wesentlich für die Arbeitsweise des Gehirns und die Wahrnehmung ist der Faktor *Zeit*. So werden zum Beispiel zeitlich sehr nah aufeinanderfolgende, aber doch getrennte Informationen von uns als gleichzeitig erlebt. Was beim Hören innerhalb von zwei tausendstel Sekunden geschieht, ist für uns gleichzeitig; was beim Sehen zehn tausendstel Sekunden auseinanderliegt, ist gleichzeitig. Damit wir eine identifizierbare Folge erleben können, müssen mindestens etwa dreißig tausendstel Sekunden zwischen den Ereignissen liegen (Pöppel 1982) . Dieser Wert gilt für alle Sinnsysteme. Mit anderen Worten muß das *Erleben von Folge* („B" folgt auf „A") als solche erkannt werden, d. h. daß die Ereignisse durch eine Zeitspanne von mindestens dreißig tausendstel Sekunden getrennt sein müssen. Ist dies nicht der Fall, werden Ereignisse als Gleichklang erkannt.

Andererseits hat das zeitliche Erleben auch eine Maximalgrenze. Das Erleben von *Jetzt* kann einen Zeitraum von maximal vier Sekunden umfassen. Dies verweist auf eine weitere Leistung des Gehirns, nämlich zeitlich nicht getrennt auftretende Ereignisse in *Wahrnehmungs-Gestalten* zu fassen. Wie Pöppel ausführt, zeigt eine Vielzahl von Untersuchungen über Äußerungseinheiten in Versen, freier Sprache und in der Musik, daß diese den Zeitbereich von durchschnittlich zwei bis drei Sekunden (maximal vier Sekunden) nicht übersteigen. Pöppel (1982: 85) spricht in diesem Zusammenhang von der *subjektiven Gegenwart*, der begrenzten Fähigkeit unseres Gehirns, „zeitlich verteilte Informationen nur etwa bis zwei oder drei Sekunden in eine zeitliche Gestalt zu integrieren".

Dieser zeitliche Rahmen (das *Bewußtseins-Fenster*, wie es Pöppel nennt) ist auch die Grundlage unserer *Bewußtseins-Tätigkeit*. Jeweils für einen kurzen Zeitraum von zwei bis drei Sekunden konzentriert sich das Bewußtsein auf einen Sachverhalt, danach geht das Bewußtsein zum nächsten Inhalt. Dies zeigt, daß unsere Wahrnehmung immer auf der Suche nach einem Objekt ist. Wenn eine Gestalt gebildet wurde, wird diese uninteressant, und es wird die nächste gesucht. Pöppel bezeichnet dieses ständige Neubilden von Bewußtseins-Fenstern, das auch die *Wahrnehmungstäuschungen* bei reversiblen Figuren (wie z. B. dem *Necker-Würfel*) erklärt, als „Neugier des Gehirns". Diese Neugier des Gehirns erzeugt jedoch kein Chaos, sie ist vielmehr von der „Lust nach Ordnung" bestimmt, die (wie Pöppel sagt) ein teleologisches Prinzip, ein Zweck der Wahrnehmung ist.

Wie die vorausgegangenen Ausführungen zeigen, führen die physischen Gegebenheiten bei der Aufnahme und Verarbeitung von Informationen zu einer mehr oder weniger stark gefärbten Abbildung der Wirklichkeit. Im Zusammenspiel verschiedener, zum großen Teil genetisch programmierter Faktoren wird ein „stets unvollkommenes Bild der außersubjektiven Wirklichkeit aufgebaut." (Lorenz zit. n. Vollmer 1983: 54)

Ich möchte zum Abschluß dieses Teils nochmals Ditfurth (1983: 232) zitieren: „Schon diese einfachen Überlegungen liefern einen unwiderstehlichen Hinweis darauf, daß wir „die" Welt ganz gewiß nicht so sehen, wie sie „ist". Andererseits haben wir aber auch nicht die geringste Möglichkeit, uns eine Vorstellung davon zu verschaffen, wie die Welt aussähe, wenn sie sich ohne den selbständig verarbeitenden

Einfluß unserer Wahrnehmungsorgane unserem Gehirn präsentierte. Bei genauer Betrachtung ist bereits die bloße Frage nach einer solchen Möglichkeit widersinnig. Denn sobald wir nach dem „Aussehen" der Welt fragen, meinen wir ja bereits wieder eine optische Beziehung zu unserer Umwelt – und die existiert nun einmal allein in der uns bekannten Art und Weise."

2.1.2 Probleme der Wahrnehmung

Die Aufgabe der Wahrnehmung besteht darin, Informationen aufzunehmen und sie so zu filtern und aufzuschlüsseln (zu decodieren), „daß wir die Beschaffenheit und die Verhältnisse der Welt erkennen, sie so vorhersagbar machen und daher gut in ihr zurechtkommen können". (Ruch/Zimbardo 1974: 227) Die Wahrnehmung hat somit für das gesamte Erleben und Verhalten des Menschen eine zentrale Bedeutung.

In der Regel akzeptiert man seine Sinneseindrücke, ohne sich darüber weitere Gedanken zu machen. Darüber hinaus nimmt man an, daß andere Beobachter die Situation genauso wahrnehmen wie man selbst. Aus vielen Untersuchungen und Experimenten weiß man jedoch, daß die Wahrnehmung durch die zuvor beschriebenen physischen Gegebenheiten, aber auch durch Wahrnehmungserfahrungen (phänomenologische Erfahrungen), Erinnerungen, Absichten etc., d.h. durch den *inneren Sinn* (siehe Abb. 1) beeinflußt wird.

In den folgenden Ausführungen werden vor allem die Probleme der interpersonalen Wahrnehmung, der Wahrnehmung von Mensch zu Mensch behandelt. Gerade die interpersonale (soziale) Wahrnehmung unterliegt vielen Wahrnehmungs-Verzerrungen. So werden unter (1) zunächst die generell gültigen Besonderheiten der Eindrucksbildung dargestellt. Unter (2) werden dann die mehr in der Person des Wahrnehmenden selbst liegenden Probleme behandelt. Die Wechselseitigkeit in der Personenwahrnehmung wird unter (3) dargestellt.

(1) Von Bedeutung für die Wahrnehmung ist zunächst die *Reihenfolge der Information*, d.h. inwieweit die Eindrucksbildug mehr durch die früher erhaltenen (ersten) Informationen, oder aber durch die später erhaltenen Informationen geprägt wird. Im ersten Fall spricht man vom *Primacy-Effekt*, im zweiten Fall vom *Recency-Effekt*. Es gibt eine Vielzahl von Untersuchungen, in denen ein Primacy-Effekt, oder wie man auch sagen könnte, eine starke Prägung des Urteils durch den ersten Eindruck, festgestellt wurde (siehe z.B. Jahnke 1975). Andere Experimente zeigen hingegen das gegenteilige Phänomen; daß die späteren Informationen mehr Einfluß und Gewicht bei der Eindrucksbildung haben. Keine der Hypothesen bleibt deshalb unwidersprochen. Insgesamt stellt Jahnke fest, daß vielmehr zahlreiche Einflußfaktoren (wie z.B. Autorität, Prestige und Glaubwürdigkeit des Kommunikators) mitbestimmen, ob sich ein Primacy- oder ein Recency-Effekt ergibt. Ganz sicher gilt, daß erste Informationen dem Eindruck eine gewisse Ausrichtung geben, unter der alle weiteren Informationen beurteilt werden. Folgen widersprüchliche

Informationen über eine Person, wird der Konflikt sehr oft dadurch gelöst, daß das ursprüngliche Urteil aufrechterhalten und deshalb ein Teil der neueren Informationen ignoriert wird. Eine andere Möglichkeit ist jedoch, daß erste Urteile unter Berücksichtigung später erhaltener Informationen geändert werden.

Etwas wahrnehmen heißt immer auch, etwas interpretieren und bewerten. So versuchen wir in den meisten Fällen vom beobachtbaren Ausdruck des anderen bzw. von seinen Handlungen auf die inneren Ursachen dieses Ausdrucks oder der Handlung zu schließen. Durch diese *Attribuierung* versuchen wir, das Verhalten anderer zu begreifen, ziehen wir Schlüsse über Absichten, Emotionen, Motivation und Persönlichkeitszüge. Solche Schlüsse oder Eindrücke haben naturgemäß auch einen großen Einfluß auf unser Verhalten. In diese Zuschreibung von Ursachen fließen im wesentlichen Umfang auch unsere Projektionen ein, d. h. daß Eigenschaften, Absichten, Haltungen und Fehler, die wir bei uns selbst suchen müßten, aber dem anderen Gesprächsteilnehmer unterstellen, unsere Wahrnehmung mitbestimmen.

Beleg 7

Schranken und Wege der Kommunikation

„Ich möchte als Hypothese für weitere Betrachtungen vorschlagen, daß das Haupthindernis für die gegenseitige persönliche Kommunikation in unserer ganz natürlichen Neigung besteht, die Aussage des anderen zu beurteilen, zu bewerten und zu bejahen oder zu verneinen.

Der Hang zu Wertungen ist in allen sprachlichen Äußerungen zu finden. Er spielt jedoch eine besondere Rolle in gefühls- und emotionsbeladenen Situationen. Je stärker unsere Gefühle sind, desto wahrscheinlicher ist es, daß die Kommunikation einseitig bleibt.

Gibt es einen Weg, dieses Problem zu lösen, die Barriere zu überwinden?

Wirkliche Kommunikation findet statt und die wertende Tendenz wird vermieden, wenn wir mit Verständnis zuhören. Das bedeutet, die formulierte Ansicht oder Einstellung vom Standpunkt des anderen zu sehen, sich in seine Gefühle hineinzuversetzen, den Rahmen zu erkennen, in dem er die Dinge betrachtet.

So knapp formuliert mag das absurd einfach klingen. Aber das ist es nicht. (...) Forschung und Erfahrung lassen darauf schließen, daß Kommunikationsstörungen und die wertende Tendenz, die die Kommunikation unterbricht, vermieden werden können. Die Lösung besteht darin, eine Situation zu schaffen, in der jede Partei die andere aus *deren* Perspektive verstehen lernt. (...)

Dieser Prozeß kann durch eine der betroffenen Parteien initiiert werden, ohne auf die andere zu warten, oder durch eine neutrale Person, vorausgesetzt, diese kann auf ein Minimum an Kooperation mit einer der beiden Kontrahenten zählen. Sie muß die Unsicherheiten, die Abwehrstrategien, die Lügen und die falschen Fronten bewältigen, die fast jede pervertierte Kommunikation kennzeichnen. Diese Abwehrmechanismen verschwinden mit erstaunlicher Geschwindigkeit, wenn die Leute herausfinden, daß es nur um Verstehen geht, nicht um Urteilen. Jeder Schritt auf der einen beschleunigt die Entwicklung auf der anderen Seite."

aus: Rogers, *Harvard manager* II/1986

Wesentlich beeinflußt wird die Wahrnehmung auch durch Vorurteile und Stereotype. Als *Vorurteil* wird hier – in Anlehnung an Bergler/Six (1972: 1374) – eine

„alogische, erfahrungsgemäß nicht hinlänglich abgesicherte Verallgemeinerung" bezeichnet, wobei Vorurteile immer aus einer sozialen Beziehung resultieren, d. h. eine soziale Bezugsgröße darstellen. Dem Begriff des Vorurteils sehr verwandt ist der Begriff „*Stereotyp*", unter dem eine verfestigte, schematische, objektiv weitgehend unrichtige Denkhaltung verstanden wird. Zunächst kann man feststellen, daß durch Vorurteile und Stereotype wahrgenommene Inhalte einseitig – d. h. jeweils im Sinne dieser Vorurteile und Stereotype – interpretiert und bewertet werden.

Beleg 8

Der Glaube versetzt Seelen

„Im Extremfall können Stereotype einen Menschen sogar psychologisch umpolen, wie ein Experiment zeigt, in dem Versuchspersonen, die von dem ihnen zugewiesenen Mitarbeiter durch eine Wand getrennt waren, gemeinsam mit diesem bestimmte strategische Probleme bewältigen sollten. Die Verständigung mit dem Gegenüber, der jeweils entgegen den Tatsachen als männlich oder weiblich vorgestellt worden war, ging ausschließlich über Klopfzeichen vonstatten.

Die Partner, die von den Versuchspersonen fälschlich für Frauen gehalten wurden, bekamen systematisch die eher weiblichen Aufgaben zugeschustert, während Männer wie Frauen dem scheinbar männlichen Gegenüber eher maskuline Pflichten auftrugen. Das Interessante daran ist jedoch, daß sich die sexologisch „Umgekrempelten" mit der Zeit den Rollenzuweisungen ihrer Klopf-Partner beugten und schon von sich aus immer die Tätigkeiten übernahmen, die ihrem imaginären Geschlecht entsprachen.

Ähnliche Auswirkungen haben auch Erwartungen, die an das Aussehen eines Mitmenschen geknüpft sind. Diese laufen darauf hinaus, daß sich hinter einer schönen Schale auch ein schöner Seelenkern, hinter einem wenig attraktiven Äußeren dagegen eine unangenehme Persönlichkeit verbirgt. Von der allmählichen Fleischwerdung dieses Vorurteils zeugt eine Studie, deren (männliche) Teilnehmer ein Telefon-Rendezvous mit ihnen unbekannten Partnerinnen in Aussicht gestellt bekamen, die per Photo entweder als „Schönheitsköniginnen" oder aber als „häßliche Entlein" vorgestellt wurden. In Wirklichkeit gehörten Porträt und Stimme aber gar nicht zueinander, sondern waren rein zufällig ausgewählt worden. Schon vor dem Plausch an der Strippe glaubten die Männer, die durch ein beschönigtes Bild geblendet worden waren, daß ihnen eine Unterhaltung mit einer geselligen, humorvollen, ausgeglichenen und umgänglichen Dame bevorsteht. Die anderen hingegen richteten sich von vornherein auf ein unergiebiges Gespräch mit einer ungeselligen, linkischen, überernsten und steifen Partnerin ein. Diese Vorannahmen ließen beide Gruppen dann auch voll in die Sprechmuschel einfließen: Der scheinbar Schönen brachte man viel mehr Freundlichkeit, Wärme, Humor und Beseeltheit entgegen, während man die mutmaßlich Unattraktivere kühl und von oben herab abfertigte. Die Versuchspersonen am anderen Ende der Leitung übernahmen dann schließlich notgedrungen die psychischen Charakteristika, die man ihnen aufdrängte. So benahmen sich die Pseudo-Schönen alsbald wirklich freundlich, liebenswürdig und wohlgefällig, wohingegen die Pseudo-Häßlichen auf Distanz gingen."

aus: Degen, *Psychologie Heute* 2/1986

Vorurteile und Stereotype haben, setzt man das Ziel einer möglichst objektiven Wahrnehmung voraus, vor allem negative Auswirkungen. Vorurteile erfüllen jedoch auch sinnvolle Zwecke. Wie Riedl (1981) feststellt, bilden Vorurteile geradezu eine Voraussetzung unserer Existenz, da sie dem Organismus in sehr vielen Fällen durch eine genetisch geprägte Vorauswahl von Informationen Entscheidungen abnehmen. Diese genetische Vorauswahl bezieht sich vor allem auf die Informationen, die bei einer bewußten Informationsaufnahme nicht zeitgerecht dem ZNS zur Verfügung gestellt werden können. Vorurteile und Stereotype helfen somit, die Komplexität der Umwelt auf ein überschaubares Maß zu reduzieren. Wie Schuler (1980) ausführt, ist es gerade dieser Prozeß der Vereinfachung, der Kategorisierung, der Bildung von „Schubladen" für einzelne Wahrnehmungen, der dysfunktionale Folgen hat. Vorurteile und Stereotype führen zur Vereinfachung in der Eindrucksbildung; man macht sich dadurch das Leben leichter, indem man es den anderen schwer macht.

Das Ergebnis eines Vorurteils kann die vom amerikanischen Soziologen Merton (siehe Schuler 1980) beschriebene wirtschafts-soziologische Parabel von der *Selffulfilling prophecy* sein, bei der eine Voraussage oder eine ursprünglich falsche Meinung die Ursache dafür sein kann, daß sich diese später in der Realität bestätigt. Eine weitere mögliche Folge von Vorurteilen kann das *Andorra-Phänomen* sein, benannt nach dem Schauspiel „Andorra" von Max Frisch. Dem Andorra-Phänomen liegt die Beobachtung zugrunde, daß sich ein Mensch den Erwartungen eines anderen so anpaßt, daß dessen ursprüngliches Fehlurteil allmählich zutrifft: „Man wird, wie man beurteilt wird".

Beleg 9

Selbsterfüllende Prophezeiungen

„Vom Philosophen Karl Popper stammt die interessante Idee, daß – etwas laienhaft ausgedrückt – sich für Ödipus die schreckliche Prophezeiung des Orakels deswegen erfüllte, weil er von ihr wußte und ihr zu entgehen versuchte. Gerade aber das, was er zur *Vermeidung* tat, führte zur *Erfüllung* des Orakelspruches.
So genügt zum Beispiel die Annahme – ob sie faktisch begründet oder grundlos ist, spielt keine Rolle –, daß die anderen über einen tuscheln und sich heimlich lustig machen. Angesichts dieser „Tatsache" legt es der gesunde Menschenverstand nahe, den Mitmenschen nicht zu trauen und, da das Ganze natürlich unter einem löchrigen Schleier der Verheimlichung geschieht, genau aufzupassen und auch die kleinsten Indizien in Betracht zu ziehen. Es ist dann nur eine Frage der Zeit, bis man die anderen beim Tuscheln und heimlichen Lachen, beim konspiratorischen Augenzwinkern und gegenseitigem Zunicken ertappen kann. Die Prophezeiung hat sich erfüllt.
Selbsterfüllende Prophezeiungen haben einen geradezu magischen, „wirklichkeits"-schaffenden Effekt (...). Und sie haben ihren Stammplatz nicht nur im Repertoire jedes Unglücklichkeitsaspiranten, sondern auch im größeren gesellschaftlichen Rahmen. Wird zum Beispiel einer Minderheit der Zugang zu bestimmten Erwerbsquellen (etwa Landwirtschaft oder Handwerk) deswegen verwehrt, weil diese Menschen nach Ansicht der Mehrheit faul, geldgierig und vor allem „volksfremd" sind, so werden sie dazu gezwungen, sich als Trödler, Schmuggler, Pfandleiher und dergleichen zu betätigen, was die abschätzige Meinung der Mehrheit „klar" bestätigt.

Die Prophezeiung des Ereignisses führt zum Ereignis der Prophezeiung. Voraussetzung ist nur, daß man sich selbst etwas prophezeit oder prophezeien läßt, und daß man es für eine unabhängig von einem selbst bestehende oder unmittelbar bevorstehende Tatsache hält. Auf diese Weise kommt man genau dort an, wo man nicht ankommen wollte."

aus: Watzlawick 1983: 58 ff.

(2) In die Wahrnehmung und die Bewertung des Wahrgenommenen fließen neben den zuvor beschriebenen Projektionen, Vorurteilen und Stereotypen vor allem auch die jeweiligen Motive und Bedürfnisse des Wahrnehmenden mit ein. Die Psychoanalyse geht deshalb davon aus, daß man „aus der Art und Weise, aus dem Umstand, wie und was ein Mensch wahrnimmt (...) tiefe Schlüsse auf sein Inneres ziehen" kann (Jahnke 1975: 33). Einerseits wirken Motive und Bedürfnisse auf die Auswahl (Selektion) von Wahrnehmungsobjekten. Andererseits beeinflussen sie das Wahrgenommene in der darauffolgenden Bewertung der aufgenommenen Informationen. Was schlußendlich als Eindruck einer Wahrnehmung entsteht, stellt somit eine Art Kompromiß dar, *ein Konstrukt der Wirklichkeit.*

Selektive Wahrnehmung, Uminterpretation und Wahrnehmungsabwehr sind drei verschiedene Formen der Auswahl und Bewertung von Informationen, durch die eigene Motive und Bedürfnisse in die Bewertung von Informationen einfließen. Mit *selektiver Wahrnehmung* wird eine Informationsauswahl bezeichnet, bei der man nur einen Teil dessen aufnimmt und verarbeitet, was um einen herum vorgeht (Schuler 1980). Die *Uminterpretation* von Informationen ist überall dort zu beobachten, wo es um die Bewertung nicht völlig eindeutiger Sachverhalte geht. Der Auslegungsspielraum, der sich bei den meisten Wahrnehmungen bietet, wird hier im Sinne der eigenen Motive und Bedürfnisse genutzt. Empfangene Signale werden gedehnt, gequetscht und verdreht, damit sie zu den bestehenden Meinungen, Motiven und Bedürfnissen passen. Dort, wo eine selektive Auswahl und Uminterpretation nicht mehr möglich ist, bleibt nur noch, Informationen einfach nicht wahrzunehmen oder diese für unglaubwürdig zu erklären, die *Wahrnehmungsabwehr.*

Man kann somit feststellen, daß neben den zuvor beschriebenen physischen Besonderheiten der Informationsverarbeitung eine Vielzahl von psychischen Faktoren die Wahrnehmung beeinflussen: „Die kognitive Karte eines Individuums ist daher keine fotografische Repräsentation der physikalischen Welt; es ist vielmehr eine partielle, persönliche Konstruktion, in der bestimmte Objekte, die von dem Individuum dazu bestimmt werden, eine größere Rolle zu spielen, auf individuelle Art wahrgenommen werden. Jeder Wahrnehmende ist deshalb bis zu einem gewissen Grad ein abstrakter Künstler, der ein Bild von der Welt malt, das seine individuelle Sichtweise ausdrückt." (Krech et al. zit. n. Stadler 1977: 223)

Wie Watzlawick (1972: 7) sagt, ist „das wackelige Gerüst unserer Alltagsauffassung der Wirklichkeit im eigentlichen Sinne wahnhaft", so daß wir „fortwährend mit seinem Flicken und Abstützen beschäftigt sind – selbst auf die erhebliche Gefahr hin, Tatsachen verdrehen zu müssen, damit sie unserer Wirklichkeitsauffassung nicht widersprechen, statt umgekehrt unsere Weltschau den unleugbaren Gegebenheiten anzupassen". Die gefährlichste all dieser Selbsttäuschungen ist „der Glaube, es gäbe nur eine Wirklichkeit". Es ist vielmehr so, daß es „zahllose Wirklichkeitsauffassungen gibt, die sehr widersprüchlich sein können, die alle das Ergebnis von Kommunikation und nicht der Widerschein ewiger, objektiver Wahrheit sind".

Die Tatsache, daß es *die Wirklichkeit an sich* nicht gibt, daß nichts für sich selbst spricht, und alles erst durch Deutung eine bestimmte Wirklichkeit erhält, ist für die Betrachtung der Probleme der Kommunikation in Unternehmen von ganz grundsätzlicher Bedeutung. So entsteht in Unternehmen durch Kommunikation und Interaktion eine *soziale Konstruktion der Wirklichkeit*. Aus einer unendlichen Zahl von Informationen werden bestimmte Aspekte herausgefiltert und thematisiert: Es entsteht auf diese Weise eine höchst subjektive Sicht der Dinge, die man tut, über das Unternehmen, in dem man sich befindet, über den Markt, die Konkurrenten ... Maturana (1985: 269) beschreibt den Prozeß der sozialen Konstruktion von Wirklichkeit wie folgt: „Wir erzeugen daher buchstäblich die Welt, in der wir leben, indem wir sie leben." Diese durch Kommunikationsprozesse geschaffene Wirklichkeit bildet auch die Basis für zukünftige Planungen und Aktivitäten. Zumeist vergessen wir jedoch, daß wir die Welt in einer bestimmten und für uns typischen Weise sehen wollen (siehe hierzu Varela 1985).

Beleg 10

Die Erschaffung der „Wirklichkeit" durch Logik

„Man beachte, daß die Unterstellung von Logik einer sich selbst bestätigenden Aussage gleicht. Der Hörer unterstellt, daß die zum Vortrag kommende Musik Sinn machen wird, unternimmt Anstrengungen, sie sinnhaft verständlich zu machen, stellt voreilige Urteile darüber, ob sie Sinn macht oder nicht, zurück und leistet dadurch seinen eigenen Beitrag zur Schaffung eines sinnvollen und vollständigen musikalischen Werks. Die Unterstellung von Logik ist etwas inhaltsunabhängiger als eine sich selbst bestätigende Vorhersage. (...)
Wenn Manager auf Mehrdeutigkeit stoßen und sie zu verringern suchen, arbeiten auch sie häufig mit der Unterstellung von Logik. Sie nehmen an, ihre Vorstellungen von der Welt und ihre auf die Welt gerichteten Handlungen seien korrekt; sie nehmen an, andere Leute in den Organisationen würden die gleichen Dinge sehen und tun; und es kommt selten vor, daß Manager diese Annahmen überprüfen. Aufgrund der Annahme, die Umwelt sei geordnet und sinnvoll, unternehmen Manager Anstrengungen, ihr Ordnung aufzuerlegen und gestalten so Ordnungshaftigkeit, die dann „entdeckt" wird. Die Unterstellung von Eindeutigkeit gibt Managern die Gelegenheit, das zu tun, was die Umwelt in etwas verwandelt, was eindeutig ist."
aus: Weick 1985: 230 f.

Nach Berger/Luckmann (1980: 98 ff) entsteht „Wirklichkeit" durch die Prozesse der primären und sekundären Objektivation. In der Phase der *primären Objektivation* wird Wirklichkeit *geschaffen*: entwickelt sich innerhalb eines Unternehmens ein sozialer Konsens darüber, was „wirklich" ist. Die Kommunikation zu dieser Konsensbildung läuft zumeist im Hintergrund ab. Wesentlich für die Bildung der Wirklichkeit ist der Gebrauch der Sprache (z. B.: Welche Begriffe werden verwendet; in welcher Form kommuniziert man miteinander) sowie die Art, in der man

Ereignisse, Personen oder Gegenstände sieht und interpretiert. Beeinflußt wird der Prozeß in dieser Phase vor allem durch die Führungskräfte eines Unternehmens, die durch ihr Auftreten, ihr Erscheinen und ihr Wirken der entstehenden Auffassung dessen, was als Wirklichkeit gelten soll, ihren Stempel aufdrücken.

In der zweiten Phase, der *sekundären Objektivation* geht es vor allem darum, durch die Schaffung von *Sinn* das System zu *legitimieren:* Durch Sinn wird den Betroffenen die geschaffene Ordnung zugänglich und einsichtig gemacht. Die Sinnproduktion bewegt sich dabei auf zwei Ebenen: Auf einer *horizontalen* Ebene wird dem ganzen ein übereinstimmender Sinn gegeben; auf der *vertikalen* Ebene dem einzelnen das ganze plausibel gemacht. In der Gründungsphase eines Unternehmens ist der Bedarf an Legitimation noch verhältnismäßig gering. Für alle Betroffenen ist die konturenannehmende Unternehmenswirklichkeit Gewißheit, da sie aktiv in diesen Prozeß integriert sind. Für nachfolgende Generationen ist die vorhandene betriebliche Wirklichkeit jedoch keineswegs unmittelbar einsichtig. Der Bedarf an sinnreichen Aktivitäten äußert sich in dieser Phase vor allem darin, daß sich viele Unternehmen durch die Formulierung von Unternehmungsgrundsätzen, Prinzipien oder Verfassungen ein legitimierendes Gewand überziehen.

Wir alle sind nun nicht davor gefeit, uns eine Wirklichkeit aufzubauen, die mit der Realität (beziehungsweise mit dem, was die Mehrheit als solche ansieht) nur noch wenig zu tun hat. So wird beispielsweise von dem Maler Edvard Munch berichtet, daß er leugnete, daß der Mond jemals die Gestalt einer Sichel hat. Er kannte den Mond nur als Scheibe; und wenn ihn jemand auf den Mond als Sichel aufmerksam gemacht hat, entgegnete er: „Nein, der ist ja kreisrund". Er hat den Mond offensichtlich wirklich kreisrund gesehen und hier eine ungeheure Willensanstrengung aufgebracht, die Sache so zu sehen, wie er sie sehen wollte und alles abzuweisen, was mit den von ihm erlebten Zusammenhängen nichts zu tun hatte.

Daß nicht nur Künstler, sondern wir alle, und in diesem Sinne auch Führungskräfte, imstande sind, uns eine völlig irrationale Scheinwelt aufzubauen, zeigen die vielen Praxisbeispiele, die der Psychoanalytiker Kets de Vries (1980, 1984, 1984a, 1986) beschreibt. So berichtet er vom Chef eines in Schwierigkeiten geratenen Unternehmens der Oberbekleidungsbranche, der nicht mehr in der Lage war, der sich verschlechternden Gewinnlage seines Unternehmens ins Auge zu sehen: „Noch zwei Monate, bevor die Banken schließlich die Kontrolle übernahmen, hielt er Konferenzen ab, in denen nicht vorhandene Aufträge, die Entwicklung neuer, revolutionierender Maschinen und die Einführung neuer, innovativer Produkte besprochen wurden. Diese neuen Entwicklungen sollten das Schicksal des Unternehmens wenden und seine Branchenposition auf dramatische Weise wieder verbessern. Der Chef ignorierte die düstere Gewinn- und Verlustrechnung, die Unwirtschaftlichkeit der Produktion und die mangelhaften Leistungen des Verkaufs, indem er sie unlauteren Wettbewerbspraktiken oder gar Sabotageakten zuschrieb und versicherte seinen Managern, daß eine Änderung unmittelbar bevorstehe und das Unternehmen in aller Kürze wieder aus den roten Zahlen heraus sein würde." (Kets de Vries 1980: 57).

Daß die gestörte Wirklichkeitsauffassung sehr leicht auch auf andere übergreift und dann zu einem *kollektiven Wahn*, beziehungsweise zu einer *folie à deux* führen kann, beschreibt Kets de Vries in Fortführung des zuvor dargestellten Falls: „Leider waren diese glorreichen Ideen jedoch weit von den Realitäten entfernt. Obwohl es so aussah, als ob der Unternehmenschef allein geistiger Vater der meisten dieser Phantasiegebilde sei, nahmen seine engsten Mitarbeiter dies nicht nur einfach hin, vielmehr ermutigten sie ihn noch zu seinen irrationalen Aktionen und Gedankenflügen. Der Untergebene, der es wagte, seinem Unglauben Ausdruck zu verleihen, fand sich bald aus der Gemeinschaft ausgeschlossen; ihm drohte die Entlassung. Unter der kleinen, zunehmend isolierten Gruppe von Managern herrschte der Glaube, daß noch nicht alles verloren sei; wundersame Entwicklungen stünden unmittelbar bevor. Erst als die Banken die Kontrolle übernahmen, war der Zauberbann endlich gebrochen."

Was an diesem Fall so überrascht, ist das *Phänomen der Ansteckung*: Die Selbsttäuschung und das ungewöhnliche Verhalten greifen vom Urheber auf eine oder mehrere Personen über, die mit diesem eng vertraut sind. In vielen Fällen haben die Mitarbeiter nicht nur aktiven Anteil an der Selbsttäuschung, sie verstärken und vertiefen diese auch noch. Im weiteren Verlauf scheint es dann zu einer Eskalation der Intensität dieser Selbsttäuschung zu kommen, wenn die Beteiligten den Versuch unternehmen, die ursächlichen Probleme zu lösen. Weil sie sich in einer selbst gewählten, geschlossenen Gesellschaft am wohlsten fühlen, sind ihnen auch die Meinungen Außenstehender nicht willkommen und sie betrachten solche als eine Bedrohung des status quo und als Störung ihrer in einen Tunnel einmündenden Visionen.

Ein fast schon bizarres Beispiel zunehmender Wirklichkeitsentfremdung stellt das von Kets de Vries (1980: 59 f) beschriebene Verhalten von Henry Ford I dar, der einerseits als technisches Genie umjubelt war, andererseits jedoch auch sehr negative Seiten hatte. So ging Henry Ford der Kontakt zur Wirklichkeit im Laufe der Zeit immer mehr verloren, wobei erschwerend hinzukam, daß er in dieser Abkehr von der Realität von seinen Adjudanten unterstützt wurde, die sich auch nicht davor scheuten, durch Einschaltung zwielichtiger Typen aus der Unterwelt Detroits und regelrechten Terror ihre Auffassung von Realität und Wirklichkeit im Unternehmen durchzusetzen. Manager, die mit den Idiosynkrasien Henry Fords und seiner engsten Vertrauten nichts zu tun haben wollten, wurden kurzerhand gefeuert und die Art, wie man die Wirklichkeit eben sehen wollte, dadurch aufrechterhalten.

(3) Ein wesentlicher Aspekt interpersoneller Wahrnehmung ist die *Wechselseitigkeit* (Reziprozität) *der Wahrnehmungsakte*. Diese ergibt sich ganz einfach aus dem Umstand, daß der Wahrgenommene seinerseits wiederum wahrnimmt. Nun läßt sich feststellen, daß Menschen ihr Verhalten ändern, wenn sie merken, daß sie von anderen beobachtet werden: Sie wollen dann – je nach Situation – einen besonders guten oder auch einen besonders schlechten Eindruck machen.

Dies bedeutet, daß in einem ständigen *Kreislauf* Wahrnehmender und Wahrgenommener gleichzeitig versuchen, das Verhalten entsprechend den angestrebten Zielen ständig der Situation anzupassen und gleichzeitig die Reaktionen der anderen Personen wahrzunehmen. Wie Luhmann (1976, 1984) ausführt, ist die hohe Komplexität von Sozialsystemen, wie es z. B. ein Gespräch zwischen zwei Personen darstellt, vor allem auf die Gleichzeitigkeit dieses wechselseitigen Ablaufs von Wahrnehmungsprozessen und Aktionen, die *doppelte Kontingenz* der Handlungen der Aktoren, zurückzuführen, die für den Interaktionsverlauf von wesentlicher Bedeutung ist.

2.1.3 Probleme der Sprache

Die Sprache ist das grundlegende Kommunikationsmittel des Menschen. Die Fähigkeit, mit Hilfe der Sprache zu kommunizieren, ist – wie Argyle (1972: 63) sagt – wahrscheinlich der entscheidenste Unterschied zwischen dem Menschen und den nicht-menschlichen Primaten. Es ist eine biologische Fähigkeit, die sich (ausschließlich) beim Menschen entwickelt hat.

Mit der Behandlung von Problemen der Sprache ist ein lange vernachlässigter Aspekt des Lebens und Arbeitens in Unternehmen wieder stärker in den Vordergrund gerückt. Die Dreiheit: Sprache, Arbeit und Denken war bereits für die marxistische Konzeption der Genese der menschlichen Gesellschaft von grundsätzlicher Bedeutung. So schreibt Schaff (1973: 142): „Die menschliche Arbeit ist untrennbar mit dem Bewußtsein verbunden, d. h. mit dem Denken, das wiederum untrennbar mit der Sprache verbunden ist. Das Bewußtsein und also auch die Sprache, ist ein Arbeitsprozeß, ein gesellschaftliches Produkt, gleichzeitig eine notwendige Bedingung für den weiteren Fortgang dieses Prozesses, für die Existenz seiner höheren Stadien. Die menschliche Arbeit beruht auf der Kooperation, diese ist unmöglich ohne begriffliches Denken und ohne Verständigung." Habermas (1985; 69f.) schlägt deshalb in seinen Ausführungen zur *Neuen Unübersichtlichkeit* vor, die utopischen Akzente von der Arbeit (die das bessere Leben bringen sollte aber nicht brachte) auf die Kommunikation zu verschieben: „Deshalb habe ich vorgeschlagen, den Begriff des kommunikativen Handelns als einen Schlüssel zur Theoriebildung zu benützen, damit wir die eigensinnigen Strukturen der Lebenswelt besser in den Griff bekommen".

Wir bedienen uns dieses Instruments Sprache im gesellschaftlichen, beruflichen und persönlichen Alltag meist mit einer Selbstverständlichkeit, wie man ein längst gewohntes Handwerkszeug benutzt, ohne Reflexion, ohne Bewußtheit der Gefahren, die der Verwendung der Sprache anhaften. In den folgenden Ausführungen werden aus dem weiteren Bereich des Problemfeldes „Sprache" einige grundsätzliche Gedanken, die auch wesentlichen Einfluß auf die Kommunikation haben, behandelt: (1) Die Frage nach den Funktionen und dem Funktionieren von Sprache, (2) die Auswirkungen der Sprache auf das Wahrnehmen sowie das Denken.

(1) Die Sprachbenutzer übermitteln einander Aussagen über Dinge, nicht indem sie diese konkret *vor*weisen, sondern indem sie mittels Sprache auf sie *ver*weisen. In diesem Sinne hat die Sprache *Zeichencharakter*; die in der Sprache verwendeten Zeichen stehen jeweils stellvertretend für etwas anderes. Bateson (1982) verwendet zur Kennzeichnung der Relation zwischen den Dingen und den Zeichen – in Anlehnung an Korzybsky – die Metapher: „Die Karte ist nicht das Territorium und der Name ist nicht die benannte Sache." Dies besagt, daß eine Mitteilung, gleich welcher Art, nicht aus den Gegenständen besteht, die sie bezeichnet; eher hat die Sprache zu den bezeichneten Gegenständen eine Beziehung, die sich mit der zwischen einer Karte und dem dort dargestellten Territorium vergleichen läßt. Sprache ist deshalb nur möglich auf der Basis der Entwicklung einer komplexen Menge von *metasprachlichen Regeln*, die bestimmen, wie sich Zeichen, Worte und Sätze auf Gegenstände und Geschehnisse beziehen.

Das *semiotische* (triadische) *Zeichenmodell* von Ogden/Richards (siehe Pelz 1975) berücksichtigt drei Dimensionen des Zeichens:

- Das *Bezeichnete* (oder das Signifikat) als Sache,
- das *Bezeichnende* (oder Signifikant) als Wort zur Bezeichnung dieser Sache und
- den *Umweltreferent* als die Summe dessen, was sich jemand ganz konkret unter dieser Sache vorstellt.

Die drei Dimensionen sind in Abbildung 2 am Beispiel „Stuhl" dargestellt.

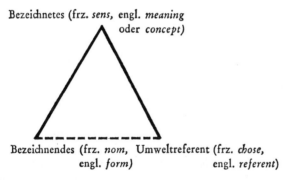

Abb. 2: Das semiotische Zeichenmodell von Ogden/Richards
(*Quelle*: Pelz 1975: 43)

Eines der wesentlichen Probleme der Kommunikation ist, daß jeder bestimmten Begriffen unterschiedliche Umweltreferenten, d. h. unterschiedliche Inhalte, Qualitäten etc. zuordnet. Wenn auch der Signifikant „Stuhl" für uns Deutsche als abstrakter Begriff (oder Signifikat) eines „Sitzmöbels" noch Gemeinsamkeiten in der Auffassung beinhaltet, klaffen die konkreten Vorstellungen über dieses „Sitzmöbel" (als Umweltreferent) doch ganz erheblich auseinander.

Beleg 11

Gibt es die „wahre" Bedeutung von Worten?
„Wörter (oder vielmehr Lexeme) sind, wie man weiß, Zeichen oder Symbole. Aber sie sind nicht Symbole für das, was sie bezeichnen, für die Dinge draußen in der Welt. Zunächst sind die Symbole für Konzepte in unserem Kopf. Wörter vertreten nicht die Dinge selbst. Sie vertreten die Ordnung, die unser Geist den Dingen gibt. Darum ist es auch so hoffnungslos, den „wahren" Bedeutungen der Worte nachzujagen; oder gar dem Wesen der Dinge näherkommen zu wollen, indem man Begriffe anstiert und immer spitzfindiger definiert. Die wahre Bedeutung des Wortes *Tisch* findet sich nicht draußen bei den Tischen dieser Welt. Das Wort *Tisch* bedeutet das Konzept, das es in einer bestimmten Situation, in einem bestimmten Zusammenhang bei einem bestimmten Hörer evoziert. Natürlich herrscht keine völlige Anarchie, sonst büßte die Sprache ihren Sinn als ein Werkzeug der Verständigung ein, und des einen *Tisch* wäre tatsächlich des anderen *Stuhl*. Daß die Sprache als Verständigungswerkzeug taugt, hat zur Voraussetzung, daß wir ähnliche Konzepte bilden und einer Konvention zu ihrer gleichartigen Benennung beitreten, nämlich der Sprache, deren wir uns bedienen. Aber in aller Regel werden die Konzepte verschiedener Menschen nur mehr oder weniger ähnlich, nie aber völlig identisch sein. Es ist kaum zu entscheiden, ob der vier Konzepte vereinende Satz *Gelassen stieg die Nacht ans Land* bei auch nur zwei Menschen die völlig gleiche Bedeutungsvorstellung hervorruft; unmöglich zu sagen, welches die „richtige" wäre. Wo immer wir den Verdacht haben, daß unser Gesprächspartner mit irgendeinem Wort nicht etwa das gleiche Konzept verbindet wie wir, wo also die Gefahr besteht, daß man „aneinander vorbeiredet", verabreden wir ganz automatisch Übereinkünfte, indem wir unsere Begriffe erläuternd umschreiben oder ausdrücklich definieren (…): *Mit „Begriff" meine ich hier…*"
aus: Zimmer 1986: 130f.)

Eines der grundsätzlichen Probleme in der Verwendung von Sprache ist, daß sie – wie Whorf (1984) sagt – die Wirklichkeit zerschneidet und dabei jene Elemente entstehen, aus denen sich die Sätze aufbauen: „Wir denken über die Welt so, als wäre sie eine Kollektion von gesonderten Dingen und Vorgängen, die unseren Wörtern entsprechen." Eine Folge hieraus ist auch, daß beim Verlassen des Greifbaren sehr oft Willkür und Verworrenheit entstehen.

Wie diese Ausführungen erkennen lassen, schiebt sich die Sprache gewissermaßen zwischen die Welt und die Erkenntnis dieser Welt; man spricht daher auch von einer *sprachlichen Zwischenwelt* oder vom *Vermittlungscharakter der Sprache*. Wie Vollmer (1983) ausführt, kann man deshalb in einer schematischen Zerlegung der Beziehung zwischen realer Welt und Erkenntnis das Verhältnis von Sprache und Wirklichkeit einerseits und das von Sprache und Denken andererseits untersuchen; beide Relationen sind Gegenstand der folgenden Ausführungen.

(2) Über das Verhältnis von *Sprache* und *Wahrnehmung* bzw. Sprache und Denken gibt es verschiedene Auffassungen; sicher ist jedoch, daß die Sprache unsere Art und Weise, die Welt zu sehen und zu beschreiben – wenn auch nicht ausschließlich, so doch erheblich – beeinflußt. So faßt Whorf (1984: 20) die Ergebnisse seiner Sprachforschungen in verschiedenen Kulturen zusammen: „Menschen, die Sprache mit unterschiedlichen Grammatiken benützen, werden durch diese Grammatiken zu

typisch verschiedenen Beobachtungen und Bewertungen geführt. Sie sind daher als Beobachter einander nicht äquivalent, sondern gelangen zu irgendwie verschiedenen Ansichten von der Welt." Wenn auch diese These Whorfs durch neuere Forschungsarbeiten etwas ins Wanken geraten ist (siehe z. B. hierzu die Veröffentlichung von Zimmer 1986) bleibt doch die Tatsache bestehen, daß Sprache durch Grammatik und Wort die außersprachliche Wirklichkeit in unterschiedlicher Weise aufteilen: Dies wird als *sprachliche Relativität* bezeichnet (Pelz 1975). Jede Sprache ist – um eine gerne gebrauchte Metapher zu benutzen – ein Netz, das über die Wirklichkeit geworfen wird; die Maschen dieses Netzes sind nicht in allen Sprachgemeinschaften und auch nicht für alle Teilbereiche der Wirklichkeit gleich groß und verlaufen nicht überall gleich. Wie ein bestimmtes Netz einen bestimmten Fang determiniert, wird auch das Ergebnis der Wirklichkeitserfassung bei Verwendung unterschiedlicher Sprachen differieren.

Daß zwischen *Sprache* und *Denken* enge Beziehungen bestehen, unterliegt anscheinend keinem Zweifel. Viele Autoren kommen sogar zu der Auffassung, daß die Sprache bei allen höheren Denkleistungen mitbeteiligt ist bzw., daß alle einigermaßen umfänglichen Gedanken Begriffe erfordern (Vollmer 1983). So wirkt die Sprache zweifach innerhalb des Prozesses der Aufnahme von Informationen: Auf der ersten Stufe strukturiert die Sprache die *Wahrnehmung*, auf der zweiten Stufe die danach folgenden *Denkprozesse*. Die Bindung an die Wörter und die ihnen von uns zugeschriebenen Inhalte werden somit – wie Schneider (1979: 189) sagt – „zu einem rundum geschlossenen Käfig komplettiert, zu einer „eigentümlichen Weltsicht" (Humboldt), der zu entrinnen nur wenigen Köpfen mit großer Anstrengung auf kurze Zeit gelingt".

Beleg 12

Sprache und Denken

„Ganz sicher hilft die Sprache dem Denken ganz ungemein. Indem ein Konzept mit einem Wort belegt wird, wird es zu einer Art Gegenstand: Es existiert, auch wenn es gerade nicht gedacht wird, es erhält Dauer, man kann damit sehr leicht hantieren, ganze Gefüge von Konzepten zu neuen Aussagen zusammenstellen, man kann mit einem Wort ein Konzept in seinem Geist hervorrufen, man kann seine eigenen Konzepte mit anderen Menschen austauschen. Im Experiment wurde gezeigt, daß umfangreiche logische Probleme besser gelöst werden, wenn man während der Arbeit an ihnen alle seine Denkschritte verbalisiert. Die Erfindung der Sprache hat die denkerischen Möglichkeiten des Menschen gewiß potenziert. Und nur sprachlich gefaßte Gedanken sind mitteilbar; alle anderen gehen mit dem, der sie denkt, zugrunde.
Die Sprache hält ihre Sprecher nicht gefangen; denken läßt sich auch, wofür die Sprache keine bequemen oder gar keine Mittel zur Verfügung stellt. Aber wofür fertige Ausdrucksmittel bereitstehen, läßt sich leichter denken; und wofür es sehr geläufige Ausdrucksmittel gibt am allerleichtesten.
Wenn verschiedene Sprachen nicht zu einem völlig verschiedenen Denken führen, so vor allem darum, weil sie alle auf einem ähnlichen Fundament ruhen. Die Grundbegriffe für die konkrete Welt und wahrscheinlich auch die Grundregeln ihrer grammatischen Verknüpfung sind für alle sehr ähnlich. Hier, bei den funda-

mentalen Kategorisierungen, werden alle Sprachen von ähnlichen kognitiven Mechanismen geformt. So treiben die Sprachen nie allzu weit auseinander; Verständigung bleibt möglich. Bei den abstrakten Begriffen aber kann sie schon sehr schwierig sein. Und die Bedeutungsnuancen, die den Begriffen durch die Kulturgeschichte ihrer Benutzer zugewachsen sind, sind oft schlechthin unübersetzbar."
aus: Zimmer 1986: 162 f.

Zusammenfassen kann man, daß die wesentliche Funktion der Sprache für das Individuum darin besteht, daß sie diesem ermöglicht, sich mit seiner Umwelt auseinanderzusetzen. Schneider (1979: 195) spricht deshalb auch von einer *ordnungspolitischen Leistung* der Sprache: „Die Wörter nötigen dem Chaos um uns her eine Ordnung des Denkens und Betrachtens auf – eine willkürliche, zwielichtige und vielfältig anfechtbare, aber eine Ordnung eben, und ohne Ordnung könnten wir das Leben nicht ertragen." Wie so viele Dinge hat auch die Sprache zwei Gesichter: Einerseits ermöglicht sie dem Individuum, zu seiner Umwelt in einen sinnvollen Kontakt zu treten; andererseits verfälscht sie die Wahrnehmung und das Denken, behindert sie den Kontakt des Individuums mit seiner Umwelt.

Von ganz grundsätzlicher Bedeutung für die Kommunikationspartner ist deshalb die Erkenntnis, daß ihre Wahrnehmung von vielfältigen physischen und psychischen Wahrnehmungsbarrieren sowie durch die Sprache selbst beeinflußt wird: Daß Kommunikation und Interaktion immer auf der Basis einer sehr unpräzisen, höchst subjektiven Erfassung der „Wirklichkeit" stattfindet und deshalb viele Probleme fast zwangsläufig entstehen.

2.2 Zur Verwendung der Begriffe „Kommunikation" und „Interaktion"

Bisher wurden die Begriffe „Kommunikation" und „Interaktion" verwendet, ohne daß näher erläutert wurde, was ich unter diesen Begriffen verstehe. Dies soll hier nachgeholt werden.

Beide Begriffe sind zwischenzeitlich so stark in der Alltagssprache verankert, daß man sich zumeist keine Gedanken mehr über ihre Verwendung macht. Vor allem die Verwendung des Begriffs „Kommunikation" in der Alltagssprache kommt einer Inflation gleich: Die Begriffe „Kommunikation" und „Interaktion" zählen zu den Begriffen, die *in* sind. Was den Inhalt und die Abgrenzung dieser Begriffe betrifft, teilen sie das Schicksal vieler Begriffe, die der vorwissenschaftlichen Sprache entnommen sind: Sie werden sowohl in der Alltagssprache wie auch in der Fachliteratur unpräzis und inkonsistent verwendet. So hat Merten (1977) in seiner Begriffsanalyse zum Begriff „Kommunikation" 160 verschiedene Definitionen zusammengestellt. Schon ein kurzer Überblick zeigt, daß diese Zusammenstellung nicht komplett ist.

Bei der Lektüre der vielfältigen Definitionen zu den Begriffen „Kommunikation" und „Interaktion" fühlt man sich leicht an Augustinus erinnert, der in seinen Bekenntnissen auf die Fragen, was „Zeit" bedeutet, folgendes ausführte: „Wenn mich niemand fragt, weiß ich es. Wenn ich es jemand erklären will, weiß ich es nicht." Meggle (1981) beklagt deshalb in seiner grundlegenden Analyse zum Begriff der „Kommunikation" auch, daß wir trotz der häufigen Verwendung dieses Begriffs in den verschiedensten Wissenschaften über keinen wirklich brauchbaren Kommunikationsbegriff verfügen.

Das wohl bis heute bekannteste *Modell der Kommunikation* stammt von Shannon/Weaver und hat seine Grundlage im nachrichtentechnischen Bereich (siehe Abb. 3).

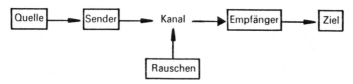

Abb. 3: Das Kommunikationsmodell von Shannon/Weaver
(*Quelle*: Crott 1979: 17)

In einer sehr einfachen und allgemeinen Form kann hiernach Kommunikation als Übertragung einer Nachricht von einem Sender auf einen Empfänger bezeichnet werden. So definiert Miller (zit. n. Graumann 1972: 1119) Kommunikation in Anlehnung an das Modell von Shannon/Weaver wie folgt: „communication means that information is passed from one place to another." Der Begriff „Nachricht" bezeichnet dabei „ein Zeichen, das aus geordneten, relativ komplexen Zeichen konstruiert sein kann" (Müller 1964: 109). Nachrichten können nach dieser Definition somit einzelne Worte oder Sätze, aber auch Töne, Bilder oder Gebärden (als Mimik oder Gestik) sein, sofern sie für den Empfänger (unter normalen) Umständen einen Sinn ergeben können. In der Informationstheorie werden die Begriffe „Nachricht", „Information" oder „Stimulus" bzw. „Botschaft" unterschiedlich verwendet. Ich möchte diese Differenzierung hier jedoch nicht vornehmen, verwende deshalb die Begriffe synonym.

Beleg 13

Das Kochbuchmodell des Informationsprozesses

„In der Informationstheorie, die auf Modellen der technischen Informationsübertragung aufbaut, sind die Begriffe Sender, Kanal, Information und Empfänger klar und eindeutig definiert (oder sie lassen sich klar und eindeutig definieren). (...) Leider läßt sich der Informationsaustausch zwischen menschlichen Wesen nur selten mit derart präzisen Begriffen fassen und beschreiben. Daher wird die Sache wesentlich komplizierter, wenn wir den Informationsprozeß in Organisationen betrachten. (…)

In vielen „Kochbüchern" werden Informationsprozesse als verhältnismäßig einfache und unkomplizierte Vorgänge beschrieben. Der Sender stellt ihnen zufolge beim Empfänger einen Informationsbedarf fest und trifft, bevor er sein Signal sendet, eine Reihe von Entscheidungen. Als Entscheidungsträger muß der Sender entscheiden, was die Information enthalten soll, und dies ist mit anderen Entscheidungen – zum Beispiel über die Zahl der Empfänger und die gewählten Empfängerkategorien – verbunden. (…)

Der Empfänger nimmt die Signale, die vom Sender ausgehen, auf und interpretiert sie. In der Terminologie der Informationstheorie nennt man diese Interpretation Entschlüsselung. Er versucht den Sinn der Signale zu verstehen und läßt sich, als Folge dieses Verständnisses, eventuell beeinflussen und wird geneigt, auf eine bestimmte Weise zu handeln. Vielleicht handelt er tatsächlich. Seine Reaktionen sind jedoch in gewissem Umfang situationsspezifisch und hängen unter anderem von seinen früheren Erfahrungen ab.

Das Kochbuchmodell des Informationsprozesses lehnt sich an die behavioristische Schule oder die Stimulus-response-Schulen an, denen zufolge die aktive Einheit (das Individuum oder das System) nahezu total von der Umwelt programmiert ist und infolgedessen passiv auf sie reagiert. (…)

Eine Organisation, die in der geschilderten Weise von Informationen *gesteuert* wird, ist nach unserer Meinung vielfach eine durch Information *gestörte* Organisation."

aus: Westerlund/Sjöstrand 1981: 72 ff.

Wie Luhmann (1984: 193 f) darlegt, ist die *Übertragungsmetapher* unbrauchbar, da sie suggeriert, daß der Absender etwas übergibt, was der Empfänger erhält: „Die gesamte Metapher des Besitzens, Habens, Gebens und Erhaltens, die gesamte Dingmetaphorik, ist ungeeignet für ein Verständnis von Kommunikation. (…) Ferner übertreibt die Metapher die Identität dessen, was „übertragen" wird. Benutzt man sie, wird man verführt, sich vorzustellen, daß die übertragene Information für Absender und Empfänger dieselbe sei."

Im *SMCR-Modell* von Berlo (s. Kelley: 1977) wird das Modell von Shannon/Weaver um die Dimension des Übertragungskanals (Channel) erweitert. Wie in Abbildung 4 dargestellt ist, berücksichtigt das SMCR-Modell darüber hinaus spezifische Kenntnisse, Einstellungen etc. des Senders und Empfängers, die auf Form und Inhalt der Kommunikation wirken.

Nach diesen mehr *nachrichtentechnisch orientierten Erklärungsansätzen* und Definitionen möchte ich nun auf einige *Definitionen aus dem Bereich der Sozialwissenschaften* eingehen. Wie Watzlawick et al. (1980: 23) ausführen, ist in pragmatischer Sicht „nicht nur die Sprache, sondern alles Verhalten Kommunikation". Als Pendant zu den eher trivial klingenden Definitionen von Miller und Watzlawick nun die Definitionen von Graumann (1972: 1109): „Wo immer zwei oder mehr Individuen sich zueinander verhalten, sei es im Gespräch, in Verhandlungen, im Spiel oder Streit, in Liebe oder Haß, sei es um einer Sache oder um ihrer selbst willen, sprechen wir von sozialen Interaktionen oder zwischenmenschlicher Kommunikation."

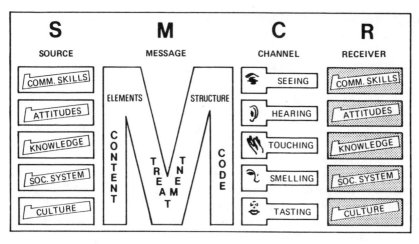

Abb. 4: Das SMCR-Modell von Berlo (*Quelle*: Kelley 1977: 27)

Wie Opp (1976) ausführt, gibt es bei den in den Sozialwissenschaften üblichen *Nominaldefinitionen* – da sie auf Konventionen über die Verwendung von Begriffen beruhen – keine Kriterien, nach denen man zwischen „richtig" oder „falsch" unterscheiden könnte. Nominaldefinitionen sind mehr oder weniger zweckmäßig bei der Bearbeitung sozialwissenschaftlicher Problemstellungen. In diesem Sinne sollten die zuvor dargestellten Definitionen auch nur ein Beleg sein für die unterschiedlichen Möglichkeiten, den Begriff „Kommunikation" inhaltlich zu bestimmen, wobei sich die hier vorgestellten Definitionen vor allem unterscheiden durch das ihnen zugrunde liegende wissenschaftliche Vorverständnis und dem Umfang der Merkmale, die zur Erklärung herangezogen werden.

Ich möchte nun noch auf die Möglichkeit einer differenzierten Verwendung der Begriffe „Kommunikation" und „Interaktion" eingehen. So werden die Begriffe „Kommunikation" und „Interaktion" von Graumann – wie oben genanntes Zitat zeigt – gleichgesetzt. An anderer Stelle schreibt Graumann (1972: 1118): „Die Auffassungen, ob Interaktion oder Kommunikation der weitere Begriff ist, gehen auseinander; sicherlich ist Kommunikation der verbreitetere. Daß es in dieser Jahrhunderthälfte der „modischere" ist, nicht zuletzt durch seine alltägliche Verwendung in den Medien der Massenkommunikation, macht seine begriffliche Präzisierung für den wissenschaftlichen Gebrauch schwer, wenn nicht unmöglich." Watzlawick et al. (1980: 50) hingegen schlagen eine differenzierte Verwendung beider Begriffe vor: „Kommunikation heißt Mitteilung (Message) oder, sofern keine Verwechslung möglich ist, *eine* Kommunikation. Ein wechselseitiger Ablauf von Mitteilungen zwischen zwei oder mehreren Personen wird als Interaktion bezeichnet. (Dem an genauer Quantifizierung interessierten Leser können wir nur sagen, daß eine Interaktion mehr als eine einzelne Mitteilung, aber nicht unbegrenzt ist.)"

Im gleichen Sinn schreibt Schulz von Thun (1981: 82): „... Die Kommunikation ist ja nicht damit beendet, daß der eine etwas von sich gibt und beim anderen etwas ankommt. Im Gegenteil, nun geht es ja erst richtig los! Der Empfänger reagiert, wird dadurch zum Sender und umgekehrt, und beide nehmen aufeinander Einfluß. Wir sprechen von Interaktion."

Unter Berücksichtigung praxisorientierter Erfordernisse ist eine differenzierte Verwendung der Begriffe „Kommunikation" und „Interaktion" oft problematisch. Dies zeigen auch die Ausführungen der Autoren, die beide Begriffe differenziert verwenden: An vielen Stellen ihrer Ausführungen verlassen sie ihre Linie und verwenden die Begriffe wieder synonym.

Aus grundsätzlichen Überlegungen (siehe hierzu auch die einführenden Gedanken unter 4.) werde ich mich in den weiteren Ausführungen an die von Watzlawick und Schulz von Thun vorgeschlagene differenzierte Verwendung der Begriffe „Kommunikation" und „Interaktion" anlehnen und dort, wo ich auf die besonderen Aspekte größerer Kommunikationseinheiten (Episoden) eingehe, den Begriff „Interaktion" verwenden. Eine differenzierte Verwendung dieser Begriffe hat zwei Vorteile:

● Zunächst wird man dem Umstand gerecht, daß Interaktion mehr ist als die Summe einzelner Kommunikationsvorgänge.
  Bei einer Behandlung der Probleme der Interaktion geht es deshalb auch vorrangig um die Probleme, die ihre Ursache haben im wechselseitigen Austausch von Informationen; die Sicht ist hier mehr prozeßorientiert.

● In Anlehnung an die differenzierte Verwendung der Begriffe kann auch die Gesamtproblematik in zwei sinnvolle Analyse-Felder getrennt werden.
  So werden unter dem Begriff „Kommunikation" vorrangig die materiellen Aspekte des Sendens und Empfangens von Informationen behandelt (siehe Ausführungen unter 4.) und unter dem Begriff „Interaktion" der dynamische, wechselseitige Aspekt im zwischenmenschlichen Miteinander (siehe Ausführungen unter 5.).

In diesem Sinne trägt eine differenzierte Verwendung der Begriffe auch zu einer sinnvollen Gliederung des Gesamtproblems bei. Ich möchte mich nun jedoch nicht sklavisch an die hier vorgeschlagene Trennung in die Begriffe „Kommunikation" und „Interaktion" halten. In Anlehnung an umgangssprachliche Gepflogenheiten werde ich in den mehr allgemeinen Teilen deshalb zur Bezeichnung des zwischenmenschlichen Miteinanders auch den Begriff „Kommunikation" verwenden.

2.3 Aufbau eines erweiterten Modells der zwischenmenschlichen Kommunikation

Es wäre nun sicherlich nicht sehr sinnvoll, den zahllosen Definitionen der Begriffe „Kommunikation" und „Interaktion" weitere hinzuzufügen. Ich möchte jedoch in den folgenden Ausführungen versuchen, durch den Aufbau eines erweiterten Modells der zwischenmenschlichen Kommunikation und die hiermit verbundene Begriffsexplikation aufzuzeigen, in welchem Sinne in der vorliegenden Veröffentlichung der Begriff „Kommunikation" verwendet wird. Gleichzeitig sollen die folgenden Ausführungen auch dazu dienen, nochmals auf die hier vorgeschlagene differenzierte Verwendung der Begriffe „Information", „Kommunikation" und „Interaktion" einzugehen.

(1) Im Gegensatz zum stark vereinfachten Kommunikationsmodell von Shannon/Weaver (siehe Abb. 3), handelt es sich bei der Kommunikation um einen sehr komplexen Prozeß, in dem sich die Rollen von Sender und Empfänger vermischen. So wird der Sender, während er seine Information übermittelt, prüfen, wie der Empfänger diese aufnimmt, um gegebenenfalls sofort Korrekturen oder Ergänzungen an den übermittelten Informationen vorzunehmen. Dieser Prozeß des gleichzeitigen Sendens und Empfangens wird darüber hinaus wesentlich beeinflußt von den *Zielen*, die der Sender erreichen möchte. Argyle (1972) hat diesen Prozeß in seinem Modell der motorischen Fähigkeiten dargestellt (Abb. 5).

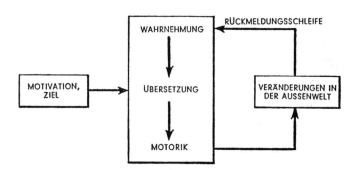

Abb. 5: Das Modell der motorischen Fähigkeiten von Argyle
(*Quelle*: Argyle 1972: 178)

Im gleichen Sinn nimmt der Empfänger die Nachricht nicht passiv auf. Der Empfänger wird vielmehr, während er die Nachricht aufnimmt, z.B. prüfen, wie wichtig die übermittelte Information für den Sender ist. Hierzu beobachtet der Empfänger Mimik und Gestik des Senders sowie die Tonlage, die von diesem gewählt wird. Während des Prozesses der Informationsaufnahme wird andererseits der Empfänger dem Sender (z.B. durch entsprechende Mimik oder Gestik) aber auch bereits Informationen übermitteln, wie die empfangenen Informationen aufgenommen werden.

Mit anderen Worten: schon der einfachste Vorgang der Übermittlung von Informationen zwischen zwei Individuen stellt einen *hoch-komplexen Vorgang* dar, bei dem sich Senden und Empfangen ständig überlagern. Sender und Empfänger bilden ein System, indem sie in einem *ständigen, kreisförmigen Austausch* von Informationen stehen, so wie dies in Abbildung 6 dargestellt ist.

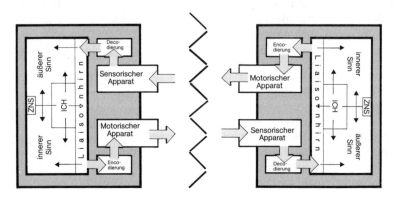

Abb. 6: Modell der zwischenmenschlichen Kommunikation (Basis: Abb. 1, S. 8)

Wie in Abbildung 6 angedeutet, wird dieser wechselseitige, sich überlagernde Austausch von Informationen durch Übermittlungsbarrieren behindert. Übermittlungsbarrieren können einerseits die mehr technischen Störungen sein (z. B. Nebengeräusche); andererseits sind hier zu erwähnen die diversen psychisch bedingten Probleme der Wahrnehmung, wie sie unter 2.1.2 beschrieben sind.

Die bisherigen Ausführungen lassen erkennen, daß eine Betrachtung der Probleme des zwischenmenschlichen Miteinanders sinnvollerweise auf *zwei Ebenen* erfolgen sollte. Zunächst auf der mehr sezierenden, *materiellen Ebene* der einzelnen übertragenen Nachrichten: der *Ebene der Kommunikation*, wobei diese Betrachtung ergänzt werden muß um die *wechselseitigen Aspekte*: die *Ebene der Interaktion*.

Entscheidend bei der hier vorgeschlagenen *ergänzenden, systemorientierten Betrachtung* ist nicht die einzelne übertragene Information oder die Sammlung und Analyse von mehreren einzelnen Informationen, sondern die ganzheitliche Betrachtung der Dynamik der Interaktion. Bateson (zit. n. Watzlawick 1980: 141) beschreibt die systemorientierte Betrachtungsweise wie folgt: „Wir müssen nicht nur As Reaktionen auf Bs Verhalten in Betracht ziehen, sondern darüber hinaus deren Einfluß auf Bs Verhalten sowie die Wirkungen, die dieses wiederum auf A hat."

Ganz sicher haben viele Beziehungskonflikte und Kommunikationsprobleme (auch in Unternehmen) ihre Ursache in einer unzureichenden Beachtung der Komplexität und Dynamik der Kommunikation und Interaktion. Allzu oft werden einzelne Informationen bewertet und diese nicht in den umfassenden Kontext gestellt, werden bestimmte Einzelinformationen herausgepickt und diese dann überbewertet, werden Ursache und Wirkung vertauscht.

(2) In den bisherigen Ausführungen wurde immer davon ausgegangen, daß es das wesentliche Merkmal der Kommunikation ist, daß Informationen übertragen werden. Was unter Information zu verstehen ist, wurde unter 2.2 (S. 29) ausgeführt. Inwieweit diese mehr technische Definition von „Information" in der hier angestrebten Betrachtung der zwischenmenschlichen Aspekte der Kommunikation und Interaktion noch ausreichend ist, soll nachfolgend geprüft werden.

(a) Daraus, daß alles Verhalten in einer zwischenmenschlichen Situation Mitteilungscharakter hat, folgern Watzlawick et al., daß *alles Verhalten* in einer zwischenmenschlichen Situation *Kommunikation* ist. Watzlawick et al. (1980: 53) formulieren deshalb ihr *erstes metakommunikatives Axiom* wie folgt: *„Man kann nicht* nicht *kommunizieren."*

Beleg 14

Verhalten hat kein Gegenteil

„Verhalten hat vor allem eine Eigenschaft, die so grundlegend ist, daß sie oft übersehen wird: Verhalten hat kein Gegenteil, oder um dieselbe Tatsache noch simpler auszudrücken: Man kann sich nicht *nicht* verhalten. Wenn man also akzeptiert, daß alles Verhalten in einer zwischenpersönlichen Situation Mitteilungscharakter hat, d. h. Kommunikation ist, so folgt daraus, daß man, wie immer man es auch versuchen mag, nicht *nicht* kommunizieren kann. Handeln oder Nichthandeln, Worte oder Schweigen haben alle Mitteilungscharakter: Sie beeinflussen andere, und diese anderen können ihrerseits nicht *nicht* diese Kommunikation reagieren und kommunizieren damit selbst. Es muß betont werden, daß Nichtbeachtung oder Schweigen seitens des anderen dem eben Gesagten nicht widerspricht. Der Mann im überfüllten Wartesaal, der vor sich auf den Boden starrt oder mit geschlossenen Augen dasitzt, teilt den anderen mit, daß er weder sprechen noch angesprochen werden will, und gewöhnlich reagieren seine Nachbarn richtig darauf, indem sie ihn in Ruhe lassen. Dies ist nicht weniger ein Kommunikationsaustausch als ein angeregtes Gespräch."

aus: Watzlawick et al. 1980: 51

Diese Auffassung von Information ist wesentlich weiter als die zuvor vorgestellten technisch orientierten Definitionen. Daß auch „Nicht-Verhalten" einen erheblichen Informationswert hat, merkt man spätestens, wenn man im Gespräch einem Mitarbeiter oder Kollegen gegenübersitzt, der sich absolut passiv verhält.

(b) Neben dem Informationswert enthält jede Mitteilung einen weiteren, zumeist jedoch weniger auffälligen Aspekt, einen Hinweis darauf, wie ihr Sender sie vom Empfänger verstanden haben möchte. Mit anderen Worten: das zwischenmenschliche Miteinander findet auf *zwei Ebenen* gleichzeitig statt; auf der *Verstandes-* bzw. *Objekt-Ebene* (hier geht es um die sachliche Argumentation) und auf der *Gefühls-*

bzw. Beziehungs-Ebene (hier geht es um die Gefühle und damit um die menschliche Beziehung der Gesprächspartner).

In diesem Sinne definiert jede übertragene Information auch die Beziehung zwischen Sender und Empfänger. Watzlawick et al. (1980: 56) formulieren deshalb ihr zweites Axiom der Kommunikation wie folgt: *„Jede Kommunikation hat einen Inhalts- und Beziehungsaspekt, derart, daß letzterer den ersteren bestimmt und daher eine Metakommunikation ist.“* Mit dem zweiten Teil des Axioms weisen Watzlawick et al. darauf hin, daß durch den Beziehungsaspekt auch festgelegt wird, wie die inhaltlich übermittelten Daten aufzufassen sind. Die hierbei übermittelte Information über die Information stellt im Sinne der logischen Typenlehre, da sie übergeordnet ist, eine *Meta*information dar.

Beleg 15

Trennung von Objekt- und Beziehungsebene

„Schon vor 70 Jahren verwies Bertrand Russell darauf, daß Aussagen über Dinge und Aussagen über Beziehungen streng zu trennen sind. „Dieser Apfel ist rot“, ist eine Aussage über eine Eigenschaft *dieses* Apfels. „Dieser Apfel ist größer als jener“ ist eine Aussage, die sich auf die Beziehung *zwischen den beiden Äpfeln* bezieht und die daher nichts mit dem einen oder dem anderen Apfel allein zu tun hat. Die Eigenschaft des Größerseins ist keine Eigenschaft eines der beiden Äpfel, und es wäre glatter Unsinn, sie *einem* der beiden zuschreiben zu wollen.
Diese wichtige Unterscheidung wurde später vom Anthropologen und Kommunikationsforscher Gregory Bateson aufgegriffen und weiterentwickelt. Er stellte fest, daß in jeder Mitteilung immer beide Aussagen enthalten sind; oder in anderen Worten, daß jede Kommunikation eine Objekt- und eine Beziehungsebene hat. Damit hat er uns geholfen, besser zu verstehen, wie man mit einem Partner – irgendeinem Partner, aber je näher desto besser – rasch in Schwierigkeiten kommen kann. Nehmen wir an, eine Frau fragt ihren Mann: „Diese Suppe ist nach einem ganz neuen Rezept – schmeckt sie dir?“ Wenn sie ihm schmeckt, kann er ohne weiteres „ja“ sagen, und sie wird sich freuen. Schmeckt sie ihm aber nicht, und ist es ihm außerdem gleichgültig, sie zu enttäuschen, kann er ohne weiteres verneinen. Problematisch ist aber die (statistisch viel häufigere) Situation, daß er die Suppe scheußlich findet, seine Frau aber nicht kränken will. Auf der sogenannten Objektebene (also was den Gegenstand *Suppe* betrifft) müßte seine Antwort „nein“ lauten. Auf der Beziehungsebene müßte er „ja“ sagen, denn er will sie ja nicht verletzen. Was sagt er also? Seine Antwort kann nicht „ja“ und „nein“ sein, denn das Wort „jain“ gibt es in der deutschen Sprache nur als Witz. Er wird also versuchen, sich irgendwie aus der Zwickmühle zu winden, indem er zum Beispiel sagt: „Schmeckt interessant“, in der Hoffnung, daß seine Frau ihn richtig versteht. Die Chancen sind minimal.“
aus: Watzlawick 1983: 72 f.

(c) Wie Inhalts- und Beziehungsaspekte in der Kommunikation übertragen werden, behandeln Watzlawick et al. (1980: 64) in ihrem *vierten metakommunikativen Axiom*, nach dem *„der Inhaltsaspekt digital übermittelt wird, der Beziehungsaspekt dagegen vorwiegend analoger Natur ist.“* Die in der Informationstechnologie bekannten Begriffe „digital“ und „analog“ können wie folgt definiert werden:

- „In der analogen Kommunikation (…) finden wir etwas besonders Dingartiges (…) schließlich liegt es ja im Wesen einer Analogie, daß sie eine grundsätzliche Ähnlichkeitsbeziehung zu dem Gegenstand hat, für den sie steht." (Watzlawick et al. 1980: 62) *Analoge Informationen*, die ihren Ursprung zum großen Teil in archaischen Verhaltensweisen haben (siehe Morris 1982), werden vor allem über Gestik, Mimik und Vokalisierung übertragen.
- Die *digitale Kommunikation* wird repräsentiert durch die Sprache, d. h. durch Worte und Zahlen, „deren Beziehung zu dem damit ausgedrückten Gegenstand eine rein zufällige oder willkürliche ist. Es gibt letztlich keinen zwingenden Grund, weshalb die fünf Buchstaben k, a, t, z und e in dieser Reihenfolge ein bestimmtes Tier benennen sollen – es besteht lediglich ein semantisches Übereinkommen für diese Beziehung zwischen Wort und Objekt (designatum), aber außerhalb dieses Übereinkommens ergibt sich keinerlei weitere Beziehung." (Watzlawick et al. 1980: 62)

Die Ausführungen zum Begriff „Information" möchte ich wie folgt *zusammenfassen*:

- Nicht nur die übertragene Nachricht hat in der Kommunikation und Interaktion Mitteilungscharakter, sondern alles Verhalten der Kommunikationsteilnehmer.
- Jede Information hat neben dem Inhaltsaspekt auch einen Beziehungsaspekt, durch den die Beziehungen zwischen Sender und Empfänger definiert werden.
- Informationen werden in analoger und digitaler Weise übermittelt, wobei die Informationen zum Beziehungsaspekt vorwiegend analoger (körpersprachlicher) Natur sind.

(3) In den bisherigen Ausführungen zum inhaltlichen Aspekt der Kommunikation wurden ausschließlich die von den Teilnehmern der Kommunikation unmittelbar (körperlich) erzeugten Nachrichten, ob sie nun sprachlicher oder nichtsprachlicher Natur sind, dargestellt. In die Kommunikation fließen jedoch auch Informationen ein, die üblicherweise unter der Bezeichnung *Kontext* zusammengefaßt werden. Wie wichtig der Kontext für die Kommunikation ist, daß manches Verhalten bei Unkenntnis des Kontextes nicht sinnvoll erklärbar ist, wurde im Verlauf der vorausgegangenen Ausführungen bereits angedeutet.

Der Kontext wird gebildet von einer Vielzahl von Faktoren. So zählen zum Kontext zunächst die räumlichen Verhältnisse, die räumliche Distanz der Teilnehmer der Kommunikation, die von den Teilnehmern eingesetzten Statussymbole, aber auch in der Vergangenheit liegende Ereignisse (z. B. frühere Erfahrungen in ähnlichen Situationen) bzw. die Ereignisse, die der Kommunikation unmittelbar vorausgegangen sind.

Schon eine oberflächliche Betrachtung der Vielzahl der Aspekte des Kontextes zeigt, wie wichtig die Beachtung dieser Komponente vor allem für die Kommunikation und Interaktion in Unternehmen ist. In nahezu allen hierarchisch strukturierten Gebilden ist es eines der ganz wesentlichen Privilegien der Obenstehenden, daß diese den Kontext der sozialen Beziehungen und hiermit auch Form und Inhalt der

Kommunikation beeinflussen können (siehe hierzu auch die Ausführungen unter 3.2 und 5.2.2).

Wie Selvini Palazzoli et al. (1984: 274f) ausführen, ist die exakte Abgrenzung des Kontextes (den sie als *Territorialität* bezeichnen) vor allem in den auf wechselseitiger Abhängigkeit beruhenden Organisationen von wesentlicher Bedeutung: „Ein wichtiger Schritt in der Analyse der interpersonalen Kommunikation besteht darin, die Territorialität der Kommunikation auszumachen, also den Bereich, in dem das Spiel gespielt wird. (…) Eben wegen dieser genauen Definition und Bestimmung der Territorialität der Kommunikation und auch wegen der Relativität der Interpretation kann es vorkommen, daß die kommunikativen Verhaltensweisen „irrational" erscheinen und die Teilnehmer eines erweiterten Kommunikationssystems sich gegenseitig unlogisches oder auch „verrücktes" Verhalten vorwerfen." Mit anderen Worten: Es ist von großer Wichtigkeit bei der Beurteilung des Verhaltens in der Kommunikation, auch das interpersonelle Beziehungsgefüge innerhalb des Unternehmens zu kennen.

Der Vollständigkeit halber möchte ich die Darstellung der zwischenmenschlichen Kommunikation aus Abbildung 6 um den Kontext erweitern (siehe Abb. 7).

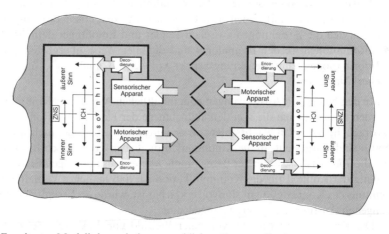

Abb. 7: Erweitertes Modell der zwischenmenschlichen Kommunikation

Das hier vorgestellte *erweiterte Modell der zwischenmenschlichen Kommunikation* (das in einer abgewandelten Form auch von Casagrande/Casagrande 1986 vertreten wird) geht über die mehr technisch orientierten Sender-Empfänger-Modelle hinaus. Besondere Berücksichtigung finden folgende Aspekte:

● *Senden und Empfangen sind keine getrennten Vorgänge;* sie überlagern sich in der zwischenmenschlichen Kommunikation.

● *In der Kommunikation hat jedes Verhalten, also auch das Nicht-Verhalten Mittei-*

lungscharakter; oder wie Watzlawick et al. (1980) sagen: „*Man kann nicht* nicht *kommunizieren*".

● Von wesentlicher – ja geradezu konstituierender – Bedeutung ist die Umwelt, in der die Kommunikation stattfindet: der *Kontext*. Erst durch die gemeinsame Festlegung des Kontextes bilden die Kommunikationspartner die Basis für den Austausch von Informationen.

Eine sinnvolle Analyse der Probleme der Kommunikation und Interaktion setzt voraus, daß die mehr sezierende Analyse einzelner Kommunikationsinhalte ergänzt wird durch eine mehr holistische Betrachtung der wechselseitigen Aspekte der Interaktion. Eine ausschließlich atomistische, an Ursache-Wirkung-Beziehungen orientierte Betrachtung der Kommunikation führt zwangsläufig zu unzureichenden Urteilen.

In den bisherigen Ausführungen wurde jeweils von einer Zwei-Personen-Kommunikation, einer *Dyade*, ausgegangen. Zweifellos bietet diese Darstellungsform eine Basis, die Komplexität (die in Mehr-Personen-Gesprächen wesentlich anwächst) in ihrer grundsätzlichen Form darzustellen. Andererseits beklagen Selvini Palazzoli et al. (1984: 269) zu Recht, „daß eine eingehende Erörterung jener Aspekte noch immer aussteht, die über die Definition der direkten dyadischen Beziehung zwischen Sender und Empfänger hinausgehen."

2.4 Der pragmatische Aspekt der Kommunikation und Interaktion

In den vorausgegangenen Ausführungen ging es vor allem um die inhaltlichen Aspekte bei der Übertragung von Nachrichten; in diesem Teil soll nun noch kurz der pragmatische (finale) Aspekt der Kommunikation und Interaktion behandelt werden.

Für Mead (1973) ist Sprache das Bindeglied in unserer organisierten Gesellschaft; Mead bezeichnet Kommunikation deshalb auch als „Grundprinzip der gesellschaftlichen Organisation des Menschen". Durch Kommunikation gewinnt das Individuum seine Identität; mittels Kommunikation setzt es sich mit der Gesellschaft auseinander.

Bei einer Betrachtung der Kommunikation darf also nicht nur die Absicht der Kommunikationspartner, einander etwas mitzuteilen, gesehen werden; es müssen auch *Kommunikationsinteressen* berücksichtigt werden, d. h. das, was ein Kommunikationspartner durch sprachliche und nicht-sprachliche Mittel beim anderen zu bewirken beabsichtigt. Insofern ist die Kommunikation nicht nur ein Mitteilen, sondern stets auch *Handeln*. Wie Luhmann (1984: 192 f) feststellt, sind deshalb die Begriffe „Kommunikation" und „Handlung" wohl unterscheidbar aber nicht zu trennen.

Kommunikatives Handeln hat – ganz generell – das Ziel, den Kommunikations-partner zu beeinflussen. So bezeichnet Meggle (1981: 16) es als primäres Ziel des Senders, „daß ein Hörer etwas bestimmtes tut: bei Aufforderungs-Handlungen, daß der Hörer eine bestimmte Handlung vollzieht, bei Informations-Handlungen, daß der Hörer etwas bestimmtes glaubt."

Peirce unterscheidet deshalb in seinem Zeichenmodell (siehe Abb. 8) unter-schiedliche *Dimensionen der Zeichen*:

● Die *semantische Dimension*, die sich auf die Relation zwischen den Zeichen und den Gegenständen bezieht.

  Für die Kommunikation bedeutet dies, daß sich Sender und Empfänger (z. B. in Zweifelsfällen) über die Bedeutung eines Zeichens einigen: „Was ist mit einer bestimmten Aussage gemeint?"

● Die *syntaktische Dimension*, die sich bezieht auf die formale Relation der Zeichen untereinander.

  Auf die menschliche Kommunikation angewendet ist diese Dimension vor allem interessant für die Informationstheoretiker, die sich mit dem Problem der Nach-richtenübermittlung (z. B. Code, Kanäle, Redundanz etc.) beschäftigen.

● Die *pragmatische Dimension*, die die Beziehungen zwischen Sender und Empfän-ger zum Gegenstand hat sowie die Aspeke der Verhaltensbeeinflussung durch Kommunikation.

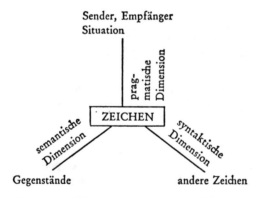

Abb. 8: Das Zeichenmodell von Peirce (*Quelle*: Pelz 1975: 210)

Watzlawick et al. (1980: 22) stellen in diesem Zusammenhang folgendes fest: „Schließlich beeinflußt jede Kommunikation das Verhalten aller Teilnehmer, und dies ist ihr pragmatischer Aspekt."

Die *verhaltensmäßigen Wirkungen* der Kommunikation fanden in der Psycholo-gie bereits relativ früh Beachtung. So berücksichtigt die von Bühler (1982, Erstauf-lage 1934) gewählte Kennzeichnung von *Sprache als ein Werkzeug* („Organon") *drei grundlegende Funktionen der Kommunikation* (siehe Abb. 9):

- In ihrer *Symbolfunktion* dient sie zur Darstellung bestimmter Gegenstände und Sachverhalte;
- in ihrer *Ausdrucksfunktion* gibt sie eine Information über den „inneren Zustand des Sprechers" (so z. B. seinen Unmut oder seine Verärgerung);
- in ihrer *Appellfunktion* veranlaßt sie den Empfänger zu einer bestimmten Handlung.

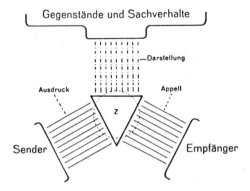

Abb. 9: Das Zeichenmodell (Organon-Modell) von Bühler (*Quelle*: Bühler 1982: 28)

Die von Bühler gewählte Bezeichnung *Appell* (oder Signal) beinhaltet somit – lediglich mit einem anderen Begriff – den pragmatischen Aspekt der Kommunikation.

Wie diese Ausführungen zeigen, ist eine der wesentlichen Funktionen der Kommunikation und Interaktion die Beeinflussung von Verhalten. In der vorliegenden Veröffentlichung geht es vor allem um die pragmatischen Aspekte der Kommunikation und Interaktion, um ihre verhaltensmäßigen Wirkungen, um die beobachtbaren Wechselwirkungen zwischenmenschlicher Beziehungen in Unternehmen.

2.5 Die Veränderung des Selbst durch Autokommunikation

In den bisherigen Ausführungen zur Kommunikation und beim Aufbau des erweiterten Kommunikationsmodells (Abb. 7, S. 38) ging es immer darum, daß eine Person im Rahmen einer expressiven, nach außen gerichteten Handlung Informationen an eine andere Person übermittelt.

Wenn wir reden, dann sagen wir jedoch nicht nur anderen etwas, sondern auch *uns selbst*: Jede Botschaft gibt uns und anderen Botschaft über uns selbst. Darüber hinaus *verändert uns jede Äußerung*. Die Anregung zu dieser erweiterten Betrachtung, auf die ich hier etwas näher eingehen möchte, stammt von dem russischen Semiotiker Lotmann. Von Lotmann (1977) wurden bei seinen semiotischen Forschungsarbeiten zwei grundsätzliche Formen der Kommunikation festgestellt, die in unterschiedlichen kulturellen Gruppen oder Kulturen in unterschiedlicher Ausprägung auftreten. Die eine Form wird beschrieben durch die bekannten Sender-Empfänger-Modelle, wie sie auch hier unter 2.2 vorgestellt wurden. Die zweite Form der Kommunikation hingegen geht nicht von einer Person (Sender) an eine andere Person (Empfänger), sondern ist eine *Nachricht, die der Sender an sich selbst richtet*. Kommunikation der zweiten Art ist demzufolge das Fertigstellen oder Verändern von etwas: eine Fertigstellung oder Veränderung des Selbst des Senders. Kommunikation wird somit – wie Neuberger (1985a) sagt – zum „Automobil": Automobil heißt *sich selbst bewegend*. Jede Kommunikation ist unausweichlich Selbstbewegung, Auto-Suggestion, Selbsterzeugung, Autopoiesis. (Siehe hierzu Roth 1986) Äußerungen an andere Personen sind somit (auch) Selbstgespräche; kein selbstvergessenes verbales Begleiten von Handeln, sondern ein Sprechen zu sich selbst – mit dem Ziel oder jedenfalls der Wirkung, sich selbst zu bestätigen oder zu verändern.

Was immer wir tun und sagen: es verändert nicht nur die anderen, sondern immer auch uns selbst. Wie Neuberger ausführt könnte man somit die fünf Axiome zur Kommunikation von Watzlawick um ein sechstes Axiom ergänzen: „*Jede Aussage ist auch eine Einsage*." Es ist nicht nur so, daß wir – wie Lichtenberg sagt – in allem was wir sehen uns selbst sehen: wir reden auch immer zu uns selbst. Wer mit herrischer Geste anderen etwas befiehlt, zeigt diesen dadurch, daß er sich seiner Sache sicher ist und entsprechenden Gehorsam erwartet. Durch den Prozeß des zu-sich-selbst-Redens wird ein Wunsch oder eine Prophezeiung zur Wirklichkeit. Reden ist somit nicht nur *das* Mittel, sich mit seiner Umwelt auseinanderzusetzen; Reden ist auch die Voraussetzung zur Selbst-Verwirklichung, zur Selbst-Erzeugung bzw. zur Selbst-Erhaltung. Wer oft genug behauptet, er sei der Größte, glaubt irgendwann, es wirklich zu sein. „Im Reden machen (verzaubern) wir uns selbst." (Neuberger 1985a)

Beleg 16

„Mann! Sieh dich, wie du bist:..."

Gernhardt, *Zeit-Magazin*, Heft Nr. 45 vom 1. November 1985.

Mit anderen Worten: Das bekannte *Sender-Empfänger-Modell* der Kommunikation wird ergänzt durch ein – von Lotmann so genanntes – *Ich-Er-Modell* der Autokommunikation. Es gibt somit Situationen, in denen sich der Mensch – ähnlich einem Tagebuch-Schreiber – an sich selbst wendet. Ein Tagebuch kann geführt werden, um wichtige Ereignisse und Daten festzuhalten. Tagebücher werden aber auch geführt, um Gedanken zu ordnen und klarzustellen. Tagebücher werden dadurch – wie die Autokommunikation – zu einem Mittel der Selbsterzeugung, der Autopoiesis. „Mein Tagebuch soll mein Spiegel sein" heißt es bei Georg Heym, und „Jeden Tag soll eine Zeile gegen mich gerichtet werden, wie man die Fernrohre jetzt gegen den Kometen richtet" bei Kafka (Raddatz 1986).

Im Lotmannschen Modell der Autokommunikation enthält eine Nachricht immer zwei Informationen. Hierzu ein Beispiel: Ein Vorgesetzter übermittelt seiner Sekretärin die Information: „Frau Maier, würden Sie mir bitte Akte „X" geben." Nach dem Modell der Autokommunikation könnte diese Nachricht für die Beteiligten folgende Information beinhalten:

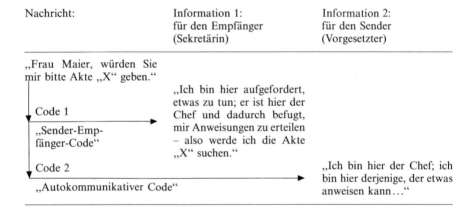

Nachricht:	Information 1: für den Empfänger (Sekretärin)	Information 2: für den Sender (Vorgesetzter)
„Frau Maier, würden Sie mir bitte Akte „X" geben." Code 1 „Sender-Emp-fänger-Code" Code 2 „Autokommunikativer Code"	„Ich bin hier aufgefordert, etwas zu tun; er ist hier der Chef und dadurch befugt, mir Anweisungen zu erteilen – also werde ich die Akte „X" suchen."	„Ich bin hier der Chef; ich bin hier derjenige, der etwas anweisen kann…"

Jede beliebige Botschaft kann somit dahingehend untersucht werden, welche Information sie dem Sender über sich selbst vermittelt, da jede Botschaft neben dem *pragmatischen Aspekt* auch einen *autokommunikativen Aspekt* besitzt. Der Prozeß der Selbst-Werdung durch Autokommunikation ist nun nicht nur für den Einzelnen von Bedeutung, sondern, wie ich später noch darstellen werde, auch für das Unternehmen als Kommunikationssystem. Im gleichen Sinne wie der Einzelne durch Autokommunikation seine Selbst-Werdung und Selbst-Erhaltung vollzieht, entwickelt auch das Unternehmen durch Kommunikation wesentliche Aspekte seines Unternehmens-Selbst.

3. Besonderheiten der Kommunikation in Unternehmen

Die Kommunikation in Unternehmen unterscheidet sich in weiten Teilen nicht von der Kommunikation in anderen Lebensbereichen (z. B. der Kommunikation in der Familie, im Verein usw.); das, was für die Kommunikation im privaten Bereich gilt, hat deshalb weitgehend auch Gültigkeit für die zwischenmenschliche Kommunikation in Unternehmen.

Im Vergleich zur Kommunikation im privaten Bereich wird die Kommunikation und Interaktion in Unternehmen jedoch durch einen *Rahmen* begrenzt, der gebildet wird durch die *Organisation des Unternehmens*: durch den hierarchischen Aufbau und die organisatorischen Vorgaben und Regeln. Die Kommunikation in Unternehmen kann sich somit nicht so frei entfalten wie die Kommunikation im privaten Bereich: sie wird geprägt durch den *organisatorischen Kontext*.

Eine Betrachtung der Kommunikation und Interaktion in Unternehmen wird deshalb immer *zwei Aspekte* berücksichtigen müssen:

- Einerseits die *Erkenntnisse, die für die Kommunikation und Interaktion ganz allgemein gelten*,
- andererseits den *betrieblichen (organisatorischen) Kontext*, der die Kommunikation und Interaktion in Unternehmen in Form und Inhalt beeinflußt.

In den folgenden Ausführungen werde ich vor allem die betrieblichen Aspekte behandeln, die die Kommunikation in Unternehmen prägen und kennzeichnen. Im einzelnen werde ich dabei eingehen auf

- die Bedeutung, die die Kommunikation für das Unternehmen hat (3.1),
- die Faktoren, die die Kommunikation in Unternehmen beeinflussen (3.2),
- Beschreibungsmerkmale der Kommunikation in Unternehmen (3.3),
- die grundsätzlichen Probleme der Gestaltung der Kommunikation in Unternehmen (3.4) und
- die Auswirkungen, die ein verstärkter Einsatz der Mikroelektronik sowie geänderte Wertvorstellungen der Mitarbeiter auf die Kommunikation in Unternehmen haben werden (3.5).

Im besonderen werde ich mich in den folgenden Ausführungen auf die Kommunikation von Führungskräften konzentrieren, wobei hier wiederum mein besonderes Interesse der vertikalen Kommunikation gilt, der Kommunikation zwischen Vorgesetzten und unterstellten Mitarbeitern, die ganz sicher auch die meisten Probleme mit sich bringt.

Zuvor möchte ich noch kurz auf den Stellenwert, den die Kommunikation inner-halb des *betriebswirtschaftlich orientierten Schrifttums* und der *Managementlehre* einnimmt, eingehen. Innerhalb der klassischen Betriebswirtschaftslehre, so wie sie z. B. von Gutenberg vertreten wird, werden die Probleme der Kommunikation le-diglich am Rande behandelt. Zumeist geht es dann um die Frage: „Über wieviel Information muß jeder Entscheidungsträger mindestens verfügen, wenn der gesam-te Entscheidungsprozeß optimal sein soll?". (Gutenberg 1965: 276) Entsprechend der Fragestellung versucht man, die Probleme der Kommunikation so z. B. mit Hilfe mathematischer Optimierungsmodelle zu lösen.

Erstmals bei Ulrich fanden die Probleme der Kommunikation innerhalb der Betriebswirtschaftslehre eine stärkere Beachtung. Ulrich betrachtet Kommunika-tion – gleichgestellt mit der materiellen, sozialen und wertmäßigen Dimension – als eigenständige Dimension des Unternehmensgeschehens. Auch Ulrich (1970: 258) geht davon aus, daß das vorrangige von der Betriebswirtschaftslehre zu lösende Problem vor allem darin besteht, daß innerhalb von Unternehmen „deren produk-tive Elemente jeweils rechtzeitig und auf rationelle Weise mit nützlichen Informatio-nen versorgt werden". Im Vordergrund seiner Ausführungen stehen deshalb auch Fragen der organisatorischen und technischen Gestaltung des Kommunikationssy-stems: so z. B. die Ermittlung des Informationsbedarfs, die Festlegung geeigneter Informationsquellen sowie die Regelung der Vorgänge der Beschaffung, Übermitt-lung, Verarbeitung und Speicherung von Informationen. Auch die Veröffentlichun-gen zur Gestaltung betrieblicher Kommunikation von Bartram (1969), Brönimann (1970) und Zeidler (1974) beschäftigen sich vorrangig mit Fragen der technischen und organisatorischen Gestaltung von Kommunikationssystemen. Ausnahmen bil-den im neueren amerikanischen Schrifttum die Veröffentlichungen von Casa-grande/Casagrande (1986) und von Conrad (1985).

Der Management-Theoretiker F. Gulick stellte anfangs der 40er Jahre in seinem Akronym POSDCORB (das steht für die Tätigkeiten: *P*lanning, *O*rganizing, *S*taf-fing, *D*irecting, *C*oordinating, *R*eporting, *B*udgeting) erstmals Kommunikation (Reporting) als wesentlichen Bestandteil der Tätigkeit einer Führungskraft dar. Bei der Behandlung von Fragen der Kommunikation geht es aber auch hier – ähnlich wie in der Betriebswirtschaftslehre – mehr um den technischen Aspekt der Informa-tionsübermittlung.

An dieser Einstellung hat sich im Laufe der Zeit nicht viel geändert. Auch die neuen, umfassenden Werke zur Führung (z. B. Wunderer/Grunwald: 1980) und zum Management (z. B. Staehle: 1985) beschäftigen sich beim Thema *Kommunika-tion* mehr mit den Problemen der Gestaltung von Kommunikationssystemen. Auf die vielfältigen Probleme der *zwischenmenschlichen* Kommunikation wird nur punktuell eingegangen. Erstmals bei Neuberger (1984) nehmen die Fragen der zwi-schenmenschlichen Kommunikation im Prozeß der Führung stärkeren Raum ein.

Zusammenfassen läßt sich, daß die moderne Führungs- und Managementlehre in den letzten Jahren wohl einige Elemente aus den Verhaltenswissenschaften über-nommen hat; dabei bleiben die vielfältigen Probleme der *zwischenmenschlichen*

Beleg 17

„An mangelnder Kommunikation…"

Veröffentlichung der *Hewlett Packard GmbH.*

Wie im Alten Testament (Moses 1, 11) beschrieben, brachte Gott den Turmbau von Babel dadurch zum Erliegen, daß er die „Sprache darselbst verwirrte, daß keiner die Sprache des anderen verstehe." Das Problem war somit nicht das Fehlen einer perfekten Bürokommunikation (mit welchen Geräten auch immer), sondern eine nicht ausreichende *zwischenmenschliche Kommunikation*. Ganz interessant an dieser Geschichte ist, daß von Gott das Mittel der *Sprachverwirrung* gewählt wurde – offensichtlich handelt es sich hierbei um ein probates Mittel, größere Projekte zum Erliegen zu bringen.

Kommunikation – so wie sie sich der Führungskraft in der Praxis stellen – doch weitgehend unberücksichtigt. Ich möchte hier Kotter (1983) zitieren, der beim Vergleich der Management-Theorie mit der Management-Praxis (ähnlich wie Mintzberg: 1980 u. 1981) folgendes feststellt: „Zwischen der konventionellen Weisheit über Managementfunktionen, -werkzeuge und -systeme auf der einen Seite und wirklichem Managementverhalten auf der anderen Seite besteht eine Riesenlücke. Theoretisch wird Management gewöhnlich mit Begriffen wie Planung, Kontrolle, Organisation und Leitung beschrieben. Die Praxis dagegen wird geprägt von langen Arbeitsstunden, fragmentarischen Episoden und mündlicher Kommunikation." Karl Weick (1985: 219) sagt in diesem Zusammenhang: „Probleme, die nie gelöst werden, werden deshalb nie gelöst, weil die Manager fortwährend mit allem herumexperimentieren, *außer* mit dem, was sie selbst tun."

Beleg 18

Der Kern aller Managementaufgaben

„Der Kern aller Managementaufgaben ist soziales Agieren. Aufsteiger verdanken ihren Erfolg nicht nur ihrem optimalen Einsatz menschlicher und sachlicher Ressourcen, sondern agieren vor allem erfolgreich gegenüber Vorgesetzten und dem Kräftefeld zwischen Kollegen und Klienten.

In jedem dieser Bereiche erwarten den Manager Herausforderungen im zwischenmenschlichen Bereich, denen er nur durch besondere Stärken im kommunikativen und Kontaktbereich begegnen kann. Der überwiegende Teil der Wirksamkeit von Führungsverhalten liegt im Bereich des Führungsstils, der Erwartungen von Vorgesetzten und Mitarbeitern; nur der geringere Teil geht auf die Konten Sachverstand und persönliche Merkmale."

aus: Grosser, *Manager-Magazin* 11/1985

3.1 Die Bedeutung der Kommunikation für das Unternehmen

Die einzelnen Aktivitäten innerhalb des sozialen Gebildes Unternehmen werden primär durch den Austausch von Informationen, d.h. durch Kommunikation initiiert und auf das Gesamtziel ausgerichtet. Ohne Kommunikation ist ein zielorientiertes Handeln mehrerer Individuen undenkbar. Kommunikation zählt somit – als ubiquitäres Phänomen sozialer Prozesse – auch mit zu den wesentlichen Bestandteilen der betrieblichen Wirklichkeit.

In der Folge werde ich auf die Ergebnisse von Untersuchungen zur Bedeutung der Kommunikation (quantitativer Aspekt) (1) sowie die Auswirkungen einer mangelhaften bzw. wirksamen Kommunikation (qualitativer Aspekt) eingehen (2). Daran anschließend gehe ich der Frage nach, welche Bedeutung autokommunikative Prozesse für das Unternehmen haben (3).

Übersicht 1: Zusammenstellung der quantitativen Analysen zur verbalen Kommunikation von Führungskräften in Unternehmen

I) Anteile der verbalen Kommunikation an der Gesamt-Arbeitszeit

Autor	Jahr der Veröffentl.	Quelle*)	Anzahl und Funktion der untersuchten Personen	
1. Burns (GB)	1954	3/2/4	4	Manager (Middle Management)	90%
2. Guest	1956	4/5	56	Vorarbeiter	57%
3. Caroll	1960	5	4	Abteilungsleiter	65%
4. Dubin & Spray	1964	3/4/5	8	Senior- und Middle Manager	54%
5. Horne & Lupton	1965	2/3	66	Middle Manager	63%
6. Stewart (GB)	1967	3/4/5	160	Senior- und Middle Manager	56%
7. Lawler, Porter, Tennenb.	1968	3	105	Führungskräfte der unteren und mittl. Ebene	89%
8. Kevenhörster (BRD)	1972	1	194	Führungskräfte (∅-Wert)	48%
9. Graves (GB u. F)	1979	5	?	Manager in verschiedenen Ländern (∅-Wert)	79%
10. Beishon & Palmer	1979	4/5	6	Führungskräfte (∅-Wert)	71%
11. Mintzberg (USA)	1980	3	5	Chief executives	78%
12. Brinkmann (BRD)	1982	5	459	Führungskräfte in „kleineren" Unternehmen	79%
			Summe 1067	Durchschnitt	69%

II) Verteilung der verbalen Kontakte nach hierarchischen Ebenen**)

Autor	Jahr der Veröffentl.	Quelle*)	Verteilung der Gespräche auf Gespräche mit:		
			Vorgesetzten	Gleichgestellten	Unterstellten
1. Guest	1956	4/5	15%	18%	67%
2. Piersol	1962	5	30%	10%	60%
3. Copeman (GB)	1963	3/4/5	26%	19%	55%
4. Kelly (USA)	1964	3/4/5	21%	33%	46%
5. Mintzberg (USA)	1980	3	10%	22%	68%
		Durchschnitt	20%	20%	60%

*) 1) Kevenhörster (1972, 53ff); 2) Neuberger (1980, S. 21); 3) Mintzberg (1980, 23ff); 4) Rühle (1982, 89ff); 5) Neuberger (1984, 133ff)
**) Ausschl. interne Kontakte; Werte wurden jeweils auf die Basis von 100% umgerechnet

(1) In Übersicht 1 sind die Ergebnisse von Untersuchungen zusammengestellt, in denen das Arbeitsverhalten von Führungskräften ganz allgemein und im besonderen auch die Zeiteinteilung dieser Führungskräfte analysiert wurden. Nachfolgend möchte ich die Ergebnisse dieser Untersuchungen – soweit sich diese auf die Kommunikation beziehen – zusammenfassen und kommentieren:

● Der weitaus überwiegende Anteil der Arbeitszeit von Führungskräften besteht aus verbaler Kommunikation. Nach den vorliegenden Untersuchungen läßt sich ein *Zeitanteil für verbale Kommunikation zwischen ca.* 50% *und* 90% feststellen, wobei der Mittelwert, der von mir zusammengestellten Untersuchungsergebnisse, bei 69% liegt.
Der Anteil der verbalen Kommunikation an der Gesamtarbeitszeit steht in Relation
– einerseits zur Größe des Unternehmens;
(Bei den Führungskräften in Großunternehmen entfällt ein höherer Zeitanteil auf verbale Kommunikation als bei den Führungskräften in Klein- und Mittelbetrieben – siehe z. B. Kevenhörster 1972.)
– andererseits zur hierarchischen Eingliederung.
(So liegen die Zeitanteile der verbalen Kommunikation bei Top-Managern wesentlich höher als bei den Führungskräften des Middle-Managements, bzw. den Führungskräften auf den unteren Ebenen.)

● Der Arbeitstag des Vorgesetzten wird weitgehend bestimmt durch eine *große Anzahl kurzer Gesprächsepisoden.* Die durchschnittliche Dauer eines Gesprächs liegt bei Führungskräften bei 7,59 Min. bzw. 6,22 Min. (Untersuchungsergebnisse von Beishon/Palmer, zit. n. Neuberger 1984: 133).
Gerade die hier angesprochene *Fragmentarisierung* der verbalen Kommunikation ist nach Mintzberg (1980, 1981) und Kotter (1983) eines der wesentlichen Kennzeichen der Kommunikation von Führungskräften. Mintzberg (1980: 33) hat folgende Durchschnittswerte für die Dauer verschiedener Gesprächs-Typen ermittelt:
– Geplante (und vorbereitete) Gespräche   68 Min.
– ungeplante (ad hoc)-Gespräche   12 Min.
– Telefongespräche   6 Min.

● Der *Vorgesetzte* ist der *Dreh- und Angelpunkt im Kommunikationssystem* des Unternehmens: Er stellt im Lauf des Tages dutzende von Verbindungen her zwischen den verschiedenen Stellen des Unternehmens. Neuberger (1976: 176) führt hierzu aus: „Denn gerade dies ist die Aufgabe des Vorgesetzten: die Dinge „in Fluß halten", auf Störungen flexibel zu reagieren. (...) Er ist der Lückenbüßer der Organisation, insofern er die jeweils aktuellen Assimilationen und Akkommodationen zu veranlassen hat."

● Wesentlich für dieses von Neuberger angesprochene „in Fluß halten" sind vor allem auch die vielen *spontanen (ungeplanten) verbalen Kontakte* des Vorgesetzten im Lauf eines Arbeitstages. So hat Mintzberg (1980: 39) folgende Werte in der zeitlichen und mengenmäßigen Verteilung der verbalen Kontakte ermittelt:

	Zeitanteile	Aktivitätenanteile
– geplante Gespräche	79%	31%
– ad hoc-Gespräche	13%	31%
– Telefongespräche	8%	38%
– Summe	100%	100%

Nahezu zwei Drittel der verbalen Kontakte bestehen – nach dieser Erhebung von Mintzberg – somit aus kurzen Episoden, während die geplanten Besprechungen mit einem Zeitanteil von nahezu 80% lediglich ein Drittel der Aktivitäten beanspruchen.

● In den Untersuchungen von Kevenhörster (1972) wurden Zeitanalysen getrennt vorgenommen nach den Kriterien: *Unternehmensgröße* und *Einzel- bzw. Gruppengespräche* und hierbei folgende Werte festgestellt:

	Manager in großen Unternehmen		Manager in Klein- u. Mittelbetrieben	
	Zeitanteil*)	prozentuale Verteilung	Zeitanteil*)	prozentuale Verteilung
– Einzelgespräche	15%	45%	13%	65%
– Gruppengespräche	18%	55%	7%	35%
– Summe	33%	100%	20%	100%

*) Ausschließlich die Zeitanteile für die betriebsinterne Kommunikation.

Bei einer Analyse der Werte von Kevenhörster läßt sich zunächst feststellen, daß die Zeitanteile, die in größeren Unternehmen auf die verbale Kommunikation entfallen, wesentlich höher sind als in Klein- und Mittelbetrieben.
Während in Klein- und Mittelbetrieben das Einzelgespräch ganz deutlich dominiert, beanspruchen in den Großbetrieben die Gruppengespräche mehr Zeit als Einzelgespräche. Bei einem Vergleich der Zeitanteile für Gruppengespräche zeigt sich auch, daß in Großbetrieben Gruppengespräche mit 18% zweieinhalb mal so viel Zeit in Anspruch nehmen als in Klein- und Mittelbetrieben (7%).

● In Übersicht 1 (Teil II) sind auch die Ergebnisse zur Verteilung der verbalen Kontakte auf die unterschiedlichen *hierarchischen Ebenen* zusammengefaßt. Bildet man den Durchschnittswert der einzelnen Untersuchungsergebnisse, entfallen von der betriebsinternen Kommunikation

- ca. 20% auf die Kommunikation mit dem Vorgesetzten,
- ca. 20% auf die Kommunikation mit Kollegen,
- ca. 60% auf die Kommunikation mit Unterstellten.

Ein Vergleich der Einzelwerte mit den Mittelwerten zeigt, daß vor allem bei den Führungskräften auf den mittleren Ebenen die Häufigkeit der Kontakte zu Vorgesetzten zunimmt, während die Führungskräfte auf den unteren Ebenen stärkere Kontakte zu den unterstellten Mitarbeitern haben.

● In der Regel wird davon ausgegangen, daß Vorgesetzte ihre Entscheidungen auf der Basis rationaler (abgestimmter, allgemein anerkannter und geprüfter) Informationen treffen. Untersuchungen (z. B. Mintzberg 1980 und Kotter 1983) zeigen jedoch, daß dies zumeist nicht der Fall ist; daß Vorgesetzte sich ein sehr differenziertes *Nachrichtensystem* aufbauen, durch das sie nicht nur die *harten* Fakten, sondern vor allem auch die *weichen* Informationen (also Klatsch, Gerüchte, Spekulationen, Andeutungen, Hörensagen) empfangen und in ihren Entscheidungen verarbeiten.

So beschreibt Richard Neustadt in seiner Analyse der Arbeitsweise der früheren Präsidenten Roosevelt, Truman und Eisenhower (zit. n. Mintzberg 1981: 69) deren kommunikatives Verhalten wie folgt: „Es sind nicht die allgemeinen Informationen, die einen Präsidenten seine Prioritäten erkennen lassen, nicht die Zusammenfassungen, nicht die Erhebungen, nicht die schmeichelnden Schlußberichte. Vielmehr sind es die unzusammenhängenden Details, die sich zu einem geistigen Bild zusammensetzen und den Präsidenten die andere Seite der ihm vorgelegten Sachfragen erkennen lassen. Um sich selbst zu helfen, muß er jede noch so geringfügige Tatsache, jede Meinung, jedes Gerücht, das seine Interessen und Abhängigkeiten als Präsident betreffen, zu fassen versuchen. Er muß dabei selbst zum Direktor seines eigenen Nachrichtendienstes werden."

Beleg 19

Nur um den Einsamen schleichen Gespenster – Über das Kommunikationsverhalten von Top-Managern

„Die Gefahr der Isolation vom operativen Geschehen und von den Menschen, die das Tagesgeschäft betreiben, ist für niemanden größer als für den Mann an der Spitze.

Sekretariat, Assistenten, Stäbe, Öffentlichkeitsabteilung und Sicherheitsdienst legen einen Cordon sanitaire um seinen Bereich. Ihre wichtigste Aufgabe sehen die direkten Mitarbeiter oft darin, den Chef nach Kräften abzuschirmen. Sie selektieren Besucher und Informationen soweit wie möglich nach seinen Präferenzen und Abneigungen oder was sie dafür halten. Sie bearbeiten Vorlagen gern bis zur Stromlinienförmigkeit, um alles Kontroverse daraus zu eliminieren.

Neigt der erste Mann zu einer gewissen Exklusivität, dann ist er – oft ohne es zu ahnen – nach einigen Jahren der Amtsführung von Regeln und Ritualen eingesponnen, die eine zweite Firmenwirklichkeit begründen, die Scheinrealität des So-möchte-es-der-Chef. (…)

„Ein Vorstandsvorsitzender muß eine Flut von Informationen haben, die hole ich mir oft direkt", berichtet Hans-Georg Pohl (52), Chef der Deutschen Shell AG in Hamburg, „fast täglich rede ich mit irgend jemand, auch zwei bis drei hierarchische Stufen tiefer, wenn ich schnell etwas erfahren will." Pohls Vorstandskollegen brauchen nicht zu befürchten, daß er sein „Quer-durch-Gehen" für Anweisungen außerhalb des Dienstweges mißbraucht. (...)

Auch dem medienerfahrenen Chef der Deutschen BP AG, Hellmuth Buddenberg (60), erscheint eine Maulkorbpolitik töricht. Intern verläßt Buddenberg sich „neben dem verantwortlichen Management" auf „die oft unter Beweis gestellte Urteilskraft meines Sekretariats" und „jederzeit sattelfeste Sachbearbeiter". So entstünden „Offenheit und Durchlässigkeit, die eine Abschirmung gegen unangenehme Nachrichten garnicht erst zulassen". Wichtig ist für ihn auch „der über Jahrzehnte gepflegte Kontakt zu Mitarbeitern früherer Arbeitsgebiete, auf deren Mut zum offenen Wort ich jederzeit rechnen kann". (...)

Manche Firmenchefs sind selbstkritisch genug, um gelegentlich in Zweifel zu ziehen, ob sie bei spontanen Gesprächen, Visiten oder Führungsklausuren – mag der Ton auch locker sein – tatsächlich das ungeschminkte Bild präsentiert bekommen, das sie sich erhoffen.

„Ein ständiger Durchgriff bis zur Basis ist bei der Größe des Unternehmens natürlich nicht möglich", bekennt Werner Breitschwerdt: „Wenn der regelmäßige Kontakt über die nächsten drei Führungsebenen reicht und wenn dieser Geist weiterverbreitet wird, ist schon viel erreicht." (...)

BASF Chef Hans Albers (59) sieht noch eine neue Variante der Isolierung an der Spitze – elektronische Medien. Albers warnt: „Moderne Führungsmittel der elektronischen Datenerfassung und -verarbeitung können nicht das Gespür für Chancen und Risiken ersetzen, das der unmittelbare Kontakt mit den Mitarbeitern vermittelt." Auch Albers nimmt deshalb trotz knapper Zeitressourcen „Gelegenheiten wahr, Betriebe und Büros zu besuchen und hier Gespräche zu führen". Die zurückhaltende Formulierung verrät wenig darüber, wie zupackend Albers dabei tatsächlich vorgeht.

Es ist wohl kein Zufall, daß gerade Konzernchefs, die wie Albers oder sein Ex-Bayer-Kollege Herbert Grünewald von der Pike auf in ihren Unternehmen gedient haben, auch heute noch die Fähigkeit zu spontanen Gesprächen außerhalb der geschützten Sphäre ihrer klimatisierten Verwaltungsbauten besitzen.

Sein Nachfolger Dietrich Natus (57), seit Juni im Amt, rät wie Buddenberg dazu, „Verbindungen zu den Menschen, mit denen man (früher) gearbeitet hat, aufrechtzuerhalten. Diese Verbindung bleibt die solide Basis, auf die man auch an der Spitze angewiesen ist."

Der bisherige Chef der wichtigsten MG-Tochter, Lurgi, hat als oberster Verhandlungspartner und Verkäufer bei großen Industrieanlage-Projekten die Notwendigkeit erkannt, daß der erste Mann selbst „unbedingte Kundennähe" demonstriert. Auf diese Weise gewinne er auch intern an Gewicht, sei sichtbar nützlich für das Unternehmen, kein Olympier über den Wolken, an den sich kein gewöhnlicher Sterblicher mehr herantraue."

aus: Rüssmann, *Manager Magazin* 10/1984

Die Ergebnisse von Untersuchungen zur Arbeitszeitverwendung von Führungskräften und zur Bedeutung, die die verbale Kommunikation vor allem für diese Gruppe hat, lassen sich wie folgt zusammenfassen und interpretieren:

(a) Vorgesetzte bevorzugen *mündliche* Kommunikation. Sie sind viel eher *Reder* (nicht Redner) als Schreiber.

(b) Vorgesetzte leben von *sozialen* Kontakten. Es scheint für sie wichtig zu sein, zu möglichst vielen Informanten Beziehungen zu haben.

(c) Die Kommunikation von Vorgesetzten ist im hohen Maß *fragmentarisch*: vorherrschend sind die vielen (zumeist informalen) und kurzen Kontakte.

(d) Vorgesetzte hängen nicht nur von den formalen Informationen (von den *harten* Fakten) ab. Sie benötigen vor allem auch die *weichen* Informationen.

(2) Trotz der offensichtlich doch wesentlichen Bedeutung der Kommunikation für das Unternehmen schenkt man in der betrieblichen Praxis Fragen der zwischenmenschlichen Kommunikation relativ wenig Beachtung. Sowohl auf der Seite der Vorgesetzten wie auch auf der Seite der Mitarbeiter ist ein zum Teil erhebliches Defizit kommunikativer Fähigkeiten vorhanden. Dieses Defizit fällt vor allem dann auf, wenn z. B. durch die Einführung von Führungsmodellen (wie etwa das *Management by Objectives*) Vorgesetzte und Mitarbeiter aufgefordert sind, mehr miteinander zu kommunizieren. „Daß die arbeitenden Menschen in ihrem Leben nie Gelegenheit hatten, vernünftiges Reden zu erlernen und Kommunikation zu üben", bezeichnet Gottschall (1974: 111) als Hauptursache für dieses Defizit an kommunikativen Fähigkeiten.

Weiterhin kann festgestellt werden, daß trotz intensiver Bemühungen, die Kommunikation in Unternehmen zu verbessern, und einem immer größer werdenden Angebot an Informationen der *communication-gap* zwischen den hierarchischen Ebenen eher größer wird. Wie von vielen vermutet, hat die verstärkte Computerisierung nicht zu der erhofften Lösung der Kommunikationsprobleme geführt, sondern eher zu einer Verschlechterung. So schreibt Drucker (1971: 38): „Der Informationsüberfluß zeigt mir eines: Das Kommunikationsproblem wird immer größer und ist immer schwerer zu lösen." EDV-Listen und Bildschirme ersetzen eben nicht die notwendige zwischenmenschliche Kommunikation in Unternehmen: sie können sie bestenfalls unterstützen. Nicht die Informationsmenge, sondern die Qualität scheint mithin das zentrale Problem ungenügender Kommunikation in Unternehmen zu sein. Wie Broms/Gahmberg (1983) ausführen kommt es in der betrieblichen Kommunikation vor allem auf den *qualitativen Aspekt* an; auf den Background, auf dem die harten Fakten aufbauen; auf das *Warum* und nicht nur auf quantifizierbare Daten.

Weick (1985) beschreibt dieses Zusammenspiel verschiedener Daten mit einer *Figur-Hintergrund*-Metapher. Die Figur wird dabei gebildet von den quantitativen Daten, die sich leicht typisieren lassen, während der Hintergrund die Grundlage für die Kommunikation ist: „Der Hintergrund besteht in diesem Fall aus den Restbeständen an Fremdartigem, Unvertrautem und der Typisierung Widerstehendem. Der Umfang dieses Hintergrunds sowie die Geschwindigkeit, mit der er sich verändert, beeinflussen das Schicksal der Organisationsmitglieder. Wenn sich der Hintergrund unbemerkt vergrößert, erkennen die Leute, die nach wie vor sehen, was sie früher gesehen haben, und die gleichen Geschichten schreiben, immer weniger von dem was vor sich geht." (Weick 1985: 287 f.)

Beleg 20

Kommt man über Quantität zur Qualität?

„Als Klaus Buch zurückkam, fand er nicht mehr in die Erinnerungsfeier hinein. Er und Hel schauten eine Zeit lang stumm zu, wie Sabine und Helmut die Käseplatte leerten, Weißbrot aßen, Rotwein tranken. Als Helmut die von Entsetzen geweiteten Augen der Buchs zum dritten mal durch Aufschauen zur Kenntnis genommen hatte, sagte er, Hels und Klaus' Zuschauen erinnere ihn an eine Szene aus dem Leben des großen schwedischen Philosophen Emanuel Swedenborg. Der habe, als er schon über fünfzig und ein berühmter Mann gewesen sei, einmal allein in seinem Zimmer in einem Londoner Hotel zu Abend gegessen. Plötzlich habe er in einer Ecke seines Zimmers einen Mann wahrgenommen, der in dem Augenblick zu Swedenborg herübersagte: Iß nicht soviel. Und wie hat der Herr Philosoph reagiert, fragte Hel. Von dieser Stunde an nahm er nur noch eine Semmel in gekochter Milch zu sich. Und viel Kaffee. Den aber unmäßig süß. Na bitte, sagte Hel. Swedenborg, Klaus, bitte merk dir den Namen, der interessiert mich. Eine Semmel pro Tag oder pro Mahlzeit? Das weiß ich leider nicht, sagte Helmut. Das mindert den Wert des Rezepts erheblich, sagte Hel. Sie schien fast ärgerlich vor Enttäuschung. Alles haben Sie sich gemerkt, sagte sie, den Namen, den Vornamen, den Beruf, die Nationalität, den Ort der Handlung, die Lokalität, die Bestandteile und dann vergessen Sie die Mengenangabe. Klaus, begreifst du das? Helmut war immer nur an Qualität interessiert, nie an Quantität, sagt Klaus Buch. Aber ohne genaue Quantitätsangaben kommt doch überhaupt keine Qualität zustande, rief Hel."

aus: Walser, 1978: 32f.

Ich möchte in diesem Zusammenhang auf die Ergebnisse einiger Untersuchungen, die sich direkt oder indirekt mit den Problemen der Kommunikation in Unternehmen beschäftigen, eingehen.

(a) In der bereits erwähnten Untersuchung des *Instituts für Kommunikationsplanung* zur Zeitaufteilung bei Führungskräften (siehe Kevenhörster 1972) wurde trotz des hohen Anteils verbaler Kommunikation von den Führungskräften Klage darüber geführt, daß man zu wenig Zeit hat für die als wichtig erachteten Einzelgespräche mit Mitarbeitern.

(b) Zu ähnlichen Ergebnissen kommt Noelle-Neumann (1983) in der Zusammenfassung ihrer Untersuchungen zur Arbeitsmoral. Hinsichtlich der Kommunikation in Unternehmen wird hier folgendes festgestellt:

● Die Mitarbeiter möchten mehr Informationen von ihrem Vorgesetzten (Form und Inhalt der Kommunikation mit dem Vorgesetzten wurden als unzulänglich bezeichnet);

● hinsichtlich der Erfüllung kommunikativer Anforderungen durch den Vorgesetzten besteht ein starker Unterschied zwischen den Erwartungen (Soll) der Mitarbeiter und dem tatsächlichen Verhalten des Vorgesetzten (Ist).

Beleg 21

Direkte Kommunikation ist gefragt

„Ich möchte von Erfahrungen berichten, die ich in den letzten drei Jahren in etwa 20 überwiegend mittelständischen Unternehmen der Größenordnung zwischen 30

Millionen und einer Milliarde Mark Umsatz in unterschiedlichen Branchen gemacht habe.

Alle Unternehmen waren erfolgreich, und in allen Unternehmen wurde ich von der Geschäftsleitung nach dem Motto „Uns geht es gut – und es soll uns auch in zehn Jahren noch gutgehen" als Moderator für einen strategischen Planungsprozeß gerufen.

Zur Vorbereitung eines solchen Prozesses komme ich nach dem Gespräch mit der Unternehmensleitung, in dem die Einzelheiten der Zusammenarbeit und die Zusammensetzung der Planungsgruppe besprochen und vereinbart werden, mit allen Mitgliedern der Planungsgruppe zu jeweils zwei- bis dreistündigen vertraulichen Vorgesprächen zusammen. In diesen Gesprächen will ich die Beteiligten besser kennen lernen, mich über Stärken und Schwächen des Unternehmens orientieren und als Einstimmung auf die gemeinsame Arbeit Fragen anstoßen, die normalerweise im Tagesgeschäft untergehen.

Meine Gesprächspartner sind in solchen Fällen ausschließlich Führungskräfte der zweiten Ebene, also der Geschäftsleitung direkt unterstellte Bereichs-, Hauptabteilungs- oder Abteilungsleiter. Auf diese Weise habe ich bisher mit über 150 Führungskräften gesprochen. Die Gespräche waren vertraulich und nur wenig strukturiert.

Zu Anfang hatte ich erwartet, daß in diesen Einzelgesprächen vor allem Themen wie Produktportfolio, Konkurrenzsituation, Marktanteile, langfristige Planung oder Diversifikationsnotwendigkeiten angesprochen, dagegen Probleme der eigenen Situation – wenn überhaupt – nur zurückhaltend behandelt würden. Das Gegenteil war der Fall. Die meisten meiner Gesprächspartner schienen nur darauf gewartet zu haben, jemanden, der fragt und zuhört, ihre Nöte schildern zu können. Und diese Nöte waren in überraschender Weise gleich – unabhängig von Unternehmensgröße, Rechtsform, Branchenzugehörigkeit oder Marktsituation. Sie lauteten:

– zuwenig Information von oben über Gesamtziele, Unternehmenssituation, neue Planungen;
– zu geringe Kommunikation, auch quer zur Unternehmensorganisation, also zu Nachbarbereichen;
– zuwenig Chancen für Beiträge außerhalb der Tagesroutine.

Gleichgültig wie ein Gespräch begann, es mündete früher oder später in einem zentralen Thema: zuwenig Information.

Vor allem wurde darüber geklagt, daß die Information „von oben" nicht ausreiche. Das gilt schon einmal für die „harten" Daten: Umsätze und ihre Entwicklung, Kosten, Erträge. (…)

Noch mehr Lücken zeigten sich bei „weichen" Informationen: Einschätzung der Zukunft, Gesamtzielsetzung, Absichten. Gründe für bestimmte Maßnahmen der Geschäftsleitung waren häufig nur bruchstückhaft bekannt und wurden durch Vermutungen, ja zum Teil durch abenteuerliche Spekulationen ersetzt. (…)

Was der einzelne an Information benötigt, darüber bestanden meist konkrete Vorstellungen. Anders sah es mit dem „Wie" aus. Deutlich wurde in meinen Gesprächen jedoch, daß die Führungskräfte auf den persönlichen Austausch von Informationen, auf Rückkopplungsmöglichkeiten Wert legten – und damit war es in den meisten Unternehmen schlecht bestellt.

In diesem Zusammenhang fielen dann Bemerkungen wie: „Meine Geschäftsführer bekomme ich alle Jubeljahre zu sehen", „Ich muß mir alles durch Aktennotizen von der Seele reden" oder „Um den Geschäftsführer sprechen zu können, muß ich erst für seine Sekretärin gute Worte finden."

Erstaunlicherweise gab es nur etwa in der Hälfte der von mir besuchten Unternehmen Managementbesprechungen, in denen Vertreter aller Ressorts regelmäßig zusammenkommen. Aber auch diese Gremien leisteten oft nicht genug. Häufige Klage: man treffe keine gemeinsamen Entscheidungen und sei nicht offen genug miteinander: „Soll ich meine Meinung sagen und damit die Stimmung verderben?"

In Unternehmen, die keine Managementbesprechungen kannten, gab es arbeitsorientierte Kommunikation fast ausschließlich in Zweiergesprächen. Eine Gesamtschau und Verständnis für die Probleme in anderen Bereichen kamen dadurch nicht zustande.

Statt dessen entstand oft etwas anderes – Mißtrauen. Die anderen wußten nicht, was in solchen Einzelgesprächen gesagt worden war, spekulierten, wer gegen wen ausgespielt wurde.

Über diese Dinge wurde in keinem der Unternehmen offen gesprochen. Kommunikation *über* Kommunikation gab es praktisch nicht. Fast jeder ahnte, daß vieles besser laufen könnte, fand sich aber mit den Verhältnissen ab, weil „das wohl nicht anders zu machen ist"."

aus: Kiehne, *Manager Magazin* 11/1985

(c) Klipstein/Strümpel (1984) fassen die Ergebnisse ihrer Untersuchungen zur Einstellung der bundesrepublikanischen Bevölkerung zur Arbeit und hier im besonderen zur Kommunikation im betrieblichen Bereich wie folgt zusammen:

● Eines der drei wesentlichen Merkmale für die Identifikation mit der Erwerbsarbeit ist neben der Achtung und Anerkennung als Person und der Möglichkeit, die eigenen Fähigkeiten bei der Arbeit einzubringen, die „Möglichkeit der Mitsprache bei wichtigen Entscheidungen, die den eigenen Arbeitsplatz betreffen." (57) Ganz offensichtlich geht es den Mitarbeitern nicht so sehr um die Mit*bestimmung*, sondern viel mehr um die Mit*sprache*: also das Reden über die Probleme, die sich dem einzelnen am Arbeitsplatz stellen. Wie Klipstein/Strümpel ausführen, tut sich vor allem bei der betrieblichen Kommunikation die größte Kluft zwischen Anspruch und Wirklichkeit auf.

● Zwei Drittel aller Berufstätigen sind der Meinung, daß eine Behebung vorhandener Mängel sie leistungsfähiger machen würde. Im Vordergrund der Möglichkeiten zur Leistungssteigerung stehen – nach Meinung der befragten Arbeitnehmer – (Klipstein/Strümpel 1984: 179):

– „Eine Arbeit, wo ich bei wichtigen Entscheidungen mitreden kann."
– „Ein Arbeitsplatz, wo ich informiert und auf dem laufenden gehalten werde."

Von 17 befragten Motivatoren nimmt das *Mitreden* in einer Rangfolge der Wichtigkeit für die Mitarbeiter den ersten Rang ein; das *Informiertwerden* den sechsten Rang.

Den Berichten über die Auswirkungen unzureichender Kommunikation gegenüber stehen Veröffentlichungen über die *Auswirkungen einer wirksamen, sinnvollen Kommunikation*. Schon Anfang der 40er Jahre wurden – im Anschluß an die Hawthorne-Experimente – von Coch/French, Lewin, Likert u.a. Untersuchungen zu den Beziehungen zwischen Vorgesetzten und Mitarbeitern angestellt. Ein wesentlicher Bestandteil dieser Untersuchungen war, daß Form und Inhalt der Kommunikation zwischen Vorgesetzten und Mitarbeitern zumeist im Sinne einer mehr beziehungsorientierten, lateralen Kommunikation verändert wurden. Rosenstiel (1975: 284) faßt die Ergebnisse dieser Untersuchungen – die Kommunikation betreffend – wie folgt zusammen: „(...) so steigt die Zufriedenheit in dem Maße an, in dem die Geführten das Bewußtsein gewannen, frei mit ihrem Vorgesetzten diskutieren zu können. Wichtig ist dabei jedoch, daß es sich wirklich um ein Gespräch handelt, die Kommunikation also zweiseitig ist. Nur diese wird als befriedigend erlebt: einseitige Kommunikation erscheint frustrierend."

Ob und inwieweit durch eine sinnvolle und wirksame Kommunikation jedoch die *Zufriedenheit*, und wie viele Autoren vermuten, sogar die *Leistung* gesteigert werden kann, ist – vor allem, was die Leistung betrifft – sehr schwer feststellbar. Man kann meines Erachtens jedoch davon ausgehen, daß eine sinnvolle Kommunikation eher zu mehr Zufriedenheit, unter Umständen auch zu mehr Leistung führt, als eine unzureichende Kommunikation. Wichtig scheint in diesem Zusammenhang vor allem zu sein, welche Anforderungen der Mitarbeiter an die Information und Kommunikation stellt. Werden seine Erwartungen erfüllt, führt dies tendenziell eher zur Zufriedenheit; werden seine Erwartungen nicht erfüllt, dürfte dies eher zu Unzufriedenheit führen.

(3) Unternehmen bestehen nicht nur aus *Artefakten* (also: Gebäuden, Maschinen, Einrichtungsgegenständen...) und den in ihnen tätigen *Menschen*, sondern vor allem auch aus den *Handlungen* dieser Menschen: Der Art, in der die im Unternehmen tätigen Menschen sich verhalten; wie sie ihre Probleme lösen; wie sie denken und fühlen; welche Ziele sie verfolgen; von welcher Sensibilität und Dynamik sie erfüllt sind; wie sie sich Änderungen gegenüber verhalten; in welcher Sprache (Chargon und Argon) sie miteinander sprechen; welches Selbstwertgefühl sie entwickeln... Wie ein Mensch entwickelt sich auch ein Unternehmen zu einer sozialen (korporativen) Persönlichkeit, einer Unternehmens-Persönlichkeit: Man spricht dann zumeist von Institution. Diese Unternehmens-Persönlichkeit wird heute sehr oft auch mit dem Begriff *Unternehmenskultur* umschrieben, wobei Unternehmenskultur verstanden wird als „die erlernte, charakteristische Weise, in der Menschen als Organisationsmitglieder Erfahrungen verarbeiten und Probleme lösen" (Neuberger 1985: 7).

Die Unternehmens-Persönlichkeit wiederum ist weitgehend das Ergebnis von Kommunikation: von (*Quasi-*)Autokommunikation. So wie sich eine Person durch Autokommunikation entwickelt, schafft sich auch ein Unternehmen durch Autokommunikation eine eigene Persönlichkeit (siehe hierzu die Ausführungen unter 2.5, S. 41 ff.). Auch bei der Kommunikation in Unternehmen beinhaltet jede Botschaft – entsprechend dem Lotmannschen Modell der Autokommunikation – immer zwei Informationen:

Nachricht	Information 1: für den Empfänger (z. B. die Mitarbeiter der Verkaufsabteilung)	Information 2: für den Sender (z. B. die Verkaufsabteilung als Institution)
„Wir wollen den Umsatz in den nächsten 5 Jahren um 30% steigern."		
Code 1 „Sender-Emp- fänger-Code"	„Wir sind aufgefordert, Konzepte zu entwickeln, wie wir in den nächsten 5 Jahren den Umsatz um 30% stei- gern können!"	
Code 2 „Autokommunikativer Code"		„Wir haben eine ausgezeich- nete Basis für eine positive Entwicklung; wir werden die Konkurrenz überflügeln; wir sind die Größten!"

Während mittels *Information 1* (dem *Sender-Empfänger-Code*) vor allem die *quantitativen Daten* und Fakten übermittelt werden, werden durch die *Information 2* (den *autokommunikativen Code*) *qualitative Daten* übermittelt.
Qualitative Daten bilden die Basis, auf der quantitative Daten interpretiert werden. Es sei hier nochmals festgehalten: Informations-Qualität entsteht nicht durch eine Anhäufung von Informations-Quantität; Quantität muß immer ergänzt werden durch Qualität, die vorrangig vermittelt wird über autokommunikative Prozesse. Entscheidend ist deshalb, daß die autokommunikativen Prozesse so gestaltet wer- den, daß Qualität entstehen kann. Dies setzt vor allem voraus, daß die *zwischen- menschliche Kommunikation* in Unternehmen verbessert wird.

Auch hier gilt: was immer wir tun und sagen verändert nicht nur den Empfänger der Nachricht, sondern auch den Sender (hier das Unternehmen oder eine Abtei- lung des Unternehmens als soziale, korporative Persönlichkeit). In diesem Sinne ist Kommunikation immer auch einer Selbstbetrachtung im Spiegel vergleichbar. Au- tokommunikation stellt dabei das Original her, das wir als unser Spiegelbild sehen wollen. Von jeher hat der Aberglaube den wissenden vom wirkenden Spiegel unter- schieden. Der *wissende Spiegel* ist ein Instrument der Befragung, Prophetie und Vision des Kommenden. Die Betrachtung des gespiegelten Abbildes kann uns dabei in einen para-normalen Zustand versetzen. Es werden ungeahnte Kräfte entwickelt; plötzlich erscheinen uns viele Ziele machbar. Beim *wirkenden Spiegel* geht es vor allem um Suggestion und Beschwörung. Der Spiegel hilft uns, Unglück abzuwen- den und vertreibt unliebsame Gedanken. Im Grunde genommen mobilisieren beide Arten des Spiegels psychische Kräfte: Die Möglichkeit, unsere Kräfte auf das Wahrgenommene, Gewollte zu konzentrieren. Bruce Lee hat über die Kampfes- kunst des *Kung fu* den Satz geprägt: „Wenn ein Mann dir das Ohr abbeißen will, braucht er dafür keine große Technik; wenn er es wirklich will, wirst du ihn kaum daran hindern können." (Zit. n. Städtler 1986)

Beleg 22

Der Dichter ist der eigentliche Held!

„Den Mitteleuropäern ist kaum begreiflich, was Sprache, Dichtung und vor allem die Poesie dem Araber bedeuten. Schon lange vor dem Auftreten des Propheten Mohammed hatte sich Poesie und Dichtung auf der arabischen Halbinsel zu einer hohen Kunst entwickelt. In keinem anderen Kulturraum waren die Sprache, die zündende Rede, das Wort – arabisch: al kalam – so sehr Inbegriff künstlerischen Ausdrucks wie im Arabischen. Ihre höchste Form fand die klassisch-arabische Kultur daher in der Dichtung. Der gereimte Vers, das Gedicht, das in der klassischen Quasida seine Vollendung fand, war seit je die Ausdrucksform, in der die Wüstenbewohner Arabiens das Leben zu erfassen suchten. Mehr noch: Durch den obsessiven Gebrauch der Sprache und die ständige Anstrengung des Gedankens wurde die Welt neu erschaffen. (...)
Besonders das Spottgedicht wurde zur schärfsten Waffe gegen Willkür und Tyrannei. Das Wort ersetzte häufig die Aktion, vor allem im ständigen Krieg der verfeindeten Stämme. War der Feind wortreich geschmäht, so war er eigentlich schon besiegt. Stammesfehden wurden daher häufig in Schmähversen und Spottgedichten ausgetragen. Die Wörter hatten magischen Charakter. Jeder Stamm, der etwas auf sich hielt, hatte seinen eigenen Dichter. Er war eine Art „Orakel" des Stammes, ein von übernatürlichen Kräften inspirierter Wissender, der höchstes Ansehen genoß. Ein Stamm, der keinen Dichter vorzuweisen hatte, war „von den Göttern zur Schande verdammt".
Der Stammesdichter – der Ša'ir – bestimmte Zeit und Ziel der Wanderungen, nahm mit der Fetischkraft seines Wortes direkten Einfluß auf Sieg oder Niederlage. Der Dichter, nicht der Krieger, war der eigentliche Held! (...) Dem Poeten kam daher in der arabischen Gesellschaft eine Rolle zu, die keine Parallele in unserer Geschichte kennt. (...) Wo ließen sich ein paar hundert Dichter herbei, in Kampfanzügen an die Front zu fahren, um den Soldaten im Donner der Geschütze und im Angesicht des Feindes durch ihre Verse Mut zu machen?"
aus: Heller, *Süddeutsche Zeitung* vom 12./13. April 1986

Bereits seit längerer Zeit haben die Aspekte der Autokommunikation Interesse bei Organisationspsychologen gefunden (siehe hierzu beispielsweise die Veröffentlichung von Broms/Gahmberg 1983). So gibt es seit Jahren eine Richtung, die die Handlungen einer Führungskraft als *symbolisches Handeln* deutet. Hauptaufgabe ist es, (nach Auffassung dieser Richtung), daß eine Führungskraft auf der Grundlage gemeinsamer Werte und Ziele symbolische Handlungen vollzieht, die bei den Betroffenen Sinn stiften. Der Führungskraft obliegt es dabei, in einer nicht genau beschreib- und durchschaubaren Welt, über die es viele, oft auch widersprüchliche Informationen gibt, den richtigen Weg zu finden, und zwar dadurch, daß sie durch ihre symbolischen Handlungen den Betroffenen Sinn für ihre Handlungen vermittelt. Einerseits erfolgt dieses Stiften von Sinn durch Übermittlung quantitativer Informationen, z. B. in Form von Wirtschaftlichkeitsberechnungen, Marktanalysen oder Trendberechnungen. Von ganz wesentlicher Bedeutung ist jedoch die ergänzende, symbolische Vermittlung qualitativer Informationen, z. B. in der Form von Werten, Normen, Maximen, die vorrangig durch autokommunikative Prozesse übermittelt werden. Kanäle zur Übermittlung autokommunikativer Informationen sind beispielsweise Unternehmensleitbilder, Planungsprozesse oder die Art der Führung.

(a) Wenn ein Unternehmen im Rahmen von *Unternehmensleitbildern* Maximen und Grundsätze formuliert, entsteht begleitend auch immer ein autokommunikativer Prozeß, da es bei der Festlegung von Unternehmensgrundsätzen nicht nur um eine Beschreibung des Ist-Zustandes, sondern vor allem um die Formulierung eines zukünftig zu erreichenden Soll-Zustandes geht. Wer ein Bekenntnis zu bestimmten Zielen, Werten oder Programmen abgibt, erlegt sich selbst eine Pflicht auf, auf die er und andere sich berufen können. Allein das Formulieren kann selbstverändernd wirken: Gesetzte Ziele übernehmen hierbei leicht die Funktion einer *self-fulfilling-prophecy*. Der Wert von Führungsgrundsätzen hängt deshalb auch nicht so sehr davon ab, *wie* diese inhaltlich formuliert sind, sondern viel mehr vom *Prozeß* in dem sie formuliert werden.

(b) Eine zweite wichtige Komponente sind die Prozesse, in denen ein Unternehmen versucht, sich *antizipativ mit der Zukunft auseinanderzusetzen.* „Strategische Planung" heißt die neue Zauberformel für eine fortschrittliche Unternehmensführung, wobei andererseits doch bekannt ist, daß in einer turbulenten und nicht-berechenbaren Umwelt langfristiges Planen nahezu unmöglich ist. Diese Feststellung wird durch das Scheitern fast aller Langfristprognosen erhärtet. Durch die Erstellung langfristiger Pläne suggeriert man sich jedoch, daß man dem Schicksal nicht ausgeliefert ist. So sind Pläne oft Wunschprojektionen, in denen erhoffte Erfolge vorweggenommen werden. Wie Westerlund/Sjöstrand (1981) anhand vieler Beispiele darstellen, verfolgen Führungskräfte nur in wenigen Fällen konsequent die von ihnen festgelegten Pläne. In diesem Sinne nehmen strategische Pläne (wie Broms/Gahmberg: 1983 sagen) in vielen Fällen auch die Form von *Mantras* an. Der Wert strategischer Pläne liegt deshalb auch nicht so sehr darin, daß sie (auf quantitativer Ebene) konkrete Richtlinien zur Durchführung zukünftiger Handlungen und Aktionen darstellen. Sie werden vielmehr (einem Mantra vergleichbar) zu einer Information im mythischen Bereich, die (auf qualitativer Ebene) sagt, was gut wäre für das Unternehmen. Wer oft genug zu sich selbst sagt „Ich bin der Größte!", wird es unter Umständen am Ende auch. Ganz sicher hat er eine bessere Ausgangslage als derjenige, der immer zu sich sagt „Ich habe keine gute Zukunft!". Über sich denken und reden stellt die Wirklichkeit her, die vorher nur Wunsch oder Prophezeiung war. Im zuvorgenannten Sinn sind dann auch die Bemühungen, sich antizipativ mit der Zukunft auseinanderzusetzen, positiv zu bewerten, da im Prozeß des Planens die interne Kommunikation sowie die Anstrengungsbereitschaft und Selbstverpflichtung durch Autokommunikation gesteigert werden: „Pläne sind wichtig in Organisationen, aber nicht aus den Gründen, welche die Leute annehmen" sagt der amerikanische Sozialpsychologe Karl Weick (1985: 22).
Entscheidend für den Erfolg von Plänen ist deshalb auch nicht so sehr, daß diese

alle Daten und alternative Entwicklungsmöglichkeiten beinhalten, sondern daß im Prozeß des Planens ausreichende und sinnvolle Möglichkeiten zur Autokommunikation vorhanden sind. Auch hier gilt, daß es mehr auf den *Weg* ankommt und nicht so sehr auf das Ziel: „Vor Ankommen wird gewarnt!".

Beleg 23

Vor Ankommen wird gewarnt!

„It is better to travel hopefully than to arrive, zitiert R. L. Stevenson die Weisheit eines japanischen Sprichworts. Wörtlich übersetzt heißt das natürlich: Es ist besser, hoffnungsfroh zu reisen, als anzukommen; etwas sinngemäßer: Im Aufbruch, nicht am Ziele liegt das Glück.
Die Japaner sind freilich nicht die einzigen, denen vor dem Ankommen nicht recht geheuer ist. Schon Laotse empfahl, das Werk zu vergessen, sobald es beendet ist. Auch George Bernard Shaw kommt einem zu diesem Thema in den Sinn, mit seinem berühmten, oft plagiierten Aphorismus: „Im Leben gibt es zwei Tragödien. Die eine ist die Nichterfüllung eines Herzenswunsches. Die andere ist seine Erfüllung." Hermann Hesses *Verführer* fleht die Verkörperung seines Begehrens an: „Wehr dich, du schöne Frau, straff dein Gewand! Entzücke, quäle – doch erhör mich nicht!", denn er weiß, „daß jede Wirklichkeit den Traum vernichtet". (...)
Doch das ist keineswegs alles. Mit dem Ankommen auch am hehrsten Ziel ist eine weitere Gefahr verbunden, die der gemeinsame Nenner der eingangs erwähnten Zitate ist, nämlich der Katzenjammer. Und um diese Gefahr weiß der Unglücksexperte; ob bewußt oder unbewußt spielt dabei keine Rolle. Das noch unerreichte Ziel ist – so scheint es der Schöpfer unserer Welt zu wollen – begehrenswerter, romantischer, verklärter als es das erreichte je sein kann. (...)
Deshalb: Vor Ankommen wird gewarnt. (Und, nebenbei bemerkt, warum glauben Sie wohl, nannte Thomas Moore jene ferne Insel der Glücklichkeit *Utopia*, das heißt „Nirgendwo"?)"
aus: Watzlawick 1983: 63 ff

(c) Als dritte wesentliche Komponente für korporative Autokommunikation wird hier noch kurz auf die *Art der Führung* eingegangen. Die Art der Führung dokumentiert sich vor allem darin, wie in Unternehmen die zwischenmenschliche Interaktion gestaltet wird: In welcher Form Gespräche, Besprechungen und Konferenzen ablaufen; in welcher Form Probleme und Konflikte geregelt werden; welche Maximen, Grundsätze und Mottos vorhanden sind; in welcher Form hierarchische Barrieren und Statussymbole die Kommunikation beeinträchtigen oder fördern...
Vor allem die Art der Führung ist es, die den autokommunikativen Prozeß steuert, da sie unmittelbar wirkt. Bei autoritären Führungsstrukturen bewirken eben auch die besten Führungsrichtlinien nichts; werden zur Makulatur. Genauso lassen sich die Ergebnisse umfassender Planungsprozesse nur dort realisieren, wo zuvor in ausreichendem Maße durch autokommunikative Prozesse eine entsprechende, sinngebende Basis geschaffen wurde.
Nicht umsonst rückt deshalb die Schulung *funktionsneutraler Fähigkeiten* (Rühle: 1982) und hier vor allem der *Kommunikationsfähigkeit* immer mehr in den Mittelpunkt von Ausbildungsmaßnahmen. So stellen BASF, Esso, IBM und einige

andere deutsche Großunternehmen in einem gemeinsamen Positionspapier zur Personalführung (siehe Derschka/Gottschall: 1980) die Weiterentwicklung der Informations- und Kommunikationsstrukturen sowie eine Verbesserung der Kommunikationsfähigkeit als wesentliches Ziel ihrer Ausbildungsmaßnahmen dar.

Beleg 24

Kommunikationsfähigkeit als Ausbildungsmaßnahme

„Wenn es darum geht, Informationen zu verbreiten, können die Manager aus dem vollen schöpfen. Es gibt Hausmitteilungen, Aktennotizen, Rundschreiben, Erlasse, Konferenzen, Versammlungen, Werkszeitungen, Geschäftsberichte, Bilanzen und das Schwarze Brett. Die Bürokratie machts möglich. Das Kommunikationsmittel aber, das sie mit Abstand am häufigsten verwenden – das menschlichste von allen –, ist zugleich jenes, über das sie sich die wenigsten Gedanken machen: das direkte Gespräch mit dem Mitarbeiter.

„Es ist erstaunlich, daß nur selten Anstrengungen unternommen werden, das Gespräch zwischen Chef und Mitarbeiter als einen Gegenstand der Schulung zu betrachten", wundert sich der Augsburger Psychologieprofessor Oswald Neuberger. Rhetorik, Verkaufsverhandlungen würden bis zum Exzeß trainiert – das alltägliche Gespräch zwischen Menschen dagegen erscheint besonderer Beachtung nicht wert."

aus: Gottschall, *management wissen* 1/1986

3.2 Die Kommunikation beeinflussende Faktoren

Die Kommunikation und Interaktion in Unternehmen wird im Vergleich zur Kommunikation im privaten Bereich durch eine Vielzahl von Faktoren beeinflußt, deren Wirkungsmechanismen (direkt oder indirekt) in der betrieblichen Organisation verankert sind.

Durch die organisatorische Gestaltung, und hier im besonderen durch die Arbeits- und Aufgabenteilung, entstehen in Unternehmen einzelne teilautonome Einheiten. Die kleinste Einheit bildet die Stelle als die auf eine Person bezogene Zusammenfassung von Teilaufgaben. Die gebildeten Aufgabenkomplexe (Bereiche und Abteilungen) sowie die einzelnen Stellen stehen nun nicht isoliert nebeneinander; sie beeinflussen sich vielmehr gegenseitig, sind voneinander abhängig.

Die notwendige Koordination zwischen den einzelnen Abteilungen und Stellen kann z. B. erfolgen durch spezielle Anweisungen, durch Selbstabstimmung der Beteiligten, durch Pläne oder durch dauerhafte organisatorische Regelungen. Die zweite wichtige Aufgabe bei der organisatorischen Gestaltung ist – nach der Zerlegung der Gesamtaufgabe in einzelne Stellen – deshalb, durch Vorgabe abgestimmter Regelungen die einzelnen Stellen wiederum zu einer zielgerichteten Koordination ihrer Aktivitäten zu bewegen.

In nahezu allen Unternehmen gibt es eine mehr oder weniger große Anzahl von

Regelungen und Vorschriften, die Auswirkungen auf die Kommunikation und Interaktion haben. Auf die wichtigsten Komponenten:

● Die *ablauforganisatorischen Regelungen zur Koordination* (1),
● die in der Hierarchie begründeten *Aspekte von Status und Macht* (2),
● sowie die vielfältigen *indirekt wirkenden Mittel zur Verhaltensbeeinflussung* (3)

und ihre Auswirkungen auf die betriebliche Kommunikation werde ich in den folgenden Ausführungen eingehen.

(1) Die Bildung von abgegrenzten Aufgabenkomplexen (Stellen) macht in der Folge die Schaffung einer Vielzahl von *organisatorischen Regelungen zur Koordination* notwendig. So ist zum Beispiel festzulegen, mit welchen anderen Stellen eine bestimmte Stelle in Verbindung treten muß, um ihre Aktivitäten zu koordinieren; wie der Inhaber einer bestimmten Stelle mit anderen Personen im Unternehmen kommunizieren muß... Festgehalten werden die wichtigsten Kommunikationsverbindungen in Kommunikationsdiagrammen, die die Organisationsdiagramme ergänzen. Auch in Stellenbeschreibungen werden die Kommunikationsaufgaben der Stelleninhaber festgelegt. Hier wird dann im Detail beschrieben, in welcher Art, in welchem Umfang, zu welchem Anlaß und mit welchen Personen (Stellen) sich der Stelleninhaber durch Kommunikation abzustimmen hat.

· Im Gegensatz zur Kommunikation im privaten Bereich sind die Aktoren in Unternehmen nicht frei in der Wahl ihrer Kommunikationspartner, zum Teil sogar gezwungen, mit bestimmten Personen in Kontakt zu treten, die sie im privaten Bereich unter Umständen meiden würden. Es ist vor allem diese Schaffung von *Zwangsgemeinschaften*, die die Kommunikation in Unternehmen problematisch macht.

(2) Eines der wesentlichen Ergebnisse der organisatorischen Gestaltung ist, daß die Inhaber verschiedener hierarchischer Positionen innerhalb des Unternehmens über einen unterschiedlichen Status verfügen und ein unterschiedliches Maß an Macht besitzen.

Porter/Roberts (1976: 1571 f) haben in ihren Untersuchungen festgestellt, daß Richtung und Intensität der Kommunikation von Führungskräften vor allem durch den betrieblichen *Status* der Kommunikationspartner bestimmt werden. So wird von Führungskräften primär die Kommunikation mit gleichgestellten und höhergestellten Personen angestrebt. Die Kommunikation mit Personen mit einem geringeren Status wird als nachrangig betrachtet. Ranghöhere und rangniedrigere Mitglieder des Unternehmens unterscheiden sich signifikant in der Bewertung ihrer Kommunikation mit den jeweiligen Vorgesetzten, wobei die ranghöheren Personen im Gegensatz zu den unterstellten Personen glauben, daß die Kommunikation mit den unterstellten Mitarbeitern ausreichend ist und vor allem auf ihre Initiative zurückgeht.

Wie Trebesch/Jäger (1971) ausführen, macht sich der Status vor allem auch in Besprechungen bemerkbar. Personen mit einem höheren Status haben hier zumeist mehr Gesprächsbeiträge; die von ihnen vertretene Meinung besitzt mehr Gewicht. Der Ranghöhere gilt fast automatisch als fähiger, verständiger, kompetenter als ein rangniedrigerer Besprechungsteilnehmer.

Neben dem Status sind vor allem Fragen der *Macht* von wesentlicher Bedeutung für die Kommunikation in Unternehmen. Macht wird hier – in Anlehnung an Crozier/Friedberg (1979: 39) – verstanden als „verfügbare Möglichkeit, auf andere Individuen oder Gruppen einzuwirken". Der Vorteil dieser an sich vagen Definition ist, daß die Aufmerksamkeit auf den beziehungsmäßigen Charakter von Macht gelegt wird. Macht kommt erst in den Beziehungen der Akteure, also der Kommunikation und Interaktion, zum Tragen.

Was sind nun die Quellen, die Grundlagen der Macht? Crozier/Friedberg (1979: 50) unterscheiden vier wesentliche Machtquellen: die Beherrschung eines speziellen Sachwissens, besondere Beziehungen zu bestimmten Umweltsegmenten, das Vorhandensein allgemeiner organisatorischer Regeln, sowie die Kontrolle von Informationen und Kommunikationskanälen.

Eine besondere Bedeutung kommt hier der Art zu, in der durch Gestaltung von Form und Inhalt der Kommunikation und durch Steuerung der Informationsflüsse zwischen den einzelnen Stellen des Unternehmens Macht konstituiert und gestützt wird. So benötigen die Mitglieder eines Unternehmens zur Erfüllung ihrer Aufgaben gewisse Informationen von anderen Stellen. Diese Stellen üben allein dadurch, daß sie im Kommunikationsnetz eine bestimmte Stelle innehaben, Macht aus.

Das Streben nach Macht ist – nach McClelland (1976: 61) – auch eines der wesentlichen Motive, das Führungskräfte bewegt: „Top-Manager müssen ein starkes Verlangen nach Macht besitzen – den Wunsch, auf andere einzuwirken." Ganz sicher wird somit auch die Kommunikation von Führungskräften in einem erheblichen Umfang von Machtmotiven bestimmt: Führungskräfte streben in einem hohen Maß nach Macht und werden zur Verwirklichung ihrer Ziele die zwischenmenschliche Kommunikation entsprechend einsetzen.

So kann der Vorgesetzte dem Mitarbeiter z. B. wichtige Informationen vorenthalten oder bestimmen, mit welchen anderen Personen der Untergebene in Kommunikation treten kann. Daß die Informationsmacht des Vorgesetzten auch entsprechend eingesetzt wird, zeigen die von Allen u. a. (1979) durchgeführten Untersuchungen zur Politik in Organisationen. Von den befragten Führungskräften gaben (zit. n. Neuberger o. J.: 47)

- 56,7% der Geschäftsführer,
- 57,1% der Stabs-Manager,
- 48,3% der unteren Führungskräfte

an, daß sie Informationen vorenthalten, verdrehen oder den anderen mit Informationen überhäufen. Allen stellt weiterhin fest, daß die Informationsmanipulationen neben den verschiedenen Taktiken des direkten Angriffs von Gegnern in der Beliebtheitsskala mikropolitischer Taktiken mit an der Spitze stehen.

(3) In den vorausgegangenen Ausführungen behandelt wurden zunächst die lega-

len oder wie Max Weber (1972) auch sagt, rationalen Mittel der Herrschaft, so wie diese durch die hierarchische Gestaltung und die formale Regelung des Organisationsgeschehens festgelegt sind. Die Kommunikation in Unternehmen wird jedoch auch durch eine Vielzahl formal nicht vorgegebener Mittel beeinflußt: Mittel, die ihren Ursprung wiederum zumeist in der Hierarchie des Unternehmens haben.

So drückt die Hierarchie nicht nur Über- und Unterstellungsverhältnisse aus, sie stellt auch eine Werte-Hierarchie dar. Unterstützt wird der Status der Person durch entsprechende *Statussymbole*, die die Aufgabe haben, für jeden erkennbar den Wert, den eine bestimmte Person innerhalb der Hierarchie hat, auszudrücken. Die Liste möglicher Statussymbole ist fast unendlich und reicht von der Größe und Ausstattung des Büros bis zum Extra-Toilettenschlüssel (siehe Trebesch/Jäger: 1971).

Statussymbole beeinflussen die Kommunikation, da sie eine ungleiche Ausgangslage für die Beteiligten schaffen. So hat der in der Hierarchie Höherstehende z. B. in Besprechungen einen bevorzugten Platz, beeindruckt im Mitarbeitergespräch den Untergebenen durch Größe und Einrichtung seines Büros, kann die für den Mitarbeiter wichtigen Informationen nach freiem Ermessen an diesen weitergeben oder nicht.

Der Status und die Autorität des Vorgesetzten ermöglicht diesem auch, den Ort und Zeitpunkt von Besprechungen zu bestimmen. Der Vorgesetzte kann den Untergebenen über die Inhalte angesetzter Besprechungen zunächst im unklaren und schon vor der Besprechung „schmoren" lassen, er bestimmt die Sprechfolge im Gespräch und beendet dieses, wenn er es für richtig hält.

Beleg 25

Die Distanz verleiht erst die richtige Würde

„Manager distanzieren sich von ihren Kollegen und Mitarbeitern – aus eigenem Antrieb und mit Hilfeleistung der Firma – durch ein Vielzahl auch unterschwellig wirkender Signale. Weil Position, Weisungsbefugnis und Gehalt auch nach außen dokumentiert werden wollen, sind Statussymbole noch immer überaus beliebt. (...) Eine manager magazin-Umfrage unter 45 Unternehmen in der Bundesrepublik zeigte, daß etwa die Hälfte der Firmen in Richtlinien fixiert hat, für welche Positionen welche Büroausstattungen vorzusehen sind. Die anderen haben schriftlich nichts festgehalten, verfahren aber beinahe ausnahmslos nach ähnlichen Gesichtspunkten: Die Hierarchie – so war's schon immer – schlägt sich halt für alle sichtbar im Ambiente nieder.
Doch bei aller Funktionalität moderner Büros – wieso hat der Sachbearbeiter, der in Aktenbergen herumkramen muß, den kleinsten Schreibtisch und der Vorstand fast eine Tischtennisplatte, obwohl er nur knapp gehaltene Vorlagen durchzuarbeiten hat? Symbolisieren Teak und Leder, männlich herb und hart, den unternehmerischen Weitblick, stehen Blech und Kunststoff, leicht zu formen und ersetzbar, für die Qualität der Mitarbeiter?
So gesehen ist die Sache ganz rational und funktional. Der Chef kann weitgehend auf Imponiergehabe verzichten, wenn er für jeden erkennbar mit den Insignien der Macht umgeben ist – er hat schon genug damit zu tun, seine Rolle positionsgemäß auszuüben. Die Sorge um den Status nimmt ihm die Firma größtenteils ab.

Eines der offenbar besonders erstrebenswerten Privilegien ist das Vorzimmer. Der britische Managementkritiker Martin Page verglich den Vorzimmer-Ritus und das Kommunikations-Blockier-System der Vorzimmerdamen mit einer alten Sitte der afrikanischen Akan-Stämme: Häuptlinge lassen nicht direkt mit sich reden, sondern nur über einen Stammessprecher. Die Distanz verleiht erst die richtige Würde. Sehr viel persönlicher und repräsentativer als Blumen ist die Ausstattung des Büros mit Bildern. Bei 27 Firmen schaffen sich die Führungskräfte auf eigene Rechnung solche optischen Hinweise auf ihr ästhetisches Empfinden an. (...) Gängige Dekorationsobjekte sind auch, wie von der Dresdner Bank beobachtet, „aus individuellem Anlaß (Dienstjubiläum, Geburtstag) erhaltene Geschenke: Schreibtischgarnituren, Schreibtischlampen, individuelle, auch exotische Nippes, persönliche Urkunden, Photographien von Angehörigen". Seltener zieren Vorgesetzte ihre Zimmer mit eigenen Kleinmöbeln (so bei Wacker-Chemie) oder Gardinen und Teppichen (Eternit AG)."

aus: Derschka, *Manager Magazin* 11/1981

Ein wesentliches Merkmal der Kommunikation in Unternehmen ist somit die in vielen Gesprächen vorhandene Ungleichheit der an der Kommunikation beteiligten Personen bzw. – wie es Watzlawick (1980) nennt – eine *komplementäre Beziehung* der Kommunikanten, bei der ein Partner die sogenannte superiore, primäre Stellung einnimmt, der andere die entsprechend inferiore, sekundäre. Dieses Merkmal gilt mehr oder weniger stark, direkt oder indirekt wirkend für alle Formen von Gesprächen zwischen Vorgesetzten und Untergebenen in Unternehmen, also auch dort, wo man – wie in vielen Gruppengesprächen – einen herrschaftsfreien Informationsaustausch (Dialog) anstrebt.

3.3 Beschreibungsmerkmale der Kommunikation

Vor allem in der betriebswirtschaftlich orientierten Literatur findet man eine Vielzahl von Beschreibungsmerkmalen zur Kommunikation. In den folgenden Ausführungen werde ich auf diese Beschreibungsmerkmale – soweit sie Bedeutung für die zwischenmenschliche Kommunikation und Interaktion haben – eingehen. So werde ich unter (1) die betriebliche Kommunikation in unterschiedliche Kommunikations-(Gesprächs)Typen gliedern. In der Folge werde ich dann auf die Richtungen der Kommunikation in Unternehmen (2), sowie auf die Besonderheiten von Einzel- und Gruppengesprächen (3) eingehen.

(1) Spricht man von *der* Kommunikation in Unternehmen, bezieht man sich auf ein breites Spektrum unterschiedlicher Kommunikationsvorgänge. So läßt sich die Kommunikation in Unternehmen zum Beispiel beschreiben nach

- ihrem *Inhalt* (Was ist der Gegenstand der Kommunikation?);
- ihrem *Anlaß* (Warum kam es zur Kommunikation?);
- ihrem *Ziel* (Was soll durch Kommunikation erreicht werden?);

● ihrer *Struktur* (Wie stark ist die Kommunikation durch organisatorische Vorgaben strukturiert?) und
● ihrer *Form* (überwiegt der Monolog oder der Dialog?).

Die in der betriebswirtschaftlich orientierten Literatur sehr häufig anzutreffenden Versuche, die Kommunikation in Unternehmen zu gliedern, orientieren sich zumeist am inhaltlichen Aspekt. Immer wieder genannt werden z. B. die Gesprächsarten: Mitarbeitergespräch, Abteilungsgespräch, Kritikgespräch, Planungsgespräch, Abstimmungsgespräch usw. Diese Gliederung nach Gesprächsarten halte ich nicht für sehr sinnvoll, da es sich hier um mehr oder weniger passende Etiketten für ganz unterschiedliche Formen von Gesprächen handelt.

Ich habe deshalb versucht, die Gesamtheit der betrieblichen Kommunikation in eine überschaubare Anzahl von *Gesprächstypen* zu gliedern. Unter Berücksichtigung der Kriterien: *Gesprächsinhalt, Anlaß, Ziel* und *Grad der Strukturierung* bietet es sich meines Erachtens an, *fünf Gesprächstypen* zu unterscheiden, die ich in Übersicht 2 mit ihren wesentlichen Merkmalen dargestellt habe. Unterschieden werden:
(a) Die verschiedenen Formen des *non-personalen Gesprächs*, bei denen es primär um den Austausch von Sachinhalten geht, wobei ich hier wiederum drei Formen unterscheide:

● Das *Sachgespräch* (Typ I), bei dem es um die Übermittlung von Informationen zu einem bestimmten Anlaß (Vorgang) geht,
● das *Innovationsgespräch* (Typ II), bei dem es um die Sammlung von Informationen zu neuartigen Problemlösungen, also vorrangig um einen kreativen Prozeß geht,
● die *Verhandlung* (Typ III), bei der es primär darum geht, gemeinsame Entscheidungen zu treffen (Fisher/Ury: 1984), vorhandene Spannungen zu klären (Crott u.a.: 1977) oder Konflikte beizulegen (Holz 1982).

(b) Das *personale Gespräch* (Typ IV), das vor allem Bezug hat zu den personalen (persönlichen) Angelegenheiten der Gesprächsteilnehmer.
(c) Die Gespräche, die primär dem sozialen Bedürfnis des Mitarbeiters nach mitmenschlichen Kontakten entspringen, und die ich als *soziale Gespräche* (Typ V) bezeichnen möchte.

Verhandlungen (Typ III) zählen ganz sicher zu den wichtigsten und problematischsten Formen der Kommunikation und Interaktion in Unternehmen. Die Probleme von Verhandlungen und Ansatzpunkte zur Bessergestaltung werden deshalb auch sehr häufig in der betriebswirtschaftlich orientierten Literatur behandelt. In diesen Veröffentlichungen geht es jedoch zumeist nicht um eine umfassende Analyse und Aufbereitung des Themas. Im Vordergrund stehen in der Regel einseitige, offensichtlich jedoch marktgängige Empfehlungen, Vorschläge und Tricks, mittels derer man versuchen soll, den anderen zu überlisten.

Wesentlich ist, daß die verschiedenen Gesprächstypen, da sie unterschiedliche Inhalte, Anlässe und Ziele haben, auch einen unterschiedlichen Grad an *Strukturiertheit* und andere *Formen der Gesprächsführung* erfordern. Die Unterscheidung von Gesprächstypen läßt es auch eher zu, differenzierte Ratschläge zur Kommunikation zu erarbeiten. (Siehe hierzu auch die Ausführungen unter 5.3.4). Zu ergänzen wäre noch, daß die hier vorgeschlagene Unterscheidung von fünf Gesprächstypen ein sehr grobes Raster ist; andererseits in *einem* Gespräch sehr oft mehrere dieser Gesprächstypen auftauchen können, was eine eindeutige Zuordnung *des* Gesprächs nahezu unmöglich macht.

Die Frage der Strukturierung und Formalisierung der Kommunikation in Unternehmen stand lange im Vordergrund betriebswirtschaftlich orientierter Betrachtungen. Empfohlen wurde hier, vor allem die betriebsnotwendige, *formale* (an organisatorische Vorgaben gebundene) Kommunikation zu fördern, die *informale* (am sozialen Bedürfnis der Mitarbeiter orientierte) Kommunikation hingegen weitgehend zu unterbinden. Diese Einstellung änderte sich erst nach Bekanntwerden der Ergebnisse der Hawthorne-Experimente. Galt in der Vergangenheit informale Kommunikation (so Gutenberg 1965) als unzuverlässig, unverbindlich, zu wenig berechenbar: als Störelement im offiziellen Nachrichtensystem, unterschied man nun in eine *betrieblich positive*, d. h. auf die Tätigkeit der Aufgabenträger bezogene *informale Kommunikation*, sowie in die *zielkonträre* (schädliche) *informale Kommunikation*. Letzterer zugeordnet werden vor allem der betriebliche Klatsch, die Verbreitung von Gerüchten...

Ich halte diese Differenzierung nach formaler und informaler Kommunikation für die betriebliche Praxis nicht für wesentlich und verwende deshalb auch den Begriff „*soziales Gespräch*" (Typ V). Das soziale Gespräch bildet einen wesentlichen Faktor in der betrieblichen Kommunikation und Interaktion. Durch die sozialen Gespräche werden unzählige Brücken in Unternehmen geschlagen, die dann wiederum helfen, betriebliche Abläufe zu beschleunigen: Die Organisation flexibler zu machen. Manche Probleme in Unternehmen werden erst dadurch lösbar, daß man die Wege „um die Organisation herum" kennt. In diesem „Schattenreich" herrschen die *Mikropolitiker*, die es verstehen, auch unmögliche Dinge zu erreichen.

(2) Auch Fragen nach der *Richtung der Kommunikation*, d. h. ob die Kommunikation mehr vertikal, horizontal oder diagonal verlaufend organisiert werden soll, waren lange Gegenstand betriebswirtschaftlicher Überlegungen. Bevorzugt wurde hier vor allem die *vertikale* Kommunikation (der sogenannte *Dienstweg*), d. h. die Kommunikation zwischen Vorgesetzten und Mitarbeitern. Fayol (siehe Neuberger 1977) erkannte als erster die Probleme einer ausschließlich vertikal verlaufenden Kommunikation und verzichtete teilweise auf diese zugunsten der horizontalen Kommunikation. Die *Fayolsche Brücke* sieht deshalb vor, daß sich die unterstellten Mitarbeiter direkt kurzschließen können: Hierdurch erreicht wird eine sinnvolle Entlastung der Dienstwege.

Auch bedingt durch die Einführung von Stabstellen wurde immer stärker die *diagonale* Kommunikation notwendig, bei der Aktoren, die nicht in einem direkten Vorgesetzten-Untergebenen-Verhältnis zueinander stehen, über verschiedene Hierarchie-Ebenen hinweg miteinander kommunizieren. Vor allem die letztgenannte

Übersicht 2: Gesprächstypen in Unternehmen

	Die non-personalen Gespräche	
	Typ I Das Sachgespräch	Typ II Das Innovationsgespräch
1. Inhalte	Übermittlung von Informationen zu einem bestimmten Anlaß (Vorgang)	Sammlung von Informationen zu neuartigen Problemlösungen
2. Anlaß	Abstimmung von Zielen, Aktivitäten, Ergebnissen ...	Vorhandene Verfahren, Problemlösungen etc. sind nicht mehr zeitgemäß
3. Ziel	Übermittlung von Wissen zu bestimmten Sachproblemen; Aufforderung zur Handlung	Suche von neuen Ideen, schöpferischen Alternativen zur Lösung eines Problems
4. Strukturierung	Weitgehend formal; an die Organisation gebunden; Steuerung des Gesprächs zu weiten Teilen durch den in der Hierarchie Höherstehenden	Überwiegend informal; nur in Teilen vorstrukturiert; der in der Hierarchie Höherstehende hält sich etwas zurück
5. Kommunikations-formen	Überwiegend monologartig; bei asymmetrischen Machtverhältnissen der Gesprächspartner überwiegen die Gesprächsanteile des in der Hierarchie Höherstehenden	Idealerweise sollten hier die Gesprächsanteile auf die Teilnehmer gleichmäßig verteilt sein
6. Typische Gesprächs-arten	z. B.: ○ Abstimmungsgespräche ○ Arbeitsgespräche ○ Abteilungsgespräche	z. B.: ○ Gespräche zur Festlegung von Marketingaktivitäten, Neuproduktentwicklungen ... ○ Planungsgespräche ○ Brainstorming

	Das personale Gespräch	Das soziale Gespräch
Typ III Die Verhandlung	Typ IV	Typ V
Austausch von Informationen und Argumenten zu einem bestimmten Problem, wobei die Gesprächspartner nur durch die Verhandlung zu einer Lösung des Problems kommen	Vorrangiger Bezug auf die personalen Angelegenheiten der am Gespräch beteiligten Personen	Bezug auf Gegenstände betrieblicher und/oder privater Natur
Lösung vorhandener Konflikte (ideeller oder materieller Art)	Klärung demotivierender Arbeitsbedingungen; Probleme der Integration oder des Engagements des Mitarbeiters ...	Schaffung von sozialen Verbindungen, Kontakten, Beziehungen ...
Klärung von Spannungen; Beilegung von Konflikten, Treffen gemeinsamer Entscheidungen	Übermittlung von Wissen zu bestimmten personalen Angelegenheiten; Aufforderung zu einer bestimmten Handlung	Befriedigung sozialer Bedürfnisse (des Bedürfnisses nach mitmenschlichen Kontakten); Mikropolitik
Weitgehend formal; konkurrierende Haltungen prägen die Struktur; der in der Hierarchie Höherstehende setzt in der Regel seine Macht zur Strukturierung ein	Formale und informale Teile halten sich die Waage; der in der Hierarchie Höherstehende geht auf den anderen ein	Informal, ohne Struktur; Machtverhältnisse der Gesprächspartner haben wenig (nur indirekten) Einfluß
Überwiegend dialogartiger Austausch der Argumente; bei ungleichen Machtverhältnissen der Gesprächspartner werden die Gesprächsanteile des Höherstehenden überwiegen	In der Praxis zumeist wie Typ I, II oder III, wobei hier anzustreben ist, daß bei Gesprächen zwischen Personen mit ungleichen Machtbefugnissen ein Gleichgewicht in den Gesprächsanteilen erreicht wird	Dialogartiges Gespräch
z. B.: o Gespräche über die Verteilung von betrieblichen Ressourcen o Gespräche mit Kunden, dem Betriebsrat ... o Kritikgespräch o Schlichtungsgespräch	z. B.: o Mitarbeitergespräche o Fördergespräche o Kritikgespräche	z. B.: o informale Gespräche mit Kollegen, Mitarbeitern, Vorgesetzten (wobei diese auch betriebliche Probleme zum Inhalt haben können) o Kantinenplausch (z. B. Klatsch über Kollegen, Vorgesetzte ...) o Gespräche über Wochenenderlebnisse, Sportereignisse ...

Kommunikationsrichtung macht den Organisatoren Probleme und bedarf – wie Bartram (1969: 64) ausführt – „einer sorgfältigen formalen Gestaltung und ständigen Überwachung, da die durch sie übermittelten Informationen in besonderem Maße solchen Einflüssen unterliegen, die die Gefahr negativer Abweichungen vom formal Geplanten in sich tragen."

Mit einer Gliederung der Richtungen der Kommunikation nach den Kriterien *vertikal, horizontal* und *diagonal* können die vielfältigen Übertragungsformen der Praxis nur bedingt beschrieben werden. So bilden sich in Unternehmen sehr oft – wie es Neuberger (1976: 177) nennt – *heiße Zentren* der Kommunikation: „...in jeder Organisation sind – für verschiedene Problemfelder jeweils andere – Kommunikationszentren vorhanden, von denen ausgehend sich die Kontakte wellenförmig fortpflanzen und langsam verebben". Es ist also nicht so, daß ein gerichteter Kommunikationsstrom von oben nach unten und umgekehrt durch die Organisation verläuft; realistischer ist vielmehr das Bild verschiedener *Nester* oder *Sendezentralen*, die mit funktional verbundenen Stellen gute, mit anderen Positionen aber zunehmend schwächere Verbindungen haben.

Im Vordergrund neuerer Betrachtungen steht deshalb auch weniger die Einteilung der Kommunikation nach vertikalen, diagonalen oder horizontalen Gesichtspunkten, sondern eine Betrachtung des Unternehmens (der Organisation) als *Interaktionssystem*, das Probleme dadurch lösbar machen soll, daß je nach situativen Gegebenheiten gemeinsame Handlungspotentiale aufgebaut werden. (Siehe hierzu z.B. Türk 1976).

(3) Anfang der 50er Jahre wurden vor allem von Bavelas, Leavitt, Guetzkow und Simon experimentelle Untersuchungen von Kommunikationsnetzen durchgeführt, in denen jeweils drei bis fünf Personen zusammenarbeiten (siehe Brönimann 1970 und Bartram 1969). Ergebnis dieser Untersuchungen war, daß bei den unterschiedlichen *Kommunikationsstrukturen* (Kette, Kreis, Stern, Hierarchie und Vollstruktur) unterschiedliche Ergebnisse hinsichtlich Leistung, Zufriedenheit der Kommunikationsteilnehmer und Genauigkeit der Informationsübermittlung festgestellt wurden. Auf die Praxis übertragbar waren die Ergebnisse dieser Untersuchungen wegen der Vielfalt und Wechselhaftigkeit der betrieblichen Kommunikationsprobleme jedoch nur beschränkt. Die Gestaltung der betrieblichen Kommunikationsstruktur wird deshalb immer ein Kompromiß in der Erfüllung verschiedener Anforderungen sein.

Hierarchische Formen der Kommunikationsübermittlung werden immer dort am leistungsfähigsten sein, wo es um die reine Übermittlung von Handlungsanweisungen oder von Wissen geht. Vollständig gebundene Strukturen (z.B. das Team) werden dort von Vorteil sein, wo es darum geht, das Wissen vieler für die Lösung komplexer Probleme zu aktivieren. Unterschiedliche Aufgabenstrukturen erfordern deshalb unterschiedliche interne Gruppenstrukturen und damit Kommunikationsstrukturen, wenn die Aufgabenlösung sinnvoll erfolgen soll.

Regeln, nach denen z.B. ein Gruppengespräch einem Einzelgespräch vorzuziehen ist, lassen sich sehr schwer aufstellen. Wenn auch Gruppengespräche in Einzelfällen sehr viele Vorteile mit sich bringen, so haben sie auch ihre Probleme. Deshalb sollte dort, wo Einzelgespräche sinnvoll ihren Zweck erfüllen, nicht krampfhaft versucht werden, das Thema in größeren Gruppen zu behandeln.

3.4 Probleme der Gestaltung der Kommunikation

(1) Wie Habermas (1981) ausführt, nimmt Kommunikation jeweils Bezug zu *drei Welten*

- mit ihrem Anspruch auf *Wahrheit* zur *objektiven* (materiellen) *Welt*,
- mit ihrem Anspruch auf die Berücksichtigung allgemein anerkannter *Werte und Normen* zur *sozialen Welt*,
- mit ihrem Anspruch auf *Wahrhaftigkeit* zur *subjektiven* (personalen) Welt des „Senders".

In Anlehnung an die drei Aktor-Weltbeziehungen von Habermas könnte man über die Kommunikation in Unternehmen sagen,

- daß Kommunikation ausgeht von einem Handelnden, der die *objektive Welt* berücksichtigt und bestimmte Effekte erreichen möchte;
- daß Kommunikation in *Kooperation oder Konfrontation* mit anderen stattfindet, deren Interessen berührt und deren Billigung bedarf;
- daß Kommunikation immer auch *Elemente der Selbstdarstellung* des Senders (wie z. B. Wünsche und Gefühle) beinhaltet, die – bezogen auf den Partner – mehr oder weniger gezielt enthüllt werden.

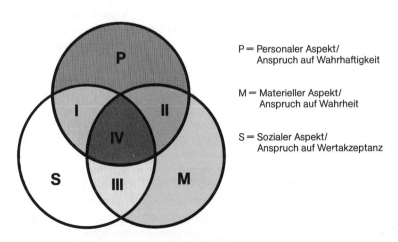

P = Personaler Aspekt/
Anspruch auf Wahrhaftigkeit

M = Materieller Aspekt/
Anspruch auf Wahrheit

S = Sozialer Aspekt/
Anspruch auf Wertakzeptanz

Abb. 10: Die Aktor-Welt-Beziehungen der Kommunikation

Wenn es auch Fälle gibt, in denen nur einer dieser Aspekte relevant ist, wird es doch in den meisten Fällen so sein, daß – wie dies auch im Venn-Diagramm (Abb. 10, S. 73) zum Ausdruck kommen soll – in der Kommunikation jeweils zwei oder alle drei Aspekte – mit unterschiedlichem Gewicht – wirksam sind.

Wie im Venn-Diagram auch dargestellt ist, stehen die drei Aspekte der Kommunikation zum Teil in Konkurrenz zueinander, überlagern sich gegenseitig (Felder I–IV). Eine der wesentlichen Aufgaben bei der Gestaltung der Kommunikation ist deshalb, die konkurrierenden Aspekte in ein ausgeglichenes Verhältnis zu bringen.

(a) Einer Betrachtung der Kommunikation unter *materiellen Aspekten* liegt das Menschenbild des *homo oeconomicus*, des bewußt planenden und kalkulierenden, autonomen Individuums zugrunde, das ausschließlich rational nach vorliegenden objektiven Informationen entscheidet. Die materielle Betrachtungsweise geht von zwei wesentlichen Komponenten aus:

● Der Festlegung der objektiven Welt, d. h. der *Fakten*, die bei einer Betrachtung des Gegenstandes gelten sollen;

● der Festlegung des effizientesten *Weges*, d. h. des Weges, der je nach angestrebten Zielen diese mit größtem Erfolg (im ökonomischen Sinne am wirksamsten) zu erreichen ermöglicht.

(b) Wie zuvor beschrieben wird innerhalb der betriebswirtschaftlich orientierten Literatur nahezu ausschließlich der materielle Aspekt behandelt. Eine Betrachtung der Kommunikation unter rein materiellen Aspekten ist jedoch unzureichend. Die betriebliche Kommunikation dient nicht nur der Übertragung unternehmensrelevanter Informationen, sondern auch der Befriedigung der *sozialen Bedürfnisse* der Beschäftigten. Der Mensch als *homo sociologicus* will seine sozialen Motive, so z. B. das Motiv nach Gesellung, Motive der Selbstverwirklichung und Sinngebung, aber auch aggressive Motive und Machtmotive im Unternehmen ausleben. Betrachtet man die von Brandstätter (1983) veröffentlichte Aufstellung wichtig erachteter menschlicher Motive, bei der an vorderster Stelle die Motive der Gesellung und Selbständigkeit, der sozialen Anerkennung und Macht stehen, kann man sich vorstellen, daß für viele Berufstätige das Unternehmen der einzige Ort ist, an dem sie diese Motive befriedigen können. In diesem Sinne ist die Berücksichtigung sozialer Aspekte in der Kommunikation – wie Rosenstiel (1972) ausführt – auch ein Mittel zur Motivation der Mitarbeiter.

In verschiedenen Untersuchungen zur Einstellung zur Arbeit, auf die ich später noch detaillierter eingehen werde, wurde ein relativ starker *Wertewandel* festgestellt. Vor allem bei der jüngeren Generation rückt der Wunsch nach freier Meinungsäußerung und mehr Mitbestimmung immer mehr in den Vordergrund.

Schmidtchen (1984) stellte in seinen Untersuchungen zur Motivation der Mitarbeiter in der Metallindustrie einen Übergang zum *kommunikativen Lebensstil* fest. Die Menschen in den entwickelten Industriestaaten investieren mehr in die persönlichen Beziehungen; die Pflege des zwischenmenschlichen Kontaktes gewinnt an Bedeutung. Gerade das Ermöglichen eines kommunikativen Lebensstils (auch in der Arbeit) trägt bei zur Steigerung der Lebensqualität und daher – ganz sicher auch – zur Motivation.

Beleg 26

Die neue Arbeitsmoral

„Um in Erfahrung zu bringen, welche Tugenden für die Mitarbeiter in der Metallindustrie in den achtziger Jahren des 20. Jahrhunderts zählen, wurde ein Test mit 15 Beschreibungen entwickelt, der dem Querschnitt der Auskunftspersonen mit der neutralen Frage vorgelegt wurde, welche Eigenschaften im heutigen Arbeitsprozeß sehr wichtig, auch wichtig oder weniger wichtig seien. Der Originaltext der Frage lautete: „Hier habe ich eine Reihe von Eigenschaften. Bitte sagen Sie mir zu jeder Eigenschaft, ob sie im heutigen Arbeitsprozeß sehr wichtig, auch wichtig oder weniger wichtig ist?" (…)
Die erste Gruppe von Tugenden, die durch die Skalenanalyse zusammengeführt werden, lauten:
– Guter Partner in der Teamarbeit sein
– Seine eigene Meinung deutlich machen, wenn es notwendig ist
– Offenheit, sich gegenseitig gut informieren
– Verträglichkeit, Freundlichkeit
– Auf andere eingehen, zuhören, was andere sagen
– Humor haben
– Für andere da sein
Es handelt sich bei dieser Gruppe um ausgesprochen kommunikative Tugenden, die man nicht gewohnt ist, als Komponenten einer Arbeitsmoral zu sehen. Aber viele Mitarbeiter sehen es so, betrachten diese Tugenden als wichtiges neues Moment bei ihrer Arbeit, wenn auch nicht als Alternative zur klassischen Arbeitsmoral. (…)
Wo welche Tugenden als wichtig betrachtet werden, zeigt die weitere Skalenanalyse. Die puritanischen Arbeitstugenden werden von den Älteren stärker betont als von den Jüngeren. Bei Mitarbeitern zwischen 20 und 40 überwiegt die Neigung, die kommunikativen Tugenden in ihrer Bedeutung für den Arbeitsprozeß stärker zu betonen.
Je höher der Status im Betrieb, desto deutlicher wird das Übergewicht der Meinung, daß die kommunikativen Tugenden am Arbeitsplatz zählen, (…) daß wir es hier mit einer neuen und zukunftsträchtigen Entwicklung zu tun haben. Es sind die Jüngeren und es sind im Betrieb die gehobeneren Schichten, die den Übergang von einer rein puritanisch verstandenen Arbeitsauffassung zu einer kommunikativen Arbeitsmoral tragen.
Man darf nicht erwarten, daß sich moralische Orientierungen bruchlos in Verhaltensweisen umsetzen. Zuviel anderes tritt dazwischen, wie die organisatorischen Rahmenbedingungen und die sich darin entfaltenden Motive der Mitarbeiter. Gleichwohl läßt sich zeigen, daß ein Orientierungssystem zu Konsequenzen drängt. Die Mitarbeiter, die kommunikative Tugenden mit klassischer Arbeitsdisziplin verbinden, fühlen sich in ihrem Beruf am wohlsten. Diese Tugendkombination ist offenbar die beste Voraussetzung für ein erfolgreiches und befriedigendes Berufsleben.
Der Übergang zu einem kommunikativen Lebensstil ist das Kennzeichen weitentwickelter Industriegesellschaften. Trenduntersuchungen über zum Teil drei Jahrzehnte weisen nach, daß die Menschen mehr als früher in ihre persönliche Entwicklung investieren, daß die Pflege zwischenmenschlicher Beziehungen zunimmt. Wir verzeichnen einen Anstieg der gesellschaftlichen Aktivität in der Nachbarschaft, in

der ehrenamtlichen Tätigkeit, und schließlich auch in der Politik, und zwar in einem Ausmaß, das die klassischen Repräsentationssysteme nicht aufzufangen vermochten. Der kommunikative Lebensstil hat mit all seinen Unbequemlichkeiten für die Institutionen doch eine große Bedeutung für die Steigerung der Lebensqualität.

Damit ist der Nachweis geführt, daß der kommunikative Aspekt der Arbeitsmoral nicht isoliert nur im industriellen Prozeß gefordert wird, sondern eine breite gesellschaftliche Abstützung erfährt. Die Mitarbeiter betreten also, wenn sie nach der Arbeit die Werktore verlassen, nicht eine kulturelle Gegenwelt, sondern sie machen die Erfahrung, daß in der Arbeitswelt und in der Gesellschaft, wenn auch situationsverschieden, doch die gleichen Tugenden zählen. Damit wird zugleich klar, daß die kommunikative Komponente der Arbeitsmoral kulturell fundiert ist, und eine wahrscheinlich noch steigende Bedeutung gewinnen wird."

aus: Schmidtchen, *Die Zeit* vom 5. Oktober 1985

Die Veränderungen in den Normen und Wertehaltungen der Mitarbeiter erfordern somit, daß die Unternehmen bei der Festlegung kommunikativer Verbindungen und Inhalte in Zukunft mehr Freiräume für den Mitarbeiter schaffen: Eine rein materiell orientierte Ausrichtung der Kommunikation wird immer weniger möglich sein. Fortschrittliche Unternehmen nehmen schon heute ihre Chance wahr, das Engagement der Mitarbeiter durch eine Öffnung der Kommunikation und besondere Berücksichtigung sozialer Aspekte zu fördern.

(c) Der Dualismus zwischen den materiellen und sozialen Aspekten wird überlagert vom Aspekt der Selbstdarstellung des Unternehmens durch Kommunikation: Vom Anspruch auf Wahrhaftigkeit und Glaubwürdigkeit. So sollten sich die formal mehr oder weniger festgelegten Ziele des Unternehmens in der Art der *Selbstdarstellung* durch Kommunikation widerspiegeln. Daß es gerade um diesen Aspekt, was die Kommunikation in Unternehmen betrifft, nicht immer sehr gut bestellt ist, stellt auch das Vorstandsmitglied der Daimler-Benz AG, Edzard Reuter (1985), fest. Nach seiner Meinung gehört die Bemühung um Glaubwürdigkeit, die sehr oft durch die „offizielle Kunst des Verdrängens und Vertuschens, der falschen Erfolgsmeldung und der geheuchelten Anteilnahme" in Frage gestellt wird, zu den „wichtigsten geistigen Aufgaben für Unternehmer".

(2) Bisher wurde ausschließlich die vom Unternehmen initiierte Festlegung kommunikativer Verbindungen und Inhalte behandelt. Wie dargestellt, wird das vom Unternehmen formal festgelegte System zur Kommunikation mit unterschiedlicher Intensität materielle, soziale und personale (hier institutionale) Aspekte berücksichtigen.

Dem vom Unternehmen formal geschaffenen System zur Kommunikation und Interaktion gegenüber stehen die *Vorstellungen der Mitarbeiter* des Unternehmens. Überwiegen beim Unternehmen zumeist die materiellen Aspekte, so sind die Vorstellungen der Mitarbeiter wesentlich stärker geprägt von deren sozialen und personalen Erwartungen. Die unterschiedlichen Ziele der Beteiligten müssen – zumeist auf dem Kompromißweg – zu einer für beide Seiten akzeptablen Übereinstimmung gebracht werden (siehe Abb. 11). Gelöst werden kann dieses Problem nur, wenn das

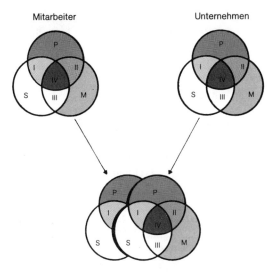

Abb. 11: Angleichung der kommunikativen Vorstellungen von Unternehmen und Mitarbeitern

Unternehmen bei der Gestaltung der Kommunikation die sozialen Bedürfnisse der Mitarbeiter im ausreichenden Maß mit berücksichtigt. Geschieht dies nicht, kommt es zu vielfältigen Problemen; sehr oft ist eine mangelhafte Kommunikation dann der Ausgangspunkt für eine *Demotivationsspirale* (Rüssmann 1982).

Wie Neuberger (1983) ausführt, besteht der Kompromiß in vielen Fällen darin, daß man z. B. durch *Segmentierung* für bestimmte Personenkreise Möglichkeiten schafft, in der Kommunikation von den Normen abzuweichen, oder werden durch *Sektorierung* bestimmte Bereiche festgelegt, in denen von den sonst geltenden Regeln abgewichen werden kann. *Zusammenfassend* kann man feststellen, daß

● das von Unternehmen formal gestaltete System der Kommunikation neben materiellen Aspekten immer auch soziale und personale Aspekte beinhalten wird,
● bei einer Beurteilung des formalen Systems die mehr materiellen Interessen des Unternehmens den mehr sozialen Interessen der Mitarbeiter gegenüberstehen;
● die Vorstellungen des Unternehmens und die Vorstellungen der Mitarbeiter zur Gestaltung der Kommunikation so weit wie möglich in Übereinstimmung gebracht werden müssen.

Die von vielen Autoren (so z. B. Stroebe 1977) verwendete Unterscheidung in *objektive* und *subjektive Informationsbedürfnisse* erscheint mir – in diesem Zusammenhang – zu einseitig und auf die Interessen des Unternehmens zugeschnitten. Sicherlich liegt dies auch an der Verwendung der Begriffe „objektiv" und „subjektiv", wobei der Begriff „objektiv" jeweils nur im Sinne des Unternehmens verwendet wird.

(3) Auch bei den Modellen zur Demokratisierung der Wirtschaft, in denen unter
Berücksichtigung eines humanistischen Menschenbildes der herrschaftsfreie Diskurs Gleichberechtigter gepflegt werden soll, führt die Kommunikation zu Proble-
men. So schreibt M. Sontheimer (1984), einer der Mitbegründer der alternativen
Berliner *tageszeitung*, nach mehreren Jahren Erfahrung mit der demokratischen
Selbstverwaltung: „Zu Anfang war ich – wie wohl alle – ganz für die demokratische
Selbstverwaltung und die Kontrolle der Redaktion durch die Basis, die Leser. Bis
die Selbstverwaltung für mich zum Fluch wurde, zur enervierenden Mehrarbeit; ich
bin verzweifelt an den mühseligen und endlosen Diskussionen, in denen die besten
Ideen zu lauwarmen Kompromissen zerredet wurden, Mehrheiten sich aus einem
kaum durchschaubaren Gemisch politischer, fachlicher und persönlicher Fraktio-
nen zusammenbrauten." Die Ausführungen Sontheimers deuten darauf hin, daß es
neben einem *Zuwenig* offensichtlich auch ein *Zuviel an Kommunikation* gibt. Ich
möchte hier jedoch ausdrücklich darauf hinweisen, daß ich den Terminus „Zuviel"
nicht im ökonomischen Sinn gebrauche. Wenn ich hier von einem Zuviel an Kommunikation spreche, meine ich, daß übertriebene Kommunikation auch „an die
Nerven" geht. Dieser Zustand ist erreicht, wenn die Dinge „totgeredet" werden,
wenn sich Argumente wiederholen, ohne daß man vorwärtskommt. Kommunikation erzeugt dann auch mehr Unzufriedenheit als daß sie Zufriedenheit fördert.

   In Anlehnung an die Untersuchungen von Schroder et al. (1975) über die Auswirkungen der Umweltkomplexität auf das Niveau der Informationsverarbeitung
könnte man den Zusammenhang zwischen der *Intensität* der Kommunikation und
dem *Zufriedenheitsniveau* wie in Abbildung 12 darstellen.

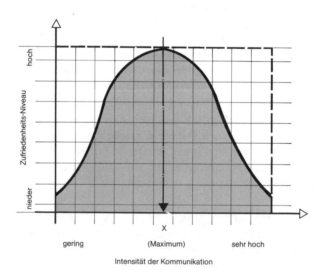

Abb. 12: Zusammenhang zwischen der Intensität der Kommunikation und dem Zufrieden-
        heitsniveau.

Wie in Abbildung 12 dargestellt ist, erreicht das Zufriedenheitsniveau am Punkt „X" sein Maximum, wobei sich die Intensität der Kommunikation in beiden Richtungen (sinkende und steigende Intensität) jeweils negativ auf das Zufriedenheitsniveau auswirkt. In eine ähnliche Richtung deuten auch die Ergebnisse der Streßforschung (siehe z. B. Gebert 1981), nach denen sowohl reizarme Situationen (z. B. Monotonie) aber auch die Reizüberflutung (z. B. verursacht durch einen *information overload*) Streßauslöser sein können.

Eines der wesentlichen Probleme bei der Gestaltung von Kommunikationssystemen ist somit, den Mitarbeitern ein ausreichendes und sinnvolles Maß an Kommunikation zu ermöglichen, so daß neben den ökonomischen Gesichtspunkten im besonderen auch die sozialen Bedürfnisse der Mitarbeiter Berücksichtigung finden müssen.

(4) Veränderungen von Form und Inhalt der Kommunikation in Unternehmen lassen sich nur erreichen, wenn Veränderungsmaßnahmen an zwei Stellen ansetzen:

- Einerseits müssen die *Fähigkeiten zur Kommunikation* (sowohl bei Führungskräften wie auch bei den unterstellten Mitarbeitern) verbessert werden,
- andererseits müssen auch *strukturelle Voraussetzungen* geschaffen werden, daß sich die Kommunikation entsprechend entfalten kann.

Wie ich später noch detailliert darstellen werde (Ausführungen unter 6.), ist es wichtig, daß beide Aspekte, die Erhöhung der kommunikativen Kompetenz und die Anpassung von Strukturen, berücksichtigt werden. Rüssmann (1982: 75) führt hierzu folgendes aus: „Mag der einzelne (in Kursen zur Erhöhung der kommunikativen Fähigkeiten, d. Verf.) wertvolle Aufschlüsse über sein Ego, über die Wechselbeziehungen in der Gruppe oder die Grundlagen effektiver Entscheidungsfindung gewonnen haben, mögen ganze Führungskader durch ein solches Programm geschleust worden sein, am Ende – nach kurzen Augenblicken der Euphorie – landen alle in unveränderter hierarchischer Formation, in der gleichen Spurrille, in der die Organisation schon immer marschiert ist."

3.5 Perspektiven zur Entwicklung der Kommunikation in Unternehmen

Der verstärkte Einsatz der Mikroelektronik und die zunehmende Verkabelung werden in den nächsten Jahren weite Bereiche unseres sozialen Zusammenlebens, vor allem aber auch die Kommunikation in Unternehmen beeinflussen. Wie Kubicek (1984: 160) ausführt, zielen die neuen Techniken geradezu darauf ab, „zwischenmenschliche Kommunikation zu ersetzen". Doch welche Veränderungen bringen die neuen Techniken für unser soziales Zusammenleben und die Kommunikation? Ich werde unter (1) versuchen, diese Frage zu beantworten und in diesem Zusammenhang die für die Kommunikation in Unternehmen zu erwartenden wesentlichen Veränderungen behandeln.

Unsere heutige Welt ist vor allem auch gekennzeichnet durch die Gleichzeitigkeit verschiedener Entwicklungen und damit verbunden von oft kontroversen Anforderungen. Neben dem Wandel durch den verstärkten Einsatz von Computern und deren Vernetzung steht ein Wandel der Wertvorstellungen in weiten Kreisen unserer Gesellschaft. Auf die Werte dieser neuen Generation von Arbeitnehmern und die Auswirkungen auf die Kommunikation werde ich unter (2) eingehen.

Unter (3) und (4) werde ich – die Ausführungen zu den Besonderheiten der Kommunikation in Unternehmen abschließend – einige wesentliche Forderungen zur zukunftsorientierten Gestaltung des Kommunikationssystems in Unternehmen darstellen.

(1) Vor allem die *Entwicklung der Mikroelektronik* führt zu einem immer stärker werdenden Einsatz des Computers in Bereichen, die bisher von der Technisierung nicht betroffen waren. Wie im Bericht über die Entwicklung der Mikroelektronik an den Club of Rome (siehe Friedrichs/Schaff 1982) ausgeführt wird, sind vor allem im Bürobereich radikale Veränderungen zu erkennen. Ergebnisse von Untersuchungen zeigen, daß im Bereich der öffentlichen Verwaltung ca. 75% aller Arbeitsgänge, im Bereich der Privatwirtschaft ca. 65% der Arbeitsgänge durch den verstärkten Einsatz der Mikroelektronik verändert werden. Bevorzugtes Gebiet von Veränderungen werden vor allem die repetitiven und damit programmierbaren Arbeiten sein. Die von vielen Computerwissenschaftlern verfolgten Versuche, den Computern das Denken beizubringen (Computer also mit der sogenannten „artifical intelligence" auszustatten) hat bisher – man kann sagen Gott sei Dank – nicht die erhofften Erfolge gebracht. (Siehe hierzu Weizenbaum 1977: 268 ff.)

Eine der wesentlichen Veränderungen, die der Einsatz der Mikroelektronik mit sich bringen wird, ist eine *Vergrößerung des Informationsangebots.* Vor allem auch auf den unteren Ebenen der Hierarchie werden durch das *personal computing* wesentlich mehr Informationen zur Verfügung stehen, die im positiven Sinn zu einem *globalen Bewußtsein*, im negativen Sinn zu einem *information overload* führen können. Narr (1979: 501) beschreibt die möglichen Folgen dieser Entwicklung wie folgt: „Orientierungsschwierigkeiten und der so oft beklagte Mangel an „Durchblick" stehen einem Informationsfluß und vielfachen Kommunikationsmöglichkeiten gegenüber, die in der Tat unerhört sind."

Mit der Vergrößerung des Informationsangebots in unmittelbarer Beziehung steht die *Vernetzung* unseres gesamten Lebens. In wenigen Jahren wird die überwiegende Mehrheit der Mitarbeiter im Verwaltungsbereich mit Datensichtgeräten ausgestattet sein. Die von McLuhan in den 60er Jahren beschriebene Entwicklung zum *globalen Dorf* ist nicht mehr fern und in einigen Betrieben schon Wirklichkeit. Als Folge ist eine Vereinzelung, der Abbau menschlicher Kontakte im Unternehmen zu erwarten. Das persönliche Gespräch mit dem Vorgesetzten, der Gedankenaustausch mit dem Kollegen, werden ersetzt durch den Dialog mit dem Computer.

Evans (1982: 188) schreibt in diesem Zusammenhang: „Da der Arbeitsplatz eine der Hauptquellen des sozialen Kontaktes ist, kann die zunehmende Isolierung am Arbeitsplatz zu erhöhtem Streß und zu Gesundheitsproblemen bei den Arbeitnehmern führen."

Die Probleme dieser Entwicklung lassen sich gegenwärtig am markantesten bei der *Computer-Heimarbeit* aufzeigen. Die durch Heimcomputer und Fernmeldenetz sich verbreitende Informationstechnologie erweitert den Spielraum der Tätigkeiten, die zu Hause ausgeführt werden können. Manager können über ein Heimterminal ihre Büropost lesen, der Vertreter seine Aufträge eingeben, der Programmierer ein Programm erstellen.... Die Möglichkeiten einer Verlagerung der Arbeit sind somit vielfältig. An diesem Beispiel sieht man sehr deutlich, in welchem Umfang durch den Einsatz von Mikroelektronik in Verbindung mit einer zunehmenden Verkabelung Anpassungsmaßnahmen in der sozialen Infrastruktur notwendig werden können. Ich möchte an dieser Stelle nochmals Kubicek (1984: 170) zitieren, der die möglichen Folgen der Verkabelung und Computerisierung wie folgt beschreibt: „Ebenso wenig können wir uns und anderen genau klarmachen, was die schrittweise Ausdehnung technischer „Kommunikation" zu Lasten zwischenmenschlicher Kommunikation für die Entwicklung unserer persönlichen Fähigkeiten und für die sozialen Beziehungen (...) bedeutet."

Die Frage, ob der verstärkte Einsatz der Mikroelektronik zu einer stärkeren *Zentralisierung* oder *Dezentralisierung* führt, wird kontrovers diskutiert, birgt eine stärkere Vernetzung der Arbeitsplätze doch beide Möglichkeiten in sich. Man muß hier zunächst feststellen, daß eine stärkere Dezentralisierung nicht automatisch mehr Selbständigkeit, Macht und Handlungsspielräume auf den unteren Ebenen mit sich bringt, so wie eine Dezentralisierung von Routineaufgaben auch ganz andere Effekte mit sich bringt als eine Dezentralisierung von Entscheidungen. Sicher ist aber auch, daß durch einen verstärkten Einsatz von Mikroelektronik eine stärkere Dezentralisierung von Entscheidungen und damit die Schaffung größerer Handlungsspielräume auf den unteren Ebenen des Unternehmens möglich wäre.

Auf der anderen Seite bietet eine stärkere Vernetzung und Dezentralisierung auch die Möglichkeit einer stärkeren Kontrolle der dezentralen Stellen durch den Zentral-Computer; hier entsteht dann die Furcht vor der *Tyrannei des großen Bruders*. In den letzten Jahren wurde eine Reihe von Untersuchungen über Tendenzen zur Zentralisation oder Dezentralisation, sowie deren Auswirkungen auf die Arbeitssituation durchgeführt. Ergebnis dieser Untersuchungen war (siehe Lenk 1982), daß bei einem verstärkten Einsatz der Datenverarbeitung die Tendenz zur Zentralisierung der Entscheidungsfindung zunahm, hingegen die Selbständigkeit und der Handlungsspielraum des Arbeitsvollzuges auf den unteren Ebenen abnahm. So meint Lenk (1982: 293): „Dezentrale Computer können so verbunden werden, daß Informationen aus vielen Teilbereichen der Organisation zentral verfügbar werden. Die Interaktion von Menschen mit elektronischen Anlagen ist oft so programmiert, daß sie Spuren hinterläßt; besondere Vorkehrungen für deren Löschung werden nicht getroffen. Ein Beispiel ist die automatische Registrierung von

Telefonanrufen, ein anderes die Überwachung der Einschaltzeit von Terminals." Daß diese Befürchtungen nicht aus der Luft gegriffen sind, weiß man, wenn man die Möglichkeiten zur Datenerfassung bei modernen Telefonanlagen – die ja in der Praxis auch genutzt werden – kennt.

Die Erfahrungen zeigen also, daß die Mikroelektronik einerseits dafür eingesetzt werden kann, eine weniger polarisierte Struktur der Industriegesellschaft zu schaffen, daß sie aber natürlich auch einer wachsenden Zentralisierung und Polarisierung dienen kann. Die Entscheidungen über den zukünftigen Einsatz der Mikroelektronik, die es hier zu treffen gilt, sind deshalb auch weniger technologischer, sondern vor allem sozialer und politischer Natur. Die Frage, in welchem Umfang die Mikroelektronik die Kommunikation in Unternehmen beeinflussen und verändern wird, ist somit ein Problem, das viele Optionen offen läßt und im sozialen und politischen Spannungsfeld gelöst werden muß.

(2) *Wertehaltungen* (oder *Werte*) sind relativ stabile Persönlichkeitsattribute, die von der Umwelt langfristig geprägt werden. Inglehart (1977) hat in seinen Untersuchungen zur Einstellung der westlichen Bevölkerung eine vor allem Anfang der 70er Jahre sich beschleunigende Verlagerung von materiellen Werten zu solchen Werten, die man schlagworthaft mit sozialer Mobilität, Partizipation und Selbstverwirklichung umschreiben könnte, festgestellt. Inglehart bezeichnet diese Werte als *postmaterielle Bedürfnisse*. Bezogen auf das Unternehmen äußern sich diese Werte vor allem in einem stärkeren Bedürfnis nach freier Meinungsäußerung und mehr Mitbestimmung.

Wie unter 3.4 (S. 74 ff.) bereits kurz dargestellt, müssen vor allem bei der Gestaltung unserer Kommunikationssysteme die Bedürfnisse der Mitarbeiter nach kommunikativen Kontakten und einer stärkeren Selbstverwirklichung, nach freier Meinungsäußerung und mehr Mitbestimmung zukünftig stärker berücksichtigt werden. Daß diese Bedürfnisse nicht mehr – wie in der Vergangenheit – ausschließlich in der bürgerlichen Oberschicht anzutreffen sind, sondern vor allem auch im Bereich der (jüngeren) Büroangestellten und Lohnempfänger, zeigen verschiedene in den USA sowie in der Bundesrepublik durchgeführte Untersuchungen.

Strümpel (1977: 71) stellt in seinen Untersuchungen „eine Abkehr von der Arbeitermoral, nicht aber von der Arbeitsmoral" fest und zitiert in diesem Zusammenhang Hondrich: „Mit zunehmender Technisierung wird aus dem pünktlichen, routinegewohnten, subalternen *Hand*arbeiter der *Mit*arbeiter, mitdenkend, mitentscheidend, informiert."

Auch Schmidtchen (1984) stellt vor allem bei den jüngeren Arbeitnehmern eine stärkere Betonung kommunikativer Aspekte fest. Nach seinen Untersuchungen weichen die früher stark vertretenen puritanischen Arbeitstugenden immer stärker einer durchaus positiven, aber stärker kommunikativ orientierten Arbeitsmoral. Gerade diese andere Form der Arbeitsmoral ist es, der man (nach Schmidtchen) zukünftig ein entsprechendes Maß an personalpolitischer und organisatorischer Aufmerksamkeit schenken muß.

Wie Ewing (1984: 36) ausführt, wird in Unternehmen eine wachsende Anzahl von „schwierigen, aber nicht selten durchaus produktiven Angestellten" festgestellt, die er als *Angestellten-Kritiker* bezeichnet: „Ihre noch immer wachsende Zahl kann betroffen machen. Zwar wurden bislang keine quantitativen Untersuchungen der Trends vorgelegt, die persönlichen Erfahrungen vieler Geschäftsführer und Vorstände sowie andere Informationen deuten darauf hin, daß die Zahl der Angestellten-Kritiker in den letzten zehn oder 15 Jahren auf mindestens das Zehnfache gestiegen ist."

Cooper u. a. (1979: 121) fassen die Ergebnisse ihrer umfassenden Untersuchungen zu den neuen Wertmaßstäben der Mitarbeiter wie folgt zusammen: „Das Unternehmensmanagement sollte es sich deshalb zum Ziel setzen, die neuen, jetzt an die Oberfläche kommenden Bedürfnisse der Arbeitnehmer zu erkennen und sich darauf vorbereiten, noch ehe es dem Zwang ausgesetzt ist, eine von Ignoranz und Resistenz getragene Verteidigungshaltung einzunehmen. (...) Hüten sollte man sich in jedem Falle vor dem Irrtum, anzunehmen, solche Verschiebungen der Wertmaßstäbe und Wertvorstellungen seien nur ein Mythos: Sie sind Realität, mit der sich die Unternehmen im kommenden Jahrzehnt auseinandersetzen müssen."

Man könnte hier zusammenfassen, daß in den nächsten Jahren der Anteil der Mitarbeiter immer stärker wird, die wesentlich höhere Anforderungen an den kommunikativen Aspekt des Arbeitslebens stellen. Die Unternehmen wiederum sind aufgefordert, sich auf diese Anforderungen einzustellen und hier in personalpolitischer und organisatorischer Sicht zu reagieren.

(3) Die Unternehmen werden somit in den nächsten Jahren mit zwei wichtigen und zum Teil gegenläufigen Entwicklungen konfrontiert, die sich in ganz erheblichem Umfang auch auf Form und Inhalt der Kommunikation in Unternehmen auswirken. Einseitig unternehmensorientierte, im traditionellen Bereich angesiedelte Lösungsversuche werden hier wenig Erfolg bringen; umfassende, die *Vernetztheit* der Wirklichkeit berücksichtigende Lösungsversuche sind hier angebracht. In Anlehnung an Naisbitt (1984) möchte ich nachfolgend *drei wesentliche Aspekte einer zukunftsorientierten Gestaltung der Kommunikation in Unternehmen* darstellen.

(a) Hohe Technologie fordert die Schaffung besserer Kontaktmöglichkeiten
Wie Naisbitt (1984: 62) ausführt, müssen die Notwendigkeit einer Höherentwicklung der Technologie und das Bedürfnis nach menschlichem Kontakt in Übereinstimmung gebracht werden: „Wir müssen lernen, die materiellen Wunder der Technologie und das spirituelle Verlangen der menschlichen Natur in ein Gleichgewicht zu bringen." Das Unternehmen muß deshalb z. B. durch die Einrichtung von Gesprächskreisen Gelegenheiten schaffen, daß sich die Mitarbeiter über ihre Probleme im Arbeitsvollzug, aber auch über ihr Verhältnis zueinander unterhalten können.

(b) Von der Zentralisierung zur Dezentralisierung
Die Unternehmen sollten die auch in ihrem Sinne positiven Möglichkeiten einer stärkeren Dezentralisierung nutzen. Informationen sollten dort gespeichert und

verarbeitet werden, Entscheidungen sollten dort getroffen werden, wo sich diese auf die Betroffenen auswirken. Die Mikroelektronik bietet hierzu hervorragende Möglichkeiten und die Unternehmen werden dadurch flexibler. Sie können sich einer immer rascher wandelnden Umwelt besser anpassen.

Die Computer-Heimarbeit ist vorsichtig einzusetzen, da die Vorteile der Heimarbeit für viele Personen den gleichzeitigen Kontaktverlust nicht aufwiegen. Auch hier sind deshalb flexible Lösungen anzustreben: die Angestellten können zeitweilig zu Hause und die übrige Zeit im Büro arbeiten und hier ihr Bedürfnis nach Kontakt und sinnlicher Erfahrung befriedigen. Ein sehr gutes Beispiel bietet die *British Open University*, bei der das Heimstudium verbunden ist mit Sommerkursen, deren Schwergewicht weitgehend auf sozialer Interaktion liegt.

Beleg 27

Small is beautiful

„Seine Talente in einem überschaubaren Rahmen so zu entfalten, daß die eigene Tätigkeit als sinnvoll erlebt wird und ihr Beitrag zum Gesamtergebnis des Unternehmens erkennbar bleibt, gehört zu den Idealvorstellungen jedes Arbeitnehmers. Dabei sieht die Wirklichkeit meist anders aus: In einem bürokratisch oder technokratisch geprägten Großbetrieb verliert der Einzelne nicht nur die Übersicht, sondern muß oft genug einen Großteil der Energie für die Absicherung der eigenen Position verbraten. (...)
Bei Gore arbeiten deshalb maximal 150 bis 200 Mitarbeiter in einem Werk in kleinen Teams zusammen. Jedes Werk verfügt dabei über alle wichtigen Funktionen: Von der Entwicklung und Produktion bis zur Verwaltung und zum Verkauf. Die dezentrale Organisation von Gore schafft neue Möglichkeiten spontaner und offener Kommunikation. Auf Hierarchien, Ränge, Titel oder Arbeitsanweisungen können wir weitgehend verzichten. Wir organisieren uns in erster Linie über „Commitments", die der einzelne Mitarbeiter abgibt. Damit steckt er zusammen mit seinem Team in einem kontinuierlichen Prozeß seinen Verantwortungsbereich entsprechend seinen Neigungen und Stärken letztendlich selbst ab. So steigt auch die Wahrscheinlichkeit für ihn, seiner Tätigkeit einen individuellen Sinn zu geben und seinen Beitrag zum Ganzen noch erkennen zu können. Commitments sind ein Beispiel für die Freiheiten, die mit dem Konzept kleiner, überschaubarer Unternehmenseinheiten möglich werden. Wenn es auch für neue Mitarbeiter anfangs ungewohnt und manchmal schwierig ist, sich in diese Denkweisen einzufinden, sind sie dennoch eine wichtige Grundlage für den Spaß an ihrer Arbeit."
aus: Gore & Co, *Frankfurter Allgemeine Zeitung* vom 7. Dezember 1985

(c) Von der Hierarchie zum Netzwerk
Die Mikroelektronik bietet auch hervorragende Möglichkeiten, durch die Bildung sinnvoller Netzwerke die Kosten der Hierarchie zu reduzieren. Gruppen, Abteilungen oder kleinere Funktionsbereiche werden hierbei zu Netzwerken zusammengeschlossen; sie erhalten die notwendigen Informationen und Entscheidungskompetenzen zur Lösung ihrer Probleme. Bei der Lösung übergeordneter Probleme treten die einzelnen Netzwerke in Verbindung zueinander. Wie Vester (1984) ausführt, sind die nach dem Prinzip von Netzwerken organisierten Großsysteme wesentlich

flexibler in der Erfüllung ihrer jeweiligen Aufgaben. „Einer der Gründe mag sein, daß nur diese ein effizientes „Wirtschaften" ermöglichen durch eine gewisse Kleinräumigkeit, kurze Transportwege und die für die Bildung von profitablen Wechselwirkungen so wichtige Diversität (Vielfalt). Nach einer solchen Umwandlung oder Differenzierung sind dann die einzelnen Bereiche stark verknüpft, während der Vernetzungsgrad zwischen diesen Bereichen nur aus wenigen, ausgewählten Beziehungen besteht. Es bildet sich eine verschachtelte Systemhierarchie." (Vester 1984: 40 f). Karl Weick (1985) bezeichnet dieses schwache Verbinden kleiner Organisationseinheiten innerhalb größerer Organisationen als *lose Kopplung*, die seines Erachtens wiederum die Grundlage ist zur Schaffung von flexiblen und trotzdem stabilen Organisationen.

Diese Netzwerke funktionieren jedoch nur dann, wenn zwischen den einzelnen Mitgliedern eine intensive und gut funktionierende Kommunikation stattfindet, wobei Form und Inhalt der Kommunikation in diesen Netzwerken mehr informeller Natur sein sollten. Die Organisation des Unternehmens nach Netzwerken stellt somit eine neue (nicht-hierarchische) Form sozialer Organisation dar, die einerseits die Bedürfnisse des Unternehmens nach Flexibilität und Rationalität, andererseits aber auch die Bedürfnisse der Mitarbeiter nach freier Meinungsäußerung, Partizipation, authentischer Kommunikation und Selbstverwirklichung berücksichtigt.

(4) In den letzten Jahren haben sich viele Wissenschaftler und Unternehmensberater auf die Suche nach dem Weg gemacht, auf dem Unternehmen Spitzenleistungen vollbringen können. War man früher der Meinung, daß bestimmte *Eigenschaften* von Führungskräften (Eigenschaftstheorie), eine bestimmte *Form der Führung* (Führungstheorie) oder die Schaffung bestimmter *Anreize* (Motivationstheorie) die Mitarbeiter beeinflussen, mehr oder bessere Leistungen zu erbringen, ist man seit den Veröffentlichungen von Deal/Kennedy und Peters/Waterman der Meinung, daß der Stein des Weisen in der *Unternehmenskultur* liegt. Und so kommt aus Amerika „eine frohe Botschaft" (wie Peters/Waterman ihre Erkenntnisse umschreiben), nach der man nicht mehr so sehr das Augenmerk auf die *harten Fakten* (z. B. Struktur, Strategie und Systeme) legt, sondern vor allem versuchen sollte, die *weichen Fakten*, die *Kultur des Unternehmens* zu beeinflussen. Die Kultur eines Unternehmens besteht aus Geschichten (Mythen, Anekdoten, Legenden und Sagen), die man sich erzählt; aus Slogans, Mottos und Grundsätzen, an die man glaubt; aus Riten, Zeremonien, Tabus und magischen Handlungen, die bei Zusammenkünften das Handeln leiten sowie aus Artefakten, die das Erscheinungsbild prägen.

Unternehmenskultur entsteht durch Kommunikation. Geschichten, Mythen, Slogans, Mottos, Riten, Zeremonien...: sie alle sind das Ergebnis von Kommunikation und Interaktion; entstehen und verändern sich durch Kommunikation und Interaktion. Deshalb erhält das Thema Kommunikation bei allen Bemühungen, die Effizienz von Unternehmen zu verbessern, eine zentrale Bedeutung. Hier hat man dann auch eine solide Basis, Entwicklungs- und Veränderungsprozesse einzuleiten. So wird auch von Umberto Eco (1985: 33 ff) vorgeschlagen, die Kultur als „Kommunikationsphänomen" zu untersuchen: „Die ganze Kultur *sub specie communicationis* zu betrachten, heißt nicht, daß die Kultur nur Kommunikation ist, sondern daß sie besser und tiefer verstanden werden kann, wenn man sie unter dem Gesichtspunkt der Kommunikation betrachtet, und daß Objekte, Verhaltensweisen, Produktionsverhältnisse und Werte gesellschaftlich als solche funktionieren, weil sie gerade semiotischen Gesetzen gehorchen." (Eco 1985: 36).

Die hier angesprochenen Perspektiven zur Entwicklung der Kommunikation in Unternehmen implizieren jedoch auch Veränderungen basaler Einstellungen zum *tätigen Leben* selbst (zur „Vita activa", wie Hannah Arendt (1981) sagt). Arbeit darf nicht nur zweckrational, instrumentell und ergebnisorientiert betrachtet werden – sie muß vielmehr ergänzt werden durch wertrationale, sinnorientierte, kommunikative Elemente. Dies bedeutet, daß eine einseitig am *Haben*, an Produktivität orientierte Betrachtung der Arbeit („Wie kann ein Produkt mit *möglichst geringen Kosten* hergestellt werden?") ergänzt wird durch eine am *Sein*, am zwischenmenschlichen Handeln orientierte Betrachtung, bei der es mehr um die Frage geht: „Wie läßt sich ein Produkt *sinnvoll im sozialen Kontext* herstellen?" So könnte man (wie Rinderspacher 1984, vorschlägt) z. B. die durch den Produktivitätsfortschritt freiwerdende Arbeitszeit auch dazu nutzen, gerade diese zwischenmenschliche, soziale Komponente in Unternehmen wieder zu beleben.

Daß die hier vorgetragenen Vorschläge zur Gestaltung der Kommunikation und einer veränderten Betrachtung der Arbeit selbst nicht utopisch oder sogar revolutionär sind, zeigen einerseits die vielfältigen Versuche, z. B. mittels *Quality Circles* oder der *Lernstatt* die Kommunikation in Unternehmen wieder zu beleben (siehe hierzu den zusammenfassenden Bericht von Gottschall 1984) bzw. kritische Stimmen aus dem Bereich der Betriebswirtschaftslehre (siehe z. B. die von Ulrich 1981 veröffentlichten Vorträge einer Veranstaltung der Hochschule St. Gallen zur „Management-Philosophie für die Zukunft").

So ist nach P. Ulrich (1981: 66) eines der wesentlichen Mittel einer fortschrittlichen Unternehmenspolitik „die Beteiligung aller Betroffenen an einem unverzerrten, verständigungsorientierten Dialog" oder, wie es Ulrich auch nennt, das *Dialog- oder Diskursprinzip*. Die Bedingungen dieses idealen Dialogs sind nach Ulrich (68):

1. Beteiligung aller Betroffenen
   (Authentische Einbringung aller Bedürfnisse und Wertungen)
2. Argumentative Einigung (Konsensus)
   (Nur allgemein akzeptierbare Argumente sind gültig)
3. Chancengleichheit (Machtausgleich)
   (Die Verhandlungsmacht aller Beteiligten muß gleich sein)
4. Zwanglosigkeit
   (Verzicht auf Persuasion und Sanktion)
5. Unbeschränkte Information
   (Alle vorhandenen relevanten Informationen sind allen Beteiligten zugänglich)
6. Argumentative Kompetenz
   (Dialogteilnehmer müssen fähig sein, vernünftig zu argumentieren)

7. Rationale Motivation („Wille zur Vernunft")
   (Dialogteilnehmer müssen gewillt sein, vernünftig zu argumentieren, Gegenar-
   gumente unvoreingenommen zu prüfen und einen allgemein akzeptierbaren
   Konsens zu erzielen).

Ulrich beschließt seine Ausführungen mit folgender Forderung (75): „Das Dia-
logprinzip ist der konzeptionelle Grundstein jeder von der Idee der gesamtgesell-
schaftlichen Vernunft getragenen „Management-Philosophie der Zukunft"."

4. Probleme der Kommunikation und Ansätze zur Lösung

„Es ist prinzipiell unmöglich, irgendein Muster dadurch zu erklären, daß man eine einzelne Quantität heranzieht. (...) Mit anderen Worten, Quantität und Muster gehören verschiedenen logischen Typen an und passen eigentlich nicht in ein und demselben Denken zusammen." Bateson (1982: 71) greift mit dieser für die Kommunikation wichtigen Unterscheidung den Kernpunkt aus den „Principa mathematica" von Russell und Whitehead auf, nach deren Theorie der logischen Typen zwischen einer Klasse (verstanden als umfassender Begriff für eine Vielzahl von Elementen) und diesen in der Klasse zusammengefaßten Elementen ein Unterschied besteht. Weder kann die Klasse ein Element von sich selbst sein, noch kann eines der Elemente die Klasse repräsentieren, und zwar deshalb nicht, weil der Terminus, der für die Klasse verwendet wird, einer anderen Abstraktionsebene angehört als jene Termini, die für die Elemente verwendet werden.

Übertragen auf das Thema der vorliegenden Veröffentlichung bedeutet dies, daß man bei der Betrachtung der Kommunikation und Interaktion in Unternehmen *drei Ebenen* (*logische Typen*) unterscheiden muß:

(1) Auf der *untersten Ebene* geht es um die zwischen dem Sender und dem Empfänger übermittelte *Nachricht*.

(2) Auf der *zweiten Ebene* werden die Aspekte, die beim *wechselseitigen Austausch von Nachrichten*, der *Interaktion*, entstehen, betrachtet. Im Vordergrund steht das *sur plus* bzw. der *übersummative Aspekt* der Interaktion: „Übersummation ist eine Eigenschaft, die sich aus dem Begriff der Ganzheit ergibt. (...) Ein System ist nicht einfach die Summe seiner Bestandteile; jeder Versuch einer Analyse künstlich isolierter Segmente würde das System als Gegenstand der Untersuchung zerstören. Es ist vielmehr notwendig, die Eigenschaft der Teile im Interesse der Gestalt zu vernachlässigen und die Aufmerksamkeit der Kernfrage zuzuwenden, nämlich der Frage der Organisation." (Watzlawick et al. 1980: 120)

(3) Eine *dritte Ebene* bildet die Betrachtung des *Unternehmens als Kommunikationssystem*. Kennzeichnend für diese Betrachtung ist, daß

● die kommunizierenden Individuen innerhalb des Systems sowohl in horizontaler, vertikaler, als auch in diagonaler Richtung in Beziehung zueinander stehen,
● dieses System nach außen offen und deshalb auch sehr schwer abgrenzbar ist (alle Kommunikanten haben Beziehungen zu anderen Kommunikationssystemen, z. B. im privaten Bereich oder zu anderen Unternehmen und Institutionen).

Die vorliegende Veröffentlichung hat vor allem die Probleme der Kommunikation (also der Ebene I) und der Interaktion (Ebene II) zum Inhalt. In den folgenden Ausführungen werden zunächst die Aspekte der Kommunikation (Teil 4) und daran anschließend die Aspekte der Interaktion (Teil 5) behandelt. Das Unternehmen als Kommunikationssystem (Ebene III) wird in Teil 6 angesprochen.

Um es gleich vorwegzunehmen: Die hier vorgesehene Trennung in drei Ebenen ist nicht immer eindeutig und einfach. Dies vor allem aus drei Gründen:

● Eine Trennung, wie sie hier vorgeschlagen wird, widerspricht zum Teil unserem Alltagsempfinden. So fällt es uns ganz grundsätzlich schwer, die Ebenen der Kommunikation und Interaktion zu differenzieren. Zumeist betrachtet man die Interaktion als Summe der übertragenen Nachrichten und vernachlässigt hierbei den übersummativen Aspekt der Interaktion.

● Als Folge der Trennung entstehen Zuordnungsprobleme. So betrifft zum Beispiel der Aspekt der Körpersprache sowohl die Kommunikation als auch die Interaktion. Durch Körpersprache wird einerseits mitgeteilt, wie eine bestimmte Information zu verstehen ist, durch Körpersprache wird aber auch die Interaktion in weiten Teilen mitgesteuert.

● Innerhalb der drei Ebenen sollen jeweils die Probleme dieser Ebenen sowie die Ansatzpunkte zur Lösung behandelt werden. Auch hier treten ganz zwangsläufig Überschneidungen auf. So wird z. B. ein Kommunikationstraining idealerweise immer alle drei Ebenen ansprechen: die Ebene der kommunikativen und interaktiven Fähigkeiten, aber auch die betriebliche (organisatorische) Seite.

Um Wiederholungen zu vermeiden, werden deshalb zum Teil Trennungen und Zuordnungen vorgenommen, die an manchen Stellen etwas willkürlich erscheinen mögen.

Während in den vorausgegangenen Ausführungen die Grundlagen der Kommunikation und Interaktion (im allgemeinen) und der Kommunikation in Unternehmen (im besonderen) behandelt wurden, geht es in den folgenden Ausführungen jeweils um zwei Fragen:

(1) Welche typischen Probleme der Kommunikation und Interaktion lassen sich in Unternehmen feststellen und wie entstehen diese?

(2) Welche Ansatzpunkte gibt es, die Probleme der Kommunikation und Interaktion in Unternehmen zu lösen? (Mit dem Wort „lösen" wird hier sicher ein sehr weitgehender Anspruch erhoben, wird es in der Praxis häufig doch so sein, daß man die Probleme zunächst zu reduzieren versucht. Gelingt dies, hat man sicherlich viel erreicht.)

Zu (1) möchte ich noch ergänzen, daß es mir weniger darauf ankommt, eine vollständige Sammlung aller denkbaren Kommunikationsprobleme zu erstellen. Diese Aufgabe wäre einerseits nicht lösbar und andererseits sicher auch nicht sinnvoll. Mir geht es mehr darum, allgemeingültige Aussagen über die Entwicklung und Art von Kommunikations- und Interaktionsproblemen zu machen und daraus dann entsprechende Empfehlungen zur Reduzierung dieser Probleme abzuleiten.

In den folgenden Ausführungen zur Kommunikation werde ich eingehen auf:

- die Ursachen von Kommunikationsproblemen (4.1),
- die Möglichkeit, durch eine differenzierte Betrachtung der Nachricht selbst (im Sinne einer *Anatomie der Nachricht*) die Probleme der Kommunikation und Ansätze zur Lösung besser zu beschreiben (4.2),
- die *vier Seiten einer Nachricht*: die Sachseite (4.3), die Appellseite (4.4), die Selbstoffenbarungsseite (4.5) und die Beziehungsseite (4.6),
- einige generelle Ansatzpunkte zur Verbesserung der Kommunikation (4.7).

4.1 Ursachen von Kommunikationsproblemen

Im Prozeß der Informationsübermittlung geht es dem Sender ganz prinzipiell darum, daß er seine Ideen, Gedanken und Wünsche dem Empfänger so übermittelt, daß dieser sie – im Sinne des Senders – versteht. Diesen Prozeß der Übermittlung einer Information kann man in *sechs Stufen* gliedern, die in Abbildung 13 (in Anlehnung an Neuberger 1980: 25 und 1982: 12 sowie die Ausführungen unter 2.1.1, S. 8 ff. und 2.3, S. 34 ff.) dargestellt sind.

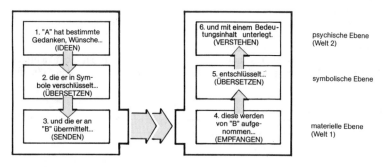

Abb. 13: Der Prozeß der Informationsübermittlung

Der Prozeß der Informationsübermittlung mit seinen sechs Stufen kann auch als Basis für eine Gliederung der Ursachen von Problemen der Kommunikation verwendet werden. In Übersicht 3 wurden in Anlehnung an die sechs Stufen die jeweils wesentlichen Ursachen von Kommunikationsstörungen zusammengestellt, wobei angemerkt werden muß, daß in *einer* übertragenen Information jeweils *mehrere* dieser Störungen gleichzeitig auftreten können.

Ganz generell kann festgestellt werden, daß die Kommunikationsprobleme der Stufen 1 und 6 (der *psychischen Ebene*) im wesentlichen die Grundlagen bilden für die schwereren, problematischeren Störungen der Kommunikation und Interaktion. Hierfür gibt es drei Gründe:

Übersicht 3: Ursachen von Kommunikationsproblemen

	Sender	Empfänger
psychische Ebene	*Stufe 1: Ideen* Der Sender ist sich über seine wahren Wünsche und Beweggründe nicht im klaren oder möchte diese nicht preisgeben. Die Information wird dadurch unklar, unpräzise und schwer zuordenbar. ▼	*Stufe 6: Verstehen* Informationen werden vor allem bei der Zuordnung von Bedeutungsinhalten verzerrt. Die wesentlichen psychischen Mechanismen sind hierbei: Vorurteile, Stereotype, selektive Wahrnehmung, Uminterpretation (siehe 2.1.2.). ▲
symbolische Ebene	*Stufe 2: Übersetzen* Beim Übersetzen werden die Ideen der psychischen Ebene (Stufe 1) in motorische Aktivitäten (Stufe 3) bzw. die über die sensorischen Kanäle empfangenen Signale (Stufe 4) in Bedeutungsinhalte (Stufe 6) umgesetzt. Die Brücke bei diesem Umsetzungsprozess wird gebildet von der Sprache (siehe 2.1.3.). Das Problem ist, daß Sender und Empfänger den einzelnen Informationen (Worten, Gesten, etc.) andere Bedeutungen zuordnen. So sind die Vorstellungen, die hinter den einzelnen Worten der Sprache stehen, von Individuum zu Individuum höchst unterschiedlich: sprechen wir von einem „Stuhl", stellt sich jeder ein anderes Sitzmöbel vor. ▼	*Stufe 5: Übersetzen* ▲
materielle Ebene	*Stufe 3: Senden* Typische Probleme auf der Senderseite sind z. B.: o eine undeutliche Aussprache, o ein umständlicher Vortrag (Wortwahl und Satzstellung), o das Senden widersprüchlicher Informationen auf verschiedenen Kanälen (z. B. verbal und körpersprachlich).	*Stufe 4: Empfangen* Schon bedingt durch den Aufbau und die Arbeitsweise unseres Wahrnehmungsapparates wird das was wir wahrnehmen stets ein unvollkommenes Bild der außersubjektiven Wirklichkeit sein (siehe 2.1.1.). Weitere Ursachen für ein nicht richtiges Empfangen können z. B. sein: Unaufmerksamkeit, Desinteresse oder Nebengeräusche.

- Einerseits werden die Kommunikationsprobleme auf der psychischen Ebene nur *in wenigen Fällen einer Klärung zugeführt*. Bei den Kommunikationsproblemen der Stufen 2 bis 5 läßt sich zumeist relativ einfach eine Klärung erreichen (z. B. durch eine Rückfrage bei nicht richtig verstandenen Informationen). Bei Kommunikationsproblemen der Stufen 1 und 6 ist diese Klärung in der Regel aufwendiger und vor allem schwieriger.
- Zum zweiten betreffen die Kommunikationsprobleme auf der psychischen Ebene wesentlich stärker die *Gesamtperson*. Eine Klärung läßt sich in der Regel nur erreichen, wenn man sich öffnet. Diese Offenlegung der Persönlichkeit wird jedoch als zumeist bedrohlich empfunden. Vor allem in der betrieblichen Kommunikation will man sich keine Blöße geben, indem man seine Probleme „zu Markte trägt".

● Zum dritten haben die Probleme auf der psychischen Ebene eine wesentlich *längere Wirkungsdauer*, die Tendenz, sich festzufressen und unter Umständen sogar in ihrer Wirkung zu steigern. Kommunikationsprobleme der psychischen Ebene bilden deshalb auch einen hervorragenden Nährboden für die *Self-fulfilling-prophecy* bzw. das *Andorra-Phänomen* (siehe S. 19 f.).

Die bisherigen Ausführungen zu den Ursachen von Kommunikationsproblemen möchte ich – unter einem anderen Blickwinkel – wie folgt interpretieren:

Das, was „A" (der Sender) mit seiner Information übermitteln möchte und das, was „B" (der Empfänger) versteht, ist nur zum Teil deckungsgleich (siehe Abb. 14). Kommunikation ist – wie Luhmann (1984: 194) sagt – „selektives Geschehen": „Kommunikation greift aus dem je aktuellen Verweisungshorizont, den sie selbst erst konstituiert, etwas heraus und läßt anderes beiseite."

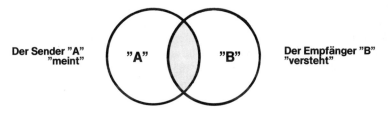

Der Sender "A"
"meint"

"A"　　"B"

Der Empfänger "B"
"versteht"

Abb. 14: Unterschiede zwischen „gemeinter" und „verstandener" Information

Ganz allgemein könnte man deshalb sagen, daß *ein Kommunikationsproblem dann vorliegt, wenn der Deckungsbereich zwischen der vom Sender gemeinten und der vom Empfänger verstandenen Information zu klein wird.*

Es ist nun jedoch kein einfaches Unterfangen, den Deckungsbereich zu vergrößern, da eine Auseinandersetzung von Sender und Empfänger über das, was sie nun wirklich gemeint und verstanden haben und inwieweit sich ihre Meinungen decken, von den gleichen Problemen behaftet ist, wie der Gegenstand selbst, den sie zu ihrem Thema machen. So bedient sich die *Sprache über die Sprache* (die *Metakommunikation*) der gleichen Symbole und individuellen Bedeutungsinhalte wie die Sprache selbst. Der Sprache fehlt hier die Möglichkeit eines Rekurs zu einem umfassenden Ausdruckssystem, wie es z. B. für die Mathematik die Zahlen und algebraischen Zeichen darstellen (siehe z. B. Watzlawick 1979 und Watzlawick et al. 1980).

Gerade der zuletzt genannte Umstand macht die Behandlung von Kommunikationsproblemen schwer. Einen praktikablen Ansatz zur Lösung dieser Probleme bietet das Modell der *vier Seiten einer Nachricht*, auf das ich nachfolgend näher eingehen werde.

4.2 Die Anatomie einer Nachricht: Die vier Seiten der Nachricht

In den letzten Jahren haben sich vor allem Psychologen bemüht, die verschiedenen Aspekte und theoretischen Ansätze zur Kommunikation in ein praktikables Modell zu integrieren: „unter einen Hut zu bringen", wie dies Schulz von Thun (1981: 13) bezeichnet hat. Das von Karl Bühler in seinen Grundzügen erstmals 1918 veröffentlichte *Organon-Modell* der menschlichen Sprache (siehe S. 40 f.) war eine der Grundlagen zur Bildung eines Modells der Kommunikation. Weitere Vorläufer bildeten das von Ruth Cohn entwickelte *TZI-Modell* (das Akronym TZI steht hierbei für *t*hemen*z*entrierte *I*nteraktion) sowie die von Watzlawick et al. definierten *Axiome der Kommunikation*.

In Übersicht 4 sind neben den zuvor erwähnten Vorläufern die gängigsten Modelle zur zwischenmenschlichen Kommunikation dargestellt. Die Modelle von Neuberger (Spalte 5) und Lay (Spalte 6) entsprechen weitgehend dem von Schulz von Thun entwickelten Modell (Spalte 4); die Unterschiede zwischen diesen Modellen sind minimal. Die zuletzt genannten Modelle unterscheiden jeweils *vier Seiten einer Nachricht*, wobei mit diesen vier Seiten die unterschiedlichen Wirkungen (Neuberger 1982: 12) bzw. die unterschiedlichen Botschaften (Schulz von Thun 1981: 15) einer Information dargestellt werden.

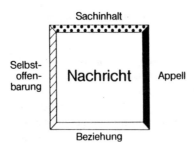

Abb. 15: Vier Seiten der Nachricht (*Quelle:* Schulz von Thun 1981: 14)

Die Darstellung dieser *vier Seiten einer Nachricht* in der Form eines Quadrates (siehe Abb. 15) mit den Seiten: *Sachinhalt, Appell, Beziehung* und *Selbstoffenbarung* sagt nach Schulz von Thun (1981: 15) folgendes aus:

● „Erstens, daß „Klarheit" der Kommunikation eine vier-dimensionale Angelegenheit ist."

● „Zweitens, daß in ein und derselben Nachricht viele Botschaften gleichzeitig enthalten sind, die sich um das Quadrat herumgruppieren."

● „Drittens ist zu sehen, daß die Seiten des Quadrates gleich lang sind. Damit ist die These verbunden, daß die vier Aspekte als prinzipiell gleichrangig anzusehen sind (wenn auch in jeder einzelnen Situation der eine oder andere Aspekt im Vordergrund stehen mag)."

Übersicht 4: Modelle der Kommunikation

Spalte: ▷	1	2	3	4	5	6
Autor: ▷	Bühler (1982)	Watzlawick et al. (1980)	Cohn (1979/1981)	Schulz von Thun (1981/1983)	Neuberger (1982)	Lay (1981)
Analyse-ebene: ▷	Leistung der menschlichen Sprache	Axiome der Kommunikation	Modell zur dynamischen Balance zwischen Ich-Wir-Es	Vier Seiten der Nachricht	Vier Seiten der Kommunikation (TALK-Modell)	Vier Aspekte der Nachricht (Botschaftsanteile)
	Darstellung	Inhaltsaspekt	Es	Sachseite/ Sachinhalt	Tatsachendarstellung (Information)	Information
	Appell			Appellseite	Lenkung (Beeinflussung, Manipulation)	Appell
	Ausdruck		Ich	Selbstoffenbarungsseite	Ausdruck (Selbstoffenbarung, Darstellung)	Selbstdarstellung (Selbstmitteilung)
		Beziehungsaspekt	Wir	Beziehungsseite	Kontakt (Beziehung, Klima)	Kommunikation

(Zeilenbeschriftung links vertikal: Dimensionen des Modells)

Wie Schulz von Thun ausführt, eignet sich das Modell der vier Seiten der Nachricht vor allem zur Analyse konkreter Mitteilungen und zur Aufdeckung einer Vielzahl von Kommunikationsstörungen, aber auch zur Gliederung des gesamten Problemfeldes.

In den folgenden Ausführungen werde ich die Probleme der Kommunikation und die Ansätze zur Lösung gegliedert nach den vier Seiten der Nachricht behandeln. Zuvor möchte ich noch kurz die vier Seiten, so wie sie in der vorliegenden Veröffentlichung verwendet werden, inhaltlich abgrenzen.

(1) Sachseite
Zunächst enthält die Nachricht eine *Sachinformation*: Worüber ich informiere. Inhalte der Sachseite sind: Tatsachen, Darstellungen, Problemdarstellungen, Informationen zu bestimmten Themen. Diese Informationen haben den Tenor: „Es ist...!"

(2) Appellseite
Kaum etwas wird „nur so" gesagt – alle Informationen haben die Funktion, auf den Empfänger *Einfluß* zu *nehmen*. In den vorausgegangenen Ausführungen wurde diese Seite der Information als pragmatischer Aspekt der Kommunikation bezeichnet (siehe 2.4). Diese Informationen haben den Tenor: „Ich möchte, daß Du...!"

(3) Selbstoffenbarungsseite
In einer Nachricht stecken nicht nur Informationen über Sachinhalte oder Appelle, sondern auch *Informationen über die Person des Senders*. Allgemein gesagt: In jeder Nachricht steckt ein Stück Selbstoffenbarung des Senders. Entscheidend ist hier die Art des Senders, bestimmte Dinge auszudrücken, die Wahl bestimmter Worte, die die Sprache begleitende Mimik und Gestik... Diese Informationen haben den Tenor: „Ich bin...!"

(4) Beziehungsseite
Aus der Nachricht geht immer auch hervor, *wie der Sender zum Empfänger steht*, was er von ihm hält. Allgemein gesprochen: Eine Nachricht senden, heißt immer auch, zu dem Angesprochenen eine bestimmte Art von Beziehung auszudrücken. Während bei der Selbstoffenbarung der Sender nur Aussagen über sich selbst macht, macht er auf der Beziehungsseite Aussagen darüber, wie er sich und seine Beziehungen zum Empfänger sieht: Selbstoffenbarungsseite und Beziehungsseite hängen somit sehr eng zusammen. Beide Seiten werden auch sehr stark über die non-verbalen Informationen angesprochen. Diese Informationen haben den Tenor: „Du bist...!" und „Wir sind...!"

4.3 Die Sachseite der Nachricht

Durch vielfältige Lernprozesse in der Schule, in der beruflichen Ausbildung und im Arbeitsleben werden wir geschult, den *Sachaspekt* von Informationen besonders zu betonen: Objektiv, präzise, knapp, nüchtern den anderen zu informieren. Auf was es ankommt, ist die *Sache*. Man beschränkt sich auf das Wesentliche, auf den Inhalt, auf die Fakten. So hat Karl Korn (1958) in seiner Analyse der „Sprache der verwalteten Welt" auch festgestellt, daß sich bei den Begriffen und Worten, wie sie in der Verwaltung verwendet werden, eine merkwürdige Abgehobenheit vom alltäglichen Erfahrungsbereich feststellen läßt; „sie wirken wie rechnerische Größen, deren wahre Natur unbekannt bleibt."

4.3.1 Die Bedeutung der Sachseite für die Kommunikation in Unternehmen

Die Überbetonung der Sachseite in Unternehmen kommt nicht von ungefähr, besteht doch der Zweck von Unternehmen darin, bestimmte Sach-Ziele zu erreichen. Dies bedeutet, daß man sich mit den verschiedenen Möglichkeiten, diese Ziele zu erreichen, sachlich auseinandersetzt, die einzelnen Aktivitäten im Sinne der Sache interaktiv festlegt und auftretende Konflikte (wenn möglich sachlich) diskutiert. Die Behandlung von Sachen ist der Gegenstand des Unternehmens, wobei auch der Mensch in der Regel zu einem Produktionsfaktor, zur „Sache", wird.

So ist es auch nicht verwunderlich, daß in vielen Betrieben die einseitige Übermittlung von Sach-Informationen von *oben* nach *unten* die übliche Art der Kommunikation ist. Das Gespräch als dialogartige Kommunikation wird – nach einer sehr häufig vertretenen Auffassung – erst dort notwendig, wo es um die Koordination und Bearbeitung komplexer, neuartiger Probleme, um das Anzapfen des Wissens der Mitarbeiter oder um die Motivation dieser geht. In den häufig empfohlenen Gesprächs- und Problemlösungstechniken geht es deshalb auch zumeist um die Sachseite; um die Frage: Wie erhalte ich möglichst schnell, kostengünstig und problemlos die für die Sache wesentlichen Informationen?

4.3.2 Typische Probleme auf der Sachseite

Bei der Kommunikation in Unternehmen kommt es auch auf der Sachseite immer wieder zu Problemen. Nach Schulz von Thun (1981 und 1983) lassen sich die wesentlichen Probleme auf der Sachseite in zwei Gruppen gliedern:

● mangelnde *Sachlichkeit* (1) und
● mangelnde *Verständlichkeit* (2).

(1) *Sachlichkeit* ist dann erreicht, wenn die Verständigung auf der Sachebene weiterkommt, ohne daß die Begleitbotschaften auf den anderen drei Seiten der Nachricht störend die Überhand gewinnen. Sachlichkeit setzt somit den auf das Sachziel bezogenen Austausch von Informationen und Argumenten, das Abwägen und Entscheiden frei von menschlichen Gefühlen und Strebungen voraus.

In der Kommunikation kommt es jedoch immer wieder vor, daß man, anstatt Informationen zur *Sache* auszutauschen, vorrangig Informationen zur *Position* übermittelt. Das Gesicht wahren, Recht behalten wollen, sich rehabilitieren, sind typische Verhaltensweisen zur Rechtfertigung der eigenen Person. Sich produzieren, es dem anderen zeigen...: also die Demonstration von Macht soll vor allem dazu dienen, die eigene Position abzusichern. So kann man in Besprechungen immer wieder feststellen, daß Sachkontroversen sehr schnell zu Feindseligkeiten und Herabsetzungen führen.

(2) In vielen Fällen werden übermittelte Sachinformationen überhaupt nicht oder nur teilweise verstanden (bzw. erinnert): Dies wäre der Fall mangelnder *Verständ-*

lichkeit. Auch in Unternehmen sind viele Informationen für die entsprechende Zielgruppe schwer verständlich (wenn nicht sogar unverständlich) formuliert. Viele Führungskräfte und Angestellte haben Schwierigkeiten, Vorgänge (ob dies nun verbal oder schriftlich ist) in einer gegliederten, verständlichen Form zu übermitteln.

Langer et al. (1981) haben ein Instrument zur Messung von Verständlichkeit entwickelt. Kriterien, nach denen die Verständlichkeit beurteilt wird, sind:

● *Einfachheit*
(Wie einfach oder kompliziert ist ein Text aufgebaut?);
● *Gliederung und Ordnung*
(Wie stark und logisch gegliedert bzw. geordnet ist ein Text?);
● *Kürze und Prägnanz*
(Steht die Länge des Textes in einem angemessenen Verhältnis zum Informationsziel?);
● *Anregende Zusätze*
(Wird der Hörer/Leser angeregt, mitzudenken; wird er persönlich angesprochen?).

Ungeordnete, komplizierte Texte mit einer geringen Prägnanz und wenig anregenden Zusätzen sind besonders schwer verständlich. Sollen Informationen (Texte und Vorträge) verstanden werden, setzt dies voraus:

● Daß sie *einfach* sind (kurze Sätze, Verwendung bekannter Worte – deshalb wenig „Fach-Chinesisch" oder Fremdworte – ansonsten diese erklären).
● Daß sie einen *klaren Aufbau* und eine sinnvolle Gliederung haben.
● Daß sie die *notwendige Kürze* haben (Informationen sollen nicht zu weitschweifig, aber auch nicht zu kurz sein; das Optimum liegt hier in der Mitte. Wiederholungen wichtiger Inhalte (Redundanzen) können deshalb angebracht sein).
● Daß sie den Empfänger durch die Verwendung entsprechender *Stimuli* ansprechen (Stimuli können z. B. sein: die persönliche Anrede, sprachliche Bilder, Beispiele aus der Lebenswelt des Empfängers, aber auch visuelle Darstellungen).

4.3.3 Ansätze zur Lösung

4.3.3.1 Förderung der Sachlichkeit

(1) Das *Sachgespräch,* das *Innovationsgespräch* und die *Verhandlung* (siehe Übersicht 2, S. 70 f.) sind die Gesprächstypen, bei denen es im ganz besonderen Maß darauf ankommt, dem *Sachaspekt* gerecht zu werden. Da es in diesen Gesprächen in der Regel darum geht, ein bestimmtes Problem zu lösen, bietet sich folgende stufenweise Vorgehensweise an (siehe im Detail: Franke 1980 und Neuberger 1982):

● Zunächst sollte das *Problem formuliert* werden.
● In der Folge müssen dann die *Bedingungen zur Zielerreichung* geklärt,

- *Lösungsalternativen* entwickelt und
- diese wiederum *bewertet* werden.
- Am Ende steht die *Auswahl* einer Alternative.

(2) In fast allen Gesprächstypen kommt es immer wieder vor, daß die Teilnehmer die sachliche Ebene verlassen, in Nebensächlichkeiten abschweifen oder die Auseinandersetzung um Positionen in den Mittelpunkt stellen. Nach Schulz von Thun (1981 und 1983) bieten sich in diesen Situationen zwei Alternativen an:

(a) *Erste Strategie: „Das gehört nicht hierher!"*
Im Vordergrund dieser Strategie steht der Appell zur Disziplin: Man versucht dadurch das Unerwünschte zu unterdrücken.
Sinnvoll läßt sich diese Strategie z. B. dann anwenden, wenn man abschweifende Beiträge dadurch reduziert, daß man auf den aktuellen Stand im Problemlösungsprozeß verweist. Am besten läßt sich dies durch eine angemessene *Visualisierung* von Tagesordnungspunkten, Gesprächsbeiträgen und Zwischenergebnissen (z. B. durch Einsatz der *Metaplan-Technik*; Schnelle 1978) erreichen.
Ganz generell erscheint mir die *Visualisierung* ein sehr wichtiges Mittel zu sein, die Sachlichkeit und die Verständlichkeit zu fördern, da durch Visualisieren ein geeigneter sachlicher Gesprächsrahmen, eine Anregung zum aktiven Mitdenken und eine geeignete Ansprache mehrerer Kanäle zur Informationsaufnahme erfolgt.
Zu vermeiden ist jedoch ein Einsatz der Strategie des „Das gehört nicht hierher" als *Killerphrase*, da sie dann eine sachliche Diskussion unterbindet.

Beleg 28

Visualisieren

„Die Verständigung in Problemlösungs- und Lernprozessen geschieht vorwiegend über die Sprache. Dieser Umstand hat für den Problemlösungsaufwand in Gruppen beträchtliche Folgen:

- Es erfordert eine hohe Konzentration, das Gehörte über längere Strecken hinweg zu behalten. Zeitraubendes Wiederholen und Erklären werden notwendig. Rasche Ermüdungserscheinungen sind die Folge.
- Es kann nur eine Person zur selben Zeit sprechen. Die Interaktionsdichte, d. h. die Anzahl der Wortergreifungen pro Zeiteinheit, ist sehr gering. Darüberhinaus sind die Wortergreifungen in der Regel ungleich verteilt.
- Es obliegt dem Gesprächsleiter, die Länge und Reihenfolge der Gesprächsbeiträge zu bestimmen und damit Schwerpunkte zu setzen. Bei größeren Gruppen und komplexen Themen ist damit ein Einzelner überfordert.
- Personen, die aus Zeitgründen nur sporadisch an den Gesprächen teilnehmen oder die als Experten gehört werden sollen, lassen sich nur schwer in den Stand der Diskussion einführen. Das gleiche gilt für die Rückkopplung mit Beteiligten und Betroffenen.

Aus dieser Kritik der Stimme-Ohr-Kommunikation gibt es einen Ausweg, der in Planungen und Wissensvermittlung seit Jahren benutzt wird: die optische Darstellung. Jedoch wird dieses Instrument bislang selten systematisch eingesetzt.
Dabei geht es darum, daß jeder Gesprächsteilnehmer nicht nur Sprecher, sondern auch Visualisierer seiner Beiträge ist. Es geht also nicht allein um die optische Darstellung an Wandtafeln, Flipchartständer oder auf der Folie des Tageslichtpro-

jektors. Es soll vor allem auch die übersichtliche optische Entwicklung des Gesprächsverlaufs durch alle Teilnehmer des Lern- und Planungsprozesses erreicht werden. Dabei gilt als Grundsatz: Das Visualisierte soll das gesprochene Wort nicht ersetzen, sondern ergänzen und erweitern. Durch das sichtbare Speichern von Gedanken bleiben Informationen jederzeit abrufbereit. Die Gruppenteilnehmer werden von unnötigen Gedächtnisleistungen entlastet. Ihre Aufnahmebereitschaft bleibt über längere Zeit erhalten. Aber auch die Aufnahmekapazität wird erhöht. Jeder kann an sich selbst erfahren, daß das Auge dem Gehirn mehr Informationen zuleitet als das Ohr.

Es ist kein Zufall, daß die Sprache für das Erkennen von Zusammenhängen Ausdrücke wie – Überblick – Übersicht – Überschaubarkeit – zur Verfügung stellt. Durch die systematisierte Visualisierungsmethode kann die Interaktionsdichte gegenüber dem reinen Gesprächskreis vervielfacht werden. Das bedeutet auch Sichtbarmachen der Meinungsvielfalt und Aktivierung der Teilnehmer.

Eine Gruppe findet sich in komplexen Gesprächssituationen leichter zurecht, wenn sie permanent visualisiert."

aus: Schnelle 1978: 13 f.

(b) *Zweite Strategie: „Störungen haben Vorrang!"*

Diese zweite Strategie geht gerade den entgegengesetzten Weg, indem Störungen aufgenommen, thematisiert und vorrangig behandelt werden.

Diese Methode entstammt der von Ruth Cohn entwickelten *Themenzentrierten Interaktion* (TZI), auf die ich an späterer Stelle (S. 124 f.) noch ausführlicher eingehen werde.

4.3.3.2 Förderung der Verständlichkeit

Eine bessere Verständlichkeit in der Kommunikation wird vor allem erreicht durch den Einsatz rhetorischer Mittel. In den letzten beiden Jahrhunderten wurde die Rhetorik zum Teil sehr heftig angegriffen. So bezeichnete Goethe die Rhetorik als *hohe Schule des Verstellens*; Thomas Mann als *trickreiche Technik*, mit deren Hilfe es dem Redner möglich sei, „gewisse äußere Vorteile im bürgerlichen Leben zu erreichen". Nach Walther Jens (1983: 12) kann man den zentralen Vorwurf gegen die Rhetorik wie folgt zusammenfassen: „Rhetorik verführt die Sinne mit Hilfe der Schönrederei, stellt Eloquenz in den Dienst der Agitation und verzichtet aufs Argument, auf sachlichen Diskurs und aufklärerische Belehrung."

Dieser Vorwurf, den man der Rhetorik auch heute noch sehr häufig macht, ist nicht unbegründet, gibt es doch auf diesem Gebiet eine große Zahl von Heilsverkündern, die gerade das Verschaffen von persönlichen Vorteilen durch den Einsatz rhetorischer Mittel in den Vordergrund stellen. Ganz offensichtlich ist dies auch einer der Gründe, warum Rhetorik-Kurse bei Führungskräften so beliebt sind. Wie Walter Jens (1983: 14) sagt, hat die (richtig verstandene) aristotelische Redekunst gerade dieses Ziel nicht: „Es ist die Intention der Redekunst, den „Sachen" (res) mit Hilfe der „Worte" (verba) ein Höchstmaß an Plastizität zu verleihen." Rhetorik sollte deshalb – entsprechend ihrem Selbstverständnis – darum bemüht sein, ein Maximum an Vermittlung zu realisieren. Die vielerorts beschriebenen rhetorischen Mittel (z. B. Lemmermann 1982 und Kirchner 1980) sollten deshalb auch dazu dienen, Sachverhalte klarzulegen: „Rhetorik *hat* nicht die Wahrheit: sie sucht sie, in Rede und Gegenrede deutlich zu machen." (Jens 1983: 21 f.)

4.4 Die Appellseite der Nachricht

Durch den Appell wird versucht, Wirkungen zu erzielen, einen Zustand hervorzubringen, der noch nicht ist, oder einen Zustand zu verhindern, der einzutreffen droht. In der Appellseite erkennt man die *pragmatischen Aspekte* der Kommunikation (siehe 2.4, S. 39 ff.).

4.4.1 Die Bedeutung der Appellseite für die Kommunikation in Unternehmen

In diesem Teil wird von den Schwierigkeiten und Bemühungen die Rede sein, wirkungsvoll auf andere Einfluß zu nehmen: Neben der Vermittlung von Sachinhalten ganz sicher eines der primären Ziele der Kommunikation in Unternehmen. So beinhaltet *Führung als soziales Handeln* immer auch eine mehr oder weniger unmittelbare Beeinflussung des Verhaltens der Geführten: „Der Führer hat es mit konkreten Menschen, ihren Wünschen, Ängsten, Fähigkeiten zu tun, er muß „be-einflussen", lenken, steuern. Dazu gibt es ein Repertoire von Techniken, die er beherrschen muß." (Neuberger 1984: 2)

In Übersicht 5 sind die Mittel der Beeinflussung von Verhalten, die einer Führungskraft zur Verfügung stehen, zusammengefaßt und erläutert. Wie dargestellt, lassen sich diese Mittel in zwei Gruppen gliedern:

- Einerseits in die Mittel, in denen direkt oder indirekt die Verhaltensbeeinflussung durch *Macht* erfolgt,
- andererseits in die Mittel der Verhaltensbeeinflussung durch *Überzeugung*, wobei ich hier unterscheide in die Beeinflussung durch Manipulation (die oft in Zusammenhang steht mit den Mitteln der Macht), Dialektik und Diskurs.

(1) Sowohl die Mittel der Macht, wie auch die differenzierten Formen des Überzeugens beeinflussen die Kommunikation und Interaktion in Unternehmen. Von ganz wesentlicher Bedeutung für die Kommunikation und Interaktion in Unternehmen sind die Aspekte der *Macht*, die (wie in Übersicht 5 dargestellt), als strukturelle und persönliche Macht zweifach wirken. So hat in Unternehmen nur ein kleiner Personenkreis die Macht, organisatorische Strukturen und damit auch den Rahmen der Kommunikation und Interaktion festzulegen. Die Rangordnung und die festgelegten Kommunikationswege definieren den Weg zur „richtigen" Interaktion und schließen damit andere Wege aus. Nach Galtung (1975: 21) zählen die zuletzt ge-

Übersicht 5: Formen der Verhaltensbeeinflussung in Unternehmen

Führen
(= Beeinflussung von Verhalten)

	durch Einsatz von Mitteln der Macht			durch Überzeugung	
	Strukturelle Macht/Gewalt (Galtung, 1975)	Persönliche Macht	Manipulation (Benesch & Schmandt, 1981)	Dialektik (Lay, 1976, 1980, 1981)	Diskurs (Habermas, 1971)
1. Ziel	Durchsetzung des „eigenen Willens auch gegen Widerstreben" der Betroffenen (Max Weber)		Beeinflussung zum Zwecke einer systematischen zielgerichteten Lenkung und Prägung des Bewußtseins, der Denkgewohnheiten, Gefühlslagen ...	Den anderen vom eigenen Standpunkt überzeugen („Kunst, zu gewinnen, ohne zu siegen"), wenn möglich zum beiderseitigen Nutzen (Pareto-optimale Lösung); sich der Wahrheit nähern	Erzielen von Konsens; gemeinsame Suche nach Wahrheit
2. Mittel	Strukturelle Bindung der Kommunikation nach Form, Inhalt, Kanälen, Zeit ...	Direkte Festlegung des Ablaufs der Kommunikation (erteilt und entzieht das Wort)	Verheimlichung von Zielen; Ausschließliche Ausrichtung auf die Vorteile des Manipulanten; Verwendung unfairer (suggestiver) Methoden; Manipulation von Information ...	Gezielter Einsatz von Logik und Ausdruck (Sprache, Rhetorik und Kontext) zur Beeinflussung	Sachliche Diskussion, bei der gleichberechtigte Sprecher die Chance haben, Sprechakte zu wählen und auszuüben; es herrscht eine ideale Sprechsituation.

nannten Faktoren auch zu den wesentlichen Mechanismen, die *strukturelle Gewalt* begründen. Da die Aspekte der *persönlichen Macht* bereits unter 3.2 (S. 64f.) angesprochen wurden, möchte ich hier auf weitere Ausführungen verzichten.

Bei den Mitteln der Verhaltensbeeinflussung durch *Überzeugen* nimmt die *Dialektik* sicherlich den ersten Platz ein. Im Vordergrund steht das Ziel, den anderen – auch durch den gezielten Einsatz sprachlicher und rhetorischer Mittel sowie die Gestaltung des Kontext – vom eigenen Standpunkt zu überzeugen. Ein idealer Zustand wäre hier erreicht, wenn dieser Überzeugungsversuch zum beiderseitigen Nutzen führt: Eine pareto-optimale Lösung darstellt. Dies dürfte jedoch nur in wenigen Ausnahmen der Fall sein.

(2) Eine durchaus gebräuchliche Form der Kommunikation und der Beeinflussung von Verhalten ist die *Manipulation*, bei der es primär darum geht, beim anderen eine „systematische, zielgerichtete Lenkung und Prägung des Bewußtseins, der Denkgewohnheiten, Gefühlslagen" zu erreichen (Benesch/Schmandt 1981: 10).

Die *gemeinsame Wahrheitsfindung* im Sinne des Habermasschen Diskurs' wird in Unternehmen ein Sonderfall bleiben. Um diese Feststellung versucht man sich zumeist herumzumogeln. So wirken auch die Begründungen zur Anwendung dialektischer Methoden zum Teil etwas hilflos. Lay (1981: 20) beschreibt die Ziele der Dialektik in einer idealistischen Form als: „Kunst zu gewinnen, ohne zu siegen". Nach Wahrigs Wörterbuch wird „gewinnen" definiert als „durch Sieg erringen": Bei Lays Aussage handelt es sich somit mehr um ein Wortspiel, das die Grundprobleme eher verschleiert als klärt.

Es ist nun einmal so, daß das System „Unternehmen" ganz grundsätzlich den Einsatz dialektischer (und zum Teil auch manipulativer) Kommunikation fordert und fördert. Um nicht unterzugehen, wird man deshalb im System mitschwimmen und – je nach moralischer Grundhaltung – mehr oder weniger stark in einer dialektischen oder manipulativen Art versuchen, den anderen von den eigenen (besseren) Absichten, Ideen und Zielen zu überzeugen. Es ist deshalb eine der wichtigsten Aufgaben des Empfängers, zu prüfen, ob und wie er manipuliert wird, um hier dann auch entsprechend gegensteuern zu können.

Beleg 29

Willst Du Erfolg? Kein Problem! (?)

„Die Welt ist voll von ehrgeizigen und fleißigen Menschen, die mit vielerlei außergewöhnlichen Fähigkeiten ausgestattet sind. Trotzdem scheitern sie mit allen ihren guten Vorsätzen und Plänen. Und das nur aus einem einzigen Grund: Sie beherrschen die Gesetze und Methoden der Menschenbeeinflussung nicht. Werbeleute, Politiker und professionelle Verkäufer wissen, wie man es macht. Die Gesetze, deren sie sich bedienen, sind die jahrhundertealten Gesetze der Manipulation.

Die meisten Menschen, die ihre Ziele und Vorsätze nicht oder nur teilweise verwirklichen können, resignieren sehr bald in ihrem Bemühen, sich durchzusetzen. Voll des Mitleids mit sich selbst geben sie anderen die Schuld für ihr Versagen.

Deshalb gibt es in dieser Welt auch so viele Unzufriedene, die das Vertrauen in sich selbst verloren haben. Sie leben ein Leben aus zweiter Hand und warten Tag für Tag darauf, daß andere kommen und ihnen sagen, was sie denken, glauben und kaufen sollen. Kritiklos, bequem und ergeben machen sie sich zu Opfern der Manipulation durch andere.

Diese Menschen haben nicht erkannt, daß Manipulation ein grundlegender Bestandteil des menschlichen Zusammenlebens ist.

Seine Meinung durchsetzen, andere überzeugen, sich in einer feindseligen Umwelt behaupten und nicht ausnützen lassen, sich alles schaffen, was man sich schaffen möchte – das bedarf der Beherrschung jener Spielregeln des zielstrebigen Umgangs mit den Mitmenschen, mit denen jeder Erfolg und damit ein wesentlicher Teil des persönlichen Glücks verbunden ist.

Wer diese Spielregeln beherrscht, wird sich, seine Fähigkeiten und seine Ideen verwirklichen. Wer sich nicht die Mühe nimmt, sie zu erkennen, sie täglich neu zu erforschen und sich mit ihrer Hilfe zu entfalten, darf sich nicht wundern, wenn er ein Leben lang mit sich und der Umwelt unzufrieden ist."

aus: Kirschner 1974: 9

4.4.2 Typische Probleme auf der Appellseite

(1) In den vorausgegangenen Ausführungen wurde dargestellt, daß es eine (oder *die*) wesentliche Aufgabe des Vorgesetzten ist, die unterstellten Mitarbeiter durch Appelle zu veranlassen, eine bestimmte Sache zu tun oder ein bestimmtes Tun zu unterlassen. Einerseits hat der Vorgesetzte die Möglichkeit, hierzu Machtmittel einzusetzten; andererseits weiß man auch, daß viele Dinge besser erledigt werden, wenn der andere von seinem Tun überzeugt wird, z. B. wenn ihm der Appell im Rahmen eines wirklichen *Überzeugungsprozesses* vermittelt wurde.

Die Führungskraft steht nun vor der Aufgabe, daß sie den anderen in ihrem Sinne beeinflußt, hierbei jedoch so weit als möglich auf Machtmittel verzichtet. Dies ist in etwa auch die Ausgangslage, wie sie sich z. B. bei der partizipativen oder kooperativen Führung dem Vorgesetzten stellt. In der Angst, autoritär zu erscheinen, gehen nun viele Führungskräfte dazu über, ihre Appelle in einem Wust von Ausführungen zu verstecken. Dies führt dann zu einer unklaren, oft verwirrenden, pseudodemokratischen Kommunikation. Wenn das demokratische Angebot nicht stimmig ist, führt dies eher zur Kommunikationsverwirrung und zur Ratlosigkeit als zur Klarheit.

(2) Ein ähnliches Verhalten läßt sich der häufig bei der Kommunikation auf horizontaler Ebene oder bei der Kommunikation von *unten* nach *oben* feststellen. Die Gründe für dieses *Vermeiden offener Appelle* können z. B. sein:

● Eine *Selbstoffenbarungsangst*
  (Wer Appelle sendet, gibt dadurch seine Wünsche und Interessen preis; macht sich durch diese Öffnung unter Umständen angreifbar).
● Ein *unklares Ausmaß an Zumutbarkeit*
  (Gerade im Kontakt zum Vorgesetzten stellt sich die Frage, was man noch sagen kann und was unter Umständen nicht mehr toleriert wird).

● *Angst vor Zurückweisung*
(Man möchte nicht, daß einem eine Bitte abgeschlagen wird; daß man einen „Korb" erhält).

(3) Die Möglichkeit, gewünschte Veränderungen durch Appelle zu erreichen, ist begrenzt. Appelle sind auch untaugliche Mittel, tiefgreifende Veränderungen beim Adressaten zu erreichen. So ist es zum Beispiel nahezu unmöglich, *emotionale Stimmungen* (z. B. Vorurteile oder Ängste) durch Appelle zu reduzieren oder gar zu beseitigen. Wenn jemand Probleme mit sich selbst hat, wenn sein Verhalten durch Ängste determiniert ist, nützen in der Regel keine Ratschläge, Empfehlungen und Ermahnungen; am allerwenigsten Appelle, auch wenn diese gut gemeint sind. Der bessere Weg wäre hier, zunächst einmal auf das Problem einzugehen, zuzuhören und sich in die Welt des Senders einzufühlen. Dies ist auch der Grund, warum sich Gesprächs-Psychotherapeuten appellfrei verhalten (siehe Tausch/Tausch 1981).

Beleg 30

Einfühlendes, nicht-wertendes Verstehen

„Jede Person lebt in ihrer eigenen inneren Erlebniswelt. Sie nimmt Menschen, Gegenstände und Ereignisse in einer ihr eigenen einzigartigen Weise wahr, mit nur von ihr empfundenen Bedeutungen. Jede Person lebt ihr Fühlen und ihre Erfahrungen. Das Zentrum dieser inneren Welt ist sie selbst. Diese Erlebniswelt ist für sie „Realität" (...) Wie können wir diese innere Welt des anderen erreichen, an ihr teilhaben? Wie können wir unserem Gesprächspartner die Erfahrung ermöglichen, daß wir ihn in seiner Erlebniswelt verstehen, daß er darin nicht allein ist? Und wie können wir diese innere Erlebniswelt des anderen fördern? (...)
Eine verstehende Person ist offen für die Erlebniswelt des anderen, sie bemüht sich intensiv, sie kennenzulernen. Sie sucht die persönliche Bedeutung der berichteten Erfahrungen und der Erlebnisse für das Selbst des Gesprächspartners zu spüren, was diese derzeit für sein Fühlen bedeuten. Es ist ein nuanciertes einfühlendes Wahrnehmen oder Vorstellen der inneren Welt eines anderen: dessen, was er tief im Innern lebt, was er empfindet, fühlt, wahrnimmt, denkt. (...)
Eine entscheidende Möglichkeit, den anderen in seiner inneren Welt bedeutsam zu fördern, ist: Wir teilen ihm im Gespräch jeweils das mit, was wir von seiner inneren Welt, von dem Strom seines Erlebens verstanden haben und was seine Äußerungen für sein Selbst und sein Fühlen bedeuten. Wir sprechen mit ihm über sein Selbst, wie wir es aufgrund seiner Äußerungen wahrnehmen. Wir teilen ihm die von uns wahrgenommenen Aspekte seiner Person mit, die ihm derzeit bedeutsam sind.
Entscheidend ist, daß wir keinerlei Bewertungen vornehmen, keine Urteile über diese innere Welt des anderen fällen. Sondern daß wir weitgehend in der Erlebniswelt des anderen zentriert sind. Und dieser Welt mitsamt den gefühlsmäßigen Bedeutungen so teilhaftig zu werden und sie ihm mitzuteilen suchen, wie er seine innere Welt erlebt. (...)
Ist eine helfende Person bemüht, die innere Welt des anderen voll zu verstehen und äußert sie das Verstandene, so schließt dies im allgemeinen aus, daß sie den anderen dirigiert, lenkt, belehrt, interpretiert oder ermahnt. Oder daß sie ihm Ratschläge gibt oder Mißbilligung ausdrückt. Dies ist sehr wesentlich. Hohes einfühlendes Verstehen in die innere Welt des anderen und ein Mitteilen des Verstandenen verhindert, daß wir den anderen mit unseren Äußerungen lenken, belehren oder dirigieren."
aus: Tausch/Tausch 1981: 31 ff.

(4) Mitunter werden Nachrichten mit bestimmten Inhalten vom Empfänger abgelehnt: Nicht mit unbefangenem Interesse aufgenommen, sondern mit innerer Abwehr. Zumeist handelt es sich um solche Nachrichten, die in einem starken Widerspruch zu bestimmten Verhaltensweisen oder Überzeugungen des Empfängers stehen. Vor allem in *Kritikgesprächen* taucht dieses Problem auf. Wird – auch nur im Ansatz – Kritik geäußert, „fällt die Klappe" und man „schaltet auf Durchgang" oder wird aggressiv.

(5) Problematisch sind auch die Appelle, denen man nur nachkommen kann, wenn man ihnen nicht nachkommt: Die sogenannten *paradoxen Aufforderungen* (siehe Watzlawick et al. 1980). Eine paradoxe Aufforderung wäre z. B. vorhanden, wenn ein Vorgesetzter bei seinem Mitarbeiter ein ganz bestimmtes Verhalten erreichen möchte, er gleichzeitig aber Wert darauf legt, daß der Mitarbeiter dieses Verhalten aus Eigeninitiative erbringt. Dies geht dann nach folgendem Motto: „Können Sie nicht einmal von sich aus, ohne daß man Ihnen das immer ausdrücklich sagt...!" ; oder wie es Tomaschoff sehr schön in seiner Karikatur (Beleg 31) darstellt: „Sie müssen lernen „Nein!" zu sagen".

Beleg 31

„Sie müssen lernen „Nein!" zu sagen".

Tomaschoff, *Süddeutsche Zeitung* vom 25./26. Januar 1986

(6) Probleme entstehen beim Empfänger eines Appells vor allem dann, wenn die auf verschiedenen Kanälen übermittelten *Informationen sich widersprechen*. Wie soll zum Beispiel der Empfänger einer Nachricht den verbalen Appell „Sie müssen

mit ernsthaften Konsequenzen rechnen, wenn Sie…!" werten, wenn dieser von einer nicht allzu ernsten Mimik, unter Umständen sogar von einem Lächeln begleitet wird. Der Mitarbeiter hat in diesem Augenblick ein nahezu unlösbares Problem vor sich: Soll er nun den verbalen oder den nonverbalen Aspekt stärker bewerten?

Beleg 32

Das Problem doppeldeutiger Botschaften

„Solltest du mit jemandem interagieren, so werden die Ergebnisse eurer Interaktionen oft schmerzlich und unbefriedigend sein. (…) Bei fast allen diesen Gelegenheiten ist die Person sich nicht bewußt, daß sie doppeldeutige Aussagen macht. So wird der Zuhörer mit zwei Botschaften konfrontiert, und das Ergebnis der Kommunikation wird von seiner Reaktion stark beeinflußt sein. Im großen und ganzen gibt es die folgenden Möglichkeiten: Er nimmt die Worte auf und ignoriert den Rest. Er nimmt den non-verbalen Anteil heraus und ignoriert die Worte. Er ignoriert die ganze Aussage, indem er das Thema wechselt. Er schläft ein, verläßt den Raum oder macht eine Bemerkung zu der doppeldeutigen Natur der Botschaft. Zum Beispiel, wenn ein Lächeln auf meinem Gesicht steht und ich die Worte „Ich fühle mich fürchterlich" sage, wie würden Sie dann antworten? Nehmen wir die Möglichkeiten auf, die im letzten Absatz dargestellt wurden, so könnten Sie auf meine Worte erwidern und sagen „Das ist aber schade", worauf ich erwidern kann „Ich habe doch nur Spaß gemacht". Ihre zweite Möglichkeit wäre, auf das Lächeln zu reagieren und zu sagen, „Du siehst großartig aus". In diesem Fall kann ich sagen: „Wie kannst du das nur behaupten!" Ihre dritte Möglichkeit ist, die ganze Sache zu ignorieren und sich wieder Ihrer Zeitung zuzuwenden, wobei ich erwidern würde: „Was ist los, interessiert dich das gar nicht?" Ihre vierte Möglichkeit ist, etwas zu meiner doppeldeutigen Aussage zu bemerken: „Ich weiß nicht, was du mir sagen willst. Du lächelst, aber du sagst, daß es dir schlecht geht. Was zählt denn nun?" In diesem Fall habe ich die Gelegenheit zu erwidern: „Ich wollte mich dir nicht aufdrängen", und so weiter. Stellen Sie sich einmal vor, zu welchen Erlebnissen es führen würde, wenn jedes der soeben angeführten Muster die Kommunikationsbasis zwischen zwei Menschen wäre."

aus: Satir 1982: 83 ff.

4.4.3 Ansätze zur Lösung

(1) In der Regel geht es in Unternehmen darum, Appelle *schlüssig*, für den anderen *erkennbar*, vorzutragen, um dadurch die Wirkung zu steigern. Aus diesem Grund bietet es sich zunächst auch an, Appelle *offen* zu gestalten, also taktische Schleichwege, unausgedrückte Wünsche, rückwärtsblickende Klagen soweit wie möglich zu meiden. Dies setzt jedoch voraus, daß ich mir über mich selbst und meine Ziele klar bin und diese dann mittels unzweideutiger Informationen dem Empfänger bekannt mache.

Ganz generell empfiehlt es sich auch, Appelle durch *begleitende Sachinformationen* zu stützen. Dies bedeutet z. B., daß man dem Empfänger mitteilt, welches Ziel mit dem Appell angestrebt wird. Eine weitere Möglichkeit wäre, daß der Sender lernt, seine verbalen Appelle durch ein *kongruentes Ausdrucksverhalten* (vokal, körpersprachlich) gezielt zu unterstützen.

Beleg 33

Auch offene Appelle haben Probleme

„Ich habe den offenen Appell als ein kommunikationspsychologisches Heilmittel empfohlen. Jedoch ist dies schnell empfohlen und schwierig in die Tat umzusetzen. Ich möchte jetzt einige Voraussetzungen und einige notwendige Grundhaltungen ansprechen, die sich mit dem offenen Appell verbinden müssen. (...)
Mit sich selber klar sein. Der offene Appell setzt voraus, daß der Sender sich darüber im klaren ist, was er will. Diese Voraussetzung scheint selbstverständlich, ist in der Realität aber häufig nicht gegeben. So ist es oft leichter, sich den Wünschen anderer zu fügen (und sich ggf. hinterher zu beschweren), als selbst klare eigene Wünsche ins Spiel zu bringen. Ruth Cohn (1975) empfiehlt, klein anzufangen: Ihre Übung lautet: „Ich muß tun, was ich will – für 10 Minuten. – Ein therapeutisches Spiel für Psychotherapeuten, Patienten und andere Leute." Sie empfiehlt ferner, dieses Spiel zunächst allein im eigenen Zimmer zu spielen – die Anwesenheit anderer macht das Spiel um eine Stufe schwieriger.
Auch hier stehen wir wieder vor der Tatsache, daß eine gute Kommunikation die innere Klarheit voraussetzt. Allerdings kann das Aussprechen der eigenen Unklarheit ein Mittel zur Selbstklärung sein.
Appell mit Informationscharakter. Folgende Grundhaltung muß sich mit dem offenen Appell verbünden, um zu einem konstruktiven Umgangsstil zu führen:
Ich sage meinen Wunsch, damit du informiert bist. Ich sage ihn um der Transparenz der Situation willen, nicht, um ihn unbedingt durchzusetzen. Genauso möchte ich wissen, was du willst, wiederum nicht um mich gleich zu fügen, sondern um Entscheidungen auf der Grundlage vollständiger Informationen treffen zu können.
Der hier empfohlene Umgangsstil sei an einem kleinen Alltagsbeispiel verdeutlicht: Ein Gastgeber sagt zu seinen Gästen, die sich anschicken, ein Mittagsschläfchen zu halten:
„Ich würde gerne noch ein wenig Flöte üben, würde euch das stören?"
Bevor wir hören, wie die Gäste antworten, halten wir uns vor Augen, wie unüblich ein solch offener Appell ist. 99% aller Gastgeber würden ihn nicht vortragen, mit etwa folgenden Gedanken:
„Zwar würde ich jetzt gerne Flöte üben, aber das kann ich meinen Gästen nicht antun, bestimmt würde es sie stören. Wenn ich fragen würde, würden sie bestimmt antworten: ,Nein, nein, das stört uns nicht!' – aber nur, weil sie mir keine Umstände bereiten möchten."
Und so halten die 99% der Gastgeber ihren Wunsch zurück, fangen an, sich etwas eingeengt zu fühlen und legen sich selbst den Grundstein für die Lebensweisheit:
„Gäste sind wie Fische – nach drei Tagen fangen sie an zu stinken." (...)
Verantwortung des Empfängers. Nachdem der Appell offen ausgedrückt worden ist, sind zwei Reaktionen des Empfängers möglich: Ja oder Nein. Wenn er dem Appell nachkommt (ja), ist es wichtig, daß er sodann die Eigenverantwortung für die appellgemäße Handlung übernimmt und sich nicht hinterher darauf beruft: „Du hast es ja so gewollt – ich kann nichts dafür!" Wenn ich in gleichberechtigten Beziehungen die Freiheit habe, einem Appell nachzukommen oder nicht nachzukommen, dann beruht ein appellgemäßes Verhalten auf meiner Entscheidung und enthält meine Urheberschaft. (...)

Im Falle der Ablehnung: Es ist im Sinne des hier vorgeschlagenen Umgangsstiles, daß der Empfänger den Mut zu einem klaren „Nein" findet, wenn er dem Appell nicht nachkommen will. So paradox es klingt, nur das klare, direkte *Nein* ermöglicht den offenen Appell auf seiten des Senders. Denn als Sender „riskiere" ich den offenen Appell ja häufig nur dann, wenn ich sicher sein kann, daß der andere auch wirklich „ja" *meint*, wenn er „ja" *sagt.*"

aus: Schulz von Thun 1981: 250 ff.

(2) Eine zweite – zum Teil jedoch problematische – Möglichkeit ist die Verwendung *verdeckter Appelle*. Bei den verdeckten Appellen erfolgt die Beeinflussung des Empfängers ohne dessen Bewußtsein. Verdeckte Appelle sprechen vorrangig die Gefühle an; ihr Vorteil liegt unter anderem auch darin, daß der Sender notfalls immer noch dementieren kann, einen bestimmten Appell übermittelt zu haben. Diese Methode ist z. B. dann erfolgversprechend, wenn es darum geht, unangenehme oder knifflige Aufgaben an andere zu übertragen. In diesen Fällen spricht man am besten das Ehrgefühl, die Tüchtigkeit, das Können, den „Sportsgeist" des anderen an: „Für Sie muß es doch leicht sein, diese…!" oder „Sie werden doch keine Probleme haben bei…!"

Auch in Sachdarstellungen sind häufig versteckte Appelle eingebaut. Die Kunst, versteckte Appelle wirksam einzusetzen, ist nicht nur bei Werbefachleuten zu finden. Sehr häufig spicken auch Berater oder Stabstellen ihre Ausarbeitungen mit versteckten Appellen, um hierdurch eine bessere Akzeptanz bei den Entscheidungsträgern zu finden. Deshalb sollten auch Sachdarstellungen zunächst ideologiekritisch geprüft werden. Eine geeignete Frage ist hier: „Wer kann Interesse daran haben, daß ein solcher Appell Anklang findet?"

Ganz wesentlich ist, daß man auf verdeckte Appelle bei anderen achtet. Voraussetzung hierfür ist, daß man sowohl in der *Fremdwahrnehmung* (Wahrnehmung des anderen: Seiner Sprache, seines vokalen und körpersprachlichen Ausdrucks), als auch in der *Selbstwahrnehmung* (Was bewirkt ein Appell bei mir? Welche Gefühle werden ausgelöst? Was macht sich körperlich bemerkbar?) sensibler wird.

Beleg 34

Reaktionsmöglichkeiten auf verdeckte Appelle

„Wie soll nun der Empfänger auf die geheimen Appelle reagieren? (…) Durch ein appellgemäßes Verhalten läuft der Empfänger Gefahr, ein problematisches Verhalten zu stabilisieren. (…) Das neue Lernziel für den Empfänger lautet daher in bestimmten Fällen: appellwidrig reagieren. Dies ist gar nicht so einfach, unsere Antworten auf geheime Appelle erfolgen fast automatisch. (…) Was bedeutet es, appellwidrig zu reagieren bzw. „das Spiel nicht mitzuspielen"?

Der *erste Schritt* besteht darin, daß der Empfänger eine Bewußtheit entwickelt für die heimlichen Vorgänge: Indem er in sich hineinhorcht, welche Gefühle und Handlungsbereitschaften der Sender in ihm auslöst, erhält er einen Hinweis darauf, „woher der Wind weht". Entscheidend ist jetzt, diesen Wind zwar zu spüren, ihm aber nicht zu erliegen.

Im *zweiten Schritt* hat sich der Empfänger die Frage zu stellen: Welches heimliche Interesse könnte mich dazu verleiten, das Spiel mitzuspielen? Vielleicht ist es mir

nur unterlaufen – aber auch in achtlosen automatischen Reaktionen steckt ja oft eine verborgene Zielstrebigkeit. Vielleicht war es mir gar nicht so unlieb, auf das Spiel des Senders immer wieder hereinzufallen – so daß wir beide an einem Strang gezogen haben, der uns jetzt zum Strick zu werden droht? (...)
Erst im *dritten Schritt* stellt sich die Frage nach der Alternative. Ein appellwidriges Verhalten, d. h. eine Reaktion des Empfängers, die den heimlichen Absichten des Senders nicht entspricht, nennt Beier „a-sozial". Diese Weigerung, das Spiel mitzuspielen, ist allerdings nur dann heilsam und therapeutisch, wenn sie eingebettet ist in einen wohlwollenden Kontext – wenn der Sender merkt, der andere will ihm wohl und drückt mit seiner Weigerung keine feindselige Haltung aus. Allgemein gesprochen: *Konfrontation ist heilsam auf der Basis von Akzeptierung.*"
aus: Schulz von Thun 1981: 227f.

(3) *Paradoxe Botschaften* sind – sicherlich entgegen landläufiger Annahmen – in Unternehmen häufig anzutreffen. „Sei kooperativ aber setze Dich durch!"; „Halte Dich an allgemeine Regeln, geh aber auch individuell auf den Einzelfall ein!": Dies sind nur zwei Beispiele für die in Unternehmen anzutreffenden paradoxen Aufforderungen.

Es gibt nun für den Empfänger von paradoxen Aufforderungen folgende Möglichkeiten zu reagieren:

(a) Der Empfänger antwortet in metaphorischer Form indem er sich in eine psychosomatische Krankheit flüchtet: er bekommt Magenschmerzen ...

(b) Der Empfänger kommt dem paradoxen Appell (irgendwie) nach. Ist er immer wieder paradoxen Appellen ausgesetzt und reagiert immer auf diese Weise, wird er einmal ver-rückt.

(c) Der Empfänger handelt mal so und mal so mit dem Ergebnis, daß er für den anderen unberechenbar wird.

(d) Der Empfänger antwortet auf eine ganz unorthodoxe Weise; er sucht einen kreativen Ausweg.

(e) Der Empfänger versucht, die paradoxe Aufforderung zum Inhalt eines Gesprächs mit dem Sender zu machen: er kommuniziert über die Kommunikation und begibt sich somit auf die Ebene der Metakommunikation.

Paradoxe Botschaften werden für den Empfänger immer dann problematisch, wenn er keine Möglichkeit hat, Lösungen nach „(d)" oder „(e)" zu suchen, wie es zum Beispiel in einer hierarchischen Beziehungsstruktur sehr häufig der Fall ist. In hierarchischen Beziehungsstrukturen hat gewöhnlich nur der Höherstehende das Recht, einen kreativen Ausweg zu wählen oder den Prozeß der Metakommunikation einzuleiten.

Wird eine paradoxe Botschaft übermittelt und der Empfänger kann nur nach „(b)" oder „(c)" reagieren, liegt (wie dies in der Familientherapie bezeichnet wird) eine für den Empfänger höchst problematische *Doppelbindungs-Situation* (*doublebind*) vor (siehe Simon/Stierlin 1984).

(4) Von verschiedenen Kommunikations-Psychologen empfohlen wird die Verwendung des paradoxen Appells in der Form eines *Anbefehlen des Gegenteils* (siehe z. B. Schulz von Thun 1981, 1983). Versucht man beim Appell jeweils direkt auf die

Sache einzuwirken („Ich bitte Sie, ab sofort unsere Arbeitszeiten einzuhalten!") –
Watzlawick nennt dies eine *Lösung erster Ordnung* – stellt das Anbefehlen des Gegenteils einen Appell in die Gegenrichtung dar, in dem es das Gegenteil der ange-
strebten Lösung zum Inhalt hat. Man vertritt also einen Standpunkt, der dem
eigentlichen Anliegen entgegengesetzt ist. „Ich habe mir die Sache mit der Arbeits-
zeit nochmals überlegt und möchte Ihnen mitteilen, daß Sie zukünftig von dieser
Regelung ausgenommen sind!". Durch Anbefehlen des Gegenteils – als taktisches
Manöver – soll eine *Lösung zweiter Ordnung* erreicht werden. Das wesentliche
Merkmal von Lösungen zweiter Ordnung ist somit, daß sich diese nicht gegen die
Schwierigkeiten selbst richten, sondern diese indirekt angehen.

Beleg 35

Vom Anbefehlen des Gegenteils

„Wir haben bisher als selbstverständlich unterstellt, daß in jedem (offenen oder
verdeckten) Appell die Richtung zum Ausdruck kommt, in die der Empfänger sich
bewegen soll. Dies scheint banal und selbstverständlich. Wenn ich möchte, daß der
andere kommen soll, dann werde ich sagen: „Komm her!" und nicht: „Bleib, wo du
bist!" Wenn ich möchte, daß der Empfänger ein bestimmtes Getränk kauft, dann
werde ich in einer Werbesendung jemanden zeigen, der es trinkt und sagt: „Herrlich
erfrischend!" – dagegen werde ich nicht zeigen, wie er sagt: „Schmeckt scheußlich!"
und sich hinterher erbricht.
So scheint es zunächst widersinnig, Appelle in die Gegenrichtung überhaupt in
Betracht zu ziehen. Sehen wir uns aber ein von Adler (1973) mitgeteiltes Beispiel an:
Die zweijährige Tochter tanzt auf dem Tisch herum. Entsetzt ruft die Mutter:
„Komm sofort herunter!" – die Tochter tanzt weiter – Appell wirkungslos. Der
dreijährige Bruder ruft: „Bleibe oben!", sofort steigt die Kleine herunter.
Alfred Adler kommentiert diesen Vorfall: „Es ist gar keine Frage, daß man einem
Kinde beibringen kann, darin seine Größe zu fühlen, wenn es das Gegenteil tut, was
einer ihm rät". (...) Umgekehrt kann die Nicht-Befolgung als Beweis der eigenen
Unabhängigkeit erlebt werden und somit als Gelegenheit, die eigene „Größe zu
fühlen" (schon dadurch, daß dem appellierenden Sender ein Mißerfolg beschert
wird). – Adler sprach von der Erscheinung des *gegenteiligen Erfolges*: „Es wäre oft
nicht schwer, Kinder wie auch Erwachsene durch Anbefehlen des Gegenteils auf
den richtigen Weg zu bringen". Die Möglichkeit eines ‚gegenteiligen Erfolges"
beruht auf der Tatsache, daß mit einem Appell oft ein Druck verbunden ist, der
einen Gegendruck beim Empfänger hervorruft. Und zwar, wie wir gesehen haben,
besonders dann, wenn sich mit dem Appell gleichzeitig die „Oberhand-Frage"
stellt und/oder wenn der Appell beim Empfänger eine Veränderung intendiert, die
diesem unbequem oder unmöglich ist."
aus: Schulz von Thun 1981: 237 ff.

Ganz sicher ist ein Anbefehlen des Gegenteils in manchen Situationen ein probates Mittel zur Lösung von Problemen im privaten Bereich. Ein Einsatz dieser Methode bei der Lösung von Problemen in Unternehmen dürfte jedoch auf Ausnahmefälle beschränkt sein.

4.5 Die Selbstoffenbarungsseite der Nachricht

4.5.1 Exkurs zur nonverbalen Kommunikation

Wie bereits zuvor festgestellt wurde, hat in der zwischenmenschlichen Kommunikation alles Verhalten der Kommunikationsteilnehmer Informationswert, wobei man die Informationen ganz generell unterscheiden kann in *verbale* und *nonverbale Botschaften.*

Gerade das Gebiet der nonverbalen Kommunikation hat in den letzten Jahren gleichermaßen bei Wissenschaftlern und Praktikern ein zunehmendes Interesse gefunden. In der zwischenmenschlichen Verständigung, so machen immer mehr Autoren geltend, spiele die *Gestik* und *Mimik* mindestens eine ebenso große Rolle wie die Sprache, ja, ein Großteil der zwischen Menschen ausgetauschten Informationen wird gar nicht durch Worte, sondern durch *Bewegungen* und *Körperhaltungen* übermittelt.

Die Erforschung körpersprachlicher Phänomene hat eine lange Tradition. In theoretischer Sicht waren die Bemühungen zunächst von der Überzeugung getragen, daß die Persönlichkeitseigenschaften, Stimmungen und Neigungen einer Person in ihrem *äußeren Erscheinungsbild* ein Zeichen setzen. Wem es gelänge, den Schlüssel zu dieser Körpersprache zu finden, für den wäre der Mensch ein offenes Buch. So versuchte man innerhalb der *Physiognomik,* einer mehr statischen Betrachtung, aus den Gesichtszügen bzw. der Kopf- und Körperform den *wahren Charakter* eines Menschen abzulesen. Die Entwicklung der Physiognomik fand im Jahr 1775 ihren Höhepunkt in einem von dem Züricher Pastor Lavater gemeinsam mit Goethe verfaßten Werk zur Charakterdeutung auf der Basis von Ausmessungen der Stirn sowie von Schattenrissen.

Nach einer vernichtenden Kritik durch Georg Christoph Lichtenberg richtete sich das wissenschaftliche Interesse fast nur noch auf die *dynamischen Aspekte* der Körpersprache. So wie man früher geglaubt hatte, die äußere Struktur des Körpers sei durch die innere Persönlichkeit geformt, so wurde nun die äußere Bewegung als ein Reflex der inneren Bewegung aufgefaßt. Der Mensch, so lautet das gängige Credo der Ausdruckspsychologen, gebe durch die Körpersprache seinem Gegenüber jeweils all das zu erkennen, was er in der verbalen Sprache verheimliche. So bezeichnet Samy Molchow (1983) den *Körper als Handschuh der Seele.* Grundlage vieler populärwissenschaftlicher Veröffentlichungen zur Körpersprache ist, ,,daß jedes körpersprachliche Ausdrucksverhalten Ausdruck eines bestimmten emotionalen Befindens ist". (Rückle 1982: 11)

Dementsprechend galten nun auch die Bemühungen der empirischen Ausdrucksforschung immer wieder der Identifikation der Beziehungen zwischen spezifischen Gefühlszuständen und spezifischen Bewegungsweisen. Obwohl die Versuchsbedingungen immer mehr verfeinert wurden, gelang es nicht, die zumeist sehr eingängigen und deshalb auch von einem breiten Publikum bereitwillig aufgenommenen Beziehungen zwischen Gesichtsausdruck und Emotion empirisch zu belegen.

Beleg 36

CEM's skeptische Ansicht zur nonverbalen Kommunikation

aus: Gombrich, E. (1982): Image and Eye. Oxford: Phaidon Press Limited.

Vor allem die von Landis in den 30er Jahren durchgeführten Experimente erschütterten die gängigen, mehr folkloristischen Vorstellungen. Sie zeigten zum einen, daß es dem menschlichen Betrachter praktisch unmöglich ist, anhand von Fotografien des menschlichen Gesichtsausdrucks Gefühlszustände zu erkennen und richtig zu benennen. Zum anderen wurde deutlich, daß selbst bei heftigsten Gefühlen keine einheitlichen, sondern ganz verschiedene Reaktionen auftreten. Aus diesem Grund verweisen die neueren Veröffentlichungen zur Körpersprache auch auf die *Mehrdeutigkeit* sämtlicher Ausdrucksmerkmale (Stangl 1977) sowie auf die Berücksichtigung des jeweiligen *Kontextes* bei der Interpretation (Rückle 1982).

Wie neuere Forschungen über das Bewegungsverhalten zeigen (Frey 1984), eignet sich eine Analyse der gestischen und mimischen Aktivitäten wohl nicht so sehr zur Analyse der wahren Absichten des Kommunikationspartners; andererseits hat das nonverbale Verhalten eine besondere Wirkung in der Kommunikation. Das nonverbale Verhalten ist ein wesentliches Instrument zur Regulierung der zwischenmenschlichen Beziehungen. So zeigt sich auch, daß es in einem hohen Maße von der sprachbegleitenden Bewegungsaktivität abhängt, wie sprachliche Äußerungen überhaupt aufgenommen werden.

Die Befunde der *nonverbalen Kommunikationsforschung* zeigen auch, daß die Forschung bei der Suche nach der emotionalen Bedeutung der Ausdrucksphänomene lange Zeit gewissermaßen der falschen Fährte gefolgt war. Gestik und Mimik, so zeigt sich heute, spiegeln nicht die Emotionen einer Person, sie bringen vielmehr die Emotionen des Gesprächspartners zum Schwingen. Die nonverbale Kommunikation erzeugt auf diese Weise gewisse Bereitschaftszustände, die wiederum unsere Einstellung zum Gegenüber beeinflussen. Durch nonverbale Kommunikation werden somit schon früh die Weichen für den Verlauf und das Ergebnis der kommunikativen Bemühungen gestellt.

Beleg 37

Wie Nachrichten seriös wirken

„Nonverbalen Äußerungsmöglichkeiten wie Betonung, Sprechpausen, Mimik und Gestik wurde (...) bis heute in der Linguistik wie in der Psychologie selten systematische Aufmerksamkeit geschenkt; oft werden sie als „der Löffel Sauce zum – verbalen – Braten" bezeichnet. Dr. Winterhoff-Spurk von der Universität Mannheim beschreibt nun, daß das Nonverbale einen gewichtigen, bedeutungstragenden und modifizierenden Beitrag zu kommunikativen Handlungen darstellt und ebenso Symbol-, Symptom- und Signalfunktion tragen kann.
Besonders interessant erscheint die Anwendung dieser Überlegungen auf das Verhalten von Nachrichtensprechern. „Wozu sollen Nachrichten dienen? Daß man sich nach ihnen richtet. Sie sollen dem Empfänger helfen, die gesellschaftliche Wirklichkeit zu verstehen, seine Interessen zu erkennen und richtige Entscheidungen zu treffen", schreibt die Presseabteilung des ZDF. Das erfordert ein größtmögliches Maß an Objektivität. Während die Nachrichtentexte ausgewogen auf dem Blatt stehen, müssen die Sprecher Tonfall, Mimik und Blickverhalten möglichst so gestalten, daß Ausdrucks- und Appellfunktion der Äußerungen in den Hintergrund rücken und manipulierende Akzente – etwa durch ironisierende Betonung – vermieden werden. Mit Hilfe ihrer dunklen, sonoren Stimmen, eines wenig akzentuierten, beschleunigten Sprechstils und weitgehend reduzierter Mimik gelingt dies den Nachrichtensprechern auch: sie werden als seriös, objektiv, glaubwürdig, neutral, ehrlich und sympathisch empfunden. Da die Sprecher selbst zur „personifizierten Objektivität" erstarren, fallen die positiven Bewertungen auch auf das Programm und die Sendeanstalt zurück. Bei einer Umfrage hielten gar 60 Prozent der Befragten den Tagesschausprecher Köpke für den Sprecher der Bundesregierung. Genaugenommen wird die Ausdrucksfunktion hier nicht eliminiert, sondern – mit Hilfe nonverbaler Kommunikationsmittel – eher verstärkt, nur eben in die beabsichtigte Richtung. Zudem appelliert das Blickverhalten der Sprecher – genauer: das Quasi-Blickverhalten; schließlich schauen die Sprecher nur in die Kamera und simulieren damit, den Zuschauer anzublicken – an die Aufmerksamkeit und akzentuiert bestimmte Satz- und Textteile."
aus: Grabowski-Gellert, *Psychologie heute* 11/1985

Diese geänderte Sicht der nonverbalen Kommunikation hat auch zu einer theoretischen Umorientierung geführt. So untersucht man heute „Gestik und Mimik nicht, um zu ergründen, was „dahinersteckt", sondern man versucht, zu ermitteln, welche konkreten kommunikativen Wirkungen vom nonverbalen Verhalten ausgehen." (Frey 1984: 7)
Nach Frey (1984) kann man die *Ergebnisse der Erforschung der nonverbalen Kommunikation* in ihrem heutigen Stand wie folgt zusammenfassen:

● *Nonverbales Verhalten ist Kommunikation.* Gestik, Mimik und Körperhaltung öffnen nicht ein Fenster zur Seele; sie sind vielmehr Mittel zur Regulierung der zwischenmenschlichen Beziehungen.

● Das nonverbale Verhalten gewinnt seine *Bedeutung* primär nicht aus seiner Bereitstellung von Informationen über das Innenleben eines Menschen, sondern vielmehr aus den *Wirkungen, die es beim Gesprächspartner auslöst.*

● Das nonverbale Verhalten bildet den *Hintergrund für die Interpretation sprachlicher Aussagen.* Ob man einer Aussage Glauben schenkt oder ihr Gewicht beimißt, hängt weitgehend von den nonverbalen Begleitumständen ab.

● Das nonverbale Verhalten hat in der zwischenmenschlichen Verständigung eine *beziehungsstiftende Funktion.* Es prägt die Atmosphäre der sozialen Interaktion. Die Partner setzen ihr mimisches Verhalten ein, um einen emotionalen Gleichklang herbeizuführen.

Nichtverbale Botschaften erfüllen somit eine wichtige Funktion in der zwischenmenschlichen Kommunikation. Verbale und nonverbale Kommunikation stehen nicht nebeneinander; sie ergänzen sich vielmehr in jeder Botschaft. Nach Argyle (1982) übernehmen dabei die nonverbalen Botschaften folgende Aufgaben:

● Sie dienen zur *Äußerung von Gefühlen*
(Zuständen wie Angst, Depression, Fröhlichkeit...),

● sie dienen zur *Mitteilung interpersonaler Einstellungen*
(sie zeigen z. B. Dominanz, Unterwürfigkeit oder Feindseligkeit an),

● sie dienen zur *Mitteilung über die eigene Persönlichkeit*
(Informationen über die Rollen und die Persönlichkeit des Senders, so wie dieser sie auffaßt oder aufgefaßt sehen möchte),

● sie liefern *Zusatzinformationen*
(Informationen zur Bedeutung der gesendeten, verbalen Signale),

● sie sind ein wesentlicher *Bestandteil bei der Zelebrierung von gesellschaftlichen Riten und Zeremonien*
(standardisierte Muster sozialen Verhaltens, wie man sie z. B. bei der Begrüßung und dem Abschied feststellen kann).

Das nonverbale Verhalten zeigt zwar nicht unser wahres Gesicht, es legt aber fest, was der andere für unser wahres Gesicht hält. In diesem Sinne ist die nonverbale Kommunikation auch nicht – wie von vielen Autoren behauptet – eine direkte Art der Selbstoffenbarung.

Im zwischenmenschlichen Verhältnis kommt somit der nonverbalen Kommunikation wesentliche Bedeutung zu. Es ist deshalb auch für viele Menschen verlockend, das Mittel der Körpersprache einzusetzen, um Dinge zu erreichen, deren verbale Durchsetzung unter Umständen mit Risiken behaftet wäre. Dies ist sicherlich auch ein Grund, warum populärwissenschaftliche Veröffentlichungen und Kurse zu diesem Gebiet gerade bei Führungskräften so viel Anklang finden.

Die kompetente Handhabung des Mediums Körpersprache ist sicherlich sehr schwierig. Der Versuch, den Gang der Dinge durch die nonverbale Kommunikation

im Sinne der eigenen Interessen zu beeinflussen, kommt – wie Frey (1984: 66) sagt –
„beim gegenwärtigen Stand des Wissens noch immer einem Lotteriespiel gleich".
Das Risiko wird in der Praxis sehr oft falsch kalkuliert. Personen, die körpersprachliche Seminare besucht haben, wirken bei der Anwendung ihres Könnens sehr oft
unecht und marionettenhaft. So führt eine inkompetente Anwendung nonverbaler
Verhaltensmuster unter Umständen zu einer tiefgreifenden Verstimmung; die Verständigung wird dann auch nicht erleichtert sondern zusätzlich erschwert. Andererseits aber hilft das Wissen über körpersprachliche Phänomene zu einem besseren
Verständnis des komplexen Kommunikationsprozesses. *Ein* Ansatzpunkt bei der
Verbesserung der kommunikativen Fähigkeiten sollte deshalb auch die Erhöhung
der Sensibilität für körpersprachliche Signale sein.

4.5.2 Die Bedeutung der Selbstoffenbarungsseite für die Kommunikation in Unternehmen

Vor allem die Vertreter der humanistischen Psychologie (so z. B. Rogers) haben sich
dem Problem der *Selbstoffenbarung* durch Kommunikation angenommen. Einer
der Schlüsselbegriffe bei Rogers (1979) ist der Begriff *Kongruenz*, mit dem angesprochen ist die Übereinstimmung zwischen den drei Bereichen der Persönlichkeit: Inneres Erleben (was ich fühle, was sich in mir regt), Bewußtsein (was ich davon
bewußt erlebe) und Kommunikation (was ich davon mitteile, nach außen hin sichtbar werden lasse). Die wesentliche Empfehlung für die Kommunikation lautet deshalb: „Sei Du selbst, gib Dich nach außen hin so, wie Dir innerlich zumute ist."
(Schulz von Thun 1981: 116) Doch wie weit ist es möglich, auch in Unernehmen
diesem Wegweiser zu folgen? Wie *echt* kann man in Unternehmen sein? Dies soll in
den folgenden Ausführungen geprüft werden.

Auch wenn in Unternehmen die Sach- und Appellseite der Kommunikation im
Vordergrund stehen, beinhaltet doch jede Kommunikation eine Selbstoffenbarung
des Senders, die ergänzt wird durch die *Selbstdarstellung*: die bewußte, gezielte
Darstellung der eigenen Person. Ziel dieses Verhaltens ist es – wie Goffman (1978,
1983) sagt –, daß mittels eines Verhaltens, das dem von Schauspielern ähnle, versucht wird, bei einem Publikum einen bestimmten (beabsichtigten) Eindruck hervorzurufen. Argyle (1972: 372) beschreibt das Ziel der Selbstdarstellung wie folgt:
„Möchte P wie ein Angehöriger der Oberklasse behandelt werden, so muß er andere
dazu bringen, ihn entsprechend zu kategorisieren."

Während durch die Selbstoffenbarung das *Innere* der Person, das persönliche
Erleben, die Gefühle und Gedanken offengelegt werden, ist es das Ziel der Selbstdarstellung, *Fassaden* aufzubauen. Wie Schulz von Thun meint, ist die Selbstdarstellung eine notwendige Technik, um die Angst vor den Folgen einer zu weit gehenden Selbstoffenbarung zu überdecken: Selbstdarstellung als Selbst*verbergen*. So
unterscheidet Schulz von Thun (1981: 106f) zwei wesentliche Formen der Selbstdarstellung:

- Die *Imponiertechniken*
(Die Bemühungen, sich von seiner besten Seite zu zeigen, sich aufspielen, produzieren, selbst-beweihräuchern ...);
- Die *Fassadentechniken*
(Die Techniken, die darauf abzielen, negativ empfundene Anteile der eigenen Person zu verbergen oder zu tarnen).

Was die Kommunikation in Unternehmen betrifft, sind sowohl die Selbstoffenbarung wie auch die Selbstdarstellung (hier vor allem verstanden als *Impression-Management*) zwei Techniken, den eigenen Standpunkt, die eigenen Ideen und Bedürfnisse (mit mehr oder weniger Vehemenz) durchzusetzen; im Spiel um die Macht nicht zu verlieren.

Wie offen und echt kann man nun in Unternehmen sein, wieviel Fassade ist – bei Wahrung der eigenen Identität – notwendig, um in Unternehmen bestehen zu können? In Abbildung 16 sind die Kriterien *Selbstöffnung* und *Selbstdarstellung* jeweils in drei Abstufungen (Ausprägungs-Graden) gegenübergestellt, so daß man bei der Darstellung bzw. Offenbarung des Selbst insgesamt neun Alternativen unterscheiden kann.

In den folgenden Ausführungen möchte ich auf die einzelnen Felder eingehen:

- Feld I: Das *kongruente* (authentische) Verhalten.
Dies ist das Feld, in dem – im Sinne Rogers – Kongruenz besteht. Das Verhalten ist bestimmt von völliger Offenheit und einem geringen Ausmaß an Selbstdarstellung.
- Feld II: Das *fassadenhafte* (in-kongruente) Verhalten.
Im Gegensatz zu Feld I herrscht hier das fassadenhafte Verhalten vor; die Selbstoffenbarung ist gering ausgeprägt.
Würde man das Verhalten in Feld I als „Ich-Selbst-Sein" bezeichnen, könnte man das Verhalten in Feld II mit „Als-...-Sein" bezeichnen.
- Feld III: Das *sprunghafte* Verhalten.
Das Verhalten in diesem Feld ist bestimmt durch eine zeitweise Offenheit, die abwechselt mit einem stark ausgeprägten fassadenhaften Verhalten. Einerseits möchte man offen sein und dies auch demonstrieren, andererseits drängen immer wieder fassadenhafte Verhaltensformen in den Vordergrund. Eine Sonderform wäre hier der „Echtheitschampion", bei dem die Echtheit gespielt ist (siehe Zurhorst 1983).
- Feld IV: Das *zurückgezogene* Verhalten.
Hier sind sowohl die Selbstoffenbarung wie auch die Selbstdarstellung gering ausgeprägt; das Verhalten ist als leblos zu bezeichnen und durch eine gewisse Maschinenhaftigkeit geprägt (z. B. „der unmenschliche Bürokrat").

Setzt die Gewinnung von Kongruenz eine starke Öffnung des Selbst und eine Reduzierung der Darstellung voraus, erfordert das Handeln in Unternehmen zum großen Teil gerade entgegengesetzte Verhaltensweisen: Eine ausgeprägte Fassadenhaftigkeit und ein Minimum an Selbstöffnung. Ich habe diese unterschiedlichen

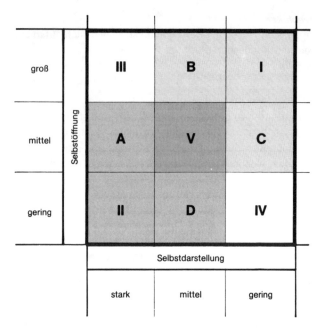

Abb. 16: Das Zusammenwirken von Selbstöffnung und Selbstdarstellung

Anforderungen in Abbildung 16 durch eine unterschiedlich starke Rasterung der entsprechenden Felder angedeutet, wobei man hier sieht, daß sich nur in Feld V Überschneidungen ergeben.

● Feld V: Die *selektive Authentizität*.
  „Sei authentisch und selektiv in deinen Kommunikationen. Mache dir bewußt, was du denkst und fühlst und wähle, was du sagst und tust." Dies sagt Ruth Cohn (1981: 125) und meint damit, daß man bei einer mangelhaften Filterung „meine und des anderen Vertrauensbereitschaft und Verständnisbereitschaft" zu stark strapaziere.
  So dürfte eine mittlere Selbstoffenbarung und Selbstdarstellung die beste Basis für eine sinnvolle Kommunikation in Unternehmen sein.

  Ich möchte hier nur noch kurz auf die übrigen Felder (A–D) in Abbildung 16 eingehen, die – je nach Situation und Persönlichkeit – sinnvolle Varianten von Feld V sein können:

● Feld A: Das *aufstiegsorientierte* Verhalten.
  Hier ist die Selbstdarstellung stärker ausgeprägt als die Selbstoffenbarung. Die Darstellung des Selbst ist primär darauf ausgerichtet als kompetent zu erscheinen; zum Beispiel mittels Imponiertechniken eigene Erfolge zu unterstreichen.

● Feld B: Das *ausstiegsorientierte* Verhalten.
Das Verhalten ist primär durch Offenheit geprägt; die Selbstdarstellung der eigenen Person und hierdurch der Versuch, Macht zu erreichen, ist dem Streben nach Offenheit, Echtheit und Selbstverwirklichung untergeordnet.

● Feld C: Das *kameradschaftliche* Verhalten.
Eine mittlere Selbstoffenbarung ist hier gepaart mit einer gering ausgeprägten Selbstdarstellung. Man versucht, durch die gezeigte Offenheit, Freunde zu gewinnen.

● Feld D: Das *angepaßte* Verhalten.
Die Darstellung des Selbst hat vor allem das Ziel, sich konform zu verhalten und nicht durch eine zu große Offenheit irgendwo anzuecken. Man will es sich mit keinem verderben.

Meines Erachtens führt eine authentische Kommunikation im Sinne von Rogers (Feld I) in Unternehmen zu erheblichen Problemen. Dies aus zwei Gründen: Einerseits müßte sich der Sender in vielen Fällen gegen das System Unternehmen (was die verbale Kommunikation betrifft, zunächst die Vorgesetzten) stellen, andererseits aber auch gegen seine Kollegen und unterstellte Mitarbeiter. Entwicklung von Authentizität beinhaltet eben zumeist einen Eingriff in die Interessenbereiche anderer Menschen, da Authentizität immer auch ein „Akt der Befreiung von den anderen" (Zurhorst 1983: 23) ist.

Das Verhalten in Unternehmen und damit auch die Kommunikation ist primär durch die strukturellen und sozialen Gegebenheiten determiniert. Unternehmen sind soziale Gebilde, in denen der einzelne ganz erheblich von anderen Menschen abhängt, wobei die einzelnen Mitglieder des Unternehmens ihre sozialen Kontakte nur zum Teil frei wählen können. Die Forderung nach Authentizität im Sinne von Rogers wird sich in Unternehmen somit nur in geringem Umfang verwirklichen lassen. Solange es Herrschaft und Knechtschaft gibt, gibt es auch Heuchelei, Schmeichelei, Lug und Trug. Der Versicherungsvertreter, der seinem Kunden oder Chef kein Theater und keine Rolle vorspielt, sondern authentisch seine Meinung sagen würde, wäre dem ökonomischen Ruin preisgegeben. Wie Zurhorst (1983) sagt, erweist sich ein „niederträchtiges Bewußtsein" (im Sinne Hegels) unter heutigen Herrschaftsbedingungen oft als lebenstauglicher als ein bloß ehrliches.

Ich möchte hier zusammenfassen, daß ein Verhalten nach den zuvor beschriebenen Feldern I bis IV langfristig zu Kommunikationsproblemen führt; die Empfehlungen der Kommunikationspsychologie erscheinen – sofern sie verstanden werden als Aufruf zur totalen Selbstoffenbarung – zumindest was die Kommunikation in Unternehmen betrifft, als problematisch. Gefordert ist hier ganz sicher das, was Ruth Cohn unter *selektiver Authentizität* versteht: Eine sinnvolle Selbstoffenbarung verbunden mit dem notwendigen Quantum an Selbstdarstellung.

4.5.3 Typische Probleme auf der Selbstoffenbarungsseite

Die Probleme auf der Selbstoffenbarungsseite haben ihre Ursachen zumeist in einer zu starken Ausprägung der Selbstdarstellung bzw. in einer zu geringen Offenheit.

(1) Folgende Formen der Selbstdarstellung führen in der betrieblichen Praxis sehr häufig zu Problemen:

● Ein *elitärer Sprachgebrauch.*
   (So glänzen z. B. Stabstellen durch einen übermäßigen Gebrauch von „Techno-lekten"; Marketing- oder EDV-Fachleute sind oft schon nicht mehr zu verste-hen.)
● Die ständige *Wiederholung längst vergangener Siege.*
   (Viele Gespräche zeichnen sich dadurch aus, daß längst vergangene Siege immer wieder gefeiert werden.)
● Die Suche nach dem *Heimspiel-Vorteil.*
   (Eine der wesentlichen Bemühungen – vor allem vor Verhandlungen – ist die Sicherung des Heimspiel-Vorteils, d. h. die Abhaltung der Verhandlung in ge-wohnter Umgebung, im eigenen Territorium, wobei man dann noch versucht, den Gegner durch eine entsprechende Sitzordnung in eine schlechtere Position zu bringen, bzw. durch den Einsatz von Prestigesymbolen die eigene Stärke zu un-terstreichen.)

(2) Die Unsicherheit in der Frage, wie weit man sich im Gespräch dem anderen offenbaren kann, ist besonders für die Kommunikation in Unternehmen von beson-derer Bedeutung. Aus dieser Unsicherheit entsteht sehr häufig *Angst*; Angst, sich überhaupt zu offenbaren (eine *Selbstoffenbarungsangst*, wie sie Schulz von Thun (1981, 1983) nennt). Die Kommunikation in Unternehmen ist deshalb auch geprägt von folgenden Problemen:

● Statt *Ich-Botschaften* (siehe Gordon 1980, 1982) werden zumeist *Man-, Es-* und *Du-Botschaften* gesendet. Das Ergebnis ist eine besonders sterile, abgehobene, unpersönliche Art der Kommunikation. Persönliche Positionen und Meinungen lassen sich kaum mehr feststellen. Auch persönliche Probleme werden durch die Art der Formulierung zu (unpersönlichen) Sach-Problemen. Wünsche, Meinun-gen, Gefühle, die unter Umständen von außerordentlicher Wichtigkeit für die Lösung eines Problems sind, gehen unter.
● Eigene Schwächen und Fehler werden zumeist nicht zugegeben. Die menschliche Schwäche, mal einen Fehler zu machen, wird ignoriert.
● Gespräche sind geprägt von einer Fassade aus Sachlichkeit, Neutralität und Ra-tionalität. Selbst schwerwiegende Angriffe auf die Person versucht man noch sachlich zu behandeln.

(3) Wichtige Folgen dieser Probleme auf der Selbstoffenbarungsseite sind:

● *Man redet aneinander vorbei.*
   Dies ist sicherlich eines der ganz großen Probleme gerade der Kommunikation in

Unternehmen. So geht in vielen Besprechungen das eigentliche Sachthema infolge des allseitigen Einsatzes von Imponier- und Fassadentechniken völlig unter. Viele Besprechungen werden nur zu dem Zweck einberufen, ein geeignetes Podium zum Einsatz von Imponiertechniken zu schaffen.

● *Die zwischenmenschliche Solidarität verkümmert.*
Zwischenmenschliche Solidarität kann erst dort entstehen, wo Ziele, Gedanken, Probleme und Ängste in geeigneter Form und Tiefe transparent gemacht werden. Horst Eberhard Richter (1979: 18) beschreibt den vielerorts vorhandenen Wunsch nach Solidarität wie folgt: „Man sucht nach Befreiung vom Zwang zu hektischer Lebensaktivität, zu permanenter Gefühlsunterdrückung, zu expansiver Rivalität als Prinzip. Man sehnt sich umgekehrt danach, seine verdrängten Gefühle wiederzuerwecken und in eine möglichst breite Kommunikation mit anderen einzubringen. Integration in Gruppen und Solidarität sind wesentliche Ziele. Man will Isolation überwinden, wo immer man dieser ausgesetzt ist: am Arbeitsplatz, innerhalb der Familie...".

4.5.4 Ansätze zur Lösung

Den Problemen auf der Seite der Selbstoffenbarung ist in der Regel durch einfachere Techniken, wie sie in den vorausgegangenen Ausführungen angesprochen wurden, nicht beizukommen. Oft liegen die Probleme tiefer, so daß in vielen Fällen ein therapeutisch-existentieller Prozeß nötig ist, in dem das Lernziel die Erlangung von sozialer bzw. kommunikativer Kompetenz ist. Wie die kommunikative Kompetenz gesteigert werden kann und wie sich eine erhöhte kommunikative Kompetenz auf die Kommunikation in Unternehmen auswirkt, werde ich unter 6. darstellen. An dieser Stelle möchte ich noch auf einige mehr technisch-organisatorische Ansatzpunkte zur Lösung der Probleme auf der Selbstoffenbarungsseite eingehen.

(1) Jedes Unternehmen hat sein eigenes *Klima*. So gibt es Unternehmen, in denen jeder offene Informationsaustausch, jede sachliche Kritik unterdrückt werden. Andererseits gibt es aber auch Unternehmen (oder Bereiche bzw. Abteilungen in Unternehmen), in denen ein offener Austausch von Informationen und von sachlicher Kritik akzeptiert, unter Umständen sogar gefördert werden. Ein wesentlicher Ansatzpunkt ist somit ganz sicher, daß man das Klima verbessert; wenn Vorgesetzte durch mehr Offenheit in der Kommunikation den Mitarbeitern den Mut geben, sich selbst auch mehr zu öffnen.

Beleg 38

Erleichterung offener Kommunikation
„Wenn Sie anderen wichtige Dinge über sich selbst mitteilen (Gefühle, Ideen, Wünsche bzw. Reaktionen oder Wahrnehmungen hinsichtlich anderer), dann sind Sie – jedenfalls in einem gewissen Ausmaß – offen. Wenn Sie und Ihre Kommunikations-

partner herausfinden, daß Sie immer offener miteinander sprechen können, ohne einander zu verletzen, dann entwickelt sich wechselseitiges Vertrauen zwischen Ihnen.

Wenn Sie einander helfen wollen, sich weiter zu entwickeln, neue Verhaltensformen zu erproben und offenere Kommunikationsformen auszuprobieren, damit Sie Ihre Absichten, Ideen und Gefühle besser verstehen, dann werden in zunehmendem Maße neue Lebensbereiche für Sie beide relevant. (...)

Wenn Ihr Partner eine Gelegenheit ergreift, sich Ihnen mitzuteilen, dann kann Ihre Reaktion darauf eine bestärkende Auswirkung haben. Andererseits kann Ihre Reaktion auf seine Mitteilung aber auch eine entmutigende Auswirkung auf ihn haben. (...)

- BESTÄRKENDE AUSWIRKUNGEN

  haben alle Reaktionsweisen, welche die Autonomie des anderen stärken und dem Partner das Gefühl der Ebenbürtigkeit vermitteln.

  Dazu gehören:

  Aktives und aufmerksames Zuhören, antwortendes Zuhören, nicht passives Schweigen. (Erstarren Sie nicht zur Salzsäule, sondern reagieren Sie ruhig mit Ihrer Körpersprache.)

  Ich-Du-Sätze (Zum Beispiel: „Du sprichst von deinem Lehrer. Ich werde bei solchen Themen ganz aufgeregt; ich habe auch einen Sack voll unangenehmer Erinnerungen. Bitte, sprich weiter.")

  Umschreiben, als Versuch, sicherzustellen, daß Sie die Botschaft, die Sie bekommen haben, auch wirklich verstehen.

  Wahrnehmungsüberprüfung. Sie zeigen Ihren Wunsch, sich auf den anderen zu beziehen und ihn als unverwechselbare Person zu verstehen, indem Sie Ihre Wahrnehmung seiner Situation überprüfen.

  Mitteilung eigener Gefühle.

  Fragen in Verbindung mit dem Motiv zur Frage. (Zum Beispiel: „Welche Gefühle hast du deinem Vater gegenüber? – Ich frage das, weil ich den Eindruck habe, Vatergestalten sind für dich ein rotes Tuch.")

- ENTMUTIGENDE AUSWIRKUNGEN

  haben alle Reaktionsweisen, die die Autonomie des anderen vermindern und ihm das Gefühl der Unterlegenheit und Bedeutungslosigkeit geben.

  Dazu gehören:

  Nonverbale Signale der Langeweile.

  Wechsel des Themas ohne Erklärung (um z. B. den Gefühlen des anderen auszuweichen).

  Interpretation des Verhaltens des anderen (z. B.: „Das tust du nur, weil...“). Auf diese Weise wird der Partner zum Objekt psychologischer Spekulation gemacht.

  Ratschläge geben und überreden („Du sollst lieber...“). Damit entmündigen Sie den Partner und spielen seinen Vormund.

  Verneinung der Gefühle des Partners („Das fühlst du doch nicht wirklich!“).

  Aufforderungen. Sie sagen dem anderen, was er tun soll („Nun hab mal endlich Mut genug...“).

  Emotionale Verpflichtungen. In diesem Fall kontrollieren Sie den anderen in besonders raffinierter Weise, indem Sie ihm das Gefühl moralischer Unterlegenheit vermitteln. („Wie kannst du mir das antun!")"

aus: Vopel/Kirsten 1980: 144 ff.

(2) In vielen Unternehmen ist es so, daß die Vergabe von Mitteln sich an der Selbstdarstellung orientiert: Wer sich besser verkaufen kann, erhält mehr. In solchen Fällen wäre es angebracht, das *Verteilungssystem* zu überarbeiten, auch hier eine Klima-Veränderung einzuführen, in deren Folge auch mehr die Leistung und nicht die Selbstdarstellung belohnt wird.

(3) Eine weitere Möglichkeit wäre die Einführung von *Kommunikationsregeln*, die mehr Offenheit zulassen bzw. Offenheit in der Kommunikation fördern. Auf drei Regeln möchte ich hier kurz eingehen:

● *Ich-Botschaften senden*
Wie zuvor ausgeführt, werden durch *Man-*, *Es-* und *Du-Botschaften* Fassaden aufgebaut. Fassaden machen die Kommunikation unpersönlich und dienen sehr oft zum Verbergen eigener Gedanken und Wünsche. *Ich-Botschaften* senden heißt, mit den Menschen, denen man begegnet, offen, ehrlich und direkt umzugehen. Vielleicht liegt darin die Kraft von *Ich-Botschaften*. *Ich-Botschaften* besagen: „Ich bin ein Mensch und habe Probleme und Gefühle wie jeder andere." In gewissem Sinne ist die Ich-Botschaft eine Bitte um Hilfe. Dabei wendet man sich an die Person, die einen vor ein Problem stellt.

Wie Gordon (1982: 107) ausführt, müssen *Ich-Botschaften* immer drei Elemente beinhalten, um wirksam zu sein: „(1) eine kurze Beschreibung des Verhaltens, das Sie nicht akzeptieren können, (2) Ihre ehrlichen Gefühle und (3) die greifbare und konkrete Wirkung des Verhaltens auf sie (die Konsequenzen)."

Beleg 39

Verbesserung der Kommunikation durch Ich-Aussagen

„In ‚*Ich-Aussagen*' teile ich meine eigenen Gefühle, Empfindungen und Gedanken mit. Ich öffne mich durch sie, teile durch sie mit: „Ich bin enttäuscht, ich freue mich, ich bin verärgert, ich bin verlegen."
In Ich-Aussagen kann ich ferner meine Gedanken, Bedürfnisse, Wünsche, Interessen auszudrücken versuchen; ich sage offen und genau, was ich jetzt wirklich möchte, oder ich lege meine Strategie offen, die ich gerade verfolge.
Ich-Aussagen versuchen das mitzuteilen, was gerade in mir vorgeht. Das Gegenteil der ‚*Ich-Aussage*' ist die ‚*Du-Aussage*'.
Beispiel:
Ein Junge gibt seinem Vater zu verstehen, daß ihm an der Lösung eines schulischen Problems sehr gelegen ist. Der Vater ist am Ende eines anstrengenden Arbeitstages müde. Mit einem resignierten Lächeln sagt er: „Ach, du bist schon eine Plage mit deinen Problemen."
Der Sohn entschlüsselt diese Botschaft vielleicht als: „Ich störe ihn, er interessiert sich nicht für meine Probleme, vielleicht lehnt er mich sogar irgendwie ab".
Hätte der Vater eine Ich-Aussage gesendet („Ich bin sehr müde, weil ich einen anstrengenden Tag hinter mir habe, können wir uns gemeinsam eine Zeit für morgen überlegen?"), hätte sein Sohn verstanden, daß der Vater zwar momentan müde, aber prinzipiell bereit ist, zur Lösung beizutragen: Es hätte kein „Mißverständnis" gegeben. (…)
Es ist sehr viel weniger bedrohlich zu hören, was der Gesprächspartner empfindet,

als beschuldigt zu werden, eine schmerzliche Empfindung oder Erfahrung *verursacht* zu haben (und damit „schuldig" zu sein).

Weil Ich-Aussagen aufrichtig sind, fördern sie die Bereitschaft des Partners, ebenfalls Ich-Aussagen zu machen. Dadurch wird eine Atmosphäre der Offenheit und des Vertrauens geschaffen. Du-Aussagen dagegen eskalieren sehr schnell zu wechselseitigen Vorhaltungen der Rechtfertigung und ständigen Verteidigung sowie der Rivalität. (...) Eine durch Ich-Aussagen gekennzeichnete Kommunikation erfordert jedoch einen gewissen Vertrauensvorschuß und kann auch als „*Kommunikation zwischen gleichberechtigten Partnern*" bezeichnet werden. Probleme können in einem solchen Gesprächsklima der Offenheit und des Vertrauens miteinander konstruktiv gelöst werden."

aus: Fittkau et al. 1983: 358 f.

● *In Gesprächen sein „eigener Chairman" sein*
Ich möchte hier Ruth Cohn (1979: 877) zitieren:
„Sieh nach innen, sieh nach außen, höre zu und sage klar aus, entscheide selbst, wann du reden oder schweigen willst. Mache dir dein augenblickliches Anliegen bewußt und denke an die anderen, die auch sprechen und zuhören wollen. Beachte das Thema. Du mußt nicht alles sagen, aber alles, was du sagst, soll echt sein (selektive Authentizität)."

Sein *eigener Chairman* sein bedeutet somit: Sich weder von Selbstoffenbarungs- noch von Selbstdarstellungs-Wünschen zu stark beeinflussen zu lassen und dort, wo man an Gesprächen teilnimmt, echt sein.

● *Störungen haben Vorrang*
Auch an dieser Stelle möchte ich Ruth Cohn (1979: 877) zitieren:
„Störungen haben Vorrang; wenn du nicht mit uns und unserem Thema sein kannst, sprich es aus, damit wir wieder zusammensein können. Wenn deine Ablenkung oder leidenschaftliches Interesse dich von uns wegführen, versuche zurückzukommen, und wenn das nicht geht, laß es uns wissen."

So erlebt man sehr häufig in Besprechungen, daß die Teilnehmer in der Tagesordnung bereits weitergeschritten sind, man selbst aber immer noch an einem bereits abgehakten Problem hängt, hierzu noch Anmerkungen machen möchte oder mit der verabschiedeten Lösung nicht einverstanden ist. An dieser Stelle würde es sich anbieten, den weiteren Gesprächsablauf zu unterbrechen, um seine Störung loszuwerden. Die Akzeptierung von Störungen macht Gespräche nicht uneffektiver, sondern eher lebendiger und engagierter. Verlorene Zeit wird fast immer durch das bessere Ergebnis ausgeglichen.

Beleg 40

Von der Diktatur der Störungen

„Störungen haben de facto den Vorrang, ob Direktiven gegeben werden oder nicht. Störungen fragen nicht nach Erlaubnis, sie sind da: als Schmerz, als Freude, als Angst, als Zerstreutheit; die Frage ist nur, wie man sie bewältigt. *Antipathien und Verstörtheiten können den einzelnen versteinern und die Gruppe unterminieren; unausgesprochen und unterdrückt bestimmen sie Vorgänge in Schulklassen, in Vorstän-*

den, in Regierungen. Verhandlungen und Unterricht kommen auf falsche Bahnen oder drehen sich im Kreis. Leute sitzen am Pult und am grünen Tisch in körperlicher Gegenwart und innerer Abwesenheit. *Entscheidungen entstehen nicht auf der Basis von realen Überlegungen, sondern unterliegen der Diktatur der Störungen* – Antipathien zwischen den Teilnehmern, unausgesprochenen Interessen und persönlichen depressiven und angstvollen Gemütsverfassungen. Die Resultate sind dementsprechend geist- und sinnlos und oft destruktiv. Die unpersönlichen „störungsfreien" Klassenzimmer, Hörsäle, Fabrikräume, Konferenzzimmer sind dann angefüllt mit apathischen und unterwürfigen oder mit verzweifelten und rebellierenden Menschen, deren Frustration zur Zerstörung ihrer selbst oder ihrer Institutionen führt.

Das Postulat, daß Störungen und leidenschaftliche Gefühle den Vorrang haben, bedeutet, daß wir die Wirklichkeit des Menschen anerkennen; und diese enthält die Tatsache, daß unsere lebendigen, gefühlsbewegten Körper und Seelen Träger unserer Gedanken und Handlungen sind. Wenn diese Träger wanken, sind unsere Handlungen und Gedanken so unsicher wie ihre Grundlagen."

aus: Cohn 1981: 122

4.6 Die Beziehungsseite der Nachricht

Im Laufe der Ausführungen zur *Anatomie einer Nachricht* wurden bislang die drei (senderorientierten) Seiten der Nachricht erläutert:

● Die *Sachseite*
(Das, was mir der Sender sachlich, inhaltlich zu einer bestimmten Sache, mitteilen will),
● die *Appellseite*
(Zu was mich der Sender auffordern möchte),
● die Seite der *Selbstdarstellung* und *Selbstoffenbarung*
(Wie der Sender zu seiner Nachricht steht).

Auf der *Beziehungsseite* gibt der Sender schließlich dem Empfänger einen Hinweis, wie er die übermittelte Nachricht vom Empfänger verstanden haben möchte.

Watzlawick et al. (1980: 53 ff.) beschreiben ihr *zweites metakommunikatives Axiom* deshalb wie folgt: „*Jede Kommunikation hat einen Inhalts- und Beziehungsaspekt, derart, daß letzterer den ersten bestimmt und daher eine Metakommunikation ist.*" Mit seinem zweiten Halbsatz sagt Watzlawick, daß der Inhalt einer Information (d.h. ihre Sach- und Appellseite) im Prinzip nur über den Beziehungsaspekt gedeutet werden kann.

Wie auf der Selbstoffenbarungsseite werden auch auf der Beziehungsseite die wesentlichen Informationen über die nicht-verbalen Informationskanäle vermittelt: Auch die Mitteilung von interpersonalen Einstellungen erfolgt weitgehend über die Körpersprache. Argyle (1982: 117 f) trennt vier verschiedene Dimensionen der Darstellung von Beziehungen durch Körpersprache:

● Die *Affiliation*
(positive soziale Einstellungen wie Freundschaft, Anerkennung und Herzlich-
keit),
● die *Ablehnung* oder Aggression
(eine – der Affiliation entgegengesetzte – Haltung von Feindseligkeit),
● die *Dominanz*
(Darstellung der Unterschiede in Macht und Status),
● die *Unterwürfigkeit* oder Nachgiebigkeit
(im Gegensatz zur Dominanz die Suche nach einer Abhängigkeitsbeziehung).

Erkennbar sind die Beziehungsmerkmale an Tonfall, Gesichtsausdruck, Körperhaltung, Blickrichtung und Blickkontakt sowie im räumlichen Distanzverhal-
ten.

4.6.1 Die Bedeutung der Beziehungsseite für die Kommunikation in Unternehmen

Watzlawick et al. (1980: 68 ff.) unterscheiden in ihrem *fünften metakommunikativen
Axiom* zwischen symmetrischen und komplementären Kommunikationsbeziehun-
gen: „*Zwischenmenschliche Kommunikationsabläufe sind entweder symmetrisch oder
komplementär, je nachdem, ob die Beziehungen zwischen den Partnern auf Gleichheit
oder Unterschiedlichkeit beruhen.*"
    Zwangsläufig hat die Kommunikation in Unternehmen eine starke Ausprägung
auf der Beziehungsseite; die wesentliche Ursache hierfür ist, daß die Kommunikations-Partner in Unternehmen zumeist über ein unterschiedliches Maß an *Macht*
verfügen.
    Komplementäre Beziehungen zeichnen sich dadurch aus, daß die beiden Partner
unterschiedliche, sich aber ergänzende Positionen einnehmen. So nimmt der eine
Partner die superiore (übergeordnete), der andere die entsprechende inferiore (un-
tergeordnete) Stellung ein.
    Was die Kommunikation vor allem in Unternehmen betrifft, gilt weiterhin, daß
beide Partner zumeist freiwillig diese (komplementäre) Rollen einnehmen.
    Nun ist es nicht etwa so, daß ein Partner dem anderen eine Beziehung aufzwingt.
Vielmehr herrscht zwischen beiden ein unbewußtes Zusammenspiel, bei der sich das
Verhalten der Partner jeweils gegenseitig bedingt. So erwartet man von einem Vorgesetzten, daß er die Situation im Griff hat, eine gewiße Dominanz und Führer-
schaft ausstrahlt. Auf der anderen Seite wird vom Untergebenen ein gewisses Maß
an Nachgiebigkeit und Unterwürfigkeit verlangt. Widersetzt sich der Untergebene
dieser unausgesprochenen Erwartung, kommt es zwangsläufig zu Konflikten.
    In der Familientherapie bezeichnet man dieses Einnehmen einer komplementä-
ren Position, wie man es in der Beziehung zwischen Chef und Untergebenem sehr
oft feststellen kann, als *Kollusion* (Simon/Stierlin 1984). Komplementäre Beziehungen sind nicht unproblematisch; sie stabilisieren sich erst, wenn es den Partnern

gelingt, ihre (zumeist uneingestandenen) Probleme zu erkennen und zu bearbeiten. Problematisch wird die Beziehung zwischen Chef und Untergebenem auch, wenn man die Beziehungsstrukturen immer wieder ändert. Dies ist zum Beispiel der Fall, wenn man von einer komplementären Beziehung in eine symmetrische Beziehung wechselt. So verlangt man von einem Mitarbeiter, daß er sich in einem Team anders verhält als in einer hierarchischen Beziehung. Diese Änderungen im Verhalten müssen dann natürlich – wie dies in der *Sei-spontan-Paradoxie* sehr schön beschrieben wird (siehe Watzlawick 1983) – ohne Übergang, von innen heraus und ohne, daß man dies noch besonders sagen muß, erfolgen.

Beleg 41

Die Kollusion

„In der Kommunikationstheorie gibt es ein Beziehungsmuster, das man als „Kollusion" bezeichnet. Gemeint ist damit ein subtiles Arrangement, ein *Quid pro quo*, eine Vereinbarung auf der Beziehungsebene (unter Umständen ganz unbewußt), wodurch man sich vom anderen als die Person bestätigen und ratifizieren läßt, als die man sich selbst sieht. Der Uneingeweihte könnte sich hier mit Recht fragen, weshalb man dazu eines Partners bedarf. Die Antwort ist einfach: Stellen Sie sich eine Mutter ohne Kind, einen Arzt ohne Kranken, einen Staatschef ohne Staat vor. Das wären nur Schemen, provisorische Menschen sozusagen. Erst durch den Partner, der die notwendige Rolle uns gegenüber spielt, werden wir „wirklich"; ohne ihn sind wir auf unsere Träume angewiesen, und die sind bekanntlich Schäume. (...) Da jede Kollusion notwendigerweise voraussetzt, daß der andere *von sich aus* genauso sein muß, wie ich ihn *will*, mündet sie unweigerlich in eine „Sei spontan!"-Paradoxie. (...)
In seinem Bühnenstück *Der Balkon* zeichnet Jean Genet ein meisterhaftes Bild dieser kollusiven Welt. Madame Irma ist Leiterin eines Superbordells, in dem die Kunden – selbstverständlich gegen Bezahlung – die Verkörperung ihrer Komplementärrollen mieten können. (...) Trotz guter Organisation seitens Madame Irmas kommt es aber immer wieder zu ernüchternden Pannen, weil sich auch beim besten Willen die Tatsache nicht vertuschen läßt, daß das Ganze ein bezahltes Spiel ist, und weil außerdem die gemieteten Partner ihre Rollen oft nicht ganz so spielen können oder wollen, wie der Kunde es sich zum Erleben der eigenen „Wirklichkeit" erträumt. (...) Das Stück endet mit einer Ansprache Madame Irmas an das Publikum, am Abschluß ihres harten Arbeitstages, oder genauer gesagt, ihrer harten Arbeitsnacht: „Sie müssen nun heimgehen; nach Hause, wo alles – dessen können Sie ganz sicher sein – noch künstlicher ist als hier"."
aus: Watzlawick 1983: 109 ff.

4.6.2 Typische Probleme auf der Beziehungsseite

(1) Ob die Kommunikation erfolgreich verläuft oder zum Problem wird, hängt sehr oft von der Art der Beziehung der *persönlichen Chemie* zwischen Sender und Empfänger ab; die Gestaltung dieser Beziehung ist wiederum ein Ergebnis von Kommunikation.

Nach Schulz von Thun (1983: 48) lassen sich bei der Untersuchung von Kommunikationsproblemen immer wieder zwei Techniken feststellen, „den Empfänger auf der Beziehungsseite zu mißhandeln: Herabsetzung und Bevormundung." Diese Hauptmerkmale auf der Beziehungsseite werden von Schulz von Thun im *Verhaltenskreuz* (Abbildung 17) kombiniert. Das Verhaltenskreuz kann als *diagnostischer Rahmen* zur Beschreibung von Beziehungsaspekten in der zwischenmenschlichen Kommunikation verwendet werden. Die von Argyle (1982) definierten Dimensionen von interpersonellen Einstellungen entsprechen mit leichten Abweichungen den Dimensionen des Verhaltenskreuzes.

Die beiden Dimensionen des Verhaltenskreuzes: *Lenkung* (Bevormundung) vs. *Selbstbestimmung* und *Geringschätzung* (Herabsetzung) vs. *Wertschätzung* bilden dabei jeweils ein Kontinuum; es besteht die Möglichkeit, jedes beobachtbare Verhalten nach den angesprochenen zwei Dimensionen in das Verhaltenskreuz einzugliedern.

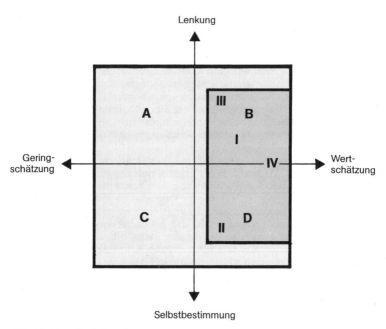

Abb. 17: Das Verhaltenskreuz

So lassen sich nach Schulz von Thun (1981: 164) folgende vier typische Beziehungsstrukturen (Felder) definieren (siehe Abb. 17):

● Feld A: die *autoritäre* Beziehungsstruktur.
● Feld B: die *patriarchalisch-fürsorgliche* Beziehungsstruktur,
● Feld C: die *laisser-faire* Beziehungsstruktur und
● Feld D: die *partnerschaftlich-sozialintegrative* Beziehungsstruktur.

In Anlehnung an eine Empfehlung von Schulz von Thun (1983: 51) habe ich in Abbildung 17 den Bereich, in dem eine sinnvolle Kommunikation gedeihen kann, durch Rasterung hervorgehoben. Dies bedeutet, daß ein Verhalten, das außerhalb dieses Bereiches angesiedelt ist, tendenziell eher zu Kommunikationsproblemen führt.

(2) Wie werden nun die problematischen Informationen auf der Beziehungsseite übermittelt?

Die Übermittlung von Informationen auf der Beziehungsseite und damit die Beziehung selbst wird primär bestimmt durch das Ausmaß in der Verwendung von Signalen mit *machtorientiertem Charakter*. Dies entspricht in etwa einem Verhalten entsprechend Feld A in Abbildung 17. Rollenbestimmtes (autoritäres) Verhalten und Machtorientierung sind somit für die Beziehungsseite von wesentlicher Bedeutung. Sie bilden auch die Grundlage für eine komplementäre Beziehung. Komplementäre Beziehungen wiederum sind störanfälliger als symmetrische Beziehungen.

(3) Mögliche Folgen von Störungen auf der Beziehungsseite sind z. B.

- *Gesprächsblockaden*
  (Der Empfänger ignoriert die übermittelten Informationen, überhört diese, zeigt keinerlei Reaktionen.) sowie
- *emotionale Reaktionen*
  (Z. B. körpersprachlicher Ausdruck von Ärger, verbale Zurückweisung und aggressives Verhalten.).

Ein wesentliches Problem für die Behandlung von Störungen auf der Beziehungsseite ist, daß

- Ursache und Wirkung (Reaktion) in der Regel zeitlich nicht beieinander liegen,
- die Probleme zumeist nicht auf der Ebene, auf der sie entstanden sind – hier die Beziehungsebene – angesprochen werden.

So kann man in Gesprächen immer wieder feststellen, daß sich an einem unwesentlichen Problem auf der Sachebene ein Konflikt entzündet, der zunächst nicht erklärbar ist. Sehr oft ist es dann so, daß ein ungeklärtes Problem auf der Beziehungsseite sich auf diese Weise und zu einem späteren Zeitpunkt ein Ventil sucht.

(4) Ein weiteres wichtiges Merkmal der Probleme auf der Beziehungsseite ist, daß diese langfristig wirken. Dies in zweifacher Weise:

- Einerseits kommt es bei den Nachrichten auf der Beziehungsseite nicht so sehr auf die einzelne Information an, sondern mehr auf die Summe verschiedener, im Laufe der Zeit aufgenomener Nachrichten. So bildet und verfestigt sich im Laufe der Zeit ein bestimmtes *Bild vom anderen*, das in der Folge auch die Wahrnehmung beeinflußt. (Siehe hierzu die Ausführungen zur selektiven Wahrnehmung und zur Uminterpretation, S. 20)
- Andererseits führen Botschaften auf der Beziehungsseite – wenn diese mit einer entsprechenden Häufigkeit gesendet werden – unter Umständen dazu, daß sie das

Selbstkonzept des Empfängers verändern. So wird ein Mitarbeiter, dem man immer wieder zu verstehen gibt, daß man nicht viel von ihm hält, sein Selbstkonzept dieser Meinung anpassen und dann eben schlußendlich ein Verhalten zeigen, das diesem Urteil entspricht. (Siehe hierzu die Ausführungen zur *Self-fulfilling-prophecy* bzw. zum *Andorra-Phänomen*, S. 19 f.)

4.6.3 Ansätze zur Lösung

(1) Bei der Abgrenzung des Feldes sinnvoller Beziehungsstrukturen in Abbildung 17 gehe ich davon aus, daß Kommunikation – soll sie auch langfristig sinnvoll sein – von einem ausreichenden Maß an *Wertschätzung* des Partners getragen sein muß. Gespräche, in denen dem Partner ein Gefühl der Geringschätzung übermittelt wird, führen mittel- bzw. langfristig ganz sicher zu Problemen. Zwei Lösungsansätze bieten sich hier an: Einerseits sollte auf einen übermäßigen Einsatz von Machtmitteln (z. B. durch die Demonstration eigener Größe) verzichtet werden und andererseits dem Mitarbeiter durch die Art der Kommunikation ersichtlich werden, daß man ihn auch als Person schätzt.

(2) Die Frage der *Lenkung* ist – was die Kommunikation in Unternehmen betrifft – differenziert zu behandeln. So beanspruchen die unterschiedlichen Gesprächstypen ein unterschiedliches Ausmaß an Lenkung. In Übersicht 2 (S. 70 f.) habe ich verschiedene Gesprächstypen unterschieden; die Typen I bis IV wurden von mir – entsprechend ihrer Ausprägung in den Dimensionen Wertschätzung und Lenkung – in Abbildung 17 (S. 128) eingeordnet.

Ich möchte hiermit zum Ausdruck bringen, daß unterschiedliche Gesprächstypen unterschiedliche Beziehungsformen sinnvoll erscheinen lassen. So erfordern das Sachgespräch (Typ I) oder die Verhandlung (Typ III) auch eine stärkere Lenkung als das Innovationsgespräch (Typ II). In einem personalen Gespräch (Typ IV) wiederum wird der Ausdruck der Wertschätzung wesentlich stärker ausgeprägt sein als in einem Sachgespräch (Typ I) oder einer Verhandlung (Typ III).

Beleg 42

So viel Wertschätzung wie möglich; so viel Lenkung wie nötig

„**Wertschätzung**. Damit ist gemeint: In dem, was der Sender sagt, bringt er zum Ausdruck, daß er den Empfänger als achtenswerte, vollwertige, gleichberechtigte Person ansieht und daß er ihm Wohlwollen entgegenbringt. Dazu gehören Höflichkeit und Takt, freundliche Ermutigung und *Reversibilität* im Sprachverhalten. Reversibilität heißt soviel wie „Umkehrbarkeit". Damit ist gemeint: Der Sender spricht zum Empfänger in einer Weise, wie der Empfänger auch umgekehrt zum Sender sprechen dürfte, ohne die Beziehung zu gefährden. Dieses Untermerkmal ist besonders in hierarchischen Beziehungen von Bedeutung, so in der Beziehung Eltern-Kind, Lehrer-Schüler, Vorgesetzter-Untergebener.
Weil hier leicht Mißverständnisse entstehen, möchte ich darauf hinweisen, was mit „Wertschätzung" *nicht* gemeint ist: nämlich gleichbleibende Freundlichkeit und In-

Watte-Packen. Wertschätzung ist keine „warme Milch", sondern eine respektierende Art, den anderen als vollwertigen Partner auch bei Konflikten und harten Auseinandersetzungen zu achten.

Mit Geringschätzung ist gemeint: Der Sender behandelt den Empfänger als minderwertige Person – abweisend, herabsetzend, demütigend, emotional kalt, von oben herab. Weiter gehören dazu: nicht ernst nehmen, lächerlich machen, beschämen, Abneigung zeigen. Dann auch „Irreversibilität": Der Sender verhält sich dem (meist untergeordneten) Empfänger in einer Weise, wie es sich dieser ihm gegenüber nicht „erlauben" dürfte.

Lenkung (...). Damit ist ein Verhaltensstil gemeint, der darauf angelegt ist, den Empfänger in seinem Denken und Handeln weitgehend unter den eigenen Einfluß zu bringen, z. B. durch Anweisungen, Vorschriften, Fragen, Verbote usw.

Wenig Lenkung und Bevormundung liegt vor, wenn der Sender dem Empfänger durch seine Nachricht zu verstehen gibt, daß er ihm weitgehend eigene Entscheidungen und selbständige Aktivität einräumt.

Ein hohes Ausmaß an Lenkung und Kontrolle löst beim Empfänger vielfach inneren Widerstand aus. „Ich habe keine Lust, mir dauernd Vorschriften machen oder über die Schulter gucken zu lassen!" In solchen Äußerungen drückt sich der Wunsch nach Selbstbestimmung, Eigeninitiative und freier Entfaltung aus. In der Erziehung verhindert ein hohes Ausmaß an Lenkung die Entwicklung von Selbständigkeit und Lernen von sinnvollem Gebrauch der Freiheit. Mancher Trotz im Kindesalter und manche jugendliche Auflehnung wird als Protest gegen eine übertriebende Gängelung verständlich."

aus: Schulz von Thun 1981: 162 f.

(3) In einer Vielzahl von Gesprächen in Unternehmen sind *Konflikte* zu klären, die z. B. durch unterschiedliche Bewertung und Beurteilung von Sachverhalten oder als Folge bei der Verteilung knapper Güter fast zwangsläufig entstehen (siehe hierzu z. B. Rüttinger 1980).

In jeden Konflikt gehen mehrere Komponenten ein, die bei der Konfliktregelung zu beachten sind. Die Ursachen von Konflikten müssen keineswegs immer objektiver, sachlicher Natur sein. Sie können genauso in den Eigenheiten menschlicher Lebens- und Verhaltensweisen liegen. Das Verhalten zwischen Konfliktpartnern hängt somit nicht nur vom Konfliktinhalt (z. B. der Verteilung eines knappen Gutes), sondern auch von der Persönlichkeitsstruktur der teilnehmenden Personen ab. Eine kooperative Konfliktbewältigung setzt (nach Berkel 1985) deshalb immer auch voraus, daß zunächst Vertrauen zwischen den Konfliktpartnern hergestellt und offen kommuniziert wird. Erst auf dieser Basis lassen sich dann die anstehenden Sachprobleme lösen.

Beleg 43

6 Stufen kooperativer Konfliktregelung

● *„Stufe 1*
Den Konflikt identifizieren und definieren, d. h. abgrenzen gegen andere Probleme (sich Zeit nehmen, den Konflikt klar aussprechen, Ich-Aussagen senden, Kooperation anbieten, auf niederlagenlose Methode der Regelung verweisen). *„Wo genau liegen die Probleme?"*

- *Stufe 2*
  Mögliche *Lösungen entwickeln*
  (Keine Lösung bewerten, zu möglichst vielen Vorschlägen anregen, alle Beteilig-
  ten einbeziehen, Angst vor Inkompetenz bei der Lösungssuche abbauen).
  „Welche unterschiedlichen Lösungen sehen die Konflikt-Partner?"

- *Stufe 3*
  Lösungsmöglichkeiten kritisch bewerten
  (Streichung der für einzelne unannehmbaren Lösungen, Gefühle der Beteiligten
  bei einzelnen Vorschlägen erfahrbar machen, Ich-Aussagen senden).
  „Was spricht für die einzelnen Lösungen?"

- *Stufe 4*
  Sich für die beste annehmbare Lösung entscheiden
  (Genau die Lösung beschreiben, die Lösung nicht als endgültig, sondern als
  wandelbar ansehen, abfragen, ob *alle* Beteiligten sie akzeptieren, Angst abbauen,
  gegen die Lösung zu opponieren).
  „Wie sieht die beste Lösung genau aus?"

- *Stufe 5*
  Wege zur Ausführung der Entscheidung ausarbeiten
  (klare Handlungsgrenzen bestimmen/genau festlegen, wer was macht).
  „Wie wird die Lösung durchgesetzt?"

- *Stufe 6*
  *Spätere Untersuchung über die Funktionsfähigkeit der Lösung und der Einhaltung
  der getroffenen Absprachen*
  (Prozeßanalyse, Ergebnisanalyse, evtl. Korrekturen, da bestimmte Situationen
  falsch eingeschätzt wurden).
  „War die getroffene Entscheidung zur Regelung des Konflikts richtig?"."
  aus: Fittkau et al. 1983: 371 f.

(4) Wesentlich für die Betrachtung der Probleme auf der Beziehungsseite ist, daß
eine Lösung von Beziehungsproblemen auf der Sachebene (auch wenn dies immer
wieder versucht wird) nicht möglich ist. Eine wesentliche Forderung ist deshalb, in
der Kommunikation den *Sach- und Beziehungsaspekt* zu *trennen*. Wie Schulz von
Thun (1983: 53) sagt, ist es einer der Kardinalfehler in der zwischenmenschlichen
Kommunikation, den Beziehungsstreit auf der Ebene des Sachinhalts austragen zu
wollen. Lösungen lassen sich nur auf der Ebene der Metakommunikation erreichen. Dies erfordert, daß man sich von der Sachebene trennt und auf einer höheren
Ebene (der *Meta*-Ebene) die Beziehungen selbst zum Inhalt des Gesprächs macht.
Auf die Metakommunikation werde ich unter 5.3.3 (S. 174 ff.) näher eingehen.

Beleg 44

Gespräch und Verständigung

„«Viel zu wenig wird der Tatsache Rechnung getragen, daß Kommunikation ein
soziales Geschehen ist, daß dabei Emotionen, Bedürfnisse und Interessen eine zentrale Rolle spielen», moniert Neuberger – daß, so sein Kollege Paul Watzlawick,
«beim Gespräch der sachliche und soziale Aspekt, die Inhalts- und Beziehungsebene unauflöslich miteinander verwoben sind».

«Inhalt und Ablauf eines Gesprächs erfahren Ihre Bedeutung aus der Beziehung zwischen den Partnern», verdeutlicht Neuberger. «Denn ob zwei Organisationsmitglieder in ihrer Eigenschaft als Vorgesetzter und Unterstellter, als Spezialist und Laie, als alter Hase und Neuling miteinander sprechen, macht einen erheblichen Unterschied.»

Fest steht: Nicht der Inhalt des Gesprächs entscheidet, ob die Verständigung klappt, sondern die besondere gefühlsmäßige Beziehung, die zwei Menschen verbindet. Sie bestimmt, welcher Inhalt wie – oder überhaupt – wahrgenommen wird. Es ist immer wieder ein Phänomen, wenn in den Unternehmen Leute, die inhaltlich völlig einer Meinung sind, nicht zum Konsens finden („Alles richtig, lieber Freund, aber...“); während andere, die unvereinbare Positionen vertreten, in bester Harmonie miteinander auskommen, ohne ihre Standpunkte zu verraten.

Menschen die miteinander viel zu tun haben, sollten deshalb häufiger auch ihre Beziehungen, die sogenannte Metakommunikation, zum Thema des Gesprächs machen, den Verlauf diskutieren, Interaktionen nachvollziehen, Reaktionen deuten. Und sie sollten es vielleicht mit einer Übung probieren, die auf gruppendynamischen Veranstaltungen gern praktiziert wird und die der große amerikanische Psychologe Carl Rogers so vorstellt:

„Wenn Sie das nächste Mal eine Auseinandersetzung mit Ihrer Frau, Ihrem Freund oder einer Gruppe von Freunden haben, unterbrechen Sie einfach die Diskussion für einen Augenblick und stellen Sie, zum Zweck eines Experiments, folgende Regel auf:

Jeder kann nur dann seine Meinung äußern, wenn er vorher die Gedanken und Gefühle des vorhergehenden Sprechers exakt und zu dessen Zufriedenheit wiedergegeben hat.

Sie sehen, worauf es hinausläuft. Es bedeutet ganz einfach, daß Sie – bevor Sie Ihren Standpunkt darlegen – notwendigerweise das Bezugssystem des anderen einnehmen müssen, um seine Gedanken und Gefühle so gut zu verstehen, daß Sie sie für ihn zusammenfassen können.

Klingt einfach, nicht wahr? Aber wenn Sie es versuchen, werden Sie feststellen, daß es eines der schwierigsten Dinge ist, die Sie je probiert haben.“

aus: Gottschall, *management wissen* 1/1986

Die Darstellung einer Nachricht auf der Beziehungsseite setzt beim Sender somit die Fähigkeit voraus, seinen Standpunkt so darzulegen, daß er den Empfänger akzeptierend und vollwertig behandelt, ihn nicht unnötig dominiert und bevormundet. Gleichzeitig muß der Sender zwischen der Sach- und Beziehungsebene unterscheiden und hierzu vor allem die eigenen und fremden körpersprachlichen Äußerungen registrieren. Die hier angesprochenen Fähigkeiten der Kommunikationspartner stellen einen wesentlichen Teil der *sozialen* (oder *kommunikativen*) *Kompetenz* dar, auf die ich unter 6. näher eingehen werde.

4.7 Wie läßt sich die Kommunikation ganz generell verbessern?

Wie in den vorausgegangenen Ausführungen dargestellt wurde, beinhalten Informationen in unterschiedlicher Ausprägung immer Mitteilungen über Tatsachen (Sachinhalte), Absichten (Appelle), Selbstbilder (Selbstoffenbarung und Selbstdarstellung) sowie über die Beziehungen zwischen Sender und Empfänger. Ein wesentlicher Ansatzpunkt zur Verbesserung der Kommunikation wird deshalb sein, die vier Seiten der Nachricht in der Kommunikation stets im Auge zu behalten und bei Störungen die zuvor beschriebenen Möglichkeiten zur Reduzierung der Probleme gezielt einzusetzen.

Darüber hinaus gibt es noch verschiedene Möglichkeiten, die Kommunikation in ganz genereller Weise zu verbessern. Zu unterscheiden sind die:

● Ansätze auf der Sender-Seite,
● Ansätze auf der Empfänger-Seite,
● Verbesserung der Kommunikation durch *Feedback*,
auf die ich in den folgenden Ausführungen eingehen werde.

4.7.1 Ansatzpunkte auf der Sender-Seite

Ein wesentlicher Ansatzpunkt auf der Sender-Seite sind zunächst die *rhetorischen Fähigkeiten*. Rhetorik wird hier verstanden als die Fähigkeit, mittels Übermittlung von verbalen und nonverbalen Nachrichten Sachverhalte klarzulegen. (Siehe hierzu auch die Ausführungen zur Förderung von Verständlichkeit, S. 100 f.)

In Anlehnung an Neuberger (1980) möchte ich die weiteren Ansatzpunkte zur senderorientierten Verbesserung der Kommunikation wie folgt zusammenfassen:

● *Dosierung der Informationsmenge*
  Innerhalb einer bestimmten Zeitspanne sollten nicht zu viele Informationen übermittelt und hierdurch der Empfänger überfordert werden. (Problem: Begrenzte geistige Kapazität zur Verarbeitung von empfangenen Informationen.)
● *Wiederholung der vorgetragenen Informationen*
  Informationen prägen sich leichter ein, wenn eine entsprechende Redundanz vorliegt. Deshalb sollten wichtige Informationen in Variationen bzw. unter Berücksichtigung neuer Aspekte wiederholt werden.
● *Verwendung empfängerorientierter Formulierungen*
  Dem Empfänger nicht bekannte Fachausdrücke (Technolekte), Fremdworte, aber auch zu lange Sätze sollten vermieden werden. (Siehe hierzu auch die Ausführungen zu den *vier Veständlichmachern*, S. 98)
● *Offenlegung von Gesprächszielen*
  Dem Empfänger sollte klar sein, was der Sender erreichen möchte, damit er die einzelnen Informationen auf das Gesprächsziel hin einordnen kann.

4.7.2 Ansatzpunkte auf der Empfänger-Seite

(1) Wie bei den Ursachen von Kommunikationsproblemen dargestellt wurde, stimmt das, was der Sender mit seiner Information *meint*, und das, was der Empfänger *versteht*, nur in Teilbereichen überein (siehe Abbildung 14, S. 93). Die *verstandene Information* – als Ergebnis eines mehrstufigen Wahrnehmungsprozesses – ist in weiten Teilen ein Produkt des Empfängers. Informationen werden hierbei durch eine gefilterte, selektive Erfassung von Ganzheiten, durch Vorurteile und Stereotype, durch Umdeutungen aber auch durch Prophezeiungen und Phantasien verformt.

Watzlawick (1983) hat in seiner „Anleitung zum Unglücklichsein" in plastischer Weise beschrieben, wie vor allem Prophezeiungen und Phantasien zu Kommunikationsproblemen führen können. Deshalb gilt zunächst zu prüfen, in welchem Umfang verstandene Informationen durch Vorurteile, Stereotype, Umdeutung, Prophezeiungen oder Phantasien der Wirklichkeit entrückt wurden.

(2) Daß erfolgreiche Kommunikation vor allem auch davon abhängt, daß man einander richtig zuhört, ist zwischenzeitlich fast schon zu einer Alltagsweisheit geworden. Fast immer, wenn von Kommunikationsproblemen gesprochen wird, geht es auch um das *Zuhören*.

Von vielen wird das Zuhören als *deus ex machina* besserer Kommunikation (oder sogar der Führung) dargestellt. So zählt das richtige Zuhören für Walter Seipp (den Vorstandsvorsitzenden der *Commerzbank*) zu den „acht Regeln für Spitzenmanager": „Ein Manager tut sich leichter, wenn er redegewandt ist. Ich meine jedoch, daß hierzulande die Gabe, rhetorisch zu glänzen, als Kriterium für Managerqualitäten häufig überschätzt wird. Unbedingt notwendig für den Managementerfolg ist dagegen die Kunst des Zuhörens!" (1983: 121). Mit der Überschrift: „Es wird Zeit, daß wir lernen, richtig zuzuhören", startete *Sperry* eine Image-Kampagne (siehe Beleg 45). Auch Reinhard Höhn (1970: 50) anerkennt den Wert des Zuhörens und führt hierzu folgendes aus: „Sein (d. h. der Führungskraft, d. Verf.) Motto muß es sein: Hören, hören und abermals hören."

Beleg 45

„Es wird Zeit…"

ES WIRD ZEIT, DASS WIR LERNEN, RICHTIG ZUZUHÖREN.

Es gibt ein Problem, das unsere Wirtschaft schon Millionen gekostet hat.

Ein Problem, das die Beziehung zwischen den Menschen stört: Zwischen Mann und Frau, zwischen Eltern und Kindern, zwischen den Völkern.

Es geht um das richtige Zuhören.

Zwar verbringen die meisten von uns die Hälfte ihrer Zeit mit Zuhören; doch wir behalten nur ein Viertel von dem, was wir gehört haben, wie Forschungsergebnisse zeigen.

Das ist kein Zufall. Denn richtiges Zuhören ist eine Kunst. Eine Technik der Kommunikation, die wir nie richtig gelernt haben. Wir haben Lesen und Schreiben und Sprechen gelernt – aber nicht, wie man zuhört.

Und richtiges Zuhören will gelernt sein.

In den wenigen Schulen, an denen bisher Zuhören systematisch trainiert wurde, hat sich die Aufnahmekapazität der Schüler innerhalb kurzer Zeit verdoppelt.

Auch im Geschäftsleben kann man Zuhören lernen.

Schon seit Jahren ist bei Sperry richtiges Zuhören Bestandteil der Mitarbeiter-Schulung. Inzwischen haben wir überall in der Welt, wo Sperry-Mitarbeiter tätig sind, Kurse eingerichtet, in denen Verkäufer ebenso wie Techniker und Führungskräfte lernen, sich effektiver zu verständigen – mit dem Erfolg, daß wir einander besser zuhören.

Sie werden es feststellen, wenn Sie mit Sperry Univac oder einem anderen unserer Unternehmensbereiche zu tun haben.

✦ SPERRY

Wir wissen, wie wichtig Zuhören ist.

Sperry: Das sind Computer von Sperry Univac, Landmaschinen von Sperry New Holland, Hydraulik-Systeme von Sperry Vickers, Navigations- und Flugleit-Systeme von Sperry und Sperry Flight Systems.

Sind Sie ein guter Zuhörer?
Machen Sie bei einem informativen und unterhaltsamen Test. Schreiben Sie an Sperry, Abt. XXX, Westerbachstrasse 11–15, D–6000 Frankfurt/Main 94.

Wir sollten überall besser zuhören – im Privatleben, im Beruf, in der Politik.

Veröffentlichung der *Sperry Corporation*

Besseres Zuhören sollte jedoch nicht als Allheilmittel von Kommunikationsproblemen dargestellt werden. Besseres Zuhören hilft andererseits, Kommunikationsprobleme zu reduzieren. Zuhören ist, wenn es erfolgreich sein soll, jedoch kein reaktives Verhalten, sondern vielmehr immer ein aktiver Prozeß im Sinne eines *einfühlenden Verstehens*, bei dem die Achtung des anderen, Anteilnahme an seinen Problemen (oder wie es Tausch/Tausch 1981, nennen: *Sorge, Wärme* und *Echtsein*) im Vordergrund stehen müssen.

Beleg 46

Die 10 Gebote guten Zuhörens (nach Davis)

„1. Nicht sprechen!
Man kann nicht zuhören, wenn man spricht.

2. Den Gesprächspartner entspannen!
Zeigen Sie ihm, daß er frei sprechen kann. Schaffen Sie ihm eine „erlaubende" Umgebung.

3. Zeigen Sie, daß Sie zuhören wollen!
Zeigen Sie Interesse. Lesen Sie z. B. während des Gesprächs keine Post. Man soll zuhören, um zu verstehen, und nicht, um zu opponieren.

4. Halten Sie Ablenkung fern!
Zeichnen Sie z. B. keine Kritzeleien, stapeln oder durchblättern Sie keine Papiere. Wäre es nicht ruhiger bei geschlossener Tür?

5. Stellen Sie sich auf den Partner ein!
Versuchen Sie, sich in seine Situation zu versetzen, damit Sie seinen Standpunkt verstehen!

6. Geduld!
Haben Sie Zeit! Unterbrechen Sie nicht! Nicht auf dem Sprung sein!

7. Beherrschen Sie sich!
Wenn Sie sich ärgern, interpretieren Sie die Worte Ihres Gegenübers falsch!

8. Lassen Sie sich durch Vorwürfe und Kritik nicht aus dem Gleichgewicht bringen!
Das bringt Ihren Partner in Zugzwang. Streiten Sie nicht: Auch wenn Sie gewinnen, Sie haben verloren!

9. Fragen Sie!
Das ermutigt Ihren Partner und demonstriert Ihr Interesse. Es kann das Gespräch vertiefen.

10. Nicht sprechen!
Dies ist das erste und letzte Gebot, und alle anderen hängen davon ab. Man kann nicht gut zuhören, solange man spricht!
Die Natur gab dem Menschen zwei Ohren, aber nur eine Zunge – dies ist ein sanfter Hinweis darauf, daß man mehr hören als sprechen sollte!"
Zit. v.: Neuberger, 1982: 71

4.7.3 Verbesserung der Kommunikation durch Feedback

Feedback wird hier in zweifacher Weise angesprochen:

(1) Einerseits als *Rückmeldung* des Empfängers an den Sender, wie eine bestimmte Information bei ihm angekommen ist,

(2) andererseits als Form der *Rückfrage*. Durch Rückfragen erbittet der Empfänger Zusatzinformationen zu – aus seiner Sicht – unverständlichen Informationen.

(1) Ohne Feedback – im Sinne von *Rückmeldung* – wird ein Gepräch zum Monolog. Erst das Feedback komplettiert den Informationsvorgang, zeigt es dem Sender doch an, wie seine Informationen vom Empfänger aufgenommen wurden.

Wie das aktive Zuhören benötigt auch das Geben von Feedback: *Echtheit*, eine *positive Wertschätzung* sowie *einfühlendes Verstehen*. Die Rückmeldung sollte – nach Neuberger 1982 – folgende Komponenten umfassen:

● Jedes Feedback sollte mit einer *Situationsbeschreibung* eingeleitet werden, die möglichst konkrete Beobachtungen enthält und auf einen überschaubaren Bereich begrenzt ist. Die Grundform wäre hier: „Ich habe gesehen..."

● Die Situationsbeschreibung sollte ergänzt werden um eine *Beschreibung der Gefühle*, die der Empfänger in der beschriebenen Situation hat. Die Grundform wäre hier: „Ich habe hierbei gefühlt..."

● Ganz generell sollte das Feedback in der Form von *Ich-Botschaften* erfolgen (siehe S. 123f.); außerdem sollte man auch ganz grundsätzlich auf Wertungen verzichten.

● Abgerundet werden Feedback-Mitteilungen idealerweise durch die Hinzufügung eigener *Wünsche*, durch die Nennung eigener *Ziele*, die durch das Verhalten des Senders unter Umständen beeinträchtigt wurden.

Beleg 47

Regeln für das Feed-back

„1. Gib Feed-back, wenn der andere es auch hören kann.
Achten Sie darauf, ob Ihr Partner sich in einer Situation befindet, in der er auch ruhig zuhören und die Information verarbeiten kann, oder ob er so stark innerlich mit anderen Dingen beschäftigt ist, daß er Ihre Information nicht ungestört aufnehmen kann. (...)

2. Feed-back soll so ausführlich und konkret wie möglich sein.
Feed-back ist keine Information, die man dem anderen „vor die Füße knallt", um sich dann aus dem Staub zu machen, oder die man schnell einmal am Telefon andeutet, um dann den Hörer aufzulegen. Feed-back ist der Anfang eines Dialogs zwischen zwei Menschen, in dem so ausführlich wie möglich die eigene Wahrnehmung, die eigenen Vermutungen und Gefühle mitgeteilt werden können.

3. Teilen Sie Ihre Wahrnehmungen als Wahrnehmungen, Ihre Vermutungen als Vermutungen und Ihre Gefühle als Gefühle mit.
Feed-back kann gefährlich werden, wenn wir uns der realen Qualität unseres Erlebens nicht bewußt sind und beispielsweise unsere eigenen Gefühle als Eigenschaften anderer wahrnehmen und sie indirekt ausdrücken.

4. Feed-back soll den anderen nicht analysieren.
Machen Sie klar, daß *Sie* es sind, den beispielsweise etwas stört. Wenn Sie Aussagen über das Verhalten des anderen und seine Motive machen, wird nicht mehr deutlich, daß *Sie* ein Problem mit ihm haben. Eine gemeinsame Überlegung, warum etwas geschehen ist, wird nützlicher sein. (...)

5. Feed-back soll auch gerade positive Gefühle und Wahrnehmungen umfassen.
Feed-back soll nicht nur dann erfolgen, wenn etwas schiefgegangen ist. Es hat noch nie jemand daran gelitten, daß er zu häufig gelobt wurde – eher daran, daß er zuwenig erfahren hat, daß er positive Gefühle in anderen auslöst.

6. Feed-back soll umkehrbar sein.
Was X zu Y sagt, muß auch Y zu X sagen können. (...) Die Forderung der Reversibilität ist meist dort verletzt, wo es Rangunterschiede gibt und ein Partner sich wichtiger fühlt als der andere. (...)

7. Feed-back soll die Informationskapazität des anderen berücksichtigen.
Denken Sie daran, daß ein Mensch nur ein bestimmtes Quantum an Information in einer gewissen Zeitspanne aufnehmen kann. Ein ‚Zuviel' an Information ist unnötige Kraftvergeudung.

8. Feed-back sollte sich auf begrenztes konkretes Verhalten beziehen.
Stempeln Sie Ihren Sozialpartner nicht mit Eigenschaften ab, und geben Sie nicht Feed-back über seine ganze Person. Sie haben nur begrenztes Verhalten wahrnehmen können, und das sollte in Ihrer Äußerung deutlich werden.

9. Feed-back sollte möglichst unmittelbar erfolgen.
Ein Mensch kann besser lernen, wenn die Rückmeldung auf sein Verhalten unmittelbar und sofort erfolgt. Außerdem ist dann die Gefahr geringer, daß der Feed-back-Geber zu einem späteren Zeitpunkt einen ganzen ‚Sack' öffnet, in dem sich sein aufgestauter Ärger gesammelt hat.

10. Die Aufnahme von Feed-back ist dann am günstigsten, wenn der Partner es sich wünscht.

Wenn der Partner selbst um Feed-back bittet, sind von vornherein beide Gesprächspartner gleichermaßen am Gespräch interessiert, und die Gefahr von unangemessenem Feed-back und dessen Abwehr verringert sich. Wenn der Partner nicht von selbst um Feed-back bittet, dann können Sie ihn zunächst fragen, ob er Ihr Feedback hören möchte. (...)

11. Sie sollten Feed-back nur annehmen, wenn Sie dazu auch in der Lage sind.

Der Erfolg von Feed-back hängt auch von der Haltung ab, die der Feed-back-Empfänger dieser Mitteilung entgegenbringt. Wenn Sie ein Feed-back zu einem Zeitpunkt nicht hören wollen, weil Sie glauben, nicht angemessen darauf eingehen zu können, so sollten Sie dies deutlich sagen. (...)

12. Wenn Sie Feed-back annehmen – hören Sie zunächst nur ruhig zu.

Wenn Sie sofort eine Gegenantwort parat haben, bekommt der Feed-back-Geber nicht das Gefühl, daß Sie ihm zugehört und ihn verstanden haben. Die Verarbeitung von Feed-back ist ein schwieriger Prozeß, den Sie nicht sofort leisten können. Schieben Sie das Nachdenken erst einmal auf und hören Sie dem Feedback-Geber intensiv zu."

aus: Schwäbisch/Siems 1974: 76 ff.

(2) Sind vom Empfänger wahrgenommene Informationen unklar (undeutlich) bzw. geben diese auf der Verstehens-Ebene keinen ausreichenden Sinn, ist eine *Rückfrage* notwendig. Auch Fragesätze haben wie jede Nachricht *vier Seiten*. Dies bedeutet, daß auch eine Frage vom Empfänger ganz anders verstanden werden kann als diese vom Sender (Fragenden) gemeint ist.

Wie Weidenmann (1978) sagt, impliziert eine Frage immer den *Zwang zur Antwort*, das *Reagieren-müssen*, das *Sich nicht entziehen können*. Deshalb empfiehlt es sich ganz generell, offene Fragen zu stellen, die dem Antwortenden einen entsprechenden Antwort-Spielraum geben. Alle *geschlossenen Fragen* (z. B. Suggestiv-Fragen, Bestätigungsfragen, Alternativfragen) aber auch *rhetorische Fragen* sollte man im Feedback vermeiden. Ganz abgesehen davon lenken diese Frageformen das Gespräch mehr in die Richtung, in die es der Fragende gern haben möchte; dienen somit mehr der Manipulation des Gesprächspartners als der Befriedigung eines echten Informationsbedürfnisses.

Beleg 48

Warum „Fragen" ans Obszöne grenzen kann

„Wer fragt, lügt nicht.

Einverstanden; daraus ließe sich ein einziger großer Lobgesang ans Fragen entwickeln: Vermeide die Lüge durch die Frage.

Gälte nicht jener andere Satz als notwendige Ergänzung zu der einleitenden These: Wer fragt, sagt nicht die Wahrheit. Wer fragt, stellt sich jenseits von Wahrheit und Lüge.

Fragen umgeht beides gleicherweise – es überwindet nicht, es umgeht.

Die Fragenden sind drunten-draußen, nicht zu belangen und nie zu behaften: Das ist ihre Seligkeit. Selbst unsichtbar, sehen sie alles und machen es um sich herum tanzen, und wenn Ruhe einzukehren droht – es gibt ein sicheres Mittel, um diesen

Zustand aufzuheben oder gar nicht erst an sich herankommen zu lassen: Man fragt. Niemals und nirgendwo wird man von dem Fragenden die Antwort verlangen oder nur erwarten – keineswegs: Er hat ja gefragt; das Antworten ist Sache der anderen. Das Fragen, das Hinterfragen namentlich, hält sich viel darauf zugute, daß es den Befragten provoziert. Es lohnt sich, auf einen Augenblick dieses Selbstlob auf seine Intentionen hin anzuhören und diese mit den Wirkungen zu vergleichen, die daraus entstehen.

Provozieren begreift sich als Herausfordern; als den Akt mithin, mit welchem ein Zweikämpfer – mit der Waffe Schwert ebenso wie in der Waffe Wort – den andern aus dem Versteck holt, um sich mit ihm gleich auf gleich zu schlagen. (...) Darin liegt überhaupt das, was manche Leute als „Kunst des Fragens" begreifen: Im Überspielen eigener Position und eigenen Bekenntnisses. (...)

Allesamt denken wir, wenn von dem raffiniert hintergründigen Effekt des Fragens die Rede ist, an die Sonderform der rhetorischen Frage. Das, was in deren Text gefragt wird, soll, wie bekannt und definitionsgemäß bestimmt, unter und vermittels seiner fragenden Formulierung wirksam überzeugen. Die rhetorische Frage ist, so sagt man, von ihrem Wesen her gar keine Frage, sie tut nur so. (...) Rhetorisches Fragen manipuliert insofern, als es die Antworten in den Fragen vorwegnimmt und durch die Frage schon ihre Antwort gibt. Die Sache in der Antwort und die Sache in der Frage: Das ist beidemal dieselbe Sache. Man kann auf rhetorische Fragen nicht antworten, wie man will, aber man kann, hat man ihnen zugehört, danach noch leben, wie man will."

aus: Bodenheimer 1984: 102 ff.

Fragen ist somit nicht unproblematisch. Eine schlecht gestellte Frage oder eine zum falschen Zeitpunkt gestellte Frage können ein Gespräch sehr schnell in eine negative Richtung drängen. In Anlehnung an das Modell der *vier Seiten einer Nachricht* möchte ich die Kriterien, die man bei der Formulierung einer Frage berücksichtigen sollte, wie folgt zusammenstellen:

(a) *Sachseite*

Um was geht es bei der Frage: Was will der Fragende vom Befragten wissen? Wie steht die Frage im Zusammenhang zum Thema? Wie präzise soll der Fokus sein?

Hier geht es um die Tatsachen, über die sich der Fragende informieren möchte: Über was möchte er in welcher Detailliertheit informiert werden.

(b) *Appellseite*

Welche Ziele und Motive stecken hinter der Frage? Warum stellte der Fragende gerade *diese* Frage?

Fragen werden nicht „nur so" gestellt. Fragen haben eine Funktion: Der Befragte soll über etwas Bestimmtes berichten. In diesem Sinne haben Fragen auch einen pragmatischen Aspekt.

(c) *Selbstoffenbarungsseite*

Wie steht der Fragende zu seiner Frage? Was möchte er in die Frage eingeschlossen und was ausgeschlossen bzw. implizit behandelt wissen?

Handelt es sich bei der Frage mehr um einen Gesprächsfüller, auf den man eine nichtssagende Antwort erwartet, oder handelt es sich um ein wichtiges Anliegen (im Extremfall um ein existentielles Problem) des Fragenden, zu dem er natürlich auch eine umfassende, fundierte Antwort erwartet.

(d) *Beziehungsseite*

Wie steht der Fragende zum Befragten? Welche Spielregeln gelten? In welcher Form (verbal und nonverbal) trage ich die Frage vor? Zu welchem Zeitpunkt stelle ich die Frage?

Durch die Art der Frage, den gewählten Zeitpunkt und das Ausdrucksverhalten zeigt der Fragende immer auch, wie er seine Beziehung zum Befragten sieht. Ist diese Beziehung mehr symmetrischer Form, erwartet er eine Antwort auf gleicher Ebene: von „Kollege zu Kollege". Ist die in der Form der Frage ausgedrückte Beziehung mehr asymmetrischer (oder komplementärer) Natur, erwartet man auch eine Antwort auf asymmetrischer Ebene: so zum Beispiel eine Antwort aus der typischen Position eines Untergebenen.

5. Probleme der Interaktion und Ansätze zur Lösung

Gegenstand der vorausgegangenen Ausführungen zur Kommunikation war die (einzelne) übermittelte Nachricht. Die Art der Betrachtung war mehr zergliedernd, sezierend, materialistisch. Im Gegensatz hierzu ist die Betrachtung in den nun folgenden Ausführungen zur Interaktion mehr ganzheitlich, holistisch, system- bzw. prozeßorientiert.

Interaktion, als wechselseitiger Ablauf von Mitteilungen zwischen zwei oder mehr Personen, wird hier verstanden als komplexes, offenes, dynamisches System, für dessen Analyse und Erklärung sich vorrangig die Erkenntnisse der allgemeinen *Systemtheorie* anwenden lassen. Im Vordergrund dieser Betrachtung steht der Prozeß beim Austausch von Mitteilungen, die Entwicklung eines Gesprächs, oder wie Schulz von Thun (1981) sagt, das „gemeinsame Spiel von Sender und Empfänger": Die Art des Miteinanders. Die in den folgenden Ausführungen angestrebte Analyse auf systemtheoretischer Basis soll zusätzliche Erkenntnisse liefern; zusätzliche Ansatzpunkte zur Verbesserung des Miteinanders in Unternehmen.

Überwog bei der Behandlung der Probleme der zwischenmenschlichen Kommunikation die psychologische Betrachtungsweise, dominiert hier die mehr soziologische, die gekennzeichnet ist durch ein Denken in sozialen Zusammenhängen. So beschäftigt sich die Soziologie unter dem Begriff *soziale Interaktion* mit allen „Formen sozialen Handelns, bei denen das Verhalten von direkt miteinander kommunizierenden Personen sich jeweils an dem Verhalten, den unterstellten Motiven und Erwartungen, den Wünschen oder Reaktionen des anderen ausrichtet." (Türk 1984: 64)

In den folgenden Ausführungen werde ich zunächst auf die Besonderheiten einer systemtheoretischen Betrachtung eingehen (5.1) und in der Folge das System Interaktion mit seinen wesentlichen Einflußgrößen darstellen (5.2). Unter 5.3 werde ich dann exemplarisch auf einige Ansatzpunkte zur Bessergestaltung der Interaktion eingehen. Abschließend werde ich unter 5.4 darstellen, was man tun kann, um die Probleme der Kommunikation und Interaktion, so wie sie im täglichen Miteinander entstehen, zu reduzieren.

5.1 Grundlagen einer systemorientierten Betrachtungsweise

Das Denken in Ganzheiten, die mehr sind als die Summe ihrer Teile, ist bereits aus der Antike überliefert. Das Problem dieser Tradition war, daß das Ganze doppelt gedacht werden mußte: Einmal als Summe von Teilen und einmal als Einheit, die mehr ist als die Summe ihrer Teile. Geklärt wird hierdurch jedoch nicht die Frage, aus was dieses *Mehr* (oder *Surplus*) besteht und wie es zustande kommt. Diesen Fragen nachzugehen, ist mit eine der wesentlichen Aufgaben einer systemorientierten Betrachtung.

Die systemorientierte Betrachtung des menschlichen Miteinanders hat in neuerer Zeit auch verstärkt Eingang in die Wissensgebiete gefunden, die sich mit den Problemen der Kommunikation und Interaktion beschäftigen. Wie Luhmann darstellt, lassen sich die Erkenntnisse der allgemeinen Systemtheorie mit dem Ziel, neue Problemerfahrungen zu gewinnen, sehr gut auf *soziale Systeme* übertragen, wobei „jeder soziale Kontakt (…) als System begriffen" werden kann „bis hin zur Gesellschaft als Ganzheit der Berücksichtigung aller möglichen Kontakte".

Durch eine systemorientierte Betrachtung ergeben sich neue, aufschlußreiche Einblicke in die Probleme des zwischenmenschlichen Miteinanders. In den folgenden Ausführungen werde ich deshalb in Anlehnung an Luhmann (1984) und Vester (1983, 1983a, 1984) zunächst einige grundlegende Gedanken systemtheoretischer Betrachtungen darstellen und hierbei jeweils auch auf die Besonderheiten der Interaktion eingehen, die sich speziell aus einer systemtheoretischen Betrachtung erschließen.

5.1.1 System und Umwelt

(1) Die Differenzierung von System und Umwelt ist Ausgangspunkt jeder systemtheoretischen Analyse. Systeme sind an ihrer Umwelt orientiert und können ohne diese nicht bestehen, wobei Umwelt alles andere, was nicht zum System gehört, ist.

Eine wichtige Konsequenz aus dieser System-Umwelt-Betrachtung ist, daß man zwischen der *Umwelt eines Systems* und *Systemen in der Umwelt dieses Systems* unterscheiden muß. So hat die betriebliche Interaktion Abhängigkeitsbeziehungen einerseits zum System Unternehmen selbst (das z. B. repräsentiert wird durch organisatorische Regelungen, technische Einrichtungen u. a. m.), aber auch zu den anderen Interaktions-Systemen innerhalb des Unternehmens (so wird die Interaktion zwischen Person „A" und Person „B" unter Umständen beeinflußt durch die vorausgegangene Interaktion zwischen „B" und „C"). Anzumerken ist in diesem Zusammenhang noch, daß die Umwelt des Systems jeweils wesentlicher komplexer ist als das System selbst und die Interaktionspartner deshalb gezwungen sind, die Aspekte zu bestimmen, die als Umwelt für das jeweilige System relevant werden sollen. In diesem Sinne hat man es bei jedem Gespräch – wie Luhmann (1984: 184) sagt – mit einer von den Akteuren selbstgeschaffenen Realität zu tun, die weitgehend willkürlich und deshalb auch von außen sehr schwer erschließbar ist.

(2) Der *basale Prozeß* sozialer Systeme, der auch die Elemente produziert, aus denen die Systeme bestehen, ist nach Luhmann (1984: 192) die *Kommunikation* zwischen den Interaktionspartnern, wobei die Kommunikation selbst wiederum durch die vielfältigen Erfahrungen und Ziele der Akteure, aber auch von deren Selbstbild beeinflußt wird.

(3) Eine der wesentlichen Eigenschaften von Systemen ist, daß es sich bei ihnen um ein zusammenhängendes, untrennbares *Ganzes* handelt, wobei Änderungen in einem Teil des Systems zu Änderungen in allen anderen Teilen führen. So läuft die Interaktion nicht nur äußerlich ab, sondern verändert auch die Person der Teilnehmer, deren Ziele, deren Erfahrungen, deren Selbstwertgefühl, deren Wahlfreiheiten, eine bestimmte Handlung vorzunehmen. In der Interaktion besitzt alles Verhalten Bedeutung und Wirkung.

Aus den zuvor beschriebenen Gründen kann eine Beurteilung von einzelnen Episoden der Interaktion zu schwerwiegenden Irrtümern führen, da man bestimmte Reaktionen und Verhaltensweisen ganz einfach nicht sinnvoll erklären kann.

(4) Ein weiterer wesentlicher Aspekt von Systemen ist, wie bereits angedeutet, daß das Ganze mehr ist als die Summe seiner Teile. Das *Mehr, surplus* oder die *Übersummation* ist „die Struktur, die Organisation, das Netz der Wechselwirkungen". (Vester 1983: 20) Bei einer systemorientierten Betrachtungsweise stehen deshalb auch immer die *Relationen zwischen den Elementen* (die *Struktur*, die *Organisation*) im Vordergrund der Aufmerksamkeit und nicht die Elemente selbst. Primärer Beobachtungsgegenstand ist die Entwicklung der Beziehungen zwischen den Interaktionspartnern im Laufe der Interaktion; die Spielregeln, die sich im Laufe der Interaktion herausbilden.

5.1.2 Selbstreferenz und Kontingenz

(1) Mit den Begriffen *Wechselwirkung* und *Reziprozität* wird in der Systemtheorie gewöhnlich die symmetrische Verklammerung der Elemente innerhalb eines Systems bezeichnet. Übertragen auf die Interaktion würde dies bedeuten, daß Person „A" unmittelbar und ausschließlich auf die vorausgegangene Handlung von Person „B" reagiert. Wie Luhmann (1984: 156) ausführt, ist diese Annahme einfacher Wechselwirkungen bei der Betrachtung sozialer Systeme zu modifizieren.

Nach Luhmann muß man die in der Interaktion handelnden Akteure zunächst als *selbstreferentielle Zirkel* betrachten, als Einheiten, die ihr eigenes Verhalten auf der Basis komplexer, selbstreferentieller (also auf sich selbst bezogener) Operationen bestimmen. Dies bedeutet, daß die Akteure nicht ausschließlich auf die Aktionen des anderen reagieren, sondern bei der Festlegung ihrer Aktivitäten eigene Ziele, Erfahrungen etc. berücksichtigen.

Diese Orientierung von Handlungen einerseits an eigenen Vorstellungen, Zielen und Erfahrungen, sowie andererseits an den Handlungen des anderen beschreibt Luhmann unter dem Begriff *doppelte Kontingenz*, wobei die Akteure hier nach dem Motto: „Ich tue, was Du willst, wenn Du tust, was ich will" verfahren.

Beleg 49

Die Logik der Konversation

„Alle Gespräche werden von ungeschriebenen Gesetzen beherrscht, einer ungestraft nicht über den Haufen zu werfenden „Logik der Konversation", wie der Philosoph H. P. Grice (1975) sie nannte. Das oberste dieser Gebote lautet: Du sollst kooperativ sein. Entsprechend nimmt jeder selbstverständlich an, sein Gesprächspartner sei ebenfalls kooperativ. Jeder erwartet vom anderen, woran er sich selber beim Sprechen hält: daß man den Gesprächspartner nicht täuscht, daß man Zweideutigkeit oder Dunkelheit oder Verwirrung nach Kräften vermeidet, daß man nur Relevantes sagt und nicht mehr und auch nicht weniger als nötig. Fragt jemand zum Beispiel einen anderen, der ein Buch in der Hand hält, was er da habe, und antwortet der andere: *Eine Videokassette*, so wäre das eine Täuschung. Antwortet er: *Ein Artefakt der westlichen Kultur*, so wäre es eine vorsätzliche Dunkelheit. Ist die Antwort: *Das ist keine Kartoffel* oder *Das ist ein Buch, und es ist drei Uhr*, so mag das richtig und unzweideutig sein, es wäre dennoch ein Verstoß gegen das Kooperationsgebot, denn die Uhrzeit wäre nicht relevant, und was der Gegenstand alles nicht ist, wäre es ebensowenig. Die Antwort *Papier* wäre zu wenig; die Antwort *Das ist ein am 10. Juni dieses Jahres für 9 Mark 80 gekaufter, zwölf Bogen starker Taschenkrimi* wäre mehr als nötig und verstieße damit ebenfalls gegen das Kooperationsgebot. Die gleiche Antwort kann bei einem Frager dem Kooperationsgebot gerecht werden und bei einem anderen dagegen verstoßen. Die Antwort *Ein Buch* kann richtig sein bei einem kleinen Kind und ein Affront für einen Erwachsenen, der bereits genau weiß, daß es ein Buch ist; die Antwort *Syntaktische Strukturen* wäre eine Beleidigung für das Kind. Wer bei solchen Verstößen ertappt wird, wird als jemand angesehen, der „nicht richtig tickt"."

aus: Zimmer 1986: 45 f.

(2) Die beiden Partner treten sich in der Interaktion als *black box* gegenüber: Das Verhalten ist in der Anfangsphase durch hohe Unsicherheit gekennzeichnet. Die „schwarzen Kästen" versuchen deshalb im Laufe der Interaktion durch wechselseitige Beobachtung das Verhalten des anderen besser einschätzen zu lernen, um hierdurch mehr Gewißheit über das mögliche Verhalten und die Entwicklung des Prozesses zu erhalten, wobei völlige Gewißheit nie erreicht wird.

5.1.3 Komplexität und Vernetztheit

(1) Wie die bisherigen Ausführungen zeigen, handelt es sich bei der Interaktion um ein äußerst komplexes System. *Komplexität* ist auch derjenige Gesichtspunkt, der in der neueren Systemforschung mit im Vordergrund steht.

Bei Zunahme der Elemente, die in einem System in Verbindung stehen, stößt man rasch an eine Schwelle, von der ab es nicht mehr möglich ist, jedes Element zu jedem anderen in Verbindung zu setzen. Mit anderen Worten: Die Akteure in der Interaktion sind aus Kapazitätsgründen gezwungen, *Selektionen* vorzunehmen. Jeder Selektionsvorgang beinhaltet Risiken: Das Risiko einer schlechten Auswahl und damit unter Umständen das Risiko des Verfehlens eines besseren Verlaufs der Interaktion.

(2) Eine der wesentlichen Charakteristika von Systemen ist die *Vernetztheit*, d. h. daß die einzelnen Teile vielseitig miteinander verknüpft sind. Sobald eine Wirkung ihre Wanderung durch das vernetzte System begonnen hat, kann man sie fast nicht mehr rückgängig machen, sondern höchstens kompensieren, ein wenig ausgleichen.

In diesem Sinne beeinflußt innerhalb der Interaktion jeder Austausch von Mitteilungen die folgenden Mitteilungen: „Jede Mitteilung wird zu einem Bestandteil des Kontextes und bedingt die nachfolgenden Interaktionen" (Watzlawick et al. 1980: 126). So können auch einmal definierte Beziehungsmuster (sind sie nun symmetrisch oder komplementär) nicht beliebig geändert werden. Dies ist vor allem für die Interaktion in Unternehmen von Bedeutung, da man hier sehr oft glaubt, mehr autoritäre oder kooperative Verhaltensweisen situationsspezifisch einsetzen zu können. Eine autoritäre Verhaltensweise prägt eben auch längerfristig die Beziehungen – und Beziehungen lassen sich nicht beliebig neu definieren.

5.1.4 Prozeß und Zeit

(1) *Das* wesentliche Merkmal sozialer Systeme ist der *Prozeß*, der dadurch zustande kommt, daß konkrete Ereignisse (in bezug auf die Interaktion, also einzelne Kommunikationsvorgänge) aufeinander aufbauen, aneinander anschließen. Der Prozeß wird in Gang gebracht, indem Kommunikation angenommen wird. In der Folge entsteht dann das Problem der *Anschlußfähigkeit*, d. h. daß die Interaktionspartner fortlaufend Elemente reproduzieren und arrangieren müssen, die eine Fortsetzung der Interaktion ermöglichen. (Luhmann 1984: 86)

(2) Eine Vielzahl von Systemen tendieren zur *Homöostase*: Sie streben einen Gleichgewichtszustand an, den sie jedoch nur in wenigen Fällen erreichen und stabilisieren können. Dies gilt auch für soziale Systeme. So versuchen auch innerhalb der Interaktion beide Teilnehmer, das System in einem für beide Seiten akzeptablen Rahmen zu halten, es nicht außer Kontrolle geraten zu lassen.

Zur Herstellung der hier angestrebten, stabilen Beziehungen dienen vor allem *Beziehungsregeln* (soziale Normen, allgemein akzeptierte Verhaltensweisen usw.), die die Teilnehmer vom Hin und Her in der Definition und Interpretation von Verhaltensweisen befreien. Wird diese Stabilisierung nicht erreicht, führen die zwangsläufigen Schwankungen in der Beziehung – ganz zu schweigen von der Umständlichkeit, die Beziehungen immer wieder neu definieren zu müssen – zu Krisen und eventuell zum Bruch der Beziehung.

(3) Während es bei linearen Kausalketten durchaus sinnvoll sein kann, von Anfang und Ende eines Vorgangs zu reden, sind diese Begriffe – wie auch die Begriffe von Ursache und Wirkung – bei der Betrachtung von Systemen, wenn auch nicht sinnlos, so doch problematisch. Hier handelt es sich zumeist um *wechselseitige* (mehr *zirkuläre*) *Prozesse*; ein Kreis hat weder Anfang noch Ende. Das Verhalten in der Interaktion ist somit gleichsam Ursache wie auch Wirkung. Entsprechend führt deshalb eine interpunktierende und moralisierende Betrachtung von Interaktionssequenzen – so z. B. die Frage: „Wer hat angefangen?" bzw. die Frage nach Schuld und Recht – fast zwangsläufig zu Problemen.

Beleg 50

Das Tun des einen ist das des anderen

„Hegel schrieb es in seiner „Phänomenologie des Geistes": „… aber dieses Tun des einen hat selbst die gedoppelte Bedeutung, ebensowohl *sein Tun* als *das Tun des anderen* zu sein". Beziehungen sind Kreise von Haus aus, die oft genug zu Teufelskreisen degenerieren. Wenn ein Dritter, beispielsweise ein Richter, sich ein Urteil über ein Paar bilden will, greift er aus dem Kreislauf etwas für ihn (nach welchen Kriterien!) Auffälliges heraus. Dies gerät in ein anderes Bezugsfeld und bekommt darin einen anderen Sinn. Je nachdem, von welchem Standort aus in den Kreislauf eingegriffen wird, urteilt man anders. Ein extremes Beispiel: Ein Mann schlägt seine Frau. Für sich genommen eine verabscheuenswürdige Tat. Löse ich sie aus dem zeitlichen und interaktionellen Kontext heraus, erscheint der Mann als Täter, die Frau als Opfer. Weite ich den Blick auf das Vorher und Nachher, achte ich auf den jeweiligen Interaktionsfluß und darin sichtbar werdende Muster, kann sich das Bild ändern, etwa so, wie eine geschlagene Frau erzählte: „Ich trieb jeweils meinen Mann dermaßen in die Enge, daß ihm nur noch die Gewalt blieb…" Da reicht das Opfer-Täter-Schema nicht mehr aus. Beide sind beides. (…) Aber kann, wenn das Tun des einen das des anderen ist (Hegel), einfach der Frage nach Schuld ausgewichen werden, um gleich auch jener nach der Verantwortung zu entkommen? Zirkuläre Interaktionstheorien haben noch (zu) wenig über diese Fragen nachgedacht. Wer in Ehesachen urteilen muß, hat mehr Halt an Weisheiten als an Paragraphen. Weshalb also aufhören mit der wohlbekannten, weisen Geschichte vom weisen Rabbi? Da kommt eine Frau zum Rabbi und beklagt bitter das Elend ihrer Ehe, die Leiden, welche der Mann ihr zufügt.
Der Rabbi hört aufmerksam zu und kommt zum Schluß: „Du hast recht."
Kurz nachher kommt der Mann, schimpft über die Frau und das, was der Rabbi ihr gesagt hat. Der Rabbi hört aufmerksam zu und kommt zum Schluß: „Du hast recht."
Des Rabbiners Frau hatte beide Gespräche mit angehört. Als der Mann gegangen war, stellt sie sich vor den Rabbi und fährt ihn an: „Wie kannst du beiden recht geben?". Der Rabbi hört aufmerksam zu und kommt zum Schluß: „Du hast recht."
aus: Duss von Werdt, *Die Zeit* vom 13. Dezember 1985

(4) Zirkuläre Systeme neigen dazu, sich durch *Rückkopplungen* aufzuschaukeln bzw. abzuschaukeln. (Vester 1983 u. 1983a)

Positive Rückkopplungen ergeben sich, wenn Wirkung und Rückwirkung sich gegenseitig verstärken, z. B. ein verstärktes Eingehen von Person „A" auf Person „B", von dieser in gleicher Weise beantwortet wird. Eine mögliche Folge könnte

z. B. eine zunehmend sich verstärkende Verbesserung des Gesprächsklimas sein: Die Gesprächspartner *schaukeln sich auf*. Positive Rückkopplungen sind notwendig, um in Systemen Dinge zum Laufen zu bringen. So werden in Eröffnungsritualen (z. B. durch die Begrüßungszeremonien) zunächst Freundlichkeiten ausgetauscht, damit in dieser *warming-up*-Phase der Prozeß ins Rollen kommen kann.

Im gleichen Sinne führt ein reserviertes Verhalten von „A" zu einem gleichermaßen reservierten Verhalten von „B"; es wird sich eine zunehmend verstärkende Tendenz zum *Abschaukeln* in der Beziehung einstellen.

(5) In vielen ökologischen und sozialen Prozessen gibt es *Grenzwerte*; werden diese überschritten, *kippt* das System. Das Tückische dabei ist, daß sich oberhalb eines bestimmten Grenzwertes die weitere Entwicklung nur noch sehr schwer steuern läßt. „Wie beim Umkippen von Gewässern kommt es dann zu Katastrophen, Zusammenbrüchen oder schlagartigen Wendungen in eine unerwartete Richtung" (Vester 1983: 52). Dies gilt vor allem auch für die Interaktion. Auch hier lassen sich – bei Überschreitung einer Schwelle – schlagartig Wendungen oder katastrophenähnliche Entwicklungen feststellen, die aus den unmittelbar dem Ereignis vorausgegangenen Episoden nicht erklärbar sind.

(6) In einem unmittelbaren Zusammenhang stehen bei einer systemtheoretischen Betrachtung der Interaktion die Begriffe „*Prozeß*" und „*Zeit*": So entwickelt sich einerseits der Prozeß in der Zeit-Dimension, andererseits hat der Faktor *Zeit* wiederum Rückwirkungen auf den Prozeß selbst.

Ein wichtiger Aspekt ist hierbei die *Zeitverschiebung*, also die Möglichkeit, auf eine „vollständige Synchronisation mit der Umwelt zu verzichten" (Luhmann 1984: 72). Gemeint ist hiermit, daß das aufeinander passende, sich ergänzende Verhalten nicht notwendigerweise aufeinander folgen muß: Es findet vielmehr ein Aufschieben statt.

Wie Crozier/Friedberg (1979: 45) ausführen, ist der Zeitfaktor vor allem in den von Machtbeziehungen dominierten Unternehmen von wesentlicher Bedeutung, bildet er doch einen wesentlichen Manövrierraum für die Akteure. So kann man in einer bestimmten Situation durchaus einen Verlust hinnehmen, wenn man in der Zukunft begründete Aussichten hat, zu gewinnen. Hier wird deutlich, daß das aktuelle Verhalten sehr stark von weiterreichenden, über die aktuelle Situation hinausgehenden Zielen bestimmt wird.

Beleg 51

Der Kalif und der Sänger

Die Geschichte ist ein wenig seltsam und hat auf den ersten Blick mit Kommunikation nichts zu tun. Sie ist alt, stammt aus der Schule mohammedanischer Mystiker und berichtet von einem Kalifen, der für sein Leben gern einen berühmten Sänger hören wollte.
„Wie es damals Brauch war, befahl der Kalif, der Sänger solle im Palast erscheinen und seine Kunst zeigen. Aber die Beauftragten des Kalifen kamen mit der Nachricht zurück, der Sänger sei daran nicht interessiert. Da suchte der Kalif den Rat

eines Derwischs, und der erklärte sich bereit, dem Kalifen zu helfen. Zunächst aber geschah überhaupt nichts. Sooft der Kalif fragte, wann denn nun endlich der Sänger erscheine, beschied ihn der Derwisch, noch sei die Zeit nicht gekommen. Nach vielen Monaten – der Kalif hatte immer wieder gefragt und seine Ungeduld allmählich gemeistert – erklärte der Derwisch, nun sei der Augenblick gekommen. „Also schaffe ihn her!" befahl der Kalif. Aber der Derwisch entgegnete: „So wird es nicht gehen, mein Herr. Wir müssen zu ihm." Kalif und Derwisch machten sich auf, besuchten den Sänger in seinem Haus und wurden dort freundlich empfangen. Aber der war immer noch nicht bereit, eine Probe seiner Kunst zu liefern. Da stimmte der Derwisch das berühmte Lied des Sängers an, es klang ganz gut in den Ohren des Kalifen. Der Sänger lauschte, sein Interesse war geweckt. Und nachdem der Derwisch seinen Gesang beendet hatte, sang auch er – unvergleichlich. Der Kalif hatte nie einen schöneren, vollkommeneren Gesang gehört."

aus: Zundel, *Die Zeit* vom 3. Februar 1986

5.2 Betrachtung der Interaktion als System

Wie läßt sich nun das, was man unter „Interaktion" versteht, unter systemtheoretischen Gesichtspunkten sinnvoll abgrenzen und darstellen? In den folgenden Ausführungen wird der Versuch unternommen, den komplexen, dynamischen Vorgang der Interaktion mit seinen Wechselwirkungen in einem Modell zu erfassen. Basis für diese Darstellung sind die in Abbildung 1 (S. 8) dargestellten physischen Grundlagen der Informationsaufnahme und -verarbeitung sowie das in Abbildung 7 (S. 38) dargestellte Modell der zwischenmenschlichen Kommunikation.

(1) Zunächst muß man davon ausgehen, wie dies in Abbildung 18 dargestellt ist, daß das Verhalten in der Interaktion einerseits durch die *psychische Konstitution* der Gesprächspartner und andererseits durch *soziale Komponenten* (hier das jeweilige Verhalten) beeinflußt wird.

Die psychische Konstitution der Aktoren umfaßt im besonderen drei Komponenten: Die *Erfahrungen*, Gefühle und Erinnerungen, die *Ziele*, Absichten und Wünsche sowie das *Selbstbild*, bzw. das Selbstwertgefühl der Interaktionspartner. Diese drei Komponenten wiederum stehen in einem wechselseitigen Verhältnis; sie beeinflussen und überlagern sich teilweise.

Hinsichtlich der *Aktionen* der Gesprächspartner ist festzuhalten, daß sich diese jeweils direkt bedingen. Aktor „B" reagiert mit seiner Aktion „b" unmittelbar auf die Aktion „a" von „A", wobei das Verhalten von „B" darüberhinaus beeinflußt wird von seiner psychischen Konstitution: seinen Erfahrungen und Zielen sowie seinem Selbstwertgefühl.

(2) Von ganz grundsätzlicher Bedeutung ist nun, daß man zwischen einem *äußeren, beobachtbaren Verhalten* und dem (*inneren*) Erleben unterscheiden muß (siehe Abb. 19).

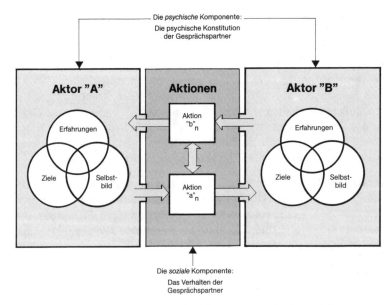

Abb. 18: Die psychischen und sozialen Komponenten der Interaktion

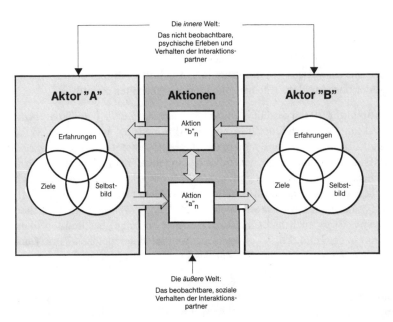

Abb. 19: Äußere und innere Welt der Interaktion

Für einen Außenstehenden beobachtbar sind nur die sozialen Komponenten: Die *äußere Welt*, das beobachtbare, äußere Verhalten der Interaktionspartner. Unseren Beobachtungen nicht zugänglich ist die *innere Welt*: Das psychische Erleben der Interaktionspartner. Hier können wir als Außenstehende nur Vermutungen oder (wenn man so will) mehr oder weniger gute Theorien entwickeln.

Im gleichen Sinn muß Aktor „B" bei der Beurteilung der Situation zunächst vom gezeigten, äußeren Verhalten von Aktor „A" ausgehen. Urteile über die Ziele, Gefühle oder das Selbstkonzept von „A" können lediglich hypothetischer Natur sein. Sehr schnell kommt man hier ins Psychologisieren, indem man dem anderen besondere Absichten, Wünsche oder Charakter-Eigenschaften unterstellt.

(3) Wie zuvor dargestellt, wird Interaktion hier verstanden als wechselseitiger Ablauf von Kommunikationsakten (Übermittlung von Informationen) zwischen zwei oder mehreren Personen. In diesem Sinne stellt Interaktion einen *Prozeß* dar, der eine *Zeitachse* hat. So hat die Interaktion in der Regel eine *Vergangenheit*, eine *Gegenwart* und eine *Zukunft*, wie dies in Abb. 20 dargestellt ist.

Innerhalb des Prozesses hängen (wie in Abb. 20 dargestellt) die Aktionen der *Gegenwart* („a_n" und „b_n") ab von den Aktionen der *Vergangenheit* („a_{n-1}", „a_{n-2}", „b_{n-1}" und „b_{n-2}"). Die Aktionen der *Zukunft* („a_{n+1}", „a_{n+2}", „b_{n+1}" und „b_{n+2}") wiederum hängen ab von den Aktionen der Gegenwart und indirekt auch von den Aktionen der Vergangenheit. In der Interaktion ist deshalb alles Verhalten in mehr oder weniger starker Form von Bedeutung und Wirkung.

Durch *Interpunktion* gewinnen einige Verhaltensakte besonders an Bedeutung. Andere Verhaltensakte werden nur schwach wahrgenommen und geraten nicht ins Bewußtsein, bzw. werden wieder vergessen. Die jeweils subjektive Interpunktion als eine „Strukturierung und Unterteilung einer kontinuierlichen Abfolge von Ereignissen und Verhaltensweisen" (Simon/Stierlin 1984: 169) bestimmt somit, welche Bedeutung jeder einzelne dem eigenen und fremden Verhalten zumißt.

(4) Wie in Abbildung 20 dargestellt ist, *verändert jede Aktion die beteiligten Aktoren.* So wird Aktor „A_n" nach Durchführung der Aktionen „a_n" und „b_n" zu Aktor „A_{n+1}". Eine Folge davon ist, daß man in der Interaktion nicht beliebig zurückgehen kann. Es ist also nicht möglich, ein früher behandeltes Thema in gleicher Form wieder aufzunehmen, da sich die kognitive Struktur der Aktoren zwischenzeitlich durch zusätzlich aufgenommene Informationen und Denkprozesse verändert hat. So wie es, um es mit Heraklit zu sagen, nicht möglich ist, „zweimal in den gleichen Fluß zu steigen", ist es auch nicht möglich, zweimal an einem bestimmten (dem gleichen) Punkt in der Interaktion aufzusetzen; zweimal in der gleichen Form (und mit dem gleichen Wissen) über ein bestimmtes Problem zu sprechen.

(5) In der Psychologie, wie auch in vielen anderen Gebieten, hat die Frage, ob man Beziehungen linear oder zirkulär zu deuten hat, inzwischen eine große Bedeutung erlangt und wird zeitweise auch sehr kontrovers diskutiert (siehe z.B. Simon/Stierlin 1984). Eine Beziehung ist *linear*, wenn beispielsweise unmittelbar

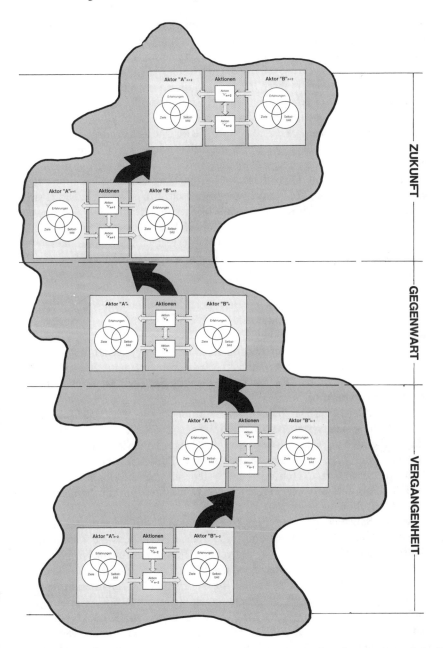

Abb. 20: Die Interaktion als prozessuale Folge von Aktionen: Das System „Interaktion"

von einer bestimmten Wirkung auf eine bestimmte Ursache geschlossen wird und andere (z. B. synchron laufende) Ereignisse nicht in die Beurteilung mit einbezogen werden. Bei einer *zirkulären* Betrachtungsweise hingegen werden zahlreiche, synchron laufende Elemente eines Systems, die sich unter Umständen noch gegenseitig bedingen und beeinflussen, in ihren Wechselwirkungen untersucht. Außerhalb des Beobachtungszeitraumes gelegene Ereignisse, wie z. B. die Erfahrungen der Aktoren in früheren Situationen, werden hierbei nicht berücksichtigt.

Innerhalb der Dimension Zeit, so wie wir sie als Mensch erleben, ist strenggenommen Zirkularität nicht möglich. Da die Zeit stets vorwärts schreitet, gibt es auch keine Möglichkeit, an einen Ausgangspunkt, und dies setzt Zirkularität ja voraus, zurückzukommen. Da eine lineare Betrachtung synchron laufende Ereignisse negiert, und die zirkuläre Betrachtung historische Ereignisse nicht berücksichtigt, müssen diese beiden Betrachtungsmöglichkeiten im Rahmen einer Art binokularen Sicht zusammengekoppelt werden, wobei sich hier eine *spiralförmige Betrachtungsweise* anbietet, wie dies in Abbildung 20 dargestellt ist. Die Spirale vereinigt in sich sowohl lineare, als auch zirkuläre Elemente; berücksichtigt werden sowohl synchrone, als auch historische Ereignisse.

(6) Die Interaktion findet niemals in einem wertfreien, neutralen Raum statt. Sie wird vielmehr – wie dies in Abbildung 20 durch eine etwas stärkere Rasterung des Hintergrundes angedeutet ist – von vielfältigen Faktoren des jeweiligen Umfeldes, dem Bezugsraum, in dem die Interaktion stattfindet, dem sogenannten *Kontext*, beeinflußt. Das, was den Kontext ausmacht, wird durch die Interaktionsteilnehmer weitgehend selbst bestimmt: Durch deren Auslegung des Themas, durch einbeziehen bzw. ausklammern bestimmter Sachverhalte...

Wie durch die Art der Darstellung in Abbildung 20 auch zum Ausdruck kommen soll, ist das soziale System der Interaktion gegenüber seiner Umwelt nicht klar abgrenzbar, somit ein *offenes System*. „Soziale Systeme haben keine raumgebundene Existenz: Man kann sich diese wie ein ständiges Pulsieren vorstellen; mit jeder Themenwahl expandiert und retrahiert das System, nimmt Sinngehalte auf und läßt andere fallen. Insofern arbeitet ein Kommunikationssystem mit sinngemäß offenen Strukturen" (Luhmann 1984: 200).

So wie der Satz eines Textes nur im Zusammenhang des Gesamttextes verstanden werden kann, ist zum Verständnis individuellen Verhaltens die Kenntnis des Umfeldes, in das es eingebettet ist, notwendig. Für unterschiedliche, zwischenmenschliche Kontexte gelten unterschiedliche Verhaltensregeln: Für den Kontext der Eltern-Kind-Beziehung etwa andere Regeln als für den der Interaktion zwischen gleichrangigen Kollegen in Unternehmen. Jede einigermaßen reibungslos verlaufende Interaktion bedarf einer Einigung darüber, welcher Kontext gelten soll, also einer Einigung über die *Kontext-Markierung* (siehe Simon/Stierlin 1984). Ohne Kontext-Markierung würden zwischenmenschliche Interaktionen wahrscheinlich höchst kompliziert verlaufen: Keiner wüßte, nach welchen Regeln er sich zu richten hat.

(7) Entscheidend für die hier vorgeschlagene Betrachtung der Interaktion als System ist der *Prozeß*, sind die *Wechselbeziehungen* zwischen den an der Interaktion beteiligten Aktoren, das *Wie* des Miteinanders, wobei die festgestellten Verhaltensweisen vorrangig interaktionsbedingt zu deuten sind. Abgerundet wird die Betrachtung der prozessualen Elemente innerhalb der Interaktion durch eine Analyse der hinter den einzelnen Aktivitäten stehenden psychischen Gegebenheiten, sei es in Form von Erfahrungen, Zielen oder dem Selbstbild der Beteiligten.

Wenn auch einige der Autoren eine ausschließliche Betrachtung des Prozesses selbst vorschlagen (so z. B. Schulz von Thun 1981), bin ich doch der Meinung, daß eine sinnvolle Analyse der Interaktion sowohl die prozeß-orientierten als auch die psychischen Komponenten berücksichtigen muß, wobei dem beobachtbaren Verhalten, der „äußeren Welt", sicherlich Priorität einzuräumen ist. Bei einer Analyse der psychischen Konstitution besteht immer das Problem einer Fehldeutung bzw. das Risiko, daß man ins Psychologisieren gerät.

In den folgenden Ausführungen werde ich näher auf die in Abbildung 20 dargestellten, für die Interaktion wesentlichen, Einflußgrößen eingehen.

5.2.1 Aspekte des Verhaltens in der Interaktion

(1) Wie Luhmann (1984: 191) ausführt, besteht ein soziales System nicht aus Personen, sondern aus deren *Handlungen*; das, was ich hier als *Verhalten* der Interaktionsteilnehmer bezeichne. Nach der Auffassung von Luhmann (1984: 364) zählt der handelnde Mensch hiernach zur Umwelt: „Wir gehen davon aus, daß die sozialen Systeme nicht aus psychischen Systemen, geschweige denn aus leibhaftigen Menschen bestehen. Demnach gehören die psychischen Systeme zur Umwelt sozialer Systeme. Sie sind freilich ein Teil der Umwelt, der für die Bildung sozialer Systeme in besonderem Maß relevant ist."

Ich möchte mich – vor allem aus pragmatischen Gesichtspunkten – dieser Auffassung Luhmanns hier nicht anschließen und bezeichne deshalb das beobachtbare Verhalten als *Interaktionssystem im engeren Sinne* und das in Abbildung 20 dargestellte umfassendere System (also das soziale System: den Interaktionsprozess *plus* die psychisch-physischen Systeme: die beteiligten Interaktionspartner) als *Interaktionssystem im weiteren Sinne*.

(2) Für die Interaktion in Unternehmen sind drei *Formen des Verhaltens* – auf die ich nachfolgend näher eingehen werde – von wesentlicher Bedeutung:

(a) Das *normenregulierte Verhalten*, also der Einfluß, den Normen, Regeln, Kodizes, Rituale auf das Verhalten haben;

(b) das *dramaturgische Verhalten*, also die Frage, inwieweit der Wunsch, bei den Interaktionspartnern einen bestimmten Eindruck zu erzeugen, das Verhalten lenkt;

(c) das *rollenbestimmte Verhalten*, also der Einfluß von Rollen, die die Interaktionsteilnehmer im Rahmen der Sozialisation erlernen oder zeitweise situationsspezifisch übernehmen, bzw. die ihnen von anderen übertragen werden.

(a) Der Begriff des *normenregulierten Verhaltens* bezieht sich jeweils auf die Regeln, die die Mitglieder einer sozialen Gruppe vereinbaren, wobei sich das Handeln dann an diesen gemeinsamen Werten orientiert. Für den einzelnen bedeutet dies, daß gewisse Verhaltenserwartungen an ihn gerichtet sind.

So ist vor allem das Verhalten in Unternehmen durch eine Vielzahl von größtenteils unausgesprochenen Regeln, Normen, Kodizes und Ritualen bestimmt, die sich auch auf die Kommunikation und Interaktion auswirken. Diese Normen sind in gehäuftem Maß in Besprechungen (z. B. Eröffnungszeremonien, Sitzordnungen, Gesprächsleitung und -steuerung, Art der Beteiligung von in der Hierarchie niederer angesiedelten Personen usw.) und vor allem in Gesprächen zwischen Vorgesetzten und Untergebenen zu beobachten (so erwartet man z. B. vom Untergebenen eine gewisse Zurückhaltung, trotzdem aber auch ein entsprechendes Maß an Engagement).

(b) Einerseits ist das Individuum an die Einhaltung von Normen gebunden, andererseits versucht es, durch ein entsprechendes Verhalten „den Eindruck, den die anderen von dieser Situation empfangen, unter Kontrolle zu bringen." (Goffman 1983: 17) Diese Selbstdarstellung, in der wir versuchen, als *Darsteller* beim *Publikum* eine bestimmte Einstellung hervorzurufen, bezeichnet Habermas (1984) als *dramaturgisches Verhalten.* Goffman (1983) gibt seiner Beschreibung der Techniken, gewünschte Eindrücke hervorzurufen und aufrechtzuerhalten, deshalb den kennzeichnenden Titel: „Wir alle spielen Theater."

Neben das normenregulierte Verhalten tritt somit das dramaturgische Verhalten, das primär auch dazu eingesetzt wird, die eigenen Ziele und Wertvorstellungen durchzusetzen. Bezieht sich das normenregulierte Verhalten auf allgemein (sozial) anerkannte Werte und Normen, orientiert sich das dramaturgische Handeln an den „eigenen Absichten, Gedanken, Einstellungen, Wünschen, Gefühlen usw., zu denen nur er (der Aktor) einen privilegierten Zugang hat." (Habermas 1984: 581)

(c) Ganz generell ist unser Verhalten in der Interaktion auch durch *Rollen* geprägt. Einerseits die *personenorientierten* Rollen, die wir im Laufe der Sozialisation erlernen und die wiederum unser Verhalten situativ oder durchgängig bestimmen. Andererseits die *organisationsorientierten* Rollen, die aus der Stellung im Unternehmen resultieren (die Rolle des Vorgesetzten, des Betriebsrates etc.) und die mit der Funktion übertragen bzw. als unausgesprochene Rollenanforderung einfach angenommen werden.

Von fundamentaler Bedeutung für die Interaktion in Unternehmen sind vor allem die organisationsorientierten Rollen der Interaktionspartner. So wird die Interaktion von Personen, die in der Hierarchie einen unterschiedlichen Rang einnehmen (z. B. die Interaktion zwischen Vorgesetzten und Untergebenen) oder verschiedenen Funktionsbereichen zugehören (z. B. Vertrieb und Fertigung), ganz wesentlich von den mit der jeweiligen Position und Funktion in Verbindung stehenden Rollenanforderungen geprägt. Die Interaktion zwischen Vorgesetzten und Untergebenen wird deshalb – auch bei angestrebter kooperativer Führung – in den meisten Fällen komplementär sein, da der Vorgesetzte eine superiore Stellung, der Untergebene hingegen eine inferiore Stellung einnehmen wird.

Die zuvor beschriebenen normenregulierten und dramaturgischen Verhaltensformen werden somit überlagert von den verschiedenen personenorientierten und organisationsorientierten Rollen des Individuums; das beobachtbare Verhalten stellt eine Mischung aus diesen drei Verhaltensaspekten dar, wobei sich diese zum Teil noch gegenseitig bedingen. So verlangt die Rolle des Vorgesetzten z. B. ein bestimmtes normenreguliertes Verhalten bzw. prägen angestrebte personenorientierte Rollen eine bestimmte Art des dramaturgischen Verhaltens.

5.2.2 Der Einfluß des Kontext auf die Interaktion

Immer wieder geht es in der Literatur um die Frage, *ob* und *wie* man ein System abgrenzen kann: „Was gehört zu einem System und was nicht?". Wie Westerlund/Sjöstrand (1981) ausführen, ist es jedoch unmöglich und aus Erkenntnisgründen sicherlich nicht sehr sinnvoll, die Grenze eines Unternehmens festzulegen, die Umwelt einer Organisation bzw. eines Systems von anderen Organisationen und Systemen abzugrenzen.

Die Grenzen eines Systems und einer Organisation sind oft unklar. Ob etwas nun zum System gehört oder nicht, hängt unter anderem auch von der Sichtweise (vom Standort) des Betrachters ab. So befindet sich ein Mitarbeiter bei einer auf traditionelle Weise abgegrenzten Organisation innerhalb des Systems, während er nach anderer Sichtweise außerhalb steht. Westerlund/Sjöstrand schlagen deshalb auch vor, daß wir Organisationen nicht länger als klar unterscheidbare Einheiten beschreiben, sondern sie vielmehr als Verdichtungen zwischenmenschlicher Aktivitäten ohne deutliche Grenzen betrachten.

(1) Vor allem für die Interaktion in Unternehmen ist die Umwelt, der *Kontext* von besonderer Bedeutung, wobei festzustellen wäre, daß der Kontext in Unternehmen besonders vielschichtig ist. So zählen zum Kontext nicht nur die anderen Interaktionssysteme innerhalb des Unternehmens, sondern vor allem die vielfältigen Aspekte der betrieblichen Organisation, die Führungs- und Machtstrukturen, die Art, in der Planung und Kontrolle durchgeführt werden, die Art der Technologie, sowie die Aufgaben und persönlichen Beziehungen der Interaktionspartner (siehe z. B. Staehle 1985).

Ganz sicher ist es sinnvoll, bei den Kontextfaktoren in solche zu unterscheiden, die die Interaktion *direkt*, unmittelbar beeinflussen, und solche, die nur *indirekt* wirken. Zur *direkten Umwelt* könnte man z. B. die hierarchischen Beziehungen der Gesprächspartner zählen, die räumlichen Gegebenheiten (Sitzordnung etc.) oder ein bestimmtes (vorgegebenes) Thema. *Mittelbar wirkende Kontextfaktoren* sind beispielsweise die Art, in der im Unternehmen Planung und Kontrolle ausgeübt werden, vorhandene Richtlinien zur Führung oder globale Organisationsrichtlinien.

Wie Crozier/Friedberg (1979: 26ff) darstellen, ist es nun nicht so, daß sich die Menschen den vielfältigen vorgegebenen Kontext-Faktoren passiv anpassen. Es ist vielmehr davon auszugehen, daß die Menschen als autonom Handelnde es verstehen, mit den vorgegebenen Strukturen und Vorgaben im gewissen Sinn „spielerisch" umzugehen; sich Freiräume schaffen zur Befriedigung der eigenen Bedürfnisse und Vorstellungen.

In Abbildung 21 wurde versucht, unter Verwendung des in den Abbildungen 18 (S.151) und 20 (S.153) entwickelten *Systems der Interaktion* die vielfältigen Beziehungen zwischen den Interaktionssystemen innerhalb eines Unternehmens (mit deren *unmittelbaren Umwelt*) und der für alle Sub-Systeme gleichermaßen relevanten und nicht immer klar abgrenzbaren, *mittelbaren Umwelt* darzustellen.

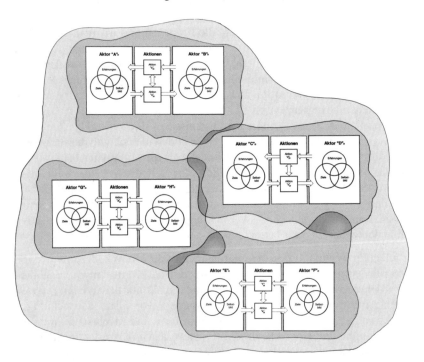

Abb. 21: Das Unternehmen als Interaktions-System

(2) Der Kontext hat vor allem für die Übermittlung von Informationen in vertikaler Richtung Bedeutung, da hier der Vorgesetzte die Möglichkeit hat, diesen in seinem Sinne zu beeinflussen (z. B. durch die Bestimmung des Ortes und Zeitpunktes des Gesprächs, von Sitzordnungen, Sprechfolgen usw.). Auch bei der Interaktion auf horizontaler und diagonaler Ebene versuchen die Aktoren durch eine Be-

einflussung des Kontextes sich Vorteile zu verschaffen. So ist es immer wieder ein Problem zwischen gleichberechtigten Interaktionspartnern, z. B. den Ort und Zeitpunkt eines Gesprächs festzulegen. Hat man sich hier geeinigt, geht es um Fragen der Sitzordnung und Gesprächsführung (einschl. Protokollführung)...

(3) Wie Selvini Palazzoli et al, (1984) ausführen, bildet sich der Kontext nicht nur aus den Gegebenheiten, die die Kommunikation und Interaktion unmittelbar begleiten (also durch das, was *ist*), sondern auch durch das, was ausgeschlossen ist (was *nicht ist*). Gerade dieser Aspekt hat meines Erachtens besondere Bedeutung für die Interaktion in Unternehmen, ist es doch zumeist von gleicher Bedeutung, ob jemand zu einer bestimmten Besprechung eingeladen ist oder *nicht*; wen der Abteilungsleiter bei seinem Rundgang anspricht und wen er *nicht* anspricht.

Beleg 52

Die Bedeutung von Nicht-Informationen

„Durch eine einseitige Betonung der *Aktivitäten* kann man (...) Gefahr laufen zu übersehen, daß auch *Nicht-Informationen* und ausbleibende Signale eine große Bedeutung für den Informationsprozeß haben können. Ein einfaches Beispiel dafür ist ein Vorgesetzter, der bei Besprechungen immer ein paar Worte mit einem seiner Mitarbeiter wechselt und dies einmal unterläßt. Der Mitarbeiter ist hierüber erstaunt und erschrocken und fragt sich, was der Grund für das Verhalten seines Vorgesetzten sein könnte, obwohl eigentlich kein anderer Grund vorliegen muß als der, daß der Chef in Eile ist.
Mit Überlegungen über ausgebliebene Informationseffekte ist die Unterscheidung zwischen „tatsächlichen" und „imaginären" Signalen verbunden. Imaginäre Signale können solche sein, die man erwartet hat, die aber ausgeblieben sind, oder solche, die zwar gesendet, vom Empfänger aber in einer Verfassung empfangen wurden, die sein Verständnis beeinträchtigte."
aus: Westerlund/Sjöstrand 1981: 80

5.2.3 Prozeßmerkmale der Interaktion

(1) Die Interaktionspartner versuchen – nach Habermas (1984: 589) – in der Regel zwei Risiken zu vermeiden: Einerseits das Risiko einer *fehlschlagenden Verständigung* (mangelnden Dissens oder ein Mißverständnis); andererseits das Risiko eines *fehlschlagenden Handlungsplans* (die eigenen Ziele werden nicht erreicht). Diese Dualität der Anforderungen, sich einerseits verständigen zu müssen, andererseits aber trotzdem die eigenen Pläne zu realisieren, bestimmt im wesentlichen den Prozeß der Interaktion. Eine ausschließliche Orientierung an den eigenen Plänen würde nicht nur für den Unterlegenen, sondern auch für den Sieger negative Folgen mit sich bringen. So führen Selvini Palazzoli et al. (1981: 28) aus: „In der Tat impliziert die offene Erklärung, herrschen zu wollen, (...) die Annahme des Risikos, daß eine definitive Niederlage oder ein definitiver Sieg den Verlust des Gegners, das Ende der

Interaktion oder die Notwendigkeit, das Kampffeld zu verlassen, mit sich bringen kann."

Zu berücksichtigen ist hier, daß die Interaktionspartner in Unternehmen mehr oder weniger dringend darauf angewiesen sind, sich mit dem anderen zu koordinieren und zu arrangieren, und zwar mit einem anderen, den er nicht wählen kann, der ihm von Anfang an vorgegeben ist. In vielen Fällen hilft dann nur noch, daß wir Ausreden gebrauchen.

Beleg 53

Warum wir Ausreden gebrauchen

„Warum sind Ausreden so wichtig? Warum ist eine normale menschliche Kommunikation ohne Ausreden nicht zu denken? Ich glaube, Ausreden sind ein Hilfsmittel, mit dem Menschen die unvermeidliche Kluft zwischen Anspruch und Wirklichkeit, zwischen Wollen und Können erträglicher gestalten. Enttäuschungen, Fehler, Versagen – sie sind im Laufe jedes Lebens unvermeidlich, und damit sie uns nicht einengen und erdrücken, müssen wir uns wehren – auch und vor allem mit Ausreden. Wir müssen uns selbst und anderen erklären, warum wir gesteckte Ziele nicht erreicht oder Erwartungen nicht erfüllt haben. So gesehen sind Ausreden nichts anderes als die Wiederherstellung der kurzfristig beschädigten Selbstachtung. Selbstachtung, das positive Bild von der eigenen Person, ist eines der stärksten Motive menschlichen Handelns. Ausreden nützen also zunächst uns selbst, sie schützen die ständig bedrohte Selbstachtung vor der Summe unserer Fehler. Aber Ausreden sind natürlich genauso wichtig für unser Publikum: Weil es uns wichtig ist, was die anderen von uns denken, weil wir ihre Achtung und ihren Respekt nicht verlieren wollen, müssen wir auch ihnen gegenüber unsere Fehlleistungen rechtfertigen, erklären, verschleiern. (...)
Obwohl Ausreden manchmal den gegenteiligen Effekt haben und uns eben nicht entlasten, und obwohl sie sogar pathologisch werden können, glaube ich, daß sie in den meisten Fällen eine wichtige adaptive Rolle spielen. Sie geben uns die Chance, mit Unsicherheiten und Ängsten fertigzuwerden. (...)
Meine Forschungsergebnisse und die Arbeit anderer zeigen, daß Ausreden im allgemeinen ihren Zweck erfüllen. Sie helfen uns, unser Selbstbild zu bewahren und den Streß zu verringern, der mit unseren Mißerfolgen verbunden ist. (...)
Ausreden schützen unser positives Image. Darüber hinaus sind sie ein „soziales Schmiermittel", das uns ermöglicht, weiter mit Freunden, Kollegen und Chefs zusammenzuleben und zu arbeiten, wenn wir ein „Foul" begangen haben. Indem wir uns herausreden, erkennen wir die Gültigkeit der Normen an, die wir verletzt haben. Schließlich helfen uns Ausreden, Handlungsspielräume in einer Welt zu erkämpfen, in der wir dazu verdammt sind, immer wieder Mißerfolge einzustecken. In einer Welt der absoluten Verantwortlichkeit zu leben wäre eine erschreckende Aussicht. Weil wir Ausreden haben, können wir Risiken eingehen und es noch einmal versuchen."
aus: Snyder, *Psychologie heute* 4/1985

Crozier/Friedberg (1979: 42) bezeichnen die Ausgangslage für die Kommunikation in Unternehmen als *bilaterales Monopol*, also „eine Struktur, die bereits den Manövrierspielraum jeder der beiden Gegenspieler eindeutig begrenzt." Das zuvor angesprochene „aus dem Felde gehen" des Unterlegenen ist vor allem in einem

Zwangsverband, wie es ja Unternehmen darstellen, problematisch, wenn nicht sogar unmöglich. Eine Trennung von Interaktionskanälen würde in vielen Fällen eine vom Unternehmen nicht zu billigende Trennung von Arbeitszusammenhängen nach sich ziehen.

Eine außerordentliche Bedeutung kommt deshalb der Fähigkeit zur *Rollenübernahme* zu: des Sich-in-die-Rolle-des-anderen-Versetzens. „Diese Kontrolle der Reaktion des Einzelnen durch die Übernahme der Rolle des anderen ist es, was (...) den Wert der Kommunikation ausmacht. Sie führt den kooperativen Prozeß weiter." (Mead 1973: 301)

(2) Im Prozeß der Interaktion läßt sich ein *äußerer Ablauf* feststellen, der durch verschiedene Umstände bestimmt ist. Dies gilt für den Anfang und das Ende der Interaktion, aber auch für die Regelung der Sprechfolge innerhalb der Interaktion.

Für den *Anfang* der Interaktion gibt es zumeist mehr oder minder starr festgelegte Regeln,

● *wer* die Interaktion anfängt
   (dies ist in Unternehmen zumeist der Ranghöchste) und
● *wie* die Interaktion angefangen wird
   (zur Schaffung einer angenehmen Atmosphäre beginnen deshalb Gespräche zumeist mit einem informalen Teil).

Für das *Ende* der Interaktion gilt ähnliches. Auch hier gibt es – je nach Gesellschaft und Anlaß – zumeist sozial festgelegte Formen und Regeln,

● *wer* die Interaktion beendet
   (in Unternehmen ist dies in der Regel wieder der Ranghöchste) und
● *wie* sie beendet wird
   (eine konventionalisierte Form zur Einleitung des Endes wäre z. B.: „Wir kommen nun zum letzten Punkt unseres Gesprächs").

Im gleichen Umfang wie für den Anfang und das Ende gibt es auch Regeln, wie Anfang und Ende von Teilphasen in der Interaktion gesteuert werden; also, wer dran ist und wie er dran kommt. Dazu gehören auch Regelungen, wann wer wen unter welchen Umständen unterbrechen darf und wann nicht. Ferner, welche Anzeichen es gibt, daß der andere fertig ist mit seinen Ausführungen, und welche Anzeichen, sich zu Wort zu melden, in einer bestimmten Gesprächsform angebracht sind. Diese zeitliche Abstimmung des Sprechens erfolgt über eine Vielzahl von verbalen Signalen (z. B. durch Modulation der Sprache) und nichtverbalen Signalen (z. B. durch körpersprachliche Mitteilungen) der beiden Partner, die hierdurch versuchen, einen Gleichgewichtsprozeß (eine *Synchronisation*) in der Interaktion herzustellen.

(3) Orientiert sich der äußere Ablauf mehr an den sozialen Übereinkünften, so orientiert sich der *innere Ablauf* vor allem an den behandelten Themen (der *Sachdimension*, wie Luhmann 1984 sagt). Der Interaktionszusammenhang wird durch *Themen* geordnet, auf die sich die einzelnen Beiträge der Interaktionspartner bezie-

hen. Themen überdauern die einzelnen Beiträge; sie fassen diese zu einem länger dauernden Sinnzusammenhang zusammen. Das Thema reguliert dabei auch, was der einzelne beitragen kann. So haben die Themen in Unternehmen zumeist ein bestimmtes Ziel (z. B. Informationen zu einem bestimmten Vorgang auszutauschen, oder sich im Gespräch über ein bestimmtes Problem zu einigen), was in der Folge wiederum einen bestimmten Prozeß bzw. eine bestimmte Art des Gesprächs determiniert (siehe hierzu die fünf verschiedenen Gesprächstypen in Übersicht 2, S. 70f.).

Bei der Wahl von Themen zur *geselligen Kommunikation* hat der soziale Aspekt eine wesentliche Bedeutung. Damit ist gemeint, daß die Themen den Teilnehmern und ihren Beitragsmöglichkeiten entgegenkommen: Themen angesprochen werden, zu denen alle Anwesenden etwas beitragen können und jedem somit die Chance geben, einen individuellen Beitrag zu leisten; etwas über sich selbst zu sagen; über Meinungen, Einstellungen, Erfahrungen, Wünsche und Interessen zu sprechen.

(4) Auch die *Eigengeschichte der Interaktion* ist für den Verlauf von großer Bedeutung. So erinnern sich die Interaktionspartner, was schon mitgeteilt wurde, wer dran war usw. Die Eigengeschichte hat vor allem für die sequentielle Behandlung von Sachproblemen Bedeutung, da hier sicherzustellen ist, daß die Interaktion in der richtigen Reihenfolge abläuft.

(5) Im Laufe der Interaktion auftauchende Widersprüche destabilisieren den Prozeß. Man sollte sich jedoch – wie Luhmann (1984: 501 f) sagt – vor dem verbreiteten Irrtum hüten, *Destabilisierung* sei als solche schon dysfunktional. Es ist vielmehr davon auszugehen, daß Widersprüche wesentliche Promotoren im Prozeß sind: Antriebsstrukturen einer dialektischen Entwicklung. Im gleichen Sinne zerstören Konflikte nicht die Interaktion, sie dienen mehr der Fortsetzung, da sie eine interaktive Auseinandersetzung zur Lösung des Konflikts provozieren.

In den vorausgegangenen Ausführungen zum Verhalten, zum Kontext und zu den Prozeßmerkmalen ging es um die *beobachtbaren Komponenten* der Interaktion. In den folgenden Ausführungen geht es nun um die in der Interaktion wirksam werdenden *psychischen Komponenten*: Das Selbstkonzept, die Erfahrungen und Ziele der Interaktionsteilnehmer, wobei im einzelnen festgestellt werden soll, inwieweit und in welchen Formen diese Komponenten im besonderen in Unternehmen den beobachtbaren Prozeß der Interaktion beeinflussen.

5.2.4 Das Selbstkonzept der Interaktionsteilnehmer

Daß wir, und hier im besonderen unser Selbstwertgefühl, ein Produkt unserer Sozialisation sind; daß unser Verhalten in der Interaktion nicht neutral und wertfrei ist, sondern in ganz erheblichem Umfang durch unser Selbstwertgefühl (bzw. unser Selbstkonzept) beeinflußt wird, ist heute allgemein anerkannt.

Das *Selbstkonzept* ist – nach Piontkowski (1982: 119) – „ein kognitives Schema, das generalisierte Einschätzungen von Erfolgen oder Mißerfolgen in beliebigen

Handlungssituationen beinhaltet und integriert." Das Erfahrungsfeld für den Aufbau des Selbstkonzeptes bildet aber nicht nur das Bild, das ich mir von mir selbst mache, sondern auch das Bild, von dem ich vermute, daß es sich – in einer Metaperspektive – andere von mir machen. So schreiben Laing et al. (1978: 14): „Vielleicht bin ich nicht einmal imstande, mich selbst so zu sehen, wie andere mich sehen, aber ich nehme von ihnen beharrlich an, daß sie mich in dieser oder jener Weise sehen, und mein Handeln geschieht stets im Lichte der tatsächlichen oder eingebildeten Haltungen, Meinungen, Ansprüche usw., die andere in bezug auf mich haben."

Beleg 54

Wirklichkeit ist das, was die anderen sagen

„Sagen wir, da ist ein Mensch, der hat von sich selbst eine Meinung, die von keinem anderen geteilt wird. Jahrelang hofft er blindlings, die Welt werde eines Tages über ihn genau so denken, wie er selber über sich denkt. Es werden Ereignisse eintreten, hofft er, zu seinen Gunsten. Ihm schweben Leistungen vor. Er wird das Nötige schon vollbringen. Dann bleibt aber eine Vollbringung nach der anderen aus. Der Mensch enttäuscht sich von Mal zu Mal. (...)
Es kann sich keiner identifizieren mit dem, der er in den Augen der anderen ist. Aber bevor man sich nicht mit dem, der man für andere ist, identisch erklärt, hat man keinen ruhigen Augenblick. Das ist mein Fall. In jeder Sekunde kann man bestraft werden für die Differenz zwischen eigener Einbildung und Wirklichkeit. Wirklichkeit gilt. Wirklichkeit ist das, was die anderen sagen. Ich wollte zuerst Thiele, dann Sie zum Komplizen einer Wirklichkeitserschleichung machen. Ich wollte zuerst Thiele und dann Sie bestechen. Sie beide wollte ich so weit bringen, mein Bild von mir für das wirkliche zu halten. Es ist mißlungen. Zuerst mit Thiele, dann mit Ihnen."
aus: Walser 1982: 142 f.

Dieser Aufbau einer Meta-Perspektive (die Meta-Identität) kann über mehrere Ebenen (als Meta-meta-meta-...-Perspektive) erweitert werden, was wiederum die Gefahr in sich birgt, daß sie in eine kognitiv nicht mehr auflösbare Denkspirale mündet und somit für den Betreffenden problematisch wird.

5.2.5 Die Erfahrungen der Interaktionsteilnehmer

Das Individuum macht im Laufe seiner Entwicklung vielfältige Erfahrungen in der Interaktion. Die Erfahrungen prägen im Laufe der Zeit *Erwartungen*: So erwartet man in der Interaktion auf bestimmte Aktionen eine bestimmte Reaktion. Erwartungen setzen kein Wissen voraus oder eine ausreichende Kenntnis der Welt. In diesem Sinne sind sie – wie Luhmann (1984: 363) sagt – auch eine *Primitivtechnik*.

Für die Interaktion von besonderer Bedeutung sind vor allem die Erfahrungen, die man

● mit dem jeweiligen *Interaktionspartner* bei einem früheren Zusammentreffen bzw.

● in ähnlichen *Situationen* (bei ähnlichen Anlässen) zu einem früheren Zeitpunkt hatte.

Dies bedeutet, daß die Interaktion eine Langzeitwirkung hat: Daß die Akteure in der Interaktion *lernen* und ihre Lernerfahrungen in zukünftige Interaktionen mit einbringen. Durch dieses Lernen in konkreten Situationen werden lernbereite Erwartungen geändert, wenn die Realität neue, unerwartete Seiten zeigt. Lernunwillige Erwartungen werden hingegen zu *Normen*; an ihnen hält man auch im Enttäuschungsfall fest. (Luhmann 1984: 437)

5.2.6 Die Ziele der Interaktionsteilnehmer

(1) Wie bereits an früherer Stelle ausgeführt (2.4 und 4.4), haben Kommunikation und Interaktion immer einen *pragmatischen Aspekt*: Durch Kommunikation und Interaktion versucht man, daß der andere etwas Bestimmtes glaubt oder etwas Bestimmtes tut (bzw. unterläßt). Bei einer Betrachtung der Interaktion darf also nicht nur die Absicht der Interaktionspartner, Informationen auszutauschen, gesehen werden – es müssen die Interessen, Absichten, Wünsche und Ziele der Interaktionspartner berücksichtigt werden. Insofern ist die Interaktion eine spezielle Form des Handelns: des *teleologischen Handelns* oder der Zwecktätigkeit. „Der Aktor verwirklicht seinen Zweck bzw. bewirkt das Eintreten eines gewünschten Zustandes, indem er in einer gegebenen Situation erfolgversprechende Mittel wählt und in geeigneter Weise anwendet. Zentral ist der auf eine Situationsdeutung gestützte und auf die Realisierung eines Zwecks abzielende Handlungsplan, der eine Entscheidung zwischen Handlungsalternativen erlaubt." (Habermas 1984: 575 f)

Dieses teleologische Handlungsmodell wird zu einem *strategischen Handlungsmodell*, wenn in das Erfolgskalkül des Handelnden die Erwartungen über mögliche Entscheidungen des Interaktionspartners miteingehen. Das teleologische Verhalten wird hierdurch zum antizipativen Verhalten. Wird das eigene Verhalten in der Interaktion „im Lichte der eigenen Gedanken über die fremden Gedanken über einen selbst" gesehen, spricht Goffman (1981: 89) von *strategischer Interaktion*. Dieses antizipative Ausmalen von Meta-Perspektiven kann natürlich – wie alle Meta-Perspektiven – in eine Denkspirale münden, die problematisch wird.

    Beleg 55

    Die Geschichte mit dem Hammer

    „Ein Mann will ein Bild aufhängen. Den Nagel hat er, nicht aber den Hammer. Der Nachbar hat einen. Also beschließt unser Mann, hinüberzugehen und ihn auszuborgen. Doch da kommt ihm ein Zweifel: Was, wenn der Nachbar mir den Hammer nicht leihen will? Gestern schon grüßte er mich nur so flüchtig. Vielleicht war er in Eile. Aber vielleicht war die Eile nur vorgeschützt, und er hat etwas gegen mich. Und was? Ich habe ihm nichts angetan; der bildet sich da etwas ein. Wenn jemand von mir ein Werkzeug borgen wollte, *ich* gäbe es ihm sofort. Und warum er nicht?

Wie kann man einem Mitmenschen einen so einfachen Gefallen abschlagen? Leute wie dieser Kerl vergiften einem das Leben. Und dann bildet er sich noch ein, ich sei auf ihn angewiesen. Bloß weil er so einen Hammer hat. Jetzt reicht's mir wirklich. – Und so stürmt er hinüber, läutet, der Nachbar öffnet, doch noch bevor er „Guten Tag" sagen kann, schreit ihn unser Mann an: „Behalten Sie sich Ihren Hammer, Sie Rüpel!"
Die Wirkung ist großartig, die Technik verhältnismäßig einfach, wenn auch keineswegs neu. (...) Wenige Maßnahmen eignen sich besser zur Erzeugung von Unglücklichkeit, als die Konfrontierung des ahnungslosen Partners mit dem letzten Glied einer langen, komplizierten Kette von Phantasien, in denen er eine entscheidende, negative Rolle spielt."
aus: Watzlawick 1983: 37 ff.

(2) Keine Situation in Unternehmen stellt einen Akteur unter völligen Zwang. Er erhält sich immer einen Freiheits- und Verhandlungsspielraum, den er natürlich auszudehnen versucht. Eine der grundsätzlichen Strategien in der Interaktion in Unternehmen wird somit sein, daß man die Bedingungen zu seinen Gunsten verändert: Den eigenen Freiheits-Spielraum so weit wie möglich ausdehnt, um damit die Skala potentieller Verhaltensweisen so offen wie möglich zu halten. Gleichzeitig wird man versuchen, die Möglichkeiten des Gegners einzuschränken, ihn in Zwänge einschließen, die sein Verhalten vorhersagbar machen.

(3) In der Betriebswirtschaftslehre und in Führungstheorien (wie z. B. dem *Management by Objectives*) geht man zumeist davon aus, daß die vom und im Unternehmen verfolgten Ziele sich in einer Ziel-Hierarchie ordnen lassen, es somit gemeinsame Ziele gibt, die von den Akteuren verfolgt werden. Wie Crozier/Friedberg (1979: 57) darlegen, entspricht diese Annahme nicht der Wirklichkeit, man muß vielmehr davon ausgehen, daß Unternehmen besser beschrieben sind als „Ort des Zusammenstoßes und Konflikts".

So gibt es gerade in Unternehmen eine Vielzahl von systemimmanenten Konflikten: Konflikten zwischen den verschiedenen Funktionsbereichen, Interessengruppen und Hierarchieebenen. Darüber hinaus wird die Interaktion in Unternehmen belastet durch die vielfältigen Ziele der Akteure, die z. B. dem persönlichen Machtstreben oder individuellen Ergebnis- und Karrierezielen entspringen.

5.3 Ursachen von Interaktionsproblemen und Ansätze, diese zu lösen

In den vorausgegangenen Ausführungen wurde dargestellt, daß es sich bei der Interaktion, wie auch bei der Kommunikation, um ein äußerst komplexes System handelt, das beeinflußt wird von einer Vielzahl von Faktoren, die zum Teil in einem wechselseitigen Verhältnis zueinander stehen. Als wesentliche Einflußfaktoren wurden hier identifiziert und behandelt die beobachtbaren Komponenten (das Verhalten der Interaktionsteilnehmer, der Kontext und der Prozeß selbst) einerseits und andererseits die psychischen Komponenten (das Selbstbild, die Erfahrungen und Ziele der Beteiligten).

Schon aus Gründen der gegebenen Komplexität verschließt sich eine Analyse problembehafteter Interaktionsprozesse einfachen Ursache-Wirkungs-Betrachtungen. Es ist deshalb angebracht, den vielfältigen und zumeist leicht eingängigen Empfehlungen zur Bessergestaltung der Kommunikation und Interaktion mit einer entsprechend kritischen Haltung zu begegnen.

In den folgenden Ausführungen möchte ich zunächst in einer mehr generellen Form der Frage nachgehen, was die Ursachen von Interaktionsproblemen sind (5.3.1) und einige typische Verlaufsformen von Konflikten darstellen (5.3.2). Daran anschließend (5.3.3 bis 5.3.8) werde ich – auf der Grundlage der zuvor beschriebenen Komponenten der Interaktion – einige Empfehlungen zur Bessergestaltung der Interaktion darstellen und kritisch kommentieren.

5.3.1 Ursachen von Interaktionsproblemen

Nach Habermas (1984) unterliegt kommunikatives Handeln (bzw. das, was ich hier unter Interaktion verstehe) stets zwei Risiken: Einerseits dem Risiko einer fehlschlagenden Verständigung und andererseits dem Risiko eines fehlschlagenden Handlungsplans. In Anlehnung an diese Ausführungen von Habermas könnte man deshalb sagen, daß ein Interaktionsproblem dann vorliegt, wenn im Prozeß der Interaktion absehbar ist, daß diese – sofern die Interaktionspartner nicht bewußt gegensteuern – mit einer fehlschlagenden Verständigung oder einem fehlschlagenden Handlungsplan endet.

In diesem Sinne führt ein Interaktionsproblem auch zur Entstehung von Konflikten: Bei einer fehlschlagenden Verständigung zu Konflikten über die Auslegung einer Sache, bei einem fehlschlagenden Handlungsplan zu Ziel-Konflikten.

Wie kommt es nun zu Problemen in der Interaktion? Was sind die Ursachen? Bei *Verständigungsproblemen* wird es so sein, daß die Probleme der Interaktion die Folge von Kommunikationsproblemen sind: Daß zwischen Sender und Empfänger größere Differenzen in der Auslegung einer der vier Seiten der Nachricht vorhanden sind.

Vielfältig können hingegen die Ursachen bei *fehlschlagenden Handlungsplänen* sein. Eine Möglichkeit wäre hier, daß sich die Ziele der Beteiligten nicht in Übereinstimmung bringen lassen. Weitere Möglichkeiten wären beispielsweise, daß das Verhalten der Beteiligten, die Gegebenheiten des Kontextes oder die Entwicklung des Prozesses eine sachliche Verständigung erschweren.

Der *Grad der inhaltlichen Übereinstimmung* zwischen Sender und Empfänger ist jedoch nur eine Komponente bei der Entstehung von Interaktionsproblemen. Den zweiten, mit entscheidenden Faktor möchte ich wie folgt umschreiben: Entscheidend für die Entstehung von Interaktionsproblemen ist der Grad der *Betroffenheit,* den die Interaktion bei den Beteiligten erzeugt. Ich möchte hier den kennzeichnenderen Ausdruck *Commitment*, für den ich kein adäquates deutsches Wort gefunden habe, verwenden. So entstehen Interaktionsprobleme vor allem dann, wenn

● die inhaltliche Übereinstimmung gering ist *und*
● das Commitment der Betroffenen hoch.

Dieser Zusammenhang läßt sich in einem Diagramm (siehe Abb. 22) darstellen.

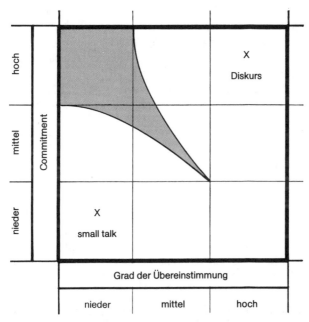

Abb. 22: Das Zusammenwirken von mangelnder inhaltlicher Übereinstimmung und Commitment bei der Entstehung von Interaktionsproblemen

Der Bereich, in dem Interaktionsprobleme vorrangig entstehen, wurde hier mit einem Raster unterlegt. Zur Orientierung wurden in Abbildung 22 zwei extreme Gesprächssituationen eingetragen: Beim *Diskurs* (im Habermasschen Sinn) sind beide Parteien bestrebt, einen hohen Grad an Übereinstimmung zu erreichen; beide Parteien haben ein hohes Commitment. Beim *small talk* hingegen redet man – im Prinzip ohne persönlichen und sachlichen Bezug – nur so aneinander vorbei.

Die Entstehung von Interaktionsproblemen ist also nicht nur vom Grad der Übereinstimmung in der Sache oder den ausgetauschten Informationen abhängig, sondern auch von einer Vielzahl anderer Faktoren, wie z.B. der momentan vorhandenen Stimmung, dem Engagement in einer Angelegenheit, der empfundenen Sympathie und Antipathie dem Kommunikationspartner gegenüber, der Betroffenheit in einer Sache: Kurz dem Commitment der Beteiligten. So kann es z. B. auch dann zu Problemen in der Interaktion kommen, wenn der Grad der Übereinstimmung noch vertretbar wäre, das Commitment jedoch schon zu stark ist.

Wie bei vielen Problemen gibt es auch hier nicht *den* Erklärungsansatz. Jedes Problem der Interaktion hat eine individuelle Entstehungsgeschichte, und in der Regel wird es so sein, daß bei einem Interaktionsproblem zumeist mehrere der zuvor beschriebenen Einflußgrößen wirksam sind. Im Einzelfall wird sich deshalb auch nicht feststellen lassen, in welcher Zahl und mit welchem Gewicht die Einflußgrößen wirksam waren. Für die Klärung eines Interaktionsproblems ist dies auch nicht unbedingt erforderlich. Entscheidend ist hier vor allem, daß man zunächst dem Umstand Rechnung trägt, daß es in der Regel mehrere Faktoren sind, die Einfluß nehmen. Es gibt nichts gefährlicheres, als nach *der* Ursache für ein Problem zu suchen, oder *eine* (möglichst *einfache*) Erklärung zu finden. Wichtig ist weiterhin, daß man sich vor allem auf den Prozeß konzentriert, sich mit der Frage des *Wie* oder *Was* beschäftigt: „*Wie* verlief der Prozeß, und *was* waren die wesentlichen Einflußgrößen in den kritischen Phasen?".

Beleg 56

Erklärungen haben irgendwo ein Ende

„Es ist durchaus möglich, eine jetzt und hier bestehende Sachlage zu erfassen, ohne unter Umständen jemals zu verstehen, wie sie sich herausbildete, und wir können trotz des Nichtverstehens ihres Ursprungs und ihrer Entwicklung dennoch etwas mit ihr (oder für sie) tun. In diesem Fall aber fragen wir nicht *warum?* sondern *was?* – *was* geht jetzt und hier vor sich? So tief aber ist wissenschaftliches Denken vom Mythus durchdrungen, daß die Lösung eines Problems vom Verständnis seines *warum* abhängt, daß jeder Versuch, Probleme nur in Begriffen ihrer gegenwärtigen Strukturen und Wirkungen zu untersuchen, meist als Oberflächlichkeit verworfen wird. (...)

Der Widerstand gegen die Außerachtlassung des *warum?* zugunsten des *was?* ist am hartnäckigsten dort, wo es sich um menschliches Verhalten und menschliche Probleme handelt. Wie, so lautet die Fragestellung meist, können wir die unleugbare Tatsache übersehen, daß die gegenwärtigen Verhaltensweisen eines Menschen ihre Ursachen in der Vergangenheit haben? Und wie kann eine Maßnahme, die diese Ursachen in der Vergangenheit unberücksichtigt läßt, einen dauerhaften Wandel in der Gegenwart hervorrufen? (...) Es ist zum Beispiel durchaus möglich, daß die Schwierigkeiten des Schlaflosen ihre Ursachen in seiner Kindheit haben, daß etwa seine müde, nervöse Mutter ihn angeschrien haben mag, doch endlich zu schlafen und aufzuhören, ihr lästig zu fallen. Doch während eine solche Einsicht in die Genese der gegenwärtigen Schwierigkeit eine überaus plausible und intellektuell befriedigende *Erklärung* liefern mag, so trägt sie meist wenig, wenn überhaupt, zu ihrer *Lösung* bei.

Auf Grund unserer Erfahrungen mit gezielten Interventionen in menschliche Probleme beruht für uns das zweckmäßigste Vorgehen nicht auf der Frage warum?, sondern was?; das heißt, was tun die Betreffenden jetzt und hier, wodurch das Problem erhalten und womöglich erschwert wird, und was kann jetzt und hier getan werden, um es zu lösen? In dieser Sicht liegt der einzig bedeutsame Unterschied zwischen dem befriedigenden und dem unbefriedigenden Funktionieren ei-

nes Systems (also eines Individuums, einer Familie, einer Gesellschaft) darin, entweder aus sich selbst die Voraussetzungen einer Lösung zu erzeugen, oder in einem Spiel ohne Ende verfangen zu bleiben."
aus: Watzlawick et al., 1979: 106 ff.

Zu ergänzen ist in diesem Zusammenhang, daß Interaktionsprobleme und daraus entstehende Konflikte nicht primär als dysfunktional betrachtet werden dürfen; sie werden hier vielmehr – wie Galtung (1975: 136) sagt – verstanden als das *Salz des Lebens*, als energiespendende Kräfte, Motor und Dynamik der Änderung von Mensch und Gesellschaft. Das Problem ist deshalb nicht, Interaktionsprobleme und Konflikte zu verhindern, sondern den Interaktionspartnern Möglichkeiten zu geben, Konflikte transparent zu machen und Werkzeuge in die Hand zu geben, entstandene Konflikte sinnvoll einer Lösung zuzuführen, bzw. den Interaktionspartnern durch die Behandlung des Konfliktes erweiterte Einsichten zu verschaffen.

5.3.2 Verlaufsformen von Interaktionsproblemen

Ganz sicher ist von besonderem Interesse, wie man sich in Konfliktsituationen verhalten kann. Um es gleich vorweg zu sagen: Ich möchte und kann dieses Thema hier nur mit ein paar grundsätzlichen Überlegungen zu den *Verlaufsformen* von Konflikten anreißen. Eine ausführlichere Behandlung des Problemkreises Konfliktbewältigung würde den Rahmen der vorliegenden Arbeit sprengen. Es sei deshalb an dieser Stelle auf die Veröffentlichung zur Konfliktregelung von Morton Deutsch (1976) und zur Konfliktbewältigung bzw. zum Konflikttraining von Berkel (1984 und 1985) verwiesen.

In Anlehnung an Rapoport (1976) möchte ich drei Formen, einen in der Interaktion entstehenden Konflikt auszutragen, unterscheiden: Den Kampf, das Spiel und die Debatte. Diese drei Formen unterscheiden sich vor allem in der Bedeutung, die der Gegner einnimmt, und in den jeweiligen Zielen der Beteiligten. So ist beim *Kampf* der Gegner der primäre Stein des Anstoßes. Er muß beseitigt, zum Verschwinden gebracht werden, oder er muß in seiner Bedeutung niedergehalten werden. Das Ziel eines Kampfes ist es somit, „den Gegner zu verletzen, zu zerstören, zu unterwerfen oder zu vertreiben". (Rapoport 1976: 29)

Beleg 57

Rambo im Büro

„Kendo, der japanische Kampfsport, tritt als Variante des Management-Trainings nun auch in Deutschland auf: als Weg, die Angst vor der Niederlage und den damit verbundenen Schmerz so zu überwinden, daß schon die neugewonnene Gelassenheit gegen Management-Katastrophen feit.
Dazu bedarf es sowohl der körperlichen als auch der geistigen Exerzitien. Hans-Uwe Köhler, Unternehmensberater aus Börwang im Allgäu will jetzt mit Kendo-

Seminaren starten. Ein Buch darüber hat er vorsorglich schon verfaßt: „Musashi für Manager" (…).

„Wenn der Gegner gleichzeitig mit dir angreift und er dein Langschwert pariert, so presse deine Klinge mit Zähigkeit gegen die seine, indem du dein Körpergewicht hineinlegst. Mit dieser Technik der Zähigkeit soll ein leichtes Trennen der Klingen verhindert werden, weshalb du nicht allzu kräftig drücken darfst. Ist es dann soweit, daß du aus dieser Position auf den Gegner eindringen kannst, darfst du den Druck nur ganz allmählich vergrößern. Zwischen Zähigkeit und gegenseitiger Verstrickung besteht ein Unterschied. Zähigkeit heißt Stärke, sich verstricken zu lassen ist Schwäche. Dessen mußt du dir bewußt werden." (Miyamoto Musashi)
Das heißt: Wer den Gegner mit aller Kraft von sich wegdrücken will, gibt diesem erst die Chance, sich zu trennen, um, im Augenblick der Überraschung, zum tödlichen Hieb anzusetzen. Besser bleibt man also dran am Schwert des Feindes, so, als klebten die Klingen aneinander. Köhler beschreibt den Nutzen dieser Technik am Beispiel eines Preisgespräches: „Du forderst ständig eine Senkung des Preises oder ein anderes Nachgeben. Zu einem bestimmten Zeitpunkt stellst du unvermittelt deine Forderungen ein, erhöhst also nicht weiter deinen Druck. Du kannst dann darauf warten, bis sich auf dem Gesicht deines Gegenüber Entspannung breitmacht – der Augenblick für Zurückspringen und Zuschlagen ist gekommen."
Man wird auch der Gleichstellung mörderischen Geschehens mit den Begebenheiten selbst des verbissensten Verdrängungswettbewerbs allein aus ethischen Gründen mit Reserviertheit gegenübertreten wollen. Aber so, wie sich der Schwertkampf der Samurai an der sportlichen Ausprägung zum Aufeinanderschlagen mit langen Holzprügeln zivilisiert hat, ist auch ein Wandel in der Zielsetzung eingetreten: Wir wollen den Gegner nicht fertigmachen, wir wollen ihn unseren Interessen nur mehr unterwerfen."
aus: Möntmann, *Management wissen* 5/1986

Beim *Spiel* hingegen besteht das Grundinteresse darin, mit dem Gegner zu kooperieren. Beide Akteure versuchen, ihr Bestes zu tun, befolgen dabei allseits anerkannte Normen und Spielregeln. Der Gegner wird geschätzt, er spricht die gleiche Sprache. Er wird mehr als Spiegelbild des eigenen Ich, denn als zu zerstörendes Hindernis gesehen. „Zusammengefaßt ist also der wesentliche Unterschied zwischen Kampf und Spiel (…) daß, während bei einem Kampf das Ziel darin besteht (…) den Gegner zu schädigen, es bei einem Spiel darum geht, den Gegner mattzusetzen." (Rapoport 1976: 30)
Das Spiel unterscheidet sich auch dadurch wesentlich vom Kampf, daß im Spiel strategische Überlegungen das Handeln bestimmen: Bei einem Spiel müssen die Möglichkeiten alternativer Ergebnisse in Rechnung gestellt werden. Im Idealfall sind die Handlungen der Gegner von höchster Rationalität bestimmt.
In einer *Debatte* hingegen richten die Gegner ihre Argumente gegeneinander, wobei es das Ziel ist, den Gegner – durch bessere Argumente – zu überzeugen, ihn dazu zu bringen, die Dinge vom eigenen (meinem) Standpunkt aus zu sehen. Dazu können für Kämpfe geeignete Techniken (z. B. Ausfälle und Drohungen) oder für Spiele geeignete Techniken (z. B. strategische Überlegungen) eingesetzt werden. Entscheidend ist das angestrebte Ergebnis: Der Gegner muß überzeugt, *wirklich* überzeugt werden und nicht wie im Spiel mattgesetzt.

Die Debatte (dem Habermasschen Diskurs sehr ähnlich) dürfte in Unternehmen – wie bereits mehrfach erläutert – selten anzutreffen sein. So wird die Bewältigung von Interaktionsproblemen in Unternehmen vorrangig in der Form von Spielen aber auch in der Form von Kämpfen stattfinden. Wie Crozier/Friedberg (1979: 68) ausführen, ist das Spiel, Kooperationswilligkeit vorausgesetzt, „das Instrument, das die Menschen entwickelt haben, um ihre Zusammenarbeit zu regeln. Es ist das wesentliche Instrument organisierten Handelns".

In den folgenden Ausführungen (5.3.3 bis 5.3.8) möchte ich – in Anlehnung an die zuvor beschriebenen, in der Interaktion wirksamen Komponenten – exemplarisch auf einige Ansatzpunkte zur Bessergestaltung der Interaktion eingehen und diese kritisch kommentieren.

5.3.3 Ansatzpunkt: Das Verhalten der Beteiligten

Die Beziehungen der Interaktionspartner werden im wesentlichen geprägt durch die *Art des Miteinanders*: das *Verhalten in der Interaktion*. Die Art des Miteinanders steht deshalb in vielen Fällen auch weit mehr im Fokus der Beteiligten als der inhaltliche Aspekt.

(1) Wie zuvor bereits erwähnt, setzt eine sinnvolle Interaktion im hohen Maß die *Fähigkeit zur Rollenübernahme* voraus. Rollenübernahme wird hier verstanden als Fähigkeit, so zu handeln, daß man die Standpunkte aller Beteiligten in Rechnung stellt. Die Fähigkeit der Rollenübernahme ist – nach Kohlberg (1974: 103) – vor allem bei Führungskräften erforderlich: „Wahrscheinlich erfordern Führungspositionen nicht nur eine komplexere oder organisiertere Rollenübernahme, sondern auch effektiv neutralere, objektivere und stärker an „Regeln und Gerechtigkeit" orientierte Formen der Rollenübernahme".

Sowohl die Verständigung wie auch die Realisierung von Handlungsplänen als Ziele der Interaktion erfordern, daß man auf den anderen eingeht, daß man sich in die Rolle des anderen versetzt, um auf diesem Wege Differenzen abzubauen. Wird diese notwendige Leistung der Rollenübernahme von einer der Parteien (oder gar von beiden) nicht erbracht, sind Probleme in der Interaktion nahezu vorprogrammiert.

Die Gespräche in Unternehmen sind sehr häufig von einer mangelnden Bereitschaft zur Rollenübernahme gekennzeichnet. Die wesentlichsten Ursachen hierfür dürften in unterschiedlichen Zielen (z. B. sich widersprechenden Zielsetzungen für einzelne Bereiche), aber auch in unterschiedlichen Werten liegen (so widersprechen sich beispielsweise zumeist die Werte der Geschäftsleitung und des Betriebsrates eines Unternehmens oder die Werte, die von Vorgesetzten und Untergebenen vertreten werden).

(2) Von wesentlicher Bedeutung sind auch die *persönlichen Rollenvorstellungen*, die die Akteure in die Interaktion einbringen. Ein relativ einfaches Analyseinstrument

für die persönlichen Rollen bietet die *Transaktionsanalyse* (kurz „TA") mit der

- *Strukturanalyse*, die sich beschäftigt mit einer Analyse des Persönlichkeitsaufbaus, sowie der
- *Transaktionsanalyse (im engeren Sinn)*, der Untersuchung von Transaktionen (dem wechselseitigen Austausch von Informationen) zwischen den Ich-Zuständen von Personen.

Grundlagen dieses von Berne entwickelten Modells bilden die bei jedem Menschen feststellbaren drei *Ich-Zustände* (siehe Petzold: 1976):

- *Eltern-Ich (El)*, das vor allem geprägt ist von Geboten, Verboten, Normen und Wertvorstellungen;
- *Erwachsenen-Ich (Er)*, das vor allem geprägt ist durch eine nüchterne, sachliche und rational (kühl) abwägende Behandlung von Situationen;
- *Kind-Ich (K)*, in dem einerseits das spontane, kreative, einfallsreiche Empfinden, andererseits aber auch das angepaßte, widerspruchslose Verhalten dominieren.

Durch die Sozialisation bilden sich nun individuelle Verhaltensmuster, so daß bei den einzelnen Menschen mehr das eine oder andere Verhalten, bzw. der eine oder andere Ich-Zustand (El, Er, K) dominiert. Im Gespräch zweier Personen treten sich diese Ich-Zustände gegenüber und steuern die Interaktion.

Beleg 58

Die Transaktionsanalyse

I) „Wann immer zwei oder mehr Menschen miteinander kommunizieren, sind Eltern-Ich, Erwachsenen-Ich, und Kindheits-Ich eines jeden Gesprächspartners in dieser Situation beteiligt.
Alles was sich zwischen Menschen abspielt – vom gesprochenen Wort bis hin zur Gestik – enthält eine Transaktion oder man könnte auch sagen einen Austausch zwischen den Ich-Zuständen der Beteiligten. Ein Gespräch zu zweit, ist also eigentlich ein Gespräch zu sechst: beide Gesprächspartner können aus ihren jeweiligen Ich-Zuständen heraus reagieren.
Die Transaktions-Analyse hilft uns hier, sozusagen ein wenig hinter die Kulissen von Gesprächen zu schauen, um letztlich die Reaktionsweisen unseres Partners und unsere eigenen besser verstehen zu können.
Vom Blickwinkel der TA her gesehen, bestehen Gespräche aus einer Kette von Transaktionen. Eine Transaktion wird definiert als eine Basiseinheit der Kommunikation, welche aus einem Stimulus besteht (in der Regel gesprochen), dem eine Reaktion folgen kann, aber nicht muß. Transaktionen können einfach sein, etwa zwischen zwei Ich-Zuständen, oder komplex, wenn sie sich zwischen drei oder vier Ich-Zuständen abspielen."

II) „Ein Meister sagt z. B. zu seinem Auszubildenden:
„Das ist jetzt die letzte Warnung! Wenn Du nochmal so einen dicken Hund reinhaust, dann werde ich Dir die Hammelbeine langziehen!"
Transaktionsanalytisch wurde das wie in der nebenstehenden Abbildung veranschaulicht: Der Meister sendet eine aggressive „Elternbotschaft" an das abhängige „Kind".

Der Auszubildende hat nun verschiedene Möglichkeiten, auf diese Übermittlung (Transaktion) zu reagieren:

- „Sie haben kein Recht, so mit mir zu reden; ich werde mich beschweren" (El-Er)
- „Es ärgert mich, wenn Sie so mit mir reden. Können wir uns mal unter vier Augen in Ruhe unterhalten?" (Er-Er)
- (Halblaut): „Ach, Du kannst mich mal, Du alter Nörgler. Nichts kann man ihm recht machen" (K-El)."

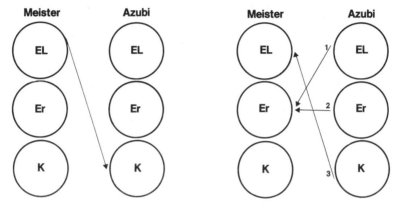

aus: Rüttinger/Kruppa 1981: B. IV./1 u. Neuberger 1982: 59

Von wesentlicher Bedeutung für die Interaktion sind die *Formen der Transaktionen*. In der TA unterscheidet man

- die für die Interaktion relativ unproblematischen *Parallel- oder Komplementär-Transaktionen*, bei denen ein Reiz die erwartete Reaktion im angesprochenen Ich-Zustand des anderen hervorruft, und
- die für die Interaktion problematischen *Überkreuz-Transaktionen*, bei denen beim Gesprächspartner ein anderer als der angesprochene Ich-Zustand aktiv wurde. Eine Überkreuz-Transaktion liegt vor, wenn ein Sprecher auf den Beitrag seines Partners unsachlich, vorwurfsvoll, kritisch, abschätzig reagiert.

Bei einer Überkreuz-Transaktion nehmen die Interaktionspartner somit unterschiedliche Ich-Zustände (Rüttinger/Kruppa 1981 sprechen auch von *Bewußtseinszuständen*) an, die sich dann gegenüberstehen und bei den Partnern zu einem unguten Gefühl führen. In derartigen Transaktionen kommt häufig Material aus tieferen Schichten hoch; häufige Überkreuz-Transaktionen sind deshalb auch ein rotes Licht, ein Warnsignal für die Beziehung und/oder für das emotionale Gleichgewicht eines der Partner oder beider. Überkreuz-Transaktionen haben zwei mögliche Folgen: Entweder kommt es zum Themenwechsel oder zu einem Abbruch der Interaktion. In diesem Sinne führen Überkreuz-Transaktionen auch immer zu Problemen in der Interaktion.

Beleg 59

Überkreuz-Transaktionen

„Sicherlich haben Sie sich schon einmal geärgert, weil Sie von einem Gesprächspartner auf eine sachliche Frage eine unsachliche Antwort erhielten. Vielleicht hat
die unerwartete Reaktion des anderen Sie sogar so enttäuscht, daß Sie das Gespräch abrupt beendet haben. In der Sprache der Transaktions-Analyse wurde in
diesem Fall ein anderer als der angesprochene Ich-Zustand aktiv. Sie konnten sich
also mit ihrem Partner über das eigentliche Gesprächsziel nicht verständigen.
Von einer Überkreuz-Transaktion sprechen wir daher, wenn ein Sprecher auf den
Beitrag seines Partners unsachlich, vorwurfsvoll, kritisch, abschätzig etc. reagiert.
Die Folge ist, daß ein erwarteter Gesprächsablauf unterbrochen und die Kommu-
nikation in der Regel beendet wird.
Überkreuz-Transaktionen müssen jedoch nicht zwingend zu einem destruktiven
Ergebnis führen. So kann zum Beispiel jemand auf eine Kritik aus seinem eigenen
Erwachsenen-Ich an das Erwachsenen-Ich des anderen reagieren, um dadurch das
Gespräch wieder zu versachlichen.
Hier einige Beispiele für Überkreuz-Transaktionen:

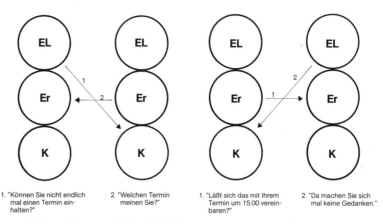

1. "Können Sie nicht endlich   2. "Welchen Termin   1. "Läßt sich das mit Ihrem   2. "Da machen Sie sich
   mal einen Termin ein-   meinen Sie?"   Termin um 15.00 verein-   mal keine Gedanken."
   halten?"   baren?"

aus: Rüttinger/Kruppa 1981: B.IV./3 ff.

(3) Der „Königsweg" zur Klärung von Problemen auf der Beziehungsseite, insbe-
sondere auch der Probleme, die durch das Verhalten der Interaktionspartner verursacht werden, ist die *Metakommunikation*, von der Schulz von Thun (1981) sagt,
daß sie die „Gewohnheit der nächsten Generation" bei der Lösung von Problemen
der Interaktion wäre. In den weiteren Ausführungen möchte ich nun auf das, was
man unter Metakommunikation versteht und die Möglichkeiten (und Grenzen) des
Einsatzes dieses „Mittels" zur Lösung von Problemen in der Praxis eingehen.
Der Begriff „Metakommunikation" wurde zuerst von Whorf geprägt und in
seiner heutigen Bedeutung von Bateson in die Kommunikationstheorie eingeführt;
nach Bateson (1983: 287) bedeutet Metakommunikation „über Kommunikation zu
kommunizieren". Metakommunikation setzt hierbei voraus, daß man sich auf eine
(im Sinne der Theorie der logischen Typen) höhere Stufe begibt (die metakommuni-

kative Ebene), um auf dieser Ebene unser kommunikatives Verhalten zu reflektieren und gegebenfalls zu korrigieren.

Beleg 60

Kommunikation über Kommunikation: Metakommunikation

„Wenn Mathematiker die Mathematik nicht mehr ausschließlich für Berechnungen verwenden, sondern sie selbst zum Gegenstand ihrer Forschung machen – wie sie es z. B. tun, wenn sie die Folgerichtigkeit und Geschlossenheit der Arithmetik als Denksystem überprüfen –, so müssen sie eine Sprache verwenden, die nicht mehr ein Teil der Mathematik selbst ist, sondern sozusagen *über* ihr steht. Nach David Hilbert heißt diese Sprache Metamathematik. Die formale Struktur der Mathematik ist ein Kalkül; die Metamathematik die sprachliche Formulierung dieses Kalküls. (…)
Wenn wir Kommunikation nicht mehr ausschließlich zur Kommunikation verwenden, sondern um *über* die Kommunikation selbst zu kommunizieren (wie wir es in der Kommunikationsforschung unweigerlich tun müssen), so verwenden wir Begriffe, die nicht mehr *Teil* der Kommunikation sind, sondern (im Sinne des griechischen Präfix *meta*) *von* ihr handeln. In Analogie zum Begriff der Metamathematik wird dies Metakommunikation genannt, und unserer Meinung nach ist das obige Zitat auf diesen Begriff sinngemäß anwendbar. Im Vergleich zur Metamathematik steht die Erforschung der Metakommunikation jedoch vor zwei gewaltigen Nachteilen. Erstens besteht auf dem Gebiet der menschlichen Kommunikation noch kein Begriffsystem, das sich auch nur annähernd mit einem Kalkül vergleichen ließe; dies beeinträchtigt allerdings nicht (…) die heuristische Nützlichkeit des Begriffs. Der zweite Nachteil ist mit dem ersten eng verbunden: Während nämlich die Mathematiker über zwei Sprachen verfügen (Zahlen und algebraische Symbole für die Mathematik, die natürliche Sprache zum Ausdruck der Metamathematik), besitzt die menschliche Kommunikationsforschung nur die natürliche Sprache als Medium der Kommunikation *und* der Metakommunikation."

aus: Watzlawick et al. 1980: 41 f.

Die Verwendung des Begriffs „Metakommunikation" (Luhmann 1984 beispielsweise spricht von *reflexiver Kommunikation*) ist in der Literatur nicht einheitlich; auf einige wesentliche Aspekte in der Verwendung des Begriffs, auf die Form, in der sie praktiziert wird, und das, was mit der Metakommunikation erreicht werden soll, möchte ich nachfolgend eingehen.
(a) Zunächst erfordert Metakommunikation, daß man sich in der Interaktion auf eine andere (höhere) hierarchische Ebene (die sog. *Meta-Ebene*) begibt, um dort in einer Art widerspiegelnd-analysierenden Betrachtung (Reflexion) über das vorausgegangene Gespräch zu sprechen. In diesem Sinne wird die Interaktion nicht zum Zweck der Verständigung über ein bestimmtes (außerhalb der Interaktionsteilnehmer liegendes) Problem verwendet, sondern um im Sinne einer Meta-Betrachtung über die Interaktion (Kommunikation) selbst zu kommunizieren. Metakommunikation erfordert deshalb immer ein Aussteigen aus einem laufenden Prozeß und den Versuch, den Prozeß auf einer höheren (reflektierenden) Ebene neu zu beginnen.
Eines der großen Probleme der Metakommunikation dürfte sein, sich überhaupt

auf diese übergeordnete Ebene zu begeben; sich aus dem eskalierenden und emotional gefangennehmenden Prozeß, über den man ja reflektierende Betrachtungen anstellen möchte, zu lösen. So besteht die Gefahr, daß die angestrebte Reflexion über die Interaktion sehr schnell den gleichen Regeln unterworfen sein wird und somit das Spiel auf einer höheren Ebene weitergeht. (Watzlawick et al. 1980: 164 und 216)

(b) Mögliche im Rahmen der Metakommunikation zu klärende *Fragen* sind zum Beispiel: Wie stehen wir zueinander? Was bewegt mich, dem anderen immer gleich zu widersprechen? Warum habe ich Bedenken, meinen eigenen Standpunkt zu vertreten? Wie fühle ich mich in diesem Gespräch?... Mit anderen Worten dient die Metakommunikation vor allem dazu, „Beziehungsdefinitionen und -störungen zu erkennen und darüber zu reden, (...) um ihrer Wirkung nicht hilflos ausgeliefert zu sein." (Schulz von Thun 1981: 93)

(c) In den vorausgegangenen Ausführungen wurde bereits mehrfach die Trennung der Kommunikation in Inhalts- und Beziehungsaspekte (zweites Axiom zur Kommunikation von Watzlawick et al. 1980) angesprochen. So besteht in Gesprächen immer wieder das Problem, daß *sich die Inhalts- und die Beziehungsebene überlagern* (ineinander verflochten sind), und man in der Folge versucht, vorhandene Beziehungsprobleme auf der Inhaltsebene zu lösen (siehe S. 132 f.).

Viele zwischenmenschliche Beziehungen, vor allem auch zwischen Arbeitskollegen oder zwischen Vorgesetzten und Untergebenen, befinden sich im Dauerzustand der Verflochtenheit: Jede sachliche Auseinandersetzung ist durchdrungen von einer sich immer stärker verschärfenden Beziehungsproblematik. An dieser Stelle hilft oft nur noch eines: Die Sachauseinandersetzung beenden bzw. für eine Weile aussetzen, um im Rahmen der Metakommunikation eine explizite Beziehungsklärung einzuleiten.

(d) Wie läßt sich Metakommunikation vom *Feedback* (siehe S. 137 ff.) abgrenzen? Die Metakommunikation bezieht sich – im Gegensatz zum Feedback – nicht auf einzelne Gesprächsinhalte, die richtiggestellt oder kommentiert werden. Durch Metakommunikation soll im Rückblick eine zusammenfassende Bewertung vorgenommen werden, die wiederum einzelne Gesprächsepisoden erst verständlich macht. Ist das Feedback eine der wesentlichen Methoden zur Beseitigung von Störungen auf der Ebene der Kommunikation, ist die Metakommunikation eine der wesentlichen Methoden zur Beseitigung von Problemen auf der Ebene der Interaktion.

(e) Eine besondere Form der Metakommunikation ist die *Prozeßanalyse* (Müller-Wolf u. a. 1983: 340), bei der die wesentlichen Prozeßmerkmale der Interaktion im Mittelpunkt der Reflexion stehen. Mögliche Fragen wären hier: Was waren für mich die wesentlichen Stationen in der Interaktion? Wie kam es zur Eskalation? Wodurch wird das Spiel aufrechterhalten?

Ging es bei den unter (b) aufgeführten Fragen um die mehr dauerhaften (statischen) Formen in Beziehungen, geht es hier um die dynamischen Prozeß-Gesichtspunkte.

Wie läßt sich nun die Metakommunikation in der Praxis anwenden? Ganz generell bietet sich die Metakommunikation dann an, wenn die Interaktion aus der subjektiven Sicht eines der Interaktionspartner als gestört angesehen wird. Die *Einleitung des Prozesses* setzt voraus, daß man sich aus dem gestörten Prozeß löst und (am geeignetsten im beiderseitigen Einverständnis) auf die reflektierende Meta-Ebene begibt. Eine weitere Voraussetzung ist das Vorhandensein eines *metakommunikativen Klimas* (Schulz von Thun 1983: 98). Damit ist gemeint: Zum einen ein gewisses Maß an Bereitschaft zur Selbstoffenbarung und Tolerierung unterschiedlicher Meinungen und Standpunkte, sowie andererseits ein Klima, in dem es weniger verhärtete Fronten und die Tendenz zur unterschwelligen Mißhandlung gibt.

Neuberger (1982: 77f) empfiehlt – neben dem ad-hoc-orientierten Einsatz – *dreierlei Weisen, den Prozeß der Metakommunikation in Gang zu bringen*:
(a) *Einschaltung von Metakommunikationspausen* – oder -phasen.

Die bewußt eingelegte Pause oder die Manöverkritik am Ende der Interaktion soll dazu dienen, gezielt eine widerspiegelnd-analysierende Betrachtung der vorausgegangenen Interaktion einzuleiten.
(b) Die *Prozeßberatung.*

Hier wird ein außenstehender Experte herangezogen, der als Beobachter am Gespräch teilnimmt und unmittelbar im Anschluß an die Besprechung die Teilnehmer (am besten anhand konkreter Beispiele) darauf hinweist, was ihm an der Interaktion aufgefallen ist.
(c) *Schriftliche Befragung.*

Hier erhalten die Teilnehmer eines Gesprächs einen Fragebogen, in dem sie ihre Eindrücke über ein bestimmtes Gespräch unabhängig voneinander und anonym zum Ausdruck bringen sollen. (Siehe z. B. den von Neuberger 1982: 79 entwickelten Fragebogen.) Auf der Basis der Ergebnisse der Befragung können dann auch konkrete Veränderungen eingeleitet werden.

Wie Watzlawick et al. (1980) feststellen, ist die Metakommunikation keine einfache Lösung und sicherlich nicht immer unproblematisch in der Anwendung. So wird die Einleitung einer metakommunikativen Phase in der Regel – was die Kommunikation und Interaktion in Unternehmen betrifft – auch primär dem ranghöheren Interaktionsteilnehmer vorbehalten bleiben. Wesentlich für den Erfolg der Metakommunikation ist, daß ein Lösen aus der gestörten Kommunikation und das Wechseln auf die Meta-Ebene wirklich gelingt und im Prozeß der Metakommunikation ein entsprechendes Klima, das den Prozeß der Reflexion fördert, geschaffen und aufrechterhalten werden kann.

Ganz generell setzt die Metakommunikation auch Partner voraus, die die Fähigkeit zur Metakommunikation besitzen; nach Fittkau/Schulz von Thun (1983: 102) „die Fähigkeit, Kommunikationsstörungen zu erkennen und ihre Ursachen zu durchschauen, damit diese Störungen behoben werden können". Gerade hinsichtlich dieser Fähigkeiten besteht in Unternehmen ein erhebliches Defizit, das durch entsprechende Schulungen und Trainings ausgeglichen werden muß, wenn das Instrument Metakommunikation erfolgreich eingesetzt werden soll.

5.3.4 Ansatzpunkt: Der Kontext

(1) Der Faktor *Macht* wurde in den vorausgegangenen Ausführungen mehrfach angesprochen. Ganz sicher sind Fragen der Macht bei den Bemühungen um eine Bessergestaltung zwischenmenschlicher Kommunikation und Interaktion in Unternehmen im besonderen Maß zu berücksichtigen.

So haben die Inhaber von Macht das Recht, durch organisatorische Regelungen die Kommunikation zu steuern. Sie können festlegen, wer mit wem zu welchem Zeitpunkt Informationen auszutauschen hat. Durch diese Regelung kommunikativer Abläufe wird in Unternehmen Macht geschaffen und erhalten (Crozier/Friedberg 1979).

Macht tritt in Unternehmen zumeist nicht offen auf, sondern in versteckter Form. So legt der Ranghöhere in der Regel Ort und Zeitpunkt von Gesprächen fest, bestimmt die Sitzordnung und Gesprächsfolge und hat auch weitaus mehr Möglichkeiten, seiner Meinung und seinen Worten durch den Einsatz von Statussymbolen ein entsprechendes Gewicht zu verleihen. Vor allem durch den differenzierten Einsatz von Statussymbolen verschafft sich der Ranghöhere eine herausgehobene Position in der Interaktion.

Einerseits hat der Einsatz von Statussymbolen und Machtmitteln die Aufgabe, den Vorgesetzten zu entlasten. Statussymbole und Machtmittel erhöhen die (Fach-)-Autorität: Machtmittel erleichtern die Durchsetzung von Vorschriften und Befehlen; Machtmittel ersetzen Überzeugungsarbeit. Wegen der universellen Existenz und dem breiten Wirkungsspektrum ist es praktisch unmöglich, Machtmittel und Statussymbole abzubauen. Werden sie in einem Bereich offiziell abgeschafft, so tauchen sie zumeist in gleichem Umfang an anderen Stellen und auf andere Weise wieder auf.

Neben den funktionalen Aspekten von Machtmitteln und Statussymbolen steht der dysfunktionale Aspekt. Der Einsatz von Machtmitteln und Statussymbolen reduziert und verhindert eine offene, vertrauensvolle und spontane zwischenmenschliche Kommunikation. Will man die Kommunikation und Interaktion in Unternehmen offener, vertrauensvoller und spontaner gestalten, erfordert dies zunächst, daß Machtmittel und Statussymbole reduziert werden.

(2) Die Interaktion in Unternehmen wird in weiten Teilen beeinflußt durch *formelle Regelungen, Normen* und *Vorschriften.* Die Kommunikation wird hierdurch formalisiert und kanalisiert. Ein etwas zwangloserer Austausch von Informationen wird (sehr oft zum Nachteil des Unternehmens) hierdurch unterbunden. Ganz generelle Ansatzpunkte (und Voraussetzungen) zur Verbesserung der Kommunikation und Interaktion sind deshalb eine Reduzierung von Normen und Vorschriften sowie ein Abbau der oft übermächtigen Hürden zwischen den einzelnen Ebenen der Hierarchie. Diese Maßnahmen sollen dazu führen, daß das Aufeinanderzugehen erleichtert wird: Situationen geschaffen werden, in denen ein umfassender zwischenmenschlicher Kontakt möglich wird.

Eine zusätzliche Möglichkeit zur Verbesserung der Interaktion wäre, daß für bestimmte Anlässe die formalen Regelungen außer Kraft gesetzt werden. So können zum Beispiel in Besprechungen, in denen es darum geht, kreative Lösungen für Probleme zu erarbeiten, formale Regelungen ganz aufgehoben werden. Dies bedeutet, daß der Kontext situativ dem Problem angepaßt wird.

Beleg 61

Wir benötigen die Hierarchie ergänzende Organisationsformen

„Selbst hierarchisch stark geprägte Menschen beginnen partizipative Methoden als Instrumente der Motivation zu verstehen: „Wenn meine Mitarbeiter das Gefühl haben, selber die Entscheidung getroffen zu haben, brauche ich sie nicht mehr zu überzeugen." Aber es geht natürlich um mehr, als nur darum, mit lästigem Begründungszwang fertigzuwerden. Es geht darum, in welchen Phasen der Problemlösung und der Willensbildung wir uns Quasi-Freiräume schaffen können, um die hierarchischen Kooperationsregeln gegen Regeln der Teamarbeit zeitweise auszutauschen. Und wie wir das tun können, ohne in uns und den anderen Ängste auszulösen.

Denn das Netz unserer hierarchischen Konventionen ist feinmaschig gesponnen, um uns im Sinne eines zügigen Arbeitsablaufs handlungsfähig zu halten. Es hat seine positiven Funktionen, aber (...) (es) werden auch Nachteile sichtbar:
– Starre und einfallslose Konferenzzimmer sind die typische *Einrichtung*; Straffheit wird durch Sitzordnung und Kleidungsordnung unterstützt.
– Machtkämpfe als Form der Konfliktaustragung sind oft der typische *Instanzenweg*.
– Verdrängung ist manchmal die *Methode*, um mit Schwierigkeiten fertigzuwerden.
– Die anordnende *Sage-Haltung* beschleunigt zwar die Entscheidungen, aber verkürzt das Nach- und Vorausdenken.
Vorausdenken und Nachdenken aber sind bei jeder unternehmenspolitischen Entscheidung angesiedelt.
Deshalb brauchen wir zwei verschiedene Sätze von Verhaltensregeln:
– *Das Verhalten in der Hierarchie*, in der arbeitsteiligen Organisation.
Es muß notwendig einer Disziplin folgen, die diesen Ordnungsmustern adäquat ist.
– *Das Verhalten in der Planung*. Dieses wird sich neue offene Spielregeln suchen müssen, die den unstrukturierten Phasen, die jede Willensbildung zunächst durchläuft, angemessen sind."
aus: Schnelle 1978: 43 ff.

Ganz generell gilt deshalb die Empfehlung, die Mittel der Macht und Formalisierung nur so weit wie unbedingt notwendig einzusetzen, da Macht und Formalisierung immer auch Mittel sind, Interaktion und Kommunikation in einer bestimmten – zumeist nicht positiven – Richtung zu beeinflussen. Andernfalls erhält man zum Schluß eben nur noch vorgegebene Antworten; hört nur noch das, was die anderen erwarten, daß man hören möchte.

Martin Walser (1982) hat diesen – in der Praxis sehr häufig anzutreffenden Zustand – in seinem Roman „Brief an Lord List" sehr schön beschrieben. Hier hält die

Hauptfigur des Romans, Franz Horn, in einem Schreiben, das er nie abschicken wird, ihm aber helfen soll, seine Verhältnisse (vor allem das zu seinem Vorgesetzten) zu klären, folgendes fest: „Ich habe Jahr für Jahr nur das gesagt, was unserer Beziehung guttat. Ich spürte, was Sie hören wollten und sagte es. Ich bin so. Wahrheit, was ist denn das? Es macht mir Freude, Ihnen zu sagen, was Ihnen Freude macht." Franz Horn nennt dieses (sein) Prinzip an anderer Stelle das „Gesetz Nummer Eins unserer Gesellschaftsphysik."

(3) Man könnte den unmittelbaren Kontext, in dem ein Gespräch stattfindet, auch als *Gesprächsklima* bezeichnen, wobei hier weit mehr als die bisher angesprochenen Einflußgrößen *Macht* und *Formalisierung* wirksam werden. Neuberger (1982) schlägt zur Charakterisierung des Gesprächsklimas sieben Kriterien (Dimensionen) vor, wie diese in Abb. 23 dargestellt sind.

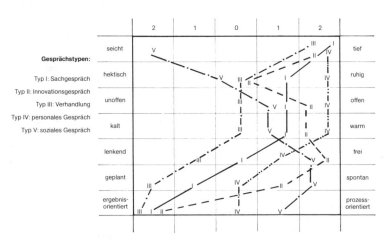

Abb. 23: Dimensionen des Gesprächsklimas

   In das von Neuberger zusammengestellte Profil zur Kennzeichnung des Gesprächsklimas wurden von mir die Merkmale der Gesprächstypen I bis V (aus Übersicht 2, S. 70f.) eingetragen. Es ist nun nicht so, daß zum Beispiel jedes Sachgespräch wie in Abbildung 23 dargestellt verläuft. Es wird vielmehr so sein, daß jedes Sachgespräch ein eigenes Profil entwickelt. Der Sinn dieses Schemas ist, deutlich zu machen, daß sich verschiedene Gesprächstypen in den verschiedenen Kriterien tendenziell unterscheiden. Ganz generell gilt deshalb hier die Empfehlung, daß jedes Gespräch in einem Klima stattfinden sollte, das dem jeweiligen Inhalt und Ziel angemessen ist. So sollte man dafür Sorge tragen, daß z. B. ein personales Gespräch (Typ IV) in einer ruhigen, offenen, warmen Atmosphäre stattfindet, wobei der Gesprächsverlauf nicht zu sehr gelenkt, jedoch sowohl ergebnis- als auch prozeßorientiert sein sollte.

5.3.5 Ansatzpunkt: Der Prozeß

Da sich eine Vielzahl von Veröffentlichungen zur Kommunikation und Interaktion in Unternehmen mit dem Aspekt der Gesprächssteuerung oder Gesprächslenkung – also einer gezielten Lenkung des Prozesses – beschäftigen, möchte ich hier der Frage nachgehen, inwieweit sich der Prozeß der Interaktion überhaupt sinnvoll steuern läßt.

Ich möchte hier nochmals Habermas (1984) zitieren, der ausführt, daß die Aktoren in der Interaktion das Ziel verfolgen, sich einerseits zu verständigen und andererseits, ihre Handlungspläne zu realisieren. Für die Frage der Steuerung ist entscheidend, ob ihre Ziele darin bestehen, *Einverständnis* zu erreichen oder durch *Einflußnahme* den anderen zu einer bestimmten Handlung zu bewegen. Nach Habermas (1984: 574) schließen sich nun Einverständnis und Einflußnahme als Mechanismen der Handlungskoordinaten aus: „Verständigungsprozesse können nicht gleichzeitig in der Absicht unternommen werden, mit einem Interaktionsteilnehmer Einverständnis zu erzielen und Einfluß auf ihn auszuüben." Hat man das Ziel, durch Interaktion Einverständnis zu erreichen, setzt dies voraus, daß der Prozeß in einer *diskursähnlichen Weise* gestaltet wird. Will man durch Interaktion lediglich Einfluß ausüben, geht es um die Frage, welche *Lenkungstechniken* einzusetzen sind. In den folgenden Ausführungen werde ich mich deshalb zunächst mit der Frage beschäftigen, unter welchen Bedingungen eine diskurs-ähnliche Interaktion zustande kommt (1) und daran anschließend auf einige Beeinflussungs- und Lenkungstechniken eingehen (2).

(1) Für Habermas (1971) ist der *Diskurs* mehr als eine sachliche Diskussion; entscheidend für den Diskurs ist eine ideale, völlig zwangfreie Sprechsituation unter wirklich gleichberechtigten Sprechern. Der ideale Prozeß ist nach Habermas (1971: 137f) dadurch gekennzeichnet, daß für alle Beteiligten eine symmetrische Verteilung von Chancen vorhanden ist, Dialogrollen einzunehmen und Sprechakte zu wählen und auszuüben. Dies setzt im einzelnen voraus, daß

- alle Gesprächsteilnehmer die gleiche Chance haben, die Kommunikation zu eröffnen und in Gang zu halten,
- alle die gleiche Chance haben – durch Einsatz entsprechender Mittel – Deutungen, Behauptungen, Erklärungen und Rechtfertigungen aufzustellen,
- für alle die Gegenseitigkeit ungekränkter Selbstdarstellung besteht,
- eine Gleichverteilung der Chancen besteht, zu befehlen und sich zu widersetzen, zu erlauben und zu verbieten...

Wie Habermas an anderer Stelle (1983: 127ff.) in Verbindung zu Kohlbergs *Stufen des moralischen Urteilens* aufzeigt, setzt der Diskurs auch Kommunikations-Partner voraus, die in der Entwicklung ihrer Urteilsfähigkeit die sogenannte *postkonventionelle Ebene* erreicht haben: Deren Verhalten und Urteilen sich

– in *Stufe* 5 (nach dem Kohlberg'schen Stufenschema) orientiert an *legalistischen*

Prinzipien: dem Gebot, sich an gesellschaftliche Prinzipien und Übereinkünfte zu halten, die individuellen Rechte zu wahren und der allgemeinen Wohlfahrt zu dienen, bzw.

– in *Stufe* 6 orientiert an *universalen ethischen Prinzipien*: dem Gebot sich für Freiheit, Gleichheit und Gerechtigkeit einzusetzen und den Respekt vor der Würde des Menschen als individueller Person zu wahren, wobei das an solchen Prinzipien geschulte Wissen über den geltenden Gesetzen steht.

Geht man diese Forderungskataloge hinsichtlich der Bedingungen für einen Diskurs durch, sieht man sehr schnell, daß der Diskurs für Unternehmen eine Form der Interaktion ist, die sich auf Ausnahmefälle beschränken wird.

Unternehmen sind eben keine Institutionen, die Handlungen im Sinn von Kants *kategorischem Imperativ* ermöglichen (oder fordern), wie diese auf der postkonventionellen Ebene angestrebt werden. Gefordert ist in Unternehmen vielmehr ein Verhalten im Sinne von Nietzsches *„Willen zur Macht"*, das (nach Kohlbergs Stufenschema) gekennzeichnet ist

– auf *Stufe* 1 durch die Maxime: Erlaubt ist, was *mir nicht schadet*,

– auf *Stufe* 2 durch die Maxime: Erlaubt ist, was *mir nützt* und anderen nicht unbedingt schadet,

– auf *Stufe* 3 durch die Maxime: Erlaubt ist, was mir den *Beifall* und *Dank* derer einträgt, auf die ich Wert lege,

– auf *Stufe* 4 durch die Maxime: Erlaubt ist, was von *guten Mitarbeitern* erwartet wird, bzw. erlaubt oder sogar geboten ist, was dem *„größten Glück der größten Zahl"* dient.

(2) Der Prozeß der Interaktion ist gekennzeichnet von einem ständigen Geben und Nehmen, wobei dieses wechselseitige Geschehen durch merkliche und unmerkliche Einflüsse der Beteiligten gesteuert wird. Alle Mechanismen der Steuerung haben das Ziel, den anderen darin zu beeinflussen, daß er eine bestimmte Information aufnimmt oder eine bestimmte Handlung vollzieht. Man kann somit feststellen, daß in jeder Interaktion – bewußt oder unbewußt – auch ein mehr oder weniger starkes Maß an *Lenkung* vorhanden ist.

Zum einen wird der Koordinationsprozeß in der Interaktion getragen von den unmerklichen, nicht-verbalen Signalen: So z. B. durch Blickkontakte, durch Modulation der Stimme, durch Gestik und Körperhaltungen.

Zum anderen verwenden die Gesprächspartner differenzierte Gesprächstechniken mit dem Ziel

● den Partner mehr oder weniger direkt zu *beeinflussen* oder zu *manipulieren*,
● beziehungsweise den Partner zu *lenken*.

In diesem Sinne kann man auch unterscheiden zwischen den *Beeinflussungstechniken* (I) und den *Lenkungstechniken* (II) als sanftere Form der Beeinflussung. In Übersicht 6 wurden die gebräuchlichsten in der Literatur erwähnten Beeinflussungs- und Lenkungstechniken zusammengestellt. Zu erwähnen ist, daß diese Liste

Übersicht 6: Beeinflussungs- und Lenkungstechniken in Gesprächen

I) *Beeinflussungstechniken (Manipulationstechniken)*

1. *Herstellen einer guten Atmosphäre*
Durch eine bewußte Gestaltung der Atmosphäre das Selbstwertgefühl des Partners steigern, gleichzeitig aber seine Kritik ausschalten (den anderen „einlullen").

2. *Aneinander vorbeireden*
Verhinderung einer gemeinsamen Basis mit der Absicht, die eigenen Vorstellungen durchzusetzen.

3. *Vereinfachen*
Probleme verharmlosen, um dann die eigenen Patentrezepte vorzutragen.

4. *Vortäuschen von Expertenwissen*
Den anderen durch gezielt eingesetztes Expertenwissen beeindrucken.

5. *Verkomplizieren*
Angelegenheit so schwierig erscheinen lassen, daß der Sachverstand des anderen nicht ausreicht, diese angemessen zu bewältigen.

6. *Den Teufel an die Wand malen*
Durch das Heraufbeschwören großer Gefahr dem anderen Angst einjagen.

7. *Betroffenheit simulieren*
Der Ausdruck eigener Betroffenheit löst Betroffenheit beim Partner aus und schafft bei ihm u. U. ein Schuldbewußtsein.

8. *Handlungsspielraum einengen*
Den anderen festlegen und dadurch andere Möglichkeiten des Verhaltens verbauen.

9. *Zermürbungstaktiken*
Z. B. durch Verschleppung wichtiger Themen oder durch Datenflut den Partner zermürben.

10. *Entweder-Oder-Taktik*
Durch die Darstellung von Extrempositionen Kompromisse erschweren.

11. *Moralische Appelle*
Durch offene Anerkennung der gegnerischen Position Zugeständnisse erschleichen.

12. *Verpflichtende Zielsetzungen*
Den anderen an das Gemeinwohl erinnern („Ich glaube, uns beiden geht es zunächst einmal darum, im Gesamtinteresse des Betriebs zu handeln.")

13. *Schuldgefühle erzeugen*
Durch das Erzeugen von Schuldgefühlen das Selbstwertgefühl des Partners anschlagen.

14. *Darstellung einer Position der Stärke*
Den anderen durch machtorientierte Verhaltensstile und durch Aggressivität beeinflussen.

15. *Ausspielen von Machtmitteln*
Den anderen z. B. durch den Informationsvorsprung oder durch Ausüben von Druck beeinflussen.

16. *Das Selbstwertgefühl des anderen herabsetzen*
Den anderen herabsetzen oder durch indirekte Mittel verunsichern und bedrängen.

17. *Ausüben von Druck*
Erzwingen von Akzeptanz oder Zugeständnissen durch den direkten Einsatz von Druckmitteln.

18. *Überrumpeln*
Den Gesprächspartner an einem schwachen Punkt in die Zange nehmen oder plötzlich Drittparteien ins Spiel bringen.

19. *Drohung*
Dem anderen ganz offen drohen (z. B. das Gespräch abzubrechen).

20. *Direkte Angriffe*
Durch direkte Angriffe auf die Person des Gesprächspartners diesen provozieren, in die Enge treiben, ihn zu unbedachten Äußerungen herausfordern.

II.) *Lenkungstechniken*

1. *Verstärken*
Bestätigen der empfangenen Information z. B. durch Kopfnicken.

2. *Konkretisieren*
Den Gedanken des Partners im Feedback genauer definieren oder weitertreiben.

3. *Interpretieren*
Deutung einer empfangenen Nachricht durch Feedback.

4. *Umdefinieren*
Den Gedanken des Partners in einen neuen Zusammenhang stellen.

5. *Definition von Problemen*
Das Problem in seinen Auswirkungen für die Gesprächspartner umreißen.

6. *Festlegung gemeinsamer Ziele*
Die Standpunkte der Partner zur Darstellung bringen. Meinungen, Bedürfnisse und Zwänge, die zum jeweiligen Standpunkt führen, herausarbeiten.

7. *Selbstöffnung*
Darstellung eigener Bedürfnisse und Erfahrungen. Zeigen von Betroffenheit.

8. *Zusammenfassen*
Verknüpfen von auseinandergelaufenen Gesprächsfäden.

9. *Bewertung von Alternativen*
Darstellung der Erfolgskriterien verschiedener Alternativen für die einzelnen Partner.

10. *Erbitten von Vorschlägen*
Sammlung weiterer Ideen zum Problem. Konkretisierung von abstrakten Gedanken.

11. *Fragen*
Sammlung von Meinungen und Informationen, damit Probleme auf einer profunderen Basis gelöst werden können.

12. *Bewußter Einsatz von Pausen*
Indirekte Aufforderung an den Partner, in seinen Ausführungen weiterzumachen.

13. *Extremisieren*
Durch das Aufzeigen von möglichen Extrempositionen (Szenarien) den Rahmen abstecken.

14. *Emotionalisieren*
Verwendung von gefühlsmäßig aufgeladenen Ausdrücken.

(*Quellen:* Neuberger, 1980 und 1982; Holz, 1982)

sicherlich nicht vollständig ist. Bei den Techniken der Beeinflussung und Lenkung gibt es eine Unzahl von Möglichkeiten, die sich jeweils auch in Varianten einsetzen lassen. Darüber hinaus ist die Zuordnung der einzelnen Techniken sicherlich nicht immer unstrittig.

Ob man nun verstärkt Beeinflussungs- oder Lenkungstechniken einsetzt, hängt zunächst davon ab, ob man tendenziell eine Einigung in Richtung Einverständnis oder lediglich Einflußnahme anstrebt. Eine Präferenz für die eine oder andere Technik wird ganz sicher auch beeinflußt durch die moralische Grundhaltung der Interaktionspartner. Hier ist jedoch festzuhalten, daß eine einseitig manipulative Ausrichtung der Interaktion zwischen Vorgesetzten und Unterstellten auf die Dauer ganz sicher zu Problemen führen wird.

Eine mehr indirekt wirkende Methode zur Gesprächslenkung ist die von Bandler/Grinder (1984) entwickelte *Neuro-Linguistische Programmierung* (kurz: *„NLP"*). Ausgangspunkt dieser Methode sind die individuellen Besonderheiten in der Verarbeitung von Informationen und hier im besonderen das *Leitsystem* (das individuelle System, das jeder von uns benutzt, um Informationen im Gedächtnis abzurufen), und das *Repräsentationssystem* des Menschen (bewußter Anteil der abgerufenen Informationen, erkennbar an den vom Sprechenden benutzten Prädikaten).

Gelingt es, durch Beobachten der Augenbewegungen des Partners und durch sorgfältiges registrieren der von ihm benutzten Art von Prädikaten die Bedingungen zu erfassen, die sein Denken und Verhalten begründen, dann – so Bandler/Grinder (1984: 58) – „hat man das Leit- und Repräsentationssystem eines Menschen bestimmt, kann man eine Information so verpacken, daß sie unwiderstehlich für ihn wird."

(3) Interaktionsprozesse werden für die Interaktionspartner vor allem dann zum Problem, wenn *Spiral-Effekte* entstehen; wenn die Interaktion eskaliert. Wie unbedeutende Ereignisse eine *Problem-Spirale* in Gang setzen können, beschreiben sehr kennzeichnend Laing et al. in Beleg 62.

Beleg 62

Die Problemspirale

„Peter ist durch irgend etwas aus der Fassung geraten, und Paul hofft, ihm zu helfen, indem er ruhig und sachlich bleibt. Peter empfindet jedoch möglicherweise, daß das von Paul genau das Falsche ist, wenn er (Peter) erregt ist. Er mag der Meinung sein, daß eine wirklich freundschaftliche, zur Hilfe bereite Person sich mit ihm erregen würde. Falls Paul das nicht weiß und Peter es ihm nicht mitteilt, nimmt Peter vielleicht an, daß Paul absichtlich so gleichgültig bleibt, um ihn zu ärgern. Paul kann dann zu dem Schluß gelangen, daß Peter auf ihn Gefühle des Ärgers „projiziere". Dies nun ist eine Situation, in der Peter von Paul Projektion unterstellt wird, obgleich Projektion in Wirklichkeit gar nicht stattgefunden hat. (...) Ins Spiel gekommen ist ein Teufelskreis von fehlangepaßten Interpretationen, Erwartungen, Erfahrungen, Unterstellungen und Gegenunterstellungen. Das Karussell beginnt sich etwa so zu drehen:

Peter:

1. Ich bin erregt.
2. Paul verhält sich sehr ruhig und unbeteiligt.

3. Wenn Paul sich um mich kümmern und mir helfen wollte, würde er beteiligter sein und das gefühlsmäßig zeigen
4. Paul weiß, daß mich das ärgert.
5. Wenn Paul weiß, daß dieses Verhalten mich ärgert, dann muß er mich wohl absichtlich ärgern wollen.
6. Wie grausam sadistisch er doch sein muß! Vielleicht hat er seine Freude daran, usw.

Paul:

1. Peter ist erregt.
2. Ich werde versuchen, Peter zu helfen, indem ich ruhig bleibe und nur zuhöre.
3. Er wird ja immer erregter. Ich muß noch ruhiger sein.

4. Er beschuldigt mich, ihn zu ärgern.
5. Ich versuche doch wirklich, ihm zu helfen.

6. Er muß wohl projizieren.

Unterstellungen dieser Art auf der Basis einer im Grunde unentwirrbaren Mischung von fehlangepaßten Erwartungen, Phantasien und Wahrnehmungen sind der Stoff, aus dem zwischenmenschliche Wirklichkeit gemacht ist. In diese Welt muß man zum Beispiel eindringen, wenn man verstehen will, wie das, was eine Person anderen unterstellt, für die anderen besonders störend und disjunktiv sein und schließlich von ihnen wiederholt in Abrede gestellt wird, so daß man dem Betreffenden zu unterstellen beginnt, er sei verrückt. (...) Solche herumwirbelnden Phantasie-Karussells sind für individuelle (oder internationale) Beziehungen ebenso vernichtend wie Hurrikans für die materielle Wirklichkeit."

aus: Laing et al. 1978: 34 ff.

Die Interaktionspartner kommen bei den eskalierenden Beziehungen in eine Spirale wechselseitigen Mißtrauens, das in zunehmendem Maß von verdeckten Aggressionen bestimmt wird und gleichzeitig die Interaktionspartner immer stärker in ihren Bann zieht. Auch in Unternehmen kann man sehr häufig diese Spiraleffekte feststellen, wobei diese gerade hier besonders schwer wiegen. Ein besonderes Augenmerk sollte deshalb auf sich entwickelnde Problemspiralen gelegt werden, damit die Interaktion so bald wie möglich (z. B. durch Einleitung einer Meta-Kommunikation) wieder in normalere Bahnen gelenkt werden kann.

Zur Eskalation neigen vor allem die psychologischen *Spiele*. Als Spiel wird hier – in Anlehnung an die TA – eine periodisch wiederkehrende Folge von Interaktionsmustern verstanden, die von verborgenen Motiven beherrscht wird.

Beleg 63

Die Spiele der Erwachsenen

„Alle Menschen treiben psychologische Spiele miteinander, die sich mit Spielen wie Monopoly, Bridge oder Schach vergleichen lassen. Die Spieler müssen das Spiel kennen, um daran teilnehmen zu können – schließlich kann sich jemand nicht an einen Kartentisch setzen und Bridge spielen wollen, wenn alle anderen Monopoly spielen.

Alle Spiele haben einen Anfang, bestimmte Spielregeln und schließlich einen Nutzeffekt. Psychologische Spiele haben jedoch darüber hinaus einen verdeckten Zweck. Sie werden nicht um des Spaßes willen gespielt – genausowenig wie manche Pokerspiele. (...)

Spiele verhindern aufrichtige, vertraute und offene Beziehungen zwischen den Spielern. Doch man spielt sie, um sich die Zeit zu vertreiben, Aufmerksamkeit hervorzurufen, einmal gefaßte Meinungen über sich und andere zu verstärken und ein Gefühl für das Schicksalhafte zu befriedigen.

Bei psychologischen Spielen geht es ums Gewinnen, aber wer sie gewohnheitsmäßig spielt, ist kein Gewinner. Manchmal verhält sich jemand wie ein Verlierer, nur um sein Spiel zu gewinnen. Bei dem Spiel „Tu mir etwas an" provoziert ein Spieler einen anderen zum Beispiel dazu, ihn schlecht zu behandeln. (...) Obwohl er es abstreiten mag, zieht ein Mensch, der an dieses Spiel gewöhnt ist, andere an, die die Komplementär-Rolle spielen und bereit sind, ihm etwas anzutun.

Jedes Spiel hat einen Eröffnungszug. Manche Eröffnungszüge sind nicht-verbal: Jemand die kalte Schulter zeigen, flirtende Blicke werfen, mit dem Finger drohen, eine Tür zuschlagen, Schmutz ins Haus tragen, die Post eines anderen lesen, betrübt dreinschauen, nichts reden. Andere Eröffnungszüge sind verbale Behauptungen wie:

Du siehst so einsam aus, wenn du hier ganz allein stehst...

Wie konntest du nur in diesem Aufzug zur Schule gehen!

Er hat dich abgekanzelt, und du läßt dir das einfach gefallen?

Ich habe da ein schreckliches Problem...

Ist es nicht furchtbar, daß...

Spiele werden gern wiederholt. Man stellt fest, daß man die gleichen Worte auf die gleiche Weise sagt, daß sich nur Zeit und Ort geändert haben. Vielleicht trägt diese Wiederholung zu dem bei, was man oft mit dem Satz beschreibt: „Ich habe das Gefühl, als hätte ich das schon mal erlebt."

Die Menschen betreiben ihre Spiele mit unterschiedlicher Intensität, von dem gesellschaftlich akzeptierten, entspannten Stadium bis zum kriminellen Mord-Selbstmord-Stadium."

aus: James/Jongeward 1974: 52 ff.

5.3.6 Ansatzpunkt: Das Selbstkonzept der Beteiligten

(1) Wie Piontkowski (1982: 119 f) ausführt, hat eine positive Selbstbewertung auch positive Effekte auf das interaktive Verhalten. So haben Personen mit einem hohen *Selbstwertgefühl* z. B. mehr Vertrauen in ihre eigene Meinung, sind von den Meinungen und Urteilen anderer über sie unabhängig, haben eine positivere Wahrnehmung von ihrem Interaktionspartner, sind eher in der Lage, direkte Aggression zu zeigen.

Sehr oft wird die Interaktion durch ein negatives (oder falsches) Selbstkonzept bzw. durch *Abwehrmechanismen*, die eingesetzt werden, um ein falsches Selbstbild aufrechtzuerhalten (siehe z. B. Neuberger 1980: 35 f), beeinträchtigt. Ein negatives Selbstwertgefühl (oder wie Virginia Satir 1982 sagt, ein *Low-pot*) führt schließlich dazu, daß man immer das Schlimmste erwartet, sich von den Mitmenschen hintergangen fühlt und – um sich zu schützen und zu verteidigen – schließlich hinter einer Wand von Mißtrauen versteckt, sich anderen Menschen entfernt.

Beleg 64

Low-pot- und High-pot-Gefühle

„Wenn ich (...) das Wort „Pott" gebrauche, meine ich immer „Selbstwert" oder „Selbstachtung". (...)
In den vielen Jahren, in denen ich Kinder unterrichtet habe, in denen ich Familien aller sozialen Schichten behandelt habe und Menschen der verschiedensten Lebensrichtungen ausgebildet habe – in all den alltäglichen Erfahrungen meines beruflichen und privaten Lebens gelangte ich zu der Überzeugung, daß der entscheidende Faktor für das, was sich in einem Menschen abspielt, die Vorstellung von dem eigenen Wert ist, die jeder mit sich herumträgt – also sein Pott.
Integrität, Ehrlichkeit, Verantwortlichkeit, Leidenschaft, Liebe – alles strömt frei aus dem Menschen, dessen Pott voll ist. Er weiß, daß er etwas bedeutet und daß die Welt ein kleines Stückchen reicher ist, weil er da ist. Er glaubt an seine eigenen Fähigkeiten. Er ist fähig, andere um Hilfe zu bitten, aber er glaubt an seine eigene Entscheidungsfähigkeit und an die Kräfte in sich selbst. Weil er sich selber wertschätzt, kann er auch den Wert seiner Mitmenschen wahrnehmen und achten. Er strahlt Vertrauen und Hoffnung aus. Er hat seine Gefühle nicht mit Regeln belegt. Er akzeptiert alles an sich selbst als menschlich.
Sehr vitale Menschen sind die meiste Zeit „oben" (high-pot). Natürlich gibt es für jeden Zeiten, wo er am liebsten alles hinwerfen möchte, wo er erschöpft und müde ist und wo das Leben ihm zu viele Enttäuschungen zu schnell nacheinander beschert, wo die Probleme plötzlich zu viele sind oder zu groß aussehen, als daß sie bewältigt werden könnten. Aber der vitale Mensch geht mit diesen momentanen Tiefpunkten (low-pot-feelings) so um, wie sie es verdienen, nämlich als Krisen des Augenblicks, aus denen er heil wieder auftauchen kann, als etwas, was im Augenblick sehr mühsam und unangenehm ist und dessen man sich nicht zu schämen braucht.
Andere Menschen dagegen verbringen die meiste Zeit ihres Lebens im Zustand des fast leeren Potts (low-pot), weil sie sich selber wenig wert finden, erwarten sie von ihren Mitmenschen, daß sie sie hintergehen, mit Füßen treten und verachten. Da sie immer das Schlimmste erwarten, beschwören sie es selbst herauf und bekommen es auch häufig. Um sich zu schützen und zu verteidigen, verstecken sie sich hinter einer Wand von Mißtrauen und versinken in den grausamen Zustand des Menschseins, der Einsamkeit und Isolation heißt. Auf diese Weise von anderen Menschen entfernt, werden sie unansprechbar und gleichgültig gegen sich selbst und andere. Sie haben es schwer, noch wirklich klar zu sehen, zu hören oder zu denken, und deshalb kommen sie mehr in Gefahr, andere zu übergehen oder zu verletzen."
aus: Satir 1982: 39 f.

Ein negatives Selbstwertgefühl läßt sich sicherlich nur durch umfassende Maßnahmen (z. B. eine entsprechende Therapie) reduzieren. So gehen auch einige Therapieformen die Selbstunsicherheit direkt an. Das *Bekenntnis zur Selbstachtung* von Satir (1982: 46) oder das *Gestaltgebet* von Perls (1980) haben, wie Däumling et al. (1974) ausführen, „bei selbstunsicheren Personen durchaus eine Stützfunktion".

Ansonsten ist es ganz sicherlich ratsam, sich durch eine ausreichende Selbstöffnung Feedback über die eigene Person zu holen und vor allem durch Selbstbeobachtung die mögliche Anwendung von Abwehrmechanismen zur Aufrechterhaltung eines nicht hilfreichen Selbstbildes zu erforschen.

(2) Wichtig für die Interaktion ist, daß man sich eine realistische Meta-Identität erarbeitet. Wie bereits in den Ausführungen zu den Zielen dargestellt, gilt natürlich auch hier, daß man den Aufbau der Meta-Identität (mit anderen Worten: „Wie meine ich, daß Du mich siehst") nicht in eine verhängnisvolle Spirale münden läßt. Dieses Hinauftreiben auf eine dritte, vierte oder gar fünfte Meta-Ebene ist vor allem dann festzustellen, wenn Personen sich gegenseitig nicht trauen. An einem bestimmten Punkt kehrt dann ein relativ konstanter Zustand gegenseitigen Mißtrauens, gefährlicher Zufriedenheit, gemeinsamen Leidens und Schreckens ein.

5.3.7 Ansatzpunkt: Die Erfahrungen der Beteiligten

Wie zuvor ausgeführt führen Erfahrungen in der Interaktion zur Ausbildung von Erwartungs-Strukturen. Hatte beispielsweise ein Mitarbeiter in verschiedenen Situationen in der Kommunikation mit Vorgesetzten negative Erfahrungen, wird er davon ausgehen, daß die Kommunikation mit Vorgesetzten besonders problematisch ist und sich dieser unter Umständen so weit wie möglich entzieht: Es hat sich eine bestimmte *Erwartung* in bezug auf die Kommunikation mit Vorgesetzten gebildet.

Voraussetzung zur Veränderung von Erwartungen ist somit, daß man neue (bisher nicht bekannte) *Erfahrungen* macht, um hierdurch die lernbereiten Erwartungen zu korrigieren. Bei den lernunwilligen Erwartungen (den Normen) ist diese Veränderung ungleich schwieriger zu bewerkstelligen, da man an Normen in der Regel auch im Enttäuschungsfall festhält.

Beleg 65

Verharren in der Vergangenheit

„Die Zeit heilt angeblich Wunden und Schmerzen. Das mag zutreffen, braucht uns aber nicht abzuschrecken. Es ist nämlich durchaus möglich, sich gegen diesen Einfluß der Zeit abzuschirmen und die Vergangenheit zu einer Quelle von Unglücklichkeit zu machen.

Ein (...) Vorteil des Festhaltens an der Vergangenheit besteht darin, daß es einem keine Zeit läßt, sich mit der Gegenwart abzugeben. Täte man das, so könnte es einem jederzeit passieren, die Blickrichtung rein zufällig um 90 oder gar 180 Grad zu schwenken und feststellen zu müssen, daß die Gegenwart nicht nur zusätzliche Unglücklichkeit, sondern gelegentlich auch Un-Unglückliches zu bieten hat; von allerlei Neuem ganz zu schweigen, das unseren ein für allemal gefaßten Pessimismus erschüttern könnte. Hier blicken wir mit Bewunderung auf unsere biblische Lehrmeisterin, Frau Lot, zurück – Sie erinnern sich doch? Der Engel sagte zu Lot und den Seinen: „Rette dich, es gilt dein Leben. Schaue nicht hinter dich, bleibe nirgends stehen." (...) Seine Frau aber schaute zurück und wurde zu einer Salzsäule."

aus: Watzlawick 1983: 21 ff.

Die Angst vor neuen Erfahrungen

„Die Wahrnehmung von persönlichen „Schranken" erweist sich (...) als Versäumnis *zu* handeln, nicht als Versäumnis *beim* Handeln. Schranken sind trügerische Schlußfolgerungen, aber unglücklicherweise bemerken dies die Leute nicht. Sie bemerken nicht, daß Schranken eher auf Mutmaßungen gründen als auf Aktion. Unser Wissen um Schranken gründet nicht auf Fähigkeitstest, sondern auf der Vermeidung von Tests.

Auf der Grundlage vermiedener Tests schließen die Leute, daß in der Umwelt Zwänge und in ihrem Reaktionsrepertoire Schranken existieren. Untätigkeit wird gerechtfertigt dadurch, daß man in der Phantasie Zwänge und Schranken aufbaut, die Handeln „unmöglich" machen. Diese Zwänge, Schranken und Verbote werden dann zu bedeutsamen „Dingen" in der Umwelt. (...)

Um dies in die Form einer Aussage zu bringen, könnte man vorhersagen: je größer die Furcht vor dem Scheitern, desto größer die Wahrscheinlichkeit, daß das Wissen einer Person über die Welt auf vermiedenen Tests beruht (...). Wir wissen nicht sehr viel über vermiedene Tests, aber es erscheint als wahrscheinlich, daß sie die Grundlage eines beträchtlichen Teils des Wissens bilden, welches Organisationen speichern.

Der Punkt ist, daß die gewaltige Menge an Unterhaltung, Sozialisierung, Konsensbildung und stellvertretendem Lernen, die unter Managern abläuft, häufig in pluralistischer Ignoranz resultiert (Shaw und Blum 1965). Gestaltungshemmung ist die Ursache. Jede Person beobachtet, daß jemand anderes bestimmte Vorgehensweisen, Ziele, Sätze und Zerstreuungen meidet, und schließt, daß diese Vermeidung durch „reale" Gefahren in der Umwelt begründet ist. Der Beobachter profitiert von der Lektion dadurch, daß er diese Handlungen und ihre mutmaßlichen Konsequenzen dann selbst vermeidet. Da diese Ereignisfolge stets aufs neue wiederholt wird, schließen die Manager, daß sie mehr und mehr über etwas wissen, was keiner von ihnen unmittelbar erfahren hat. Dieses Gefühl von Wissen wird gestärkt dadurch, daß jeder die gleichen Dinge zu sehen und zu meiden scheint. Und wenn alle über irgend etwas einer Meinung sind, dann muß es auch existieren und wahr sein."

aus: Weick 1985: 213 ff.

Man muß davon ausgehen, daß zur Neubildung von Erfahrungen umfangreiche Prozesse notwendig sind. Eine wesentliche Voraussetzung dürfte hierbei eine möglichst *unverzerrte, objektive Wahrnehmung* und vor allem auch die *Bereitschaft, neue Erfahrungen zu machen*, sein.

5.3.8 Ansatzpunkt: Die Ziele der Beteiligten

(1) Die Mitarbeiter eines Unternehmens verfolgen mit ihren Handlungen bestimmte Ziele, wobei diese Ziele zum Teil vom Unternehmen in einer mehr oder minder klar fixierten Form vorgegeben werden, zum Teil jedoch auch als persönliche Ziele (z. B. Karriereziele) individueller Natur sind.

Probleme in der Interaktion entstehen z. B. dann, wenn die von einem Aktor verfolgten Ziele nicht klar sind, dieser unter Umständen sogar dafür sorgt, daß sie dem anderen nicht bekannt werden. So könnte unter Umständen „B", „A" am Erreichen seiner Ziele hindern, wenn „B" die Ziele „A's" kennt. Dies wäre zum

Beispiel der Fall, wenn sich zwei Personen gleichzeitig um eine Stelle oder ein bestimmtes Privileg bemühen.

Ein weiteres Problem ist, daß Ziele wohl bekannt sind, aber in Konkurrenz zueinander stehen. Dies kommt in Unternehmen ständig vor. Auch ausgeklügelte Ziel-Systeme können nicht widerspruchsfrei sein. Ganz im Gegenteil: Ihr Wert wird oft darin gesehen, daß Widersprüche die Konkurrenz fördern. So sind die Mitarbeiter eines Unternehmens oft gezwungen, in sogenannten *Null-Summen-Spielen*, in denen sich „die Nutzen der Beteiligten bei jedem möglichen Ausgang stets zu Null oder zu der gleichen konstanten Summe aufaddieren" (Crott 1979: 128), zu agieren. Typische Null-Summen-Situationen sind die Gespräche zur Verteilung von Etats, von Privilegien, von Positionen.

Als drittes Problem wäre hier eine ausschließliche Fixierung auf die eigenen Ziele anzuführen. Mit anderen Worten: Eine mangelnde Konsensfähigkeit bei der Vereinbarung gemeinsamer Ziele und Strategien.

Soll die Interaktion störungsfreier ablaufen, ist folgendes zu berücksichtigen:

- Die Ziele der an der Interaktion beteiligten Partner sollen transparent sein, wenn möglich sogar im gegenseitigen Einvernehmen abgestimmt und fixiert werden. Man schafft hierdurch auch die Basis für eine abschließende Bewertung von Gesprächen.
- Dort, wo Teilziele in Konkurrenz zueinander stehen, sollte dieses Konkurrenzverhältnis transparent gemacht und Konflikte – z. B. durch das Eingreifen übergeordneter Stellen – kanalisiert werden. Null-Summen-Situationen sollten dort, wo sie vermeidbar sind, auch vermieden werden.
- Eine der wesentlichen Fähigkeiten für die Interaktion in Unternehmen ist eine ausreichende Konsens- und Kompromißfähigkeit. Es ist mit die Aufgabe des Vorgesetzten, darauf zu achten, daß die allgemeinen Verhältnisse, das *Klima*, (z. B. in der Form der Informations-, Verteilungs- und Beförderungspolitik) das Eingehen von Kompromissen fördert und dort, wo es zu Problemen kommt, auch individuell reagiert wird (z. B. durch Schulung, Beseitigung von Beeinträchtigungen usw.).

Beleg 66

Das Leben als Spiel

„Ist eine Partnerbeziehung ein Nullsummen- oder ein Nichtnullsummenspiel? Um das zu beantworten, müssen wir uns fragen, ob es zutrifft, daß die „Verluste" des einen Partners dem „Gewinn" des anderen entsprechen.
Und hier scheiden sich die Geister. Der Gewinn, zum Beispiel, der im eigenen Rechthaben und dem Nachweis des Irrtums (dem Verlust) des Partners liegt, läßt sich durchaus als Nullsummenspiel auffassen. Und viele Beziehungen sind es auch. Um sie dazu zu machen, genügt es, wenn einer der beiden eben das Leben als Nullsummenspiel sieht, das nur die Alternative zwischen Gewinn und Verlust offenläßt. Alles weitere ergibt sich zwanglos, auch wenn die Philosophie des anderen zunächst nicht dahingehend ausgerichtet war. (...)
Was Nullsummenspieler nämlich leicht übersehen, verbissen wie sie in die Idee des

Gewinnens und gegenseitigen Übertrumpfens sind, ist der große Gegenspieler, der (nur scheinbar) lachende Dritte, das Leben, demgegenüber *beide* verlieren. Warum fällt es uns bloß so schwer, einzusehen, daß das Leben ein Nichtnullsummenspiel ist? Daß man daher *gemeinsam* gewinnen kann, sobald man nicht mehr davon besessen ist, den Partner besiegen zu müssen, um nicht besiegt zu werden? Und – für den routinierten Nullsummenspieler ganz unfaßlich – daß man sogar mit dem großen Gegenspieler, dem Leben, in Harmonie leben kann?"
aus: Watzlawick 1983: 124 f.

(2) Ganz sicher ist die Einbeziehung möglicher künftiger Ereignisse ein wesentlicher Faktor für das Handeln in Unternehmen. Doch wie weit läßt sich die *antizipative Berücksichtigung möglicher künftiger Ereignisse* in meinen Handlungsplänen, dieses Spiel auf der Meta-Ebene, überhaupt treiben?

Berücksichtigt man bei der Festlegung eigener Ziele auch die möglichen Ziele der anderen, führt dies sehr leicht zu Denkspiralen: Zu dem von v. Morgenstern beschriebenen *Paradox der sich zu Tode jagenden Prognosen*, das im Prinzip jedem taktischen Denken zugrunde liegt.

Beleg 67

Sherlock Holmes und Moriarty

,,Als Sherlock Holmes von seinem Gegner Moriarty verfolgt, von London nach Dover abfährt, und zwar mit einem Zuge, der auf einer Zwischenstation hält, steigt er dort aus, anstatt nach Dover weiterzufahren. Er hat nämlich Moriarty auf dem Bahnhof gesehen, schätzt ihn für sehr klug und erwartet, daß Moriarty einen schnelleren Extra-Zug nehmen werde, um ihn in Dover zu erwarten. Diese Antizipation Holmes' stellt sich als richtig heraus. Was aber, wenn Moriarty noch klüger gewesen wäre, Holmes' geistige Fähigkeiten höher eingeschätzt und demnach Holmes' Aktion vorausgesehen hätte? Dann wäre er offenbar nach der Zwischenstation gefahren. Das hätte Holmes wieder kalkulieren und daher sich für Dover entscheiden müssen. Worauf Moriarty wieder anders ‚reagiert' hätte. Vor lauter Nachdenken wären sie gar nicht zum Handeln gekommen, oder der geistig Unterlegene hätte sich schon auf dem Viktoria-Bahnhof dem anderen übergeben müssen, weil die ganze Flucht unnötig geworden wäre."
aus: Tietzel, *Jahrbuch für Sozialwissenschaften* 32/1981

Welche Ansätze zur Lösung bieten sich? Zunächst kann man feststellen, daß ein gewisses Maß antizipativer Berücksichtigung der Ziele anderer bei der Festlegung eigener Ziele und Handlungspläne notwendig ist. Andererseits sollte man sich jedoch davor hüten, die Denkspiralen zu weit zu treiben.

Goffman (1981: 77) stellt in seinen Ausführungen zur *Strategischen Interaktion* folgende Frage: ,,Wenn ein ehrenwerter Grund für eine Handlung angegeben wird, soll man dann einen tieferliegenden vermuten? Wenn ein Mensch bei einem Versprechen oder einer Drohung überzeugenden emotionalen Ausdruck an den Tag legt, soll man ihm glauben?" Ich würde beide Fragen mit ja beantworten. Weitere Überlegungen an dieser Stelle wären für mich bereits der Anfang einer Denkspirale. Vor einer antizipativen Berücksichtigung anderer möglicher Motive wäre es hier angebracht, zunächst zu handeln und die weitere Entwicklung abzuwarten. Wie Luhmann (1984: 437) sagt, sollte man das für eine bestimmte Sachlage „nächstsinnvolle Verhalten" suchen und im späteren Verlauf durch entsprechende Lernprozesse die Erwartungen modifizieren: sinnvolle Erwartungsstrukturen aufbauen.

5.4 Statt einer Zusammenfassung: Was ist (konkret) zu tun, um die Kommunikation und Interaktion zu verbessern?

In den vorausgegangenen Ausführungen zur Kommunikation und Interaktion wurde eine Vielzahl von Problemen dargestellt mit Ansätzen, diese zu reduzieren, unter Umständen sogar zu lösen. Zusammenfassend könnte man sagen, daß der Verlauf von Gesprächen von zwei Arten von Einflüssen bestimmt wird:

- Einerseits die *Gesprächs-Störer*, die ein Gespräch in eine problematische Zone drängen;
- andererseits die *Gesprächs-Förderer*, die mehr einen positiven Verlauf eines Gesprächs ermöglichen.

Wie in Übersicht 7 dargestellt ist, kann ein positiver bzw. negativer Verlauf eines Gesprächs prinzipiell zwei Ursachen haben. So werden zum Beispiel bei einem negativen Gesprächsverlauf

- zu wenig Gesprächs-Förderer eingesetzt

und/oder

- es sind zu viele Gesprächs-Störer vorhanden.

Übersicht 7: Wirkungen von Gesprächsförderern und -störern

Einsatz von:		Wirkungen auf den Gesprächsverlauf:	
		Negativ	Positiv
	Gesprächs-Störern	Es sind zu viele Gesprächs-Störer vorhanden	Es sind sehr wenige Gesprächs-Störer vorhanden
	Gesprächs-Förderern	Es werden zu wenige Gesprächs-Förderer eingesetzt	Es werden im ausreichenden Maß Gesprächs-Förderer eingesetzt

Will man die Kommunikation und Interaktion verbessern, hat man somit zwei Ansatzpunkte: Einerseits, daß man Gesprächsstörer abbaut und andererseits, daß man Gesprächsförderer einsetzt. Um den Kommunikations- und Interaktionsprozeß nicht unnötig zu belasten, bietet sich meines Erachtens eine *stufenweise Vorgehensweise* an:

● Zunächst sollte man sich darauf konzentrieren, den Kommunikations- und Interaktionsprozeß bewußter wahrzunehmen.
Ganz sicher wird man bei einer *bewußteren Wahrnehmung* sehr vielfältige *Förderer* und *Störer* entdecken, durch die Gespräche beeinflußt werden. Die Wahrnehmung sollte sich nicht nur auf die Gesprächspartner, die Dynamik des Prozesses und die Umwelt beschränken, sondern vor allem auch auf die Wirkungen der verschiedenen Vorgänge auf die eigene Person.

● Auf der nächsten Stufe sollte vor allem *auf die Entstehung und den Verlauf von Störungen* geachtet werden; versucht werden, diese besser in den Griff zu bekommen, wobei man auch dazu übergehen kann – in dosierter Form – metakommunikative Prozesse einzuleiten.

● Erst auf der dritten Stufe sollte man dazu übergehen, *Gesprächs-Förderer* – ebenfalls in dosierter Form – einzusetzen. Hier gilt der Rat: „Nehmen Sie sich nicht zu viel vor!". Man sollte immer nur eine Alternative üben (z. B. *Ich-Botschaften* senden, oder *aktives Zuhören* üben) und erst, wenn man diese beherrscht oder eine befriedigende Sicherheit gewonnen hat, zur Behebung des nächsten Defizits fortschreiten.

Abschließen möchte ich mit zwei generellen Hinweisen:

● „Kommunikation verbessert man (primär) durch Kommunikation und nicht durch Lesen."
Deshalb gilt der Ratschlag, möglichst viel *bewußt* zu kommunizieren; mir Partner zu suchen, die mir eine offene Rückmeldung geben über mein Verhalten.

● „Kommunikatives Verhalten kann erst verändert werden, wenn auch *ich* bereit bin, meine Einstellung zum Gesprächspartner zu ändern."
Wie Neuberger (1982: 80) ausführt, sind alle Techniken und Raffinessen äußerlich und werden Nebensache angesichts der „übergreifenden Haltung, die Sie (auch) im Gespräch verwirklichen. Die Akzeptierung des anderen als einmalige Persönlichkeit und die Respektierung seiner Rechte auf Selbstbestimmung und Entfaltung sind die Grundlagen, auf denen erst eine dauerhafte und befriedigende Zusammenarbeit wachsen kann."

Was sind nun die wesentlichen *Verhaltensmerkmale*, die als *Gesprächsförderer* bzw. *Gesprächsstörer* die Kommunikation und Interaktion *positiv* oder *negativ beeinflussen*? Zunächst wäre festzustellen, daß in den vorausgegangenen Ausführungen eine Vielzahl von Gesprächsförderern und -störern behandelt wurden, ohne als solche bezeichnet zu werden. Ich möchte zur Beantwortung dieser Frage auf zwei Zusammenstellungen von Neuberger (1982) zurückgreifen (siehe Beleg 68 und Beleg 69), in denen die wesentlichen Faktoren für eine gedeihliche bzw. negative Entwicklung der Kommunikation zusammengefaßt sind. Auch diese Zusammenstellungen zeigen, daß es nicht der eine oder andere Faktor ist, der Kommunikation und Interaktion erfolgreich werden läßt: Daß es auch hier keinen *deus ex machina* gibt, der in allen Fällen hilft, sondern daß es vielfältige Faktoren sind, die die Kommunikation und Interaktion beeinträchtigen bzw. diese erfolgreich werden lassen.

Beleg 68

Beispiele für Gesprächsstörer

„1. Trotz, Ablehnung, Widerstand, Auflehnung
Jetzt-erst-recht-Haltung; ständiges Widersprechen; zu allen Vorschlägen nein sagen; das Gegenteil oder etwas anderes tun als das, was verlangt wurde; mürrische und bockige Bemerkungen...

2. Aggression, Vergeltungsmaßnahmen
Spitze Bemerkungen, „schwach anreden", „auf den Tisch hauen", dominieren und tyrannisieren; etwas „heimzahlen"; absichtlich mißverstehen oder Fehler verursachen; einen „auflaufen lassen"; jemand anschwärzen und schlecht machen bei anderen; intrigieren; laut werden; sticheln; sarkastische oder zynische Einwürfe...

3. Fixierung
Sturheit, Hartnäckigkeit, Uneinsichtigkeit; von seinem Standpunkt nicht abzubringen; Rechthaberei; pedantischer Formalismus, Perfektionismus, Dienst nach Vorschrift; buchstabengetreue, schematische Ausführung von Anweisungen...

4. Fluchtverhalten, Ausweichen, Verleugnung der Wirklichkeit
Illusionäre oder utopische Ideen vorbringen, Tagträumen nachhängen; sich herausreden; sich Anforderungen nicht stellen; Ausreden finden, einander aus dem Weg gehen; den Tatsachen nicht ins Auge sehen; sich selbst belügen, sich etwas vormachen; angeben, prahlen; sich in Krankheiten flüchten (Kopfweh, Unwohlsein, Magenschmerzen, Kreislaufbeschwerden); Unpünktlichkeit, Fehlen; Vergeßlichkeit...

5. Selbstbeschuldigung
Selbstkritik, Selbstzweifel; Verkrampfung; Nervosität, Unsicherheit; Minderwertigkeitsgefühle, Angst

6. Verschiebung und Projektion
Fehler anderen in die Schuhe schieben; Gerüchte verbreiten, Ärger an Kleinigkeiten auslassen; auf scheinbare Nebensächlichkeiten völlig unangemessen reagieren; an Unschuldigen sein Mütchen kühlen

7. Resignation, Depression
Apathie, Desinteresse; „es hat ja doch keinen Sinn"; „mir ist alles egal"; abschalten; „laßt mich in Ruhe"; Niedergeschlagenheit, Wortkargheit; Fügsamkeit, gebrochenes Rückgrat

8. Regression
Rückfall auf infantile Verhaltensweisen (Weinen, Trotz, maßlose Forderungen, Wunschdenken, magisches Denken; schmollen, nachtragen, sich zum Clown aufspielen...)

9. Überkonformität und Anpassung
Keine eigenen Ideen und Vorschläge; keine Kritik; Jasagen, Mitläufertum; rückgratloses Radfahren; Willfährigkeit, nach dem Mund reden, Speichelleckerei; 150%ig sein...

10. Reaktionsbildung
Unangemessene und übertriebene Freundlichkeit; Schleimigkeit, Einschmeicheln –
und das alles auf dem Boden von Haßbereitschaft!

11. Rationalisierung und Intellektualisierung
Klugscheißerei; sich wichtig machen; eigene Empfindungen verbergen; sich hinter
„vernünftigen" und sozial akzeptablen Begründungen verstecken; Motive bemän-
teln; lügen, mogeln, Zahlen frisieren...

12. Verdrängung
Etwas nicht wahrhaben wollen; wichtige Argumente oder Vorkommnisse einfach
vergessen; sich beim besten Willen nicht erinnern können...

13. Soziale Absicherung
Andere vorschützen bzw. sich hinter ihnen verstecken; „meine Hände sind gebunden"; Bündnisse schließen; sich als Sprachrohr darstellen, die allgemeine Stimmung im Lande artikulieren; sich Rückversicherung gegen Mißerfolge geben
lassen..."
aus: Neuberger 1982: 68

Beleg 69

Beispiele für Gesprächsförderer

„1. Geduld, Akzeptierung, Hilfsbereitschaft
Dem anderen helfen sich auszudrücken; geduldig zuhören, sich Zeit nehmen, nicht
unterbrechen; Pausen und Bedenk-Zeit einräumen; Kritik anhören und prüfen; die
positiven Möglichkeiten heraushören; nicht gekränkt sein über Widerspruch

2. Konfliktbereitschaft und -toleranz
Konflikte nicht unter den Teppich kehren, sondern offen und freimütig ansprechen;
eigene Wünsche und Forderungen anmelden; Betroffenheit, Ärger, Störungen aussprechen; nicht Harmonie um jeden Preis anstreben

3. „Persönlicher" Umgangston, Auflockerung
Neben „formaler" Kommunikation (Aktenkundigkeit, „gemäß Vorschrift und
Satzung") offiziell auch „informelle" Kommunikation praktizieren (locker, nicht
gespreizt, steif förmlich; leger, "wie einem der Schnabel gewachsen ist")

4. Echtheit und Verständlichkeit
Offenheit, Ehrlichkeit, Echtheit; keine Fassaden, keine Show, kein Imponiergehabe; sich verständlich und eindeutig ausdrücken (sich nicht hinter Fachchinesisch
und Mehrdeutigkeiten verstecken); nichts verklausulieren; konkret und anschau-
lich sprechen; die Sprache des anderen sprechen (Empfänger-orientiert sein ohne
sich anzubiedern)

5. Souveränität, Selbstsicherheit
Probleme und Kritik nicht (nur) persönlich nehmen und nicht (nur) auf *sich* beziehen; „über der Sache stehen"; persönlich gemeinte Hinweise nicht sofort abwehren;
nach Begründung und Wünschen fragen; selbstbewußt, gelassen und selbstsicher
miteinander reden; sich nicht durch Status und Titel ins Bockshorn jagen lassen.

6. Selbständigkeit, Verantwortungsbereitschaft
Sich nicht aus der Verantwortung stehlen; Fehler auf die eigene Kappe nehmen

7. Kontaktbereitschaft
Engagement, Interesse, Einsatz; jede Gelegenheit zum Gespräch suchen; einander
nicht aus dem Weg gehen; gern zusammentreffen

8. Konstruktivität
Auf Interessenausgleich bedacht sein; eigene Gefühle und Wünsche nicht leugnen, sondern vorbringen; Erwachsenen-Ich (neben Eltern- und Kind-Ich) zur Geltung kommen lassen; nicht auf vergangenen Fehlern herumhacken; zukunftsorientiert konstruktiv argumentieren

9. Meinungsvielfalt, Zivilcourage
Eigenen Standpunkt vertreten; Meinungsvielfalt bewahren und fördern – mit der Bereitschaft zum Austausch von Argumenten; Mut zum Widerspruch, Nonkonformismus

10. Ausdruck von Gefühlen, Eingehen auf Gefühle
Offen ausgedrückte Fröhlichkeit, wohlwollende Scherze, Lachen; nicht verhehlte Niedergeschlagenheit; eine vorübergehende Gesprächsunlust des anderen tolerieren, nicht in ihn drängen; sensibel auf sich selbst achten („Wie fühle ich mich jetzt?"); fragen, wie sich der andere fühlt (nicht bloß aus Signalen deuten)

11. Ganzheitlichkeit
Nicht bloß „verkopft" und rational kommunizieren, auch das körperliche Geschehen beachten; Blickkontakt suchen, keine körperliche Verspannung oder Verkrampfung zeigen, ruhig atmen, nicht stottern oder gehetzt sein

12. Direktheit
Probleme sofort ansprechen; nichts „schlucken" oder „in sich hineinfressen", sich im Nachhinein aber ärgern, übertölpelt oder verletzt worden zu sein

13. Ich-Bezug und Tiefe
Sich hinter seine Aussagen stellen („Ich-Botschaften"); sich nicht hinter „man" oder „wir" verstecken; andere direkt ansprechen (nicht „hintenherum"); nicht bloß seichten Party-talk haben, sondern auch wissen, daß ernsthaft und erfolgreich über tiefergehende Probleme geredet werden kann."
aus: Neuberger 1982: 69

6. Ansatzpunkte zur Verbesserung der Kommunikation und Interaktion in Unternehmen

In den folgenden Ausführungen geht es um die Frage, was man tun kann, um die Kommunikation und Interaktion in Unternehmen zu verbessern. Ich gehe davon aus, daß Maßnahmen zur Verbesserung der Kommunikation und Interaktion in Unternehmen folgende drei Ansatzpunkte berücksichtigen müssen:

● Den Ansatz am *Individuum*: das *individuelle Können*.
Ansatzpunkt ist hier der einzelne Mitarbeiter, wobei das Ziel darin besteht, unterentwickelte Persönlichkeitsbereiche zu vervollkommnen und den einzelnen durch die Vermittlung extra-funktionaler Fertigkeiten zu befähigen, in der Kommunikation und Interaktion kompetent zu handeln (6.1).

● Den Ansatz an der *Art des Miteinanders*: das *soziale Dürfen*.
Ansatzpunkt ist hier nicht die einzelne Person, sondern mehr der „Stil" des Umgangs innerhalb des Systems (6.2).

● Den Ansatzpunkt an den *institutionellen (organisatorischen) Bedingungen*: das *situative Ermöglichen*.
Ansatzpunkte sind hier die Zustände, unter denen die Mitarbeiter des Unternehmens zusammenkommen und ihnen bestimmte Formen des Miteinanders aufgedrängt werden. Die Art des Miteinanders und die institutionellen Bedingungen beeinflussen sich gegenseitig. So ist es nahezu unmöglich, einen kooperativen Führungsstil einzuführen, wenn man nicht gleichzeitig starre, hierarchische Formen durchlässiger gestaltet. Diese Versuche führen zwangsläufig zu einer Kommunikation mit „doppeltem Boden": vorgeblich kooperativ, aber in Wirklichkeit rivalitätsorientiert (6.3).

Durch diese Dreigliederung – die auch von Schulz von Thun (1981) vorgeschlagen wird – soll zum Ausdruck kommen, daß Maßnahmen zur Verbesserung der Kommunikation in Unternehmen, sollen sie erfolgreich sein, jeweils alle drei Bereiche ansprechen müssen. Eine ausschließliche Orientierung am Individuum (z. B. dadurch, daß man die kommunikativen Fähigkeiten der Mitarbeiter punktuell verbessert) wird deshalb auch nicht den erwarteten Erfolg bringen. Rupert Lay (1981: 9) führt in diesem Zusammenhang aus: „Oft wird die „freie Kommunikation" zwischen Vorgesetzten und Mitarbeitern als Voraussetzung für ein gutes Führen gewertet. Dann wird Kommunikation trainiert oder gelernt. Übersehen wird zumeist, daß die Mängel an freier Kommunikation meistens nicht auf die Unfähigkeit der Führenden zurückgehen, sondern auf die widrigen Strukturen des Betriebes."

Vor allem in der Organisationsentwicklung (OE) und im besonderen in den Lernstatt-Modellen – auf die ich unter 6.4 eingehen werde – wurden verschiedene Ansätze entwickelt, in einer ganzheitlichen Methode vorrangig auch die Kommunikation und Interaktion in Unternehmen zu verbessern.

6.1 Personen-orientierte Maßnahmen

In den folgenden Ausführungen zu den personen-orientierten Maßnahmen werde ich zwei Fragen nachgehen:

- Was zeichnet den kompetenten Kommunikator aus?
  Im besonderen werde ich hier eingehen auf die in der Literatur verwendeten Begriffe der *„sozialen"* und *„kommunikativen Kompetenz"* sowie auf die Fertigkeiten, die man durch Kommunikationstrainings zu entwickeln versucht (6.1.1).
- Wie können die erwünschten Fertigkeiten vermittelt werden?
  Hier werde ich eingehen auf die methodischen Gesichtspunkte bei der Entwicklung der sozialen (kommunikativen) Kompetenz (6.1.2).

6.1.1 Welche Fertigkeiten zeichnen den kompetenten Kommunikator aus?

Wenn es um die Kennzeichnung der Kompetenz in der Kommunikation und Interaktion geht, also um die „Fähigkeiten eines Organismus (...) mit seiner Umgebung in effektiver Weise zu interagieren" (Piontkowski 1982: 119), werden zumeist die Begriffe *„soziale Kompetenz"* und *„kommunikative Kompetenz"* verwendet.

(1) In einer etwas erweiterten Form (Beispiel: Habermas 1971) umfaßt der Begriff „kommunikative Kompetenz" das Zur-Verfügung-Haben allgemeiner Redequalifikation und von Interaktionsqualifikation. Die kommunikative Kompetenz beschreibt somit Fähigkeiten, die eine kompetente Anwendung von Sprache im sozialen Kontext beinhaltet; das reine Zur-Verfügung-Haben von allgemeiner Redequalifikation würde man dann mit dem Begriff *„Performanz"* bezeichnen (siehe z. B. Pelz 1975).

(2) Der Begriff „soziale Kompetenz" ist weiter als der Begriff der „kommunikativen Kompetenz". Nach Argyle (1972: 323) wird mit dem Terminus „soziale Kompetenz" oder *„soziale Fertigkeit"* der Annahme Ausdruck gegeben, „daß manche Menschen soziale Situationen ganz allgemein besser bewältigen als andere", wobei die Kompetenz „als ein Profil spezifischer Fähigkeiten zu betrachten ist."

(3) Versucht man nun die Frage zu beantworten: Was zeichnet den kompetenten Kommunikator in Unternehmen aus?, wird der zu erstellende Fähigkeitskatalog

ganz sicher Elemente aus den Bereichen der kommunikativen und sozialen Kompetenz beinhalten.

Die Spannbreite dessen, was man in der Literatur als wünschenswerte Fertigkeiten dem Begriff der sozialen und kommunikativen Kompetenz zuordnet, ist sehr breit. Gleichfalls sehr breit ist die Spannbreite dessen, was man in Kommunikationstrainings den Teilnehmern an Fertigkeiten zu vermitteln versucht.

Sprechen Kommunikationstrainings in einer Minimalversion nur punktuell Fähigkeiten zur Kommunikation und Interaktion an, gibt es andererseits umfassende Modelle, die eine existentielle Auseinandersetzung mit der eigenen Persönlichkeit beinhalten. Um eine Übersicht zu erhalten, welche Fertigkeiten in Kommunikationstrainings angesprochen werden, habe ich eine grobe Auswertung von Trainingshandbüchern sowie von Veröffentlichungen zu den theoretischen Grundlagen von Trainings vorgenommen. Die Ergebnisse dieser Auswertung sind in Übersicht 8 zusammengefaßt.

Wie diese (sicherlich nicht komplette) Zusammenstellung zeigt, ist die Spannbreite der Fertigkeiten, die in den unterschiedlichen Formen von Kommunikationstrainings angesprochen werden, sehr groß, wobei man ergänzend feststellen muß, daß die Anzahl der in den verschiedenen Trainingsformen angesprochenen Fertigkeiten ebenfalls stark differiert. So spricht beispielsweise das umfassende Trainingsprogramm von Müller-Wolf (1983) ca. 20 Fertigkeiten an (wurden in Übersicht 8 jeweils mit „(x)" gekennzeichnet); die in Unternehmen sehr häufig durchgeführten Rhetoriktrainings sprechen im Vergleich dazu nur einige wenige Fertigkeiten an.

Beleg 70

Ankündigung zu einem Kommunikationstraining des RKW

„Kommunikations- und Führungsschulung ist eine Investition zur Verbesserung der eigenen Konkurrenzfähigkeit. Sie ermöglicht dem Unternehmen und den Führungskräften, den gestiegenen Anforderungen an Kommunikations- und Führungsverhalten zu entsprechen. Zusammenarbeit, Leistungsbereitschaft und Betriebsklima werden dadurch positiv beeinflußt. Die Teilnehmer erhalten Anregungen, wie sie ihre Führungsaufgabe entsprechend den Einflußfaktoren der Führungssituation unter Berücksichtigung individuell vorhandener Stärken besser ausführen können.

Kommunikation und Menschenführung ist an Verhalten gebunden und kann daher nur theoretisch vermittelt werden. Das Seminar wird neben der Vermittlung der theoretischen Grundlagen praxisnah an konkreten Beispielen der Teilnehmer durchgeführt.

● Programm: 1. Tag
– Gesetzmäßigkeiten in Kommunikation und Wahrnehmung
– Wechselwirkung zwischen dem eigenen und dem Kommunikationsverhalten anderer erkennen und verstehen
– Feedbackregel und deren Anwendung
– Analyse der Persönlichkeitsstruktur für die Bereiche Kommunikation und Führung (Egogramm)
– Selbstbild versus Fremdbild

Übersicht 8: Kenntnisse und Fertigkeiten, die in Kommunikationstrainings vermittelt werden
(Zusammenstellung einer Literaturauswertung)

I) *Verbale und non-verbale Fertigkeiten*
(x) 1. Allgemeine Aspekte der Sprache (z. B. Probleme von Wahrnehmung und Sprache; Transformationslinguistik)
     2. Voraussetzungen für ein verständliches „Senden" (z. B. „vier Seiten der Nachricht")
(x) 3. Psychologische Aspekte beim „Senden" (z. B. „Ich"- und „Du"-Botschaften)
     4. Körpersprache (Bedeutung, Formen, Funktionen usw.)
     5. Allgemeine Redequalifikation (das Kerngebiet der Rhetorik)

II) *Interaktive Fertigkeiten*
(x) 6. Mut zu Selbstöffnung (Echtheit, Ausdruck von Gefühlen)
     7. Aufbau eines positiven Selbstbildes (Souveränität, Selbstsicherheit)
     8. Persönliches Wollen (Aktivität, Kontaktbereitschaft)
(x) 9. Meinungsvielfalt und Zivilcourage
(x) 10. Fähigkeit, sich in die Rolle des anderen zu versetzen
(x) 11. Fähigkeit, unterschiedliche Rollen einzunehmen
(x) 12. Fähigkeit, Verhaltensweisen – in Anpassung an den Kontext – zu verändern
(x) 13. Direktheit im Verhalten

(x) 14. Dialogfähigkeit (z. B. Kenntnis über das Führen hilfreicher Gespräche)
(x) 15. Gesprächsführung in Gruppen (z. B. TZI-Regeln)
    16. Techniken der Moderation und Visualisierung (z. B. Metaplan)
(x) 17. Fähigkeiten zum konstruktiven Umgang mit Konflikten (Konfliktbereitschaft und Toleranz)
(x) 18. Fähigkeiten zum konstruktiven Umgang mit Kritik
(x) 19. Fähigkeiten zum konstruktiven Umgang mit Problemen
(x) 20. Fertigkeiten zur Anwendung von Feedback
(x) 21. Fertigkeiten in der Metakommunikation
(x) 22. Kenntnisse über die Probleme sozialer Beziehungen
(x) 23. Fähigkeit zur Analyse von Kommunikationsprozessen

III) *(Soziale)kognitive Fertigkeiten*
    24. Kognitives Wissen über die Probleme der Wahrnehmung
(x) 25. Sensibilität in der Aufnahme von Informationen (z. B. Sensibilität gegenüber Manipulation)
(x) 26. Sensibilität für soziale Prozesse
(x) 27. (aktives) Zuhören
(x) 28. Zielorientiertheit
(x) 29. Fähigkeit zur Antizipation

Ausgewertet wurden folgende Veröffentlichungen:
1. Argyle, M. (1982)
2. Bandler, R. & Grinder, J. (1984)
3. Birkenbihl, V. (1984)
4. Derschka, P. (1984)
5. Gordon, Th. (1980, 1982)
6. Howell, W. S. (1982)
7. Kelley, R. L. (1977)
8. Müller-Wolf, H.-M. u. a. (1983)

9. Myers, G. E. & Myers, M. T. (1976)
10. Rüttinger, R. & Kruppa, R. (1981)
11. Satir, V. (1982)
12. Schwäbisch, L. & Siems, M. (1974)
13. Vopel, K. W. & Kirsten, R. E. (1980)
14. Weidenmann, B. (1975)
15. Zöchbauer, F. & Hoekstra, H. (1974)

● Programm: 2. Tag
 – Transaktionsanalyse: Grundlagen und Anwendung
 – Erkennen und Erleben der Wirkungen verschiedener Führungsstile
 – Kooperative Führung und Prozeßsteuerung
 – Arbeiten im Team (Gruppenordnung, Gruppenprozesse, Problemlösungs-
  strategien in Gruppen)
● Programm: 3. Tag
 – Motivation: Arbeitszufriedenheit und Engagement
 – Motivierende und demotivierende Faktoren und ihre Beeinflussung
 – Umgang mit Meinungsverschiedenheiten und Konflikten
 – Aktives Zuhören/Kontrollierter Dialog
 – Verbalisieren von Gefühlen
 – Gesprächswendepunkte
 – Lokalisation von Konflikten
 – Konfliktstrategien"
 aus: RKW Programmübersicht (1986)

Zusammenfassen kann man, daß eine kompetente Bewältigung kommunikativer und interaktiver Aufgaben eine Vielzahl zum Teil recht unterschiedlicher
extrafunktionaler Fertigkeiten voraussetzt. In Kommunikationstrainings werden
deshalb auch sehr oft unterschiedliche theoretische und methodische Ansätze aus
der Gruppendynamik, der Lerntheorie und Kommunikationspsychologie zusam-
mengemixt, um so die vielfältigen Fertigkeiten ansprechen zu können (siehe z. B.
den Bericht von Gottschall 1979).

6.1.2 Wie können diese Fertigkeiten vermittelt werden?

Nach den Ausführungen von Fittkau/Schulz von Thun (1983) sollte in Kommunikationstrainings ein ganzheitliches Lernen angestrebt werden, bei dem alle Bereiche
der Persönlichkeit angesprochen werden:
(1) Der *kognitive Bereich* durch selbständiges Erarbeiten von Wissen und durch
  Informationsvermittlung
  (z. B. in der Form von Kurz-Vorträgen),
(2) der *emotionale Bereich* durch Selbsterfahrung
  (z. B. durch Feedback in gruppendynamischen Übungen),
(3) der *aktionale Bereich* durch Verhaltensübungen
  (z. B. in der Form von Rollenspielen).

(1) Die *kognitiven Lerntheorien* basieren darauf, daß Lernen nicht auf einfache
Reiz-Reaktions-Verknüpfung reduziert werden kann, sondern daß im Lernprozeß
dem Vorgang des *Erkennens* und der *Einsichtgewinnung* entscheidende Bedeutung
zukommt. Der (vor allem erwachsene) Lernende nimmt nach dieser Theorie die ihm
übermittelten Informationen bewußt, selbständig, in einer zweckgerichteten und
einsichtsvollen Weise auf und wendet das erworbene Wissen auch entsprechend an.

Die *kognitive Wissensvermittlung* erfolgt über Vorträge, Lerngespräche oder schriftliche Informationen. Eine etwas moderne Methode der kognitiven Wissensvermittlung ist die *Metaplan-Technik*, bei der die Lernenden im Lernprozeß wesentlich stärker aktiviert werden (siehe z. B. Schnelle/Stoltz 1978). Lernziele bei einer kognitiven Vermittlung von Wissen zur Kommunikation und Interaktion können zum Beispiel sein:

● Die Vermittlung der theoretischen Grundlagen der Kommunikation (z. B. die Erkenntnisse der Kommunikationspsychologie, die Grundlagen von Wahrnehmung und Sprache, die vier Seiten der Nachricht usw.).

● Eine rationale Auseinandersetzung mit Problemen der Kommunikation (so z. B. in einem unternehmensinternen Kommunikationstraining die Behandlung betrieblicher Kommunikationsprobleme).

Die kognitive Wissensvermittlung kann jedoch nur *eine* „Straße" zur Verbesserung der kommunikativen Kompetenz sein. Eine ausschließliche Konzentration auf diese Art des Lernens führt leicht zu unverbindlichem Gerede im abstrakten Raum, das dann auch folgenlos für das konkrete Verhalten ist. Folgen eines zu stark kognitiv ausgerichteten Trainings sind deshalb sehr oft: Passivität sowie Infantilisierung und Entmotivierung der Teilnehmer. Deshalb sollte die Vermittlung kognitiven Wissens Teil eines jeden Trainings sein, aber nur, um die wichtigsten Basistheorien und das Begriffsystem zu vermitteln, um Übungen zu begründen, die Ziele zu reflektieren und für das Verhaltenstraining und die Selbsterfahrung Begriffe an die Hand zu geben.

(2) Eine Verbesserung der kommunikativen Kompetenz erfordert in vielen Fällen eine Änderung der Persönlichkeit, die jedoch erst dann möglich ist, wenn ihr eine tiefergehende *Auseinandersetzung mit der eigenen Person* vorangeht. Hierzu benötigt werden Informationen über das eigene Verhalten, wie man sie zum Beispiel als Feedback innerhalb von *Sensitivity-Trainings* oder in *Selbsterfahrungsgruppen* (siehe z. B. Bödiker/Lange 1975) erhält.

Beleg 71

Programmübersicht zu einem umfassenden, 2-wöchigen „Workshop"

„Dieser Workshop basiert auf einer Einstellung zu menschlichen Beziehungen und menschlichem Wachstum, die davon ausgeht, daß Lern- und Handlungsfähigkeiten innerhalb der Person liegen. (...) Die Gemeinschaft soll uns Gelegenheit geben, unsere Berufswelt, unsere persönlichen Fragen, Probleme, Befriedigungen, unsere Kreativität und unsere Innovationen miteinander zu teilen. Wir vertrauen darauf, daß der Workshop das psychologische Klima demonstrieren wird, in dem Selbsterkenntnis und selbstbestimmtes Handeln gedeihen können. Wir hoffen, daß diese Erfahrung nicht nur zu einem persönlichen inneren Wachstum, sondern zu einem gesteigerten Verständnis der eigenen Verantwortlichkeit in der Welt und der Handlungsmöglichkeiten, die sich aus dieser Verantwortung ergeben, führen wird. Es wird davon ausgegangen, daß in Verfolgung dieser Ziele die Gemeinschaft über folgende Themen beraten wird: Die Politik des personenbezogenen Ansatzes; die

Förderung problemlösender Umwälzungen in der Gesellschaft und ihren Institutionen; die neuen Rollen von Männern und Frauen; Möglichkeiten, mit Menschen, die anders sind, zu leben, zu arbeiten und in Beziehung zu treten; Möglichkeiten, allein und in engen Beziehungen mit anderen zu leben; die Probleme der Lebensübergänge; die Veränderung der Lebensstile; Psychotherapie und Heilkunde; die „anderen Welten" der übersinnlichen Phänomene; die Entwicklung einer umfassenderen personenbezogenen Theorie und Philosophie; die Probleme einer humanistischen Forschung. (...) Es ist unser Ziel, Lernen durch Erfahrung und kognitives Lernen miteinander zu verbinden – den persönlichen und den intellektuellen Ansatz. Dementsprechend wird es Vollversammlungen, Interessengruppen, Encountergruppen, Seminare, Bücher, Tonbänder, Filme, Gelegenheiten zur Übung und Entwicklung der zwischenmenschlichen Fähigkeiten und Einübungen in alternative Verhaltensweisen geben – auf alle die genannten Elemente wird die Gruppe bei der Gestaltung ihres Programms zurückgreifen können."

aus: Rogers 1985: 172 f.

Die Lernziele in Selbsterfahrungsgruppen können wie folgt umschrieben werden:

● Dadurch, daß man selbst in die Öffentlichkeit der Gruppe rückt und etwas von seinen *Verhaltensgewohnheiten offenlegt*, erhält man von den anderen Teilnehmern ein entsprechendes Feedback,
● wobei das Feedback eine emotionale *Betroffenheit* erzeugt, Erfahrungen, die „unter die Haut" gehen und als *exemplarische Erfahrung* die Basis bilden für eine Auseinandersetzung mit der eigenen Person.

Im Kommunikationstraining ist die *persönliche Betroffenheit* des Lernenden eine notwendige Durchgangsstrecke. Die hierbei entstehenden Angstgefühle sind somit (so Geissler 1983) „das Nadelöhr auf dem Weg zu mehr Flexibilität in der Kommunikation", zur erweiterten Wahrnehmung und zur Erweiterung des gesamten Verhaltensrepertoires. Der Preis für die Aneignung neuer Verhaltensmöglichkeiten ist also eine vorübergehende Selbstverunsicherung. Der Manager muß sich gefallen lassen, was er im Betrieb nie zulassen würde: daß an die Eckpfeiler seiner Kommunikationsgewohnheiten herangegangen wird. Die Selbsterfahrung ist zumeist auch der Teil, der bei Trainings in Unternehmen die größten Probleme verursacht, und in dem in der Regel auch die „Angst des Managers vor der Bildung" (Geissler 1983) begründet ist.

Je stärker ein Kommunikationstraining auf den Selbsterfahrungsteil konzentriert ist, desto problematischer wird es, vor allem, was die Durchführung in Unternehmen betrifft:

● Einerseits verführt die Selbsterfahrung dadurch, daß man den Blick von den Alltagssorgen abwendet, zu einer Realitätsabkehr, zum Verbleib im *Hier und Jetzt* und zur Verpönung der rationalen Seite. Der Transfer von Erkenntnissen aus der Selbsterfahrung ist somit nicht immer unkritisch. (Zu den Effekten von Selbsterfahrungsgruppen vor allem in der Schulung von Führungskräften, siehe Gebert 1972).

● Andererseits dürfte die Tatsache, daß es in Selbsterfahrungsgruppen sehr schnell
ans „Eingemachte" geht, viele Verantwortliche in Unternehmen davor zurück-
schrecken lassen, daß man überhaupt die Durchführung von Kommunikationstrainings ins Auge faßt.

Beleg 72

Linke Ideen zu rechten Preisen?

„Um 9.30 Uhr beginnt die Gruppe, bestehend aus zwölf Männern, darunter zwei
Trainern, mit der ersten Sitzung. Es wird ruhig im Saal, die Stille macht selbst das
leiseste Flüstern so laut, daß keiner mehr ein Wort sagt... Einer erträgt die Span-
nung nicht mehr und wendet sich an einen der beiden Trainer, der jedoch beantwortet die an ihn gerichtete Frage nicht, sieht vor sich auf den Boden und beginnt,
seine Pfeife zu stopfen.
Sie glauben zu erkennen, daß das Schweigen der Trainer dazugehört, anscheinend
ein Teil ihrer Strategie ist, und finden sich langsam damit ab. Die Starrheit der
Körper löst sich, sie beginnen zu sprechen... Sie beschließen, sich einander vorzustellen, und sind froh, ein Thema gefunden zu haben. (...)
Als die Hälfte des Kurses vorüber ist, fühlen sich die meisten leer, ausgebrannt und
vor allem hilflos. Auch drängt sie eine nicht zu beschreibende Kraft, die ihnen
verbietet, einfach alles über sich ergehen zu lassen... Sie kämpfen, raufen, schreien,
schweigen, jammern und fluchen. Sie haben sich bereits in Bereiche ihres Innern
vorgewagt, die sonst gut geschützt und verborgen sind. (...) Nach drei Tagen sind
aus Verkaufsleitern, Geschäftsführern, leitenden Buchhaltern und Personalchefs
völlig hilflose Hühner geworden. (...)
...letzter Tag des Seminars. Sie treffen sich noch einmal im großen Tagungsraum.
Die Trainer versuchen zusammenzufassen, Belangloses wird herumgereicht, um die
Zeit totzuschlagen. Hände werden geschüttelt, und in einem Plauderton geht das
Seminar zu Ende. Noch einmal versichert man sich gegenseitig, wie interessant und
aufschlußreich doch alles gewesen sei. Nur der Gedanke an eine mögliche Frage des
Vorgesetzten, was man denn hier gelernt habe, beunruhigt einige. Sind sie doch mit
der Erwartung hergekommen, in ihren Funktionen noch effizienter zu werden.
Jetzt fühlen sie sich schutzlos, ihrer bewährten Techniken beraubt. Doch ihre Unsicherheiten sind einkalkuliert und eingeplant. Als Vermenschlichung eines Systems, das von Führern träumt, die durch ihre Persönlichkeit dominieren, ohne
erlernte Methoden anwenden zu müssen. Er verkaufe hier linke Ideen zu rechten
Preisen, meint einer der Trainer in seiner Abschiedsrede. Er ist der einzige, der bei
diesen Worten lacht..."
aus: Sichrovsky, *Kursbuch* 82/1985

(3) Einer großen Zufriedenheit und einem Hochgefühl unmittelbar am Ende der
Teilnahme an einer Selbsterfahrungsgruppe folgt am Arbeitsplatz oft Ernüchterung
und alte Unzufriedenheit. Die in der Selbsterfahrung und in der Phase der kognitiven Wissensvermittlung angepeilten Verhaltensänderungen werden in vielen Fällen
nicht realisiert.
    Als erfolgversprechende Ergänzungen zur kognitiven Wissensvermittlung und
zur Selbsterfahrung bietet sich daher ein *Verhaltenstraining* an, das seine Wurzel in
den von B. F. Skinner entwickelten Prinzipien der *operanten Konditionierung* hat.

Beim Verhaltenstraining werden Verhaltensweisen gemeinsam mit dem Trainer und den übrigen Teilnehmern der Gruppe eingehend analysiert, zerlegt, in einigen Verhaltensaspekten neu zusammengestellt, simuliert, trainiert und erprobt. Auch bei der Vermittlung kommunikativer Fertigkeiten kann man diesen Weg beschreiten. So werden beispielsweise bei der Verkäuferschulung spezielle Verhaltensweisen (z. B. der Umgang mit Einwänden und Reklamationen) eingehend geübt. Das Wort „Training" hat bei dieser Form des Kommunikationstrainings seine stärkste Berechtigung. Verhaltenstrainings bergen jedoch auch die Gefahr in sich, daß die Teilnehmer Techniken perfektionieren, die weder zu ihrem sonstigen Verhaltensstil passen, noch zu den Situationen, in denen sie später diese Technik einsetzen.

Dennoch sind Verhaltenstrainings ein ganz wesentlicher Aspekt in Kommunikationstrainings, besteht doch hier die Möglichkeit, daß bestimmte Kommunikationsformen (in einem abgeschirmten Kontext, der nicht zu weit gefaßt sein sollte) trainiert werden können. Besonders geeignet für das Training sind *Rollenspiele*, die auch für den Einsatz im betrieblichen Bildungsbereich auf breiter Ebene entwickelt wurden.

Beleg 73

Der Drei-Tage-Psychologe

„Ich war einmal Zeuge einer kuriosen Situation, die die Problematik von trainierbaren Verhaltensweisen deutlich machte: In einem amerikanischen Pharmaunternehmen wurde ein Verkäuferseminar durchgeführt. Der Trainer erklärte den gesamten Verkaufsprozeß, es gab nichts, was nicht in einer idealen Form vorgestellt wurde (...) Vier Wochen nach dem Seminar besuchte der Trainer jeden einzelnen in seinem Arbeitsgebiet und schrieb einen Bericht darüber, wie dieser jetzt arbeite (...) Einen kritisierte der gute Mann besonders. Er sei schlecht angezogen, mache keine Tourenplanung, der Kofferraum sei ein Saustall, und mit den Kunden führe er unnütze Plaudereien statt der vorgeschlagenen Verkaufsgespräche. Der Trainer ging in seiner Ablehnung dieses Vertreters so weit, daß er dem Verkaufsleiter ernsthaft vorschlug, ihn zu entlassen. Dieser versuchte ein Lachen zu unterdrücken und sagte schließlich: „Tut mir leid, aber er ist unser bester Verkäufer." (...) Diese Geschichte enthüllt den wohl unangenehmsten Aspekt dieser Flut von vulgär-psychologischer Trainingswut, wie sie sich in den letzten Jahren verbreitet hat. Der jeweilige Lehrstoff, egal ob Führungsverhalten, Kommunikation oder Philosophie, wird in oft sehr geschickter Form auf einem sehr primitiven Niveau – leicht konsumierbar für leitende Angestellte – präsentiert und die Anwendung gleich trainiert. Die durch Drei-Tage-Kurse geschulten Manager kommen dann als ‚Weise' in das Unternehmen zurück und setzen ihre Tätigkeit mit neuen Ideen fort. Das Erlernte wird selten in Frage gestellt (...) Mit diesem aufgesetzten Verhalten werden nun Untergebene konfrontiert, müssen sich primitiv-psychologische Deutungen gefallen lassen, werden interpretiert und analysiert. Aus oft autoritären oder intuitiv einschätzbaren Chefs sind Drei-Tage-Psychologen geworden, die sogar einen Philosophen zitieren können. Mitarbeiter, die einen allein entscheidenden Vorgesetzten gewohnt waren, werden plötzlich zur Mitarbeit eingeladen, sollen Vorschläge machen und Meinungen äußern. Aber sie spüren, daß dahinter Methode und nicht Einsicht steht."

aus: Sichrovsky, *Kursbuch* 82/1985

Wichtig bei der Durchführung von Kommunikationstrainings ist, daß die *Drei Straßen des Lernens* (Fittkau/Schulz von Thun 1983), wie sie zuvor beschrieben wurden, in einem ausgeglichenen Verhältnis zueinander stehen, sich in Balance befinden. Erst hierdurch wird ein Lernprozeß, der den „ganzen Menschen" anspricht (also nicht nur seine rationale Seite, aber auch nicht nur seine emotionale Seite, wie dies oft in Trainings geschieht), initiiert.

(4) Welche Effekte werden durch ein Kommunikationstraining erzielt? Zur Beantwortung dieser Frage kann man an drei Stellen ansetzen:

● Einmal im Rahmen einer *Selbstbeurteilung* bei den Betroffenen, also den Trainierten selbst.

● Zum anderen im Rahmen einer *Fremdbeurteilung* bei den Gesprächspartnern der Trainierten, seien es nun Mitarbeiter, Kollegen oder Chefs.

● Eine dritte Möglichkeit wäre, in Form einer *Kosten-Nutzen-Analyse* die Vorteile zu ermitteln, die dem Unternehmen als wirtschaftlichem Gebilde in der Folge eines Trainings entstehen.

Zunächst muß man feststellen, daß es nur wenige Forschungsergebnisse über die Effekte von Trainings gibt.

Eine Ausnahme stellt hier der Bericht von Berthold et al. (1980) dar, in dem die Ergebnisse von drei Kommunikations- und Kooperationstrainings auf wissenschaftlicher Basis analysiert werden. Dabei sollten die Aussagen der Seminarteilnehmer über einen Wandel im eigenen Verhalten den Beobachtungen ihrer Kollegen, Mitarbeiter und Chefs gegenübergestellt werden.

Berthold et al. trainierten Führungskräfte der unteren Ebene in einem sogenannten *instrumentierten Training*, in dem es um die Förderung der Kommunikations- und Kooperationsfähigkeit ging. Hauptziel des Trainings war es, durch Diskussionen, standardisierte Übungen und Rollenspiele (diese entstammten zumeist der gruppendynamischen Trainingsliteratur) das Kommunikations- und Kooperationsverhalten der Teilnehmer positiv zu beeinflussen. Das Training erstreckte sich über sechs Halbtage, wobei die Trainierten in den Intervallen zwischen den Trainingssitzungen Möglichkeiten hatten, das Erlernte unmittelbar in der Praxis zu erproben.

Der Erfolg des Trainings wurde mit unterschiedlichen Verfahren (Fragebogen, Interviews und Befragungen von Teilnehmern, Kollegen, Mitarbeitern und Chefs) vor, während und nach dem Training ermittelt. Dabei zeigte sich, daß drei bzw. vier Monate nach Trainingsende nach Auffassung von Unterstellten, Gleichgestellten und Vorgesetzten die in Übersicht 9 dargestellten Effekte bei den Trainierten festzustellen waren.

Durch Interviews und Erhebungen mittels Fragebogen wurden im Rahmen einer Selbstbeurteilung von Berthold et al. umfangreiche Ermittlungen bei den Trainierten selbst durchgeführt und die Ergebnisse dieser Erhebungen den Ergebnissen der Fremdbeobachtungen gegenübergestellt (siehe Übersicht 10).

Übersicht 9: Wirkungen eines instrumentierten Trainings
            (*Quelle:* Gebert/Rosenstiel 1981; 208)

	nach 3 Monaten	nach 4 Monaten
– sie unterbrechen weniger	–	–
– sie hören besser zu	–	+
– sie stellen mehr Rückfragen	+	+
– sie erfragen die Meinung anderer	+	+
– sie zeigen mehr Eigeninitiative in Konferenzen und Besprechungen	+	+
– sie sprechen häufiger Konflikte an	+	+
– sie äußern mehr Anerkennung	–	+
– sie äußern mehr Kritik	+	+
– sie vertragen mehr Kritik	+	+
– sie beziehen Mitarbeiter in ihre Entscheidungen mit ein	–	+
– sie suchen das Gespräch	–	–
– sie geben mehr Informationen weiter	–	+
– sie urteilen behutsamer	–	+
– sie zeigen mehr Ruhe und Gelassenheit	–	+

+ = Veränderung nachweisbar
– = Veränderung nicht nachweisbar

Übersicht 10: Wirkungen des Kommunikationstrainings in zwei Trainingsgruppen (T 1 und
             T 2); Gegenüberstellung von Fremd- und Selbstbeobachtung
             (*Quelle:* Berthold et al. 1980: 228)

	T 1	T 2
Fremdbeurteilung (Interview)		
Veränderung 3 Monate nach dem Training, Trainer = Interviewer	54%	43%
Veränderung 8 Monate nach dem Training, Trainer = Interviewer	67%	54%
Fremder Psychologe = Interviewer	57%	35%
Selbstbeurteilung (Fragebogen)		
Veränderung 3 Monate nach dem Training	90%	75%
Veränderung 9 Monate nach dem Training	78%	54%
Bestätigte Veränderung durch Aussage von Kollegen/Mitarbeitern nach 9 Monaten	63%	43%

Nach Analyse der Werte in Übersicht 10 können folgende wesentliche Feststellungen getroffen werden:

● Die Teilnehmer an den Trainings meinten zu einem großen Prozentsatz, sie hätten sich durch das Seminar verändert.

● Diese Veränderung wird auch von Kollegen, Mitarbeitern und Chefs wahrgenommen, jedoch in einem geringeren Umfang.
Ein Teil der Veränderungen muß durch das Training entstanden sein, da Mitglieder der Kontrollgruppe, die kein Training mitgemacht haben, als nicht verändert eingestuft wurden.

● Die Anzahl der festgestellten Veränderungen verringert sich, je größer der zeitliche Abstand zum Training wird. Auch neun Monate nach Trainingsende sind noch wesentliche Effekte feststellbar.

● Die von verschiedenen Interviewern ermittelten Werte (zum einen wurden die Interviews von den Trainern, zum anderen von den Trainierten nicht bekannten Psychologen durchgeführt) relativieren die obigen Aussagen, wobei die Tendenz in der Aussage deutlich bestehen bleibt.
Es besteht somit ein gewisser Intervieweffekt im Sinne einer unbewußten Beeinflussung durch die Erwartungshaltungen der Befragten.

Wie Berthold et al. ausführen, lassen die Untersuchungen über betriebliche Kommunikationstrainings darauf schließen, daß folgende Faktoren deren Erfolg wesentlich beeinflussen:

● Innerhalb des Trainings sollten vor allem spezielle betriebliche Kommunikationsprobleme behandelt werden.

● Eine teilweise Verlagerung des Trainings in die Freizeit der Teilnehmer schafft eine günstige Ausgangsmotivation.

● Die stets geforderte aktive Teilnahme am Lernprozeß wird durch interaktive Lehr- und Problemlösungsmethoden, wie z. B. den Einsatz der *Metaplan-Technik* aufrechterhalten.

● Zur Unterstützung der Übertragung des Gelernten in die alltägliche Praxis erweist es sich als günstig, mögliche Widerstände im Seminar zu analysieren und Strategien zur Überwindung dieser Widerstände zu entwickeln.

● Darüber hinaus empfiehlt es sich ganz generell, das Training über einen längeren Zeitraum zu planen, in dem ganz gezielt Vorgespräche, Training und Nachbesprechungen dazu eingesetzt werden, den Transfer zu fördern.

Abschließend möchte ich noch der Frage nachgehen, welche *Effekte* die Durchführung des Kommunikationstrainings *für das Unternehmen* selbst hat.

Zunächst muß man feststellen, daß es wegen mangelnder Meßgrößen nahezu unmöglich ist, die ökonomischen Auswirkungen des Trainings für das Unternehmen zu ermitteln. Jede Interaktion ist, da nicht reproduzierbar, einmaliger Natur. Ein Vorher- und Nachhervergleich und die Beantwortung der Frage, wie wäre die Interaktion mit oder ohne Training verlaufen, ist somit nicht möglich.

Wenn auch eine quantitative Bewertung von Kommunikationstrainings nicht möglich ist, muß bei der Frage nach dem Nutzen davon ausgegangen werden, daß diese Trainings am Lebensnerv von Unternehmen, am Informationssystem, ansetzen und somit auch dem Unternehmen dadurch, daß z. B. Reibungsverluste reduziert werden, erhebliche Vorteile bringen können.

Beleg 74

Ein Dialog über den Wert von Trainings zur Erhöhung der sozialen Kompetenz

„*Domsch*: (…) Für die Erhöhung des sozialen Know-hows gibt es eine ganze Reihe von Möglichkeiten und Anstrengungen auf Seiten der Unternehmen. Man muß nur betrachten, in welcher Form Unternehmen in Personalentwicklung und im engeren Sinne in Verhaltensseminaren investieren. Bei solchen Trainingsveranstaltungen geht es immer um die Steigerung der kommunikativen Kompetenz. Führungskräfte und auch Führungsnachwuchs sollen in solchen Experimentiersituationen Einblick in die Wirkungen eigenen Verhaltens bekommen. Und die Wahrnehmung sozialer Situationen soll verbessert werden.

Nun ist ja der Einsatz zum Beispiel gruppendynamischer Verfahren und Sensitivity-Trainings in Unternehmen nicht unumstritten. Häufig hört man das Argument, daß das zwar für den einzelnen nützliche Veranstaltungen sein könnten, nicht aber für das Unternehmen.

Grosser: Dieser Einwand ist sicher auch nicht falsch. Aber er ist vordergründig. Natürlich läßt sich die Veränderung zum Beispiel der Umsatzstatistik nicht einseitig auf die Weiterentwicklung des sozialen Know-hows der Führungskräfte zurückführen. Andererseits gibt es genug Anzeichen dafür, daß solche Trainingsveranstaltungen neben anderen Wirkgrößen auch vordergründige Unternehmenskennzahlen positiv beeinflussen. Der andere Einwand, daß eine Erhöhung des sozialen Know-hows dem einzelnen nutze, nicht aber dem Unternehmen, scheint mir eine willkürliche Unterscheidung. Wenn ich davon ausgehe, daß ein erfolgreiches Unternehmen erfolgreiche Führungskräfte braucht, und daß solche Trainingsveranstaltungen das soziale Know-how und somit den Erfolg der Führungskräfte steigern, profitiert die gesamte Organisation auch vom Gewinn des einzelnen.

Domsch: Offensichtlich ist jedenfalls, daß auch arrivierte Manager nicht selten an gravierenden Defiziten scheitern. Es gibt genug Mismanagementgeschichten, die nachweisen, daß ehemals blühende Unternehmen weniger durch bestimmte Sachprobleme in die Krise getrieben wurden, sondern häufiger durch schwerwiegende Führungsmängel.“

aus: Domsch/Grosser, *Manager-magazin* 11/1985

Entscheidungen für oder wider die Durchführung von Kommunikationstrainings werden meines Erachtens jedoch nicht so sehr durch einen mangelhaften Nachweis der Effektivität beeinflußt, sondern vielmehr durch die Bedenken (mitunter sogar Angst) der Führungskräfte, daß der in Kommunikationstrainings geförderte Ego-Drive und die gewünschte Zivil-Courage zu Konflikten führen können. Ganz sicher sind diese Bedenken nicht unbegründet, wird heute doch in Unternehmen zumeist ein Verhalten in Richtung „erlernter, geschmeidiger Anpassung und in einer zeittypischen Bewunderung von politisch-diplomatischen Verhaltensweisen“ (Geissler 1983: 185) gefördert.

6.2 Interaktions-orientierte Maßnahmen

Eine Verbesserung der Kommunikation und Interaktion in Unternehmen muß neben der kommunikativen Kompetenz der Mitarbeiter vor allem die Art des Miteinanders ansprechen, das was man mit einem anderen Wort auch als *Stil* der Kommunikation und Interaktion bezeichnen könnte. Die Faktoren, die diesen Stil in Unternehmen prägen, möchte ich in den folgenden drei Gruppen zusammenfassen:

(1) Die *Art*, in der in Unternehmen *Führung praktiziert wird* und die Mitarbeiter in Entscheidungsprozesse integriert werden;

(2) das in Unternehmen vorherrschende *Klima*;

(3) die *Spielregeln, die das Miteinander bestimmen.*

Die hier zusammengefaßten Faktoren sind ein wesentlicher Teil dessen, was man unter *Organisationsklima* versteht, also „die interne Umwelt der Organisation, so wie sie von den Mitgliedern erlebt wird" (Neuberger 1973: 52). Zum einen Teil bestehen diese Faktoren aus den mehr oder weniger fix vorgegebenen Verhaltensvorschriften (z. B. die Fragen der Organisation und Führung oder der Partizipation der Mitarbeiter an Entscheidungen), zum anderen bilden sie in Form von Normen und Werten die *Organisationskultur*, wobei mit *Kultur* hier angesprochen sind die „herkömmlichen und tradierten Denkschemata und Problemlösungsmuster, die mehr oder weniger von allen Systemmitgliedern geteilt werden". (Matenaar 1983: 20)

(1) Ein ganz wesentlicher Ansatzpunkt für die Verbesserung der Kommunikation und Interaktion in Unternehmen ist die *Art, in der Führung praktiziert wird.*

So wird eine sinnvolle Kommunikation und Interaktion nur dort entstehen können, wo auch ein gewisses Maß an Miteinander, an Gemeinsamkeiten, an Konsens vorhanden ist. Eine wesentliche Voraussetzung für die Verbesserung der Kommunikation und Interaktion in Unternehmen ist deshalb auch ein Führungsstil, bei dem das kooperative, partnerorientierte Miteinander sowie die Partizipation und Integration der unterstellten Mitarbeiter in Entscheidungen primäre Werte sind. Führung wird hier verstanden als soziales Handeln, bei dem nicht nur die technisch-objektive Dimension Berücksichtigung findet, sondern gleichrangig auch die personale und soziale Dimension (siehe hierzu die Ausführungen unter 3.4). Dies setzt auf Seiten der Führungskräfte vor allem auch Diskussionsfähigkeit und -freudigkeit voraus; Fertigkeiten, die durch ein Kommunikationstraining (speziell auch bei Führungskräften) gefördert werden können.

(2) In den vorausgegangenen Ausführungen wurde mehrmals die Bedeutung des *Klimas* für die Kommunikation und Interaktion in Unternehmen angesprochen. So hängt z. B. der Grad, in dem es den Mitarbeitern des Unternehmens ermöglicht wird, sich selbst zu offenbaren, ganz wesentlich vom vorherrschenden Klima ab.

Dem Begriff „*Klima*" zugeordnet sind hier folgende Faktoren: Der Grad der Offenheit, der allgemein in der Kommunikation und Interaktion praktiziert wird;

das Vertrauen, die Rücksichtnahme und Wärme, mit denen sich die Mitglieder gewöhnlich begegnen; der Grad an Neugierde und der Mut, Veränderungen anzugehen; aber auch die mehr übergeordneten Wertvorstellungen, wie sie z. B. in Form von Menschen- und Gesellschaftsbildern bei der Mehrzahl der Mitglieder des Unternehmens verankert sind.

Mit dem Begriff „Klima" sind hier Einflußgrößen angesprochen, die einerseits sicherlich nicht unwesentlich die Kommunikation und Interaktion beeinflussen, die andererseits aber auch relativ starr sind, sich über viele Jahre gebildet haben und gleichermaßen nur in größeren Zeiträumen verändert werden können. Darüber hinaus dürfte eine Änderung des Klimas nur dann möglich sein, wenn die Entscheidungsträger und meinungsbildenden Persönlichkeiten des Unternehmens die angestrebten neuen Werte und Einstellungen (das angestrebte neue Klima) durch ein beispielhaftes Verhalten vorexerzieren.

(3) Die Art, in der Führung praktiziert wird und das Klima im Unternehmen bestimmen in wesentlichen Teilen den dritten Faktor. Angesprochen sind hier die *Spielregeln des Miteinanders*, die sich vor allem in der Form, in der Gespräche geführt, aber auch in der Art, in der Konflikte aufgenommen und geklärt werden, bemerkbar machen.

Die Einstellung zu und das Verständnis gegenüber *Konflikten* hat sich in den letzten Jahren erheblich geändert. Wurde in der Vergangenheit – in vielen Unternehmen auch heute noch – jeder Konflikt als Störung, oder wie Elton Mayo gesagt hat, als *soziale Krankheit* (zit. n. Hill et al. 1981: 423) angesehen, hat sich zwischenzeitlich eine positive Einstellung zum Konflikt herangebildet. Diese grundsätzliche Einstellung gegenüber Konflikten beeinflußt das Konfliktverhalten und somit auch die Kommunikation und Interaktion in einem ganz erheblichen Umfang.

Betrachtet man den Konflikt als störendes Element, führt dies zumeist dazu, daß man versucht, den Konflikt zuzudecken oder zu ignorieren, indem man z. B. den Beziehungskonflikt auf die Inhaltsebene verlagert oder „Pilzgespräche" führt. (Beim „Pilzgespräch" sind eigentliches Thema und offizielles Thema nicht mehr identisch; siehe Schulz von Thun 1981.)

Eine positive Einstellung zum Konflikt verändert das Verhalten im Konfliktfall, ermöglicht eine rechtzeitige und angemessene Konfliktanalyse und erleichtert dadurch die Konfliktlösung. Eine positive Einstellung zum Konflikt ist die Basis für eine offene Konfliktaustragung. Hierdurch werden die unheilvollen Spiraleffekte, denen sehr oft ein ungelöster Konflikt zugrunde liegt, reduziert. In solcher Art aufgearbeitete Konflikte sind dann auch die energiespendenden Kräfte zur Änderung von Mensch und Gesellschaft.

Will man die Kommunikation und Interaktion in Unternehmen verbessern, muß man deshalb nach Möglichkeiten suchen,

● zum einen durch eine Reduzierung von *Null-Summen-Spielen* Konfliktsituationen zu reduzieren,
● und dort, wo Konflikte unvermeidbar sind, diese als durchaus positives Element

aufzunehmen und geeignete Mittel bereitzustellen, diese Konflikte aufzuarbeiten. (Über die Möglichkeiten einer sinnvollen Konfliktlösung siehe z. B. Berkel 1984 und 1985, sowie Rüttinger 1980)

In den vorausgegangenen Ausführungen zu den Spielregeln des Miteinander wurden einige wesentliche Ansätze vorgestellt, die Kommunikation und Interaktion in Unternehmen zu verbessern. Es sei hier nochmals erwähnt, daß sich die bei einem Mitarbeiter (z. B. in einem Kommunikationstraining) verbesserten kommunikativen Fähigkeiten erst dann in die Praxis umsetzen lassen, wenn dieses neue kommunikative Verhalten eine akzeptierte Form des Miteinanders darstellt. Mit anderen Worten ist eine Veränderung des kommunikativen Verhaltens erst dann möglich, wenn auch die allseits akzeptierten Formen des Miteinanders entsprechend entwickelt werden.

Diese Veränderungen in der Form des Miteinanders lassen sich nicht per Dekret einführen; sie erfordern vielmehr, daß der neue *Stil* von den Entscheidungsträgern und meinungsbildenden Persönlichkeiten des Unternehmens vorgelebt wird. Wie bei den Veränderungen innerhalb der Organisationsentwicklung ist ganz sicher auch hier der entscheidende Faktor das Verhalten des Top-Managements (siehe Gebert 1974); lebt dieses den neuen Stil vor, werden die nachfolgenden Ränge gerne folgen.

6.3 Organisations-orientierte Maßnahmen

Ich möchte nun die Frage, wie man die Kommunikation und Interaktion in Unternehmen durch organisationsorientierte Maßnahmen verbessern kann, auf der Basis der Dimensionen: Spezialisierung, Formalisierung und Hierarchie behandeln.

Im Gegensatz zu den zuvor behandelten Möglichkeiten zur Verbesserung der Kommunikation und Interaktion geht es hier fast ausschließlich um Maßnahmen, die durch Veränderungen in der Organisation (den aufbau- und ablauforganisatorischen Regelungen) realisierbar sind. Nichtsdestoweniger bergen die hier vorgeschlagenen Veränderungen einen gewissen Zündstoff in sich, gehen sie doch fast alle davon aus, daß man an den gewohnten Machtverhältnissen rüttelt und im verstärkten Maß Formen der Dezentralisierung und Demokratisierung in Unternehmen einführt. Doch offensichtlich ist der Preis für eine bessere Kommunikation und Interaktion – die ja dem Unternehmen auch Vorteile bringt –, daß man an altgewohnten Strukturen und Gewohnheiten rüttelt. Wie jede Pflanze und jedes Tier seinen bestimmten (ökologischen) Lebensraum benötigt, benötigt auch der kompetente Kommunikator einen Raum zur Entwicklung seiner Fähigkeiten; in einer stark formalisierten, verkarsteten, ausschließlich macht- und konkurrenzorientierten Umgebung kann er nicht „gedeihen".

(1) Unter *Spezialisierung* versteht man die Auflösung einer Leistungseinheit in mehrere (kleinere) Leistungseinheiten. Eine Folge der Spezialisierung ist die heute oft beklagte Zerstückelung von Sinn-Zusammenhängen: die Atomisierung der Arbeit.

Die Spezialisierung hat auch negative Auswirkungen auf die Kommunikation und Interaktion in Unternehmen. So werden die früher durch den Arbeitsvollzug notwendigen sozialen Kontakte auf ein Mindestmaß reduziert. Die Mitarbeiter an stark spezialisierten Arbeitsplätzen (und solche gibt es nicht nur im technischen Bereich) werden durch diese Reduzierung der Kontakte auch in ihren Möglichkeiten eingeschränkt – da ihnen die nötigen Informationen und der Überblick fehlen – im Rahmen der Partizipation an gemeinsamen Willensbildungsprozessen teilzunehmen. So versucht man in neuerer Zeit, den Mitarbeitern in stark spezialisierten Bereichen z. B. durch die Schaffung von Montageinseln, durch halbautonome Arbeitsgruppen oder durch die Einrichtung von Pausenecken mehr Möglichkeiten zur Kommunikation und Interaktion zu geben.

(2) „Formalisierung wird oft als das zentrale Merkmal von Organisiertheit gesehen" (Neuberger 1977: 19), wobei durch *Formalisierung* vor allem zwei Effekte erreicht werden sollen: Zum einen sollen entpersonalisierte Verhaltensregeln vorgegeben, zum anderen sollen durch Formalisierung Vorgänge dauerhaft geregelt werden.

Die Auswirkungen der Formalisierung auf die Kommunikation kann man wie folgt zusammenfassen:
● Die Kommunikation wird stark reglementiert, auf vorgegebene Inhalte und Kontakte reduziert.
● Die verbale Kommunikation wird in weiten Teilen durch die schriftliche Kommunikation ersetzt.
● Die Kommunikation ist fast ausschließlich zweckrational ausgerichtet.

Ansatzpunkte für eine Verbesserung der Kommunikation könnten zum Beispiel sein:
● Schaffung von sachlichen und personenbezogenen Freiräumen in der Kommunikation und Interaktion (es wird weniger vorgegeben).
● Reduzierung der schriftlichen Kommunikation und dadurch Entbürokratisierung auf ein vertretbares Maß.
● Einführung von kommunikationsfördernden Gesprächsregeln für Besprechungen (z. B. *TZI* oder *Metaplan*).

(3) Durch den Begriff *Hierarchie* werden zwei unterschiedliche Sachverhalte erfaßt: „einmal die Tatsache der Über- und Unterordnung auf der Dimension des Ranges oder der Bedeutung (...) und zweitens die Verteilung des legitimen Einflusses." (Neuberger 1977: 46)

Vor allem durch die hierarchische Gestaltung der Unternehmen wird die Kommunikation und Interaktion in vielfacher Weise beeinflußt. So werden Informationen durch die Hierarchie kanalisiert und in verschiedenen Kernbereichen konzen- triert. Die Verteilung von Macht- und Einfluß innerhalb der Hierarchie ist stark unterschiedlich und korreliert mit dem Vermögen, die betriebliche Informations- und Kommunikationsströme in Form und Inhalt zu beeinflussen.

Ein ganz wesentlicher Ansatz für die Bessergestaltung der Kommunikation und Interaktion ist daher eine Entkopplung von Macht- und Kommunikationsstruktu- ren durch Dezentralisierung von Informationen sowie die Schaffung von mehr Durchlässigkeit zwischen den einzelnen hierarchischen Ebenen. Ein weiterer An- satzpunkt wäre die Abschaffung von allzu großen Machtunterschieden zwischen den einzelnen Stufen der Hierarchie sowie die Verankerung von Schlichtungs- und Appelationsregeln, die die Hierarchie umgehen helfen.

Wie in den vorausgegangenen Ausführungen mehrfach angeklungen ist, bietet das klassische hierarchische Denken insgesamt wenig Freiräume für die mehr dia- lektischen Interaktionsprozesse. Will man die Kommunikation in Unternehmen jedoch mehr in die Richtung eines partnerschaftlichen Dialogs entwickeln, erfor- dert dies immer auch eine Veränderung von hierarchischen Strukturen: Das eine geht nicht ohne das andere.

Beleg 75

Ist bessere Kommunikation der wichtigste Faktor für den Erfolg?

„Sowohl Warren Bennis in *The Temporary Society* als auch Alvin Toffler in *Der Zukunfts-Schock* haben auf die Notwendigkeit von „Adhocratie" im Unterneh- men hingewiesen (...) Das Konzept der flexiblen Organisation ist somit nicht neu. Neu ist jedoch, daß die exzellenten Unternehmen es erfolgreich für sich zu nutzen wissen. Ob in der Vielfalt ihrer informellen Kommunikation oder im gekonnten Einsatz von adhoc-Instrumenten, wie zum Beispiel Task forces – immer erreichen die Spitzenunternehmen, daß schnell gehandelt wird, weil eben ihre Organisation flexibel und aktionsorientiert ist. Art und Einsatz der Kommunikation in den über- ragenden Unternehmen unterscheiden sich beträchtlich von den Verhältnissen bei ihren nicht so guten Konkurrenten. Die erfolgreichen Unternehmen sind ein einzi- ges großes Netz informeller, offener Kommunikation. Form und Intensität dieser Kommunikation sorgen dafür, daß die richtigen Leute regelmäßig miteinander in Kontakt kommen (...)
Die Intensität der Kommunikation ist in den erfolgreichen Unternehmen nicht zu übersehen. Das beginnt gewöhnlich damit, daß großer Wert auf Zwanglosigkeit gelegt wird. (...) Informelle Kommunikation läßt sich auch durch einfache räumli- che Gestaltung fördern. So hat Corning Glass in seinem neuen Firmengebäude Rolltreppen (statt Aufzüge) einbauen lassen, um mehr persönliche Kontakte zu ermöglichen. 3M unterstützt die Einrichtung von Clubs schon für Gruppen von vielleicht einem Dutzend Mitarbeitern, nur damit leichter – beim Mittagessen oder so – Zufallsgespräche über anstehende Probleme zustande kommen. Ein Manager der Citybank berichtete, daß die uralte Kluft zwischen Sachbearbeitern und Kun- denbetreuern mit einem Schlage verschwand, als alle betroffenen Mitarbeiter in dasselbe Stockwerk zogen und ihre Schreibtische bunt durcheinander gestellt wur- den.
Was bedeutet das alles? Jede Menge Kommunikation. Bei allen „goldenen Re- geln" von HP geht es um mehr Kommunikation. Sogar die räumlichen Verhältnisse

bei HP wirken in diese Richtung. Man kann im Werk Palo Alto nicht lange umher-
gehen, ohne immer wieder zu sehen, daß Leute vor Wandtafeln zusammensitzen
und ganz zwanglos über die verschiedensten Probleme diskutieren (...) Ein Freund
von uns bei HP sagte in einem Gespräch über die Organisation des Zentrallabors:
„Wir wissen noch nicht so recht, welche Struktur die beste ist. Sicher sind wir uns
nur, daß wir von möglichst viel informeller Kommunikation ausgehen. Das ist der
Schlüssel zu allem. Das müssen wir um jeden Preis erhalten." Bei 3M herrschen
ähnliche Überzeugungen, so daß einer der Manager uns sagte:
„Ihre Analyse erfolgreicher Unternehmen hat nur eine schwache Stelle. Sie brauchen noch ein neuntes Merkmal – die Kommunikation. Wir reden ganz einfach oft
miteinander, ohne viel Papierkram oder Formalitäten."
Bei der ersten Interviewrunde für unsere Untersuchung kamen die drei Hauptinter-
viewer nach rund sechs Wochen zusammen. Als wir zu formulieren versuchten, was
wir bis dahin für das Wichtigste (und Bezeichnendste) hielten, waren wir uns alle
einig: das angenehm zwanglose Betriebsklima der erfolgreichen Unternehmen.
Diese Meinung haben wir seither nicht geändert. Erfolg heißt zu einem sehr großen
Teil fruchtbare informelle Kommunikation."
aus: Peters/Waterman 1984: 151 ff.

6.4 Verbesserung der Kommunikation und Interaktion durch Organisationsentwicklung

Wie die Begriffe „Kommunikation" und „Interaktion" zählt auch der Begriff „Organisationsentwicklung" (kurz OE) mit zu den Begriffen, die *in* sind. Sehr oft wird
die OE in Beziehung gebracht zur Kommunikation; in manchen Fällen wird das,
was man als erweitertes Kommunikationstraining bezeichnen würde, schon als OE
bezeichnet. In den folgenden Ausführungen möchte ich deshalb klären, inwieweit
die beiden Begriffe in Beziehung zueinander stehen.

(1) Wie Gebert (1974: 9) ausführt, ist OE ein „zusammenfassender Begriff für die
Bemühungen zur Humanisierung der Arbeitsbedingungen sowie zur Steigerung der
Flexibilität und Veränderungsbereitschaft einer Organisation. Dabei werden von
vornherein nicht nur die Einstellungen und Verhaltensweisen von Organisationsan-
gehörigen, sondern auch die sachorganisatorischen bzw. strukturellen Bedingungen einer Organisation zu berücksichtigen versucht". Mit anderen Worten handelt
es sich bei der OE um ein umfassendes Konzept zur Veränderung der gesamten
Organisation.

Eine umfassende Strategie zur Verbesserung der Kommunikation und Interaktion (ich möchte diese der Einfachheit halber einfach *Kommunikationsentwicklung*
(KE) nennen), stellt ebenfalls ein umfassendes Konzept zur Veränderung der betrieblichen Wirklichkeit dar. OE und KE sind sich somit sehr ähnlich; beide Konzepte

● haben das Ziel, einerseits die *Leistungsfähigkeit des Unternehmens* zu *erhöhen* und andererseits eine *Verbesserung der Qualität des Arbeitslebens* zu erreichen (wobei beide Ziele gleichrangig und interdependent sind),

● entwickeln dabei ein *prozeßorientiertes Vorgehen*, indem sie einen Lern- und Entwicklungsprozeß der Organisation und der in ihr tätigen Menschen initiieren,

● haben eine *ganzheitliche Perspektive*, bei der die Organisation, das Individuum und die Umwelt in ihren Wechselwirkungen und Systemzusammenhängen betrachtet werden.

Unterschiede ergeben sich in der

● *Komplexität*
(die OE ist, was die Anzahl der zu verändernden Größen und die Wirkung angeht, breiter und komplexer; durch OE werden mehr betriebliche Komponenten angesprochen)
und bei den

● *Einsatzmöglichkeiten*
(OE läßt sich vielseitig einsetzen; der Einsatz der KE ist dagegen auf kommunikative und interaktive Problemstellungen begrenzt).

Der wesentliche Unterschied zwischen der OE und KE ist, daß die OE primär *problemorientiert* vorgeht (der Prozeß entwickelt sich an einem konkreten betrieblichen Problem), die KE hingegen *methodisch orientiert* ist.

Wie in Abbildung 24 zum Ausdruck kommen soll, ist OE einerseits der weitere Begriff, andererseits wird jedoch die KE immer ein Teil der OE sein. In ihrem „Leitbild" führt die *Gesellschaft für Organisationsentwicklung* unter anderem folgendes aus (zit. n. Trebesch 1983: 86): „Organisationsentwicklung ist ein Lern- und

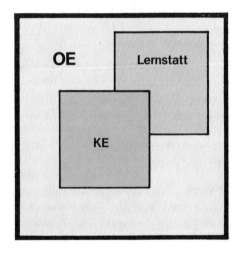

Abb. 24: Zusammenhang der Begriffe „Organisationsentwicklung", „Kommunikationsentwicklung" und „Lernstatt"

Entwicklungsprozeß der Organisation und der in ihr tätigen Menschen. Die Einflußnahme auf die Gestaltung und Entwicklung der Organisation erfolgt im weitesten Sinne durch eine Verbesserung der Kommunikation." Daß die KE ein wesentlicher Teil der OE ist, kann man auch den verschiedenen Praxisberichten zur OE entnehmen. So berichtet Gottschall (1975, 1978, 1978 a und 1979) über verschiedene OE-Projekte, in denen die KE jeweils ein Teil der OE war.

(2) Eine interessante Variante der OE und Alternative zu den herkömmlichen KE-Konzepten stellt die *Lernstatt* dar. Riegger (1983: 15) bezeichnet die Lernstatt als eine „Organisationsentwicklung von unten", die zum Ziel hat, Entwicklungs- bzw. Lernprozesse in Gang zu setzen. Die Lernstatt ist in ihrem Ansatz – im Gegensatz zur (normalen) OE – ausschließlich personenbezogen, d. h., daß vorhandene Arbeits- und Betriebsstrukturen nicht direkt angesprochen werden.

Beleg 76

Lernstatt fördert die Kommunikation bei BMW

„Die bei BMW entwickelte Form der Lernstatt soll nicht nur ein anderes Wort für die von einigen anderen Unternehmen eingeführten Qualitätszirkel sein, in denen vor allem über Verbesserung an den Produkten, Material- und Energieersparnis oder bessere Arbeitsorganisation gesprochen wird; sie dient auch nicht in herkömmlicher Form der beruflichen Fortbildung oder Umschulung der Teilnehmer. Sie schließt dies alles zwar zum Teil mit ein, soll aber darüber hinaus weiter gesteckte Ziele anstreben. Dazu gehören beispielsweise:

● ausgereifte Formen des Umgangs miteinander,
● faire und methodische Austragung und Lösung von Konflikten,
● Überwindung des Taylorismus, also einer immer weiter getriebenen Arbeitsteilung,
● Einbeziehung des ganzen Menschen.

Angefangen hat alles viel bescheidener. Die erste Lernstatt wurde 1973 bei BMW organisiert, um ausländischen Mitarbeitern bei der Überwindung der Sprachbarriere im Betrieb zu helfen. Anders als im Sprachlabor oder an der Volkshochschule sollte dabei nicht nur eine Fremdsprache gepaukt, sondern eine arbeitsbezogene Kommunikation angestrebt werden, um so zu einer sozialen Integration der Gastarbeiter zu kommen. (…)
Bald zeigt sich, daß nun die Gastarbeiter gegenüber vielen ihrer deutschen Kollegen privilegiert waren, die ebenfalls unter Kommunikationsschwierigkeiten litten oder sich nicht in den Betrieb integriert fühlten. (…) Manche von ihnen forderten schließlich sehr nachdrücklich, ebenso wie die Ausländer in die Lernstatt einbezogen zu werden. Aus dem Modellversuch einer betriebsbezogenen Sprachschulung wurde so ein allgemeines Kommunikationsmodell.
In Mark und Pfennig läßt sich der Erfolg eines solchen Konzepts nur in Ausnahmefällen ausrechnen – etwa dann, wenn eine Gruppe einen Vorschlag entwickelt hat, der im Rahmen des betrieblichen Vorschlagwesens prämiert wird. Doch überall da, wo es um die Verbesserung des Betriebsklimas geht, die Zusammenarbeit zwischen den Abteilungen reibungsloser verläuft oder die Kommunikation zwischen den Mitarbeitern untereinander oder mit dem Vorgesetzen verbessert wird, versagen solche Maßstäbe. (…) Auch wenn sich die materiellen Ergebnisse dieser Aktivitäten meist nicht in Zahlen ausdrücken lassen, so können Teilnehmer an der Lern-

stattarbeit doch eine Fülle von Beispielen für die immateriellen Gewinne nennen. „Man lernt, miteinander umzugehen, Probleme auf dem direkten Weg zu lösen und sich in pragmatischer Form über die Abteilungsgrenzen hinweg zu verständigen", erklärt einer der Moderatoren. Ein anderer hat erlebt, wie Führungskräfte zu ihrer Verblüffung feststellen, daß die Mitarbeiter gar nicht so faul, desinteressiert und allein auf immer mehr Geld und Freizeit scharf sind, wie sie bisher angenommen hatten. Sie erleben vielmehr, daß sie bereitwillig und kreativ an Problemlösungen mitarbeiten, wenn ihnen die Chance dazu geboten wird. Aber auch die Teilnehmer an der Lernstatt haben ihre Aha-Erlebnisse. Sie entdecken, beispielsweise, daß in anderen Abteilungen ebenfalls ernsthaft gearbeitet wird. Zwischen zwei traditionell miteinander hadernden Abteilungen wie Fertigung und Qualitätssicherung kam es erstmals zu einem Friedensschluß, nachdem Vertreter beider Bereiche ihre Probleme offen miteinander diskutiert hatten. Als Nörgler bekannte Kollegen erleben, wie schwer es im konkreten Fall sein kann, für ein Problem eine sinnvolle, rasche und für alle Betroffenen akzeptable Lösung zu finden. Andere entwickeln Interesse an fachlicher Weiterbildung und an einem beruflichen Aufstieg, nachdem sie ihnen bisher unbekannte Aufgabenfelder oder Betriebsabteilungen entdeckt haben. Aus Mitarbeitern werden Mitdenker, die auch nach Beendigung der Lernstattarbeit ihren Job mit anderen Augen sehen."

aus: Jungblut, *Die Zeit* vom 17. Januar 1986

Der Unterschied zur OE und KE liegt vor allem in den pädagogischen Prinzipien. In der Lernstatt versucht man in Anlehnung an die pädagogischen Ideen von Illich und Freire (siehe Riegger 1983: 39 ff) „die Kluft zwischen fremdbestimmtem Wissen und eigenen, gelebten Erfahrungen und Bedürfnissen zu überbrücken und dadurch selbständiges Lernen und Arbeiten zu fördern."

Wie Riegger ausführt, ist die Lernstatt somit nicht nur ein Modell zur Kommunikationsentwicklung, sondern auch ein Konzept, bei dem Arbeiten und Lernen, zwei sich nicht ausschließende, sondern ergänzende Arten des Tätigseins am Arbeitsplatz (in der Werkstatt) sind. Die Auseinandersetzung mit betrieblichen Problemen in der Kommunikation und das Einüben kommunikativer Fertigkeiten geschieht hier im Sinne der Persönlichkeitsentfaltung. Nach Samson (in Riegger 1983: V) übernimmt die Lernstatt somit

- *therapeutische Aufgaben*, indem sie – durch die Förderung der kommunikativen Kompetenz – die persönliche Entwicklung der Lernstatt-Teilnehmer und im besonderen auch der Moderatoren fördert,
- sowie eine *kulturelle Aufgabe*, indem sie die am Betriebsgeschehen Beteiligten einbezieht zum gemeinsamen Lernen und Gestalten.

Im Vergleich zu OE und KE hat die Lernstatt – wie sie von Samson und Riegger verstanden wird – stark basis-demokratische Züge. Durch Lernstatt angestrebt werden soll (über die Entwicklung kommunikativer Fähigkeiten hinaus) ein Arbeits- und Lebensraum, mit dessen Werten sich die Menschen identifizieren können. „Lernstatt reagiert damit auch als ein Modell für gesellschaftliche Entwicklung auf eine Herausforderung, die sich in einer von allen Seiten beklagten Distanzierung von Arbeit und Leistung äußert." (Samson in Riegger 1983: V)

Beleg 77

Joseph Beuys zum Begriff: Soziale Plastik

„Es bleibt im Grunde dabei, daß es sehr wichtig ist, diesen Kunstbegriff zu entwickeln, wo jeder lebende Mensch ein Gestalter einer lebendigen Substanz werden kann. Das ist der soziale Organismus. Denn was würde die schönste Vorstellung von Dreigliederung bedeuten, wenn die Menschen nicht da hereintreten und eine neue Beziehung ausbilden. Also am Arbeitsplatz eine zwischenmenschliche Wärme produzieren. Das ist für mich auch die Frage des Wirtschaftswachstums. Sicher muß die Wirtschaft weiterwachsen, aber in dieser Richtung. Das materielle Wachstum kann an vielen Stellen zurückgenommen werden, aber nicht an allen. Z. B. könnte das biologische Wachstum in der Wirtschaft noch unendlich zunehmen. (...) Dieses Schlagwort „Wirtschaftswachstum darf nicht mehr sein", ist falsch. Es muß ein weiteres Wirtschaftswachstum geben. Es fragt sich nur, was wachsen und was zurückgenommen werden muß. Die Frage muß viel intimer behandelt werden. Man kann generell sagen: Es muß ein weiteres Wirtschaftswachstum geben, aber in der Wirtschaft muß eben die soziale Skulptur wachsen. Da, wo gegenwärtig die Entfremdung zwischen den Menschen sitzt – man könnte fast sagen als eine Kälteplastik –, da muß eben die Wärmeplastik hinein. Die zwischenmenschliche Wärme muß da erzeugt werden."

aus: Harlan/Rappmann/Schata 1984: 20f.

Schlußbemerkung

In den vorausgegangenen Ausführungen wurde das Thema der zwischenmenschlichen Kommunikation und Interaktion in Unternehmen aus vielfältigen Perspektiven betrachtet. Zusammengetragen wurden hierbei – mit subjektiven Vorlieben – die Grundlagen für eine sinnvolle Analyse des Themas. Ganz sicher wurden bei dieser Betrachtung die sonst üblichen inhaltlichen Grenzen an einigen Stellen überschritten. Meines Erachtens sind es aber gerade die neueren Erkenntnisse in den verschiedenen Wissensbereichen (so z. B. der Psychologie, der Soziologie, der Informationstheorie, der Systemtheorie und der Kybernetik, der Biologie, der Anthropologie, der Mathematik, der Philosophie und der Neurophysiologie), die neue Perspektiven in der Behandlung des Themas und dadurch zur Gewinnung von Einsicht und von Wissen bieten. Viele weitere mögliche Ansatzpunkte konnten hier nicht behandelt werden; an vielen Stellen hätte man ganz sicher tiefer schürfen müssen. Doch offensichtlich gleicht das Thema *Kommunikation* einem Faß ohne Boden, durchsetzt mit vielen Fallstricken und vielen unentdeckten Winkeln: Je tiefer man in der Analyse geht, desto mehr Fragen (nicht Lösungen) ergeben sich. Wie Winograd und Flores (1986: 13) feststellten, ist jedoch „progress... not made by finding the „right answers", but by asking meaningful questions." Ich möchte deshalb mit einem Zitat von Luhmann (1984: 207) abschließen, das diese (meine) Erkenntnis sehr schön beschreibt:

„Einmal in Kommunikation verstrickt, kommt man nie wieder ins Paradies der einfachen Seelen zurück (auch nicht, wie Kleist hoffte, durch die Hintertür)."

Literaturverzeichnis

Arendt, H. (1981): Vita Activa oder vom tätigen Leben. München – Zürich: Piper.
Argyle, M. (1972): Soziale Interaktion. Köln: Kiepenheuer/Witsch.
Argyle, M. (1982): Körpersprache und Kommunikation. (2. Auflage) Paderborn: Junfermann.
Arm, H. R. (1984): Strategisches Management in der Sackgasse? *Harvard manager*, 3, 82–86.
Badura, B., u. a. (1978): Reden und reden lassen, Rhetorische Kommunikation. Wiesbaden: Gabler.
Bandler, R., Grinder, J. (1984): Neue Wege der Kurzzeittherapie, Neurolinguistische Programme. (2. Auflage) Paderborn: Junfermann.
Bartram, P. (1969): Die innerbetriebliche Kommunikation. Berlin: Schmidt.
Bateson, G. (1982): Geist und Natur, Eine notwendige Einheit. Frankfurt: Suhrkamp.
Bateson, G. (1983): Ökologie des Geistes. (2. Auflage) Frankfurt: Suhrkamp.
Benesch, H., Schmandt, W. (1981): Manipulation und wie man ihr entkommt. Frankfurt: Fischer.
Berger, P. L., Luckmann, Th. (1980): Die gesellschaftliche Konstruktion der Wirklichkeit, Eine Theorie der Wissenssoziologie. Frankfurt am Main: Fischer Taschenbuch Verlag.
Bergler, R., Six, B. (1972): Stereotype und Vorurteile. in: Graumann, C. F. (Hrsg.): Handbuch der Psychologie. 7. 2. (1371–1432) Göttingen: Hogrefe.
Berkel, K. (1984): Konfliktforschung und Konfliktbewältigung, Ein organisationspsychologischer Ansatz. Berlin: Duncker/Humblot.
Berkel, K. (1985): Konflikttraining. Arbeitshefte zur Führungspsychologie, 15. Heidelberg: I. H. Sauer.
Bertelsmann (1985): „Was Pyramiden stabil macht". *Stern*, 9, 183.
Berthold, H. J., Gebert, D., Rehmann, B., Rosenstiel, L. von (1980): Schulung von Führungskräften – eine empirische Untersuchung über Bedingungen und Effizienz. *Zeitschrift für Organisation*, 4, 221–229.
Birkenbihl, V. F. (1984): Kommunikationstraining, zwischenmenschliche Beziehungen erfolgreich gestalten. (5. Auflage) München: Goldmann.
Blakeslee, T. R. (1982): Das rechte Gehirn. Das Unbewußte und seine schöpferischen Kräfte. Freiburg i. Br.: Aurum.
Blecke, U. (1980): Management by Listening. *Manager magazin*, 9, 70–74.
Bödiker, M.-L., Lange, W. H. (1975): Gruppendynamische Trainingsformen. Reinbek b. Hamburg: Rowohlt.
Bodenheimer, A. R. (1984): Warum?, Von der Obszönität des Fragens. Stuttgart: Reclam.
Brandstätter, H. (1983): Sozialpsychologie: Psychologie sozialer Erfahrung. Stuttgart u. a.: Kohlhammer.
Brönimann, Ch. (1970): Aufbau und Beurteilung des Kommunikationssystems von Unternehmungen. Bern – Stuttgart: Haupt.
Broms, H., Gahmberg, H. (1983): Communication to Self in Organizations and Cultures. *Administrative Science Quarterly*, 28, 482–495.
Bühler, K. (1982): Sprachtheorie. Die Darstellungsfunktion der Sprache. (Ungekürzter Neudr. d. Ausg. v. 1934, Jena) Stuttgart – New York: Fischer.
Burgoon, M., Ruffner, M. (1978): Human Communication, A Revision of Approaching Speech/Communication. (11. Title) New York u. a.: Holt, Rinehart and Winston.

Casagrande, D.O., Casagrande, R.J. (1986): Oral Communication, In Technical Professions and Business. Belmont California: Wadsworth.

Cohn, R.C. (1979): Themenzentrierte Interaktion. in: Heigl-Evers, A. (Hrsg.): Psychologie des 20. Jahrhunderts. 8. (873–883) Zürich: Kindler.

Cohn, R.C. (1981): Von der Psychoanalyse zur themenzentrierten Interaktion. (5. Auflage) Stuttgart: Klett.

Conrad, Ch. (1985): Strategic Organizational Communication. Cultures, Situations and Adaption. New York u.a.: Holt, Rinehart and Winston.

Cooper, M.R., u.a. (1979): Mitarbeiter mit neuen Wertmaßstäben – mehr Unzufriedenheit am Arbeitsplatz. *Harvard manager*, 3, 112–121.

Crott, H. (1979): Soziale Interaktion und Gruppenprozesse. Stuttgart: Kohlhammer.

Crott, H., Kutschker, M., Lamm, H. (1977): Verhandlungen I, Individuen und Gruppen als Konfliktparteien. Stuttgart u.a.: Kohlhammer (Urban TB).

Crozier, M., Friedberg, E. (1979): Macht und Organisation, Die Zwänge kollektiven Handelns. Königstein/Ts: Athenäum.

Däumling, A.M., u.a. (1974): Angewandte Gruppendynamik. Selbsterfahrung, Forschungsergebnisse, Trainingsmodelle. Stuttgart: Klett.

Deal, T.E., Kennedy, A.E. (1982): Corporate Cultures, The Rites und Rituals of Corporate Life. (Fourth Printing, 1984) Reading, Mass.: Addison-Wesley.

Degen, R. (1986): Der Glaube versetzt Seelen. *Psychologie heute*, 2, 12–16.

Derschka, P. (1981): Zeichen der Unfreiheit. *Manager magazin*, 11, 148–159.

Derschka, P. (1984): Bewußtseinstraining bei der Colonia. *Management Wissen*, 8, 44–47.

Derschka, P., Gottschall, D. (1980): Mehr statt regeln, Personalpolitik in den 80er Jahren. *Manager magazin*, 11, 57–66.

Deutsch, M. (1976): Konfliktregelung. Konstruktive und destruktive Prozesse. München – Basel: E. Reinhardt.

Ditfurth, H. von (1983): Der Geist fiel nicht vom Himmel. (5. Auflage) München: dtv.

Domsch, M., Grosser, H. (1985): Der lange Marsch an die Spitze. *Manager magazin*, 11, 232–237.

Drucker, P.F. (1971): Die Kommunikations-Lücke. *Manager magazin*, 1, 83–91.

Duss-von Werdt, J. (1985): Wenn die Ehe scheitert. *Die Zeit*, vom 13.12.1985, 72.

Eccles, J.C. (1978): Das Problem von Gehirn und Geist. in: Stamm, R.J., Zeier, H. (Hrsg.): Die Psychologie des 20. Jahrhunderts. 6. (1131–1177) Zürich: Kindler.

Eco, U. (1985): Einführung in die Semiotik. (5. unveränderte Auflage) München: Fink (Uni-Taschenbücher)

Evans, J. (1982): Arbeitnehmer und Arbeitsplatz. in: Friedrichs, G., Schaff, A. (Hrsg.): Auf Gedeih und Verderb. (169–200) Wien – München – Zürich: Europaverlag.

Ewing, D.W. (1980): Wie man mit schwierigen Angestellten verhandelt. *Harvard manager*, 1, 36–43.

Feyerabend, P. (1984): Wissenschaft als Kunst. Frankfurt am Main: Suhrkamp.

Fisher, R., Ury, W. (1984): Das Harvard-Konzept, Sachgerecht verhandeln – erfolgreich verhandeln. Frankfurt, New York: Campus.

Fittkau, B., Schulz von Thun, F. (1983): Grundzüge unseres Kommunikations- und Verhaltenstrainings für Berufspraktiker. in: Fittkau, B., u.a.: Kommunizieren lernen (und umlernen). (3. Auflage) (101–113) Braunschweig: Westermann.

Franke, H. (1980): Problemlösen und Kreativität. Goch: Bratt.

Frey, S. (1984): Die nonverbale Kommunikation. SEL-Stiftungsreihe 1. (Hrsg.: SEL-Stiftung für technische und wirtschaftliche Kommunikationsforschung) Stuttgart.

Friedrichs, G., Schaff, A. (Hrsg. 1982): Auf Gedeih und Verderb. Mikroelektronik und Gesellschaft. Wien – München – Zürich: Europaverlag.

Galtung, J. (1975): Strukturelle Gewalt, Beiträge zur Friedens- und Konfliktforschung. Reinbek b. Hamburg: Rowohlt.

Gebert, D. (1972): Gruppendynamik in der betrieblichen Führungsschulung. Berlin: Duncker/Humblot.

Gebert, D: (1974): Organisationsentwicklung. Stuttgart u. a.: Kohlhammer (Urban TB).

Gebert, D: (1981): Belastung und Beanspruchung in Organisationen. Stuttgart: Poeschel.

Geissler, J. (1983): Die Angst des Managers vor der Bildung. *Manager magazin*, 9, 184–185.

Goffman, E. (1978): Interaktionsrituale, Über Verhalten in direkter Kommunikation. Frankfurt: Suhrkamp.

Goffman, E. (1981): Strategische Interaktion. München – Wien: Hanser.

Goffman, E. (1983): Wir alle spielen Theater, Die Selbstdarstellung im Alltag. München: Piper.

Gordon, Th. (1980): Familienkonferenz, Die Lösung von Konflikten zwischen Eltern und Kind. Reinbek b. Hamburg: Rowohlt.

Gordon, Th. (1982): Managerkonferenz, Effektives Führungstraining. Reinbek b. Hamburg: Rowohlt.

Gore, W. L. (1985): Small is beautiful. *Frankfurter Allgemeine Zeitung*, vom 7. Dezember 1985, 8.

Gottschall, D. (1974): Jeder ist sich selbst der Nächste. *Manager magazin*, 5. 110–114.

Gottschall, D. (1975): Vom Wissen zur Einsicht. *Manager magazin*, 8, 55–61.

Gottschall, D. (1978): Lernen, Streit zu vermeiden. *Manager magazin*, 2, 36-44.

Gottschall, D. (1978 a): Die Betroffenen zu Beteiligten machen. *Manager magazin*, 10, 49–57.

Gottschall, D. (1979): Auf dem Psychotrip. *Manager magazin*, 1, 56–62.

Gottschall, D. (1984): Betriebliches Innovationsmanagement, Lernen an der gemeinsamen Aufgabe. *Management Wissen*, 9, 15–27.

Gottschall, D. (1986): Gespräch und Verständigung. *Management Wissen*, 1, 5.

Grabowski-Gellert, J. (1985): Wie Nachrichten seriös wirken. *Psychologie heute*, 11, 8.

Graumann, C. F. (1972): Interaktion und Kommunikation. in: Graumann, C. F. (Hrsg.): Handbuch der Psychologie. 7.2. (1109–1262) Göttingen: Hogrefe.

Grosser, H., Domsch, M. (1985): Der lange Marsch an die Spitze. *Manager magazin*, 11, 232–237.

Gutenberg E. (1965): Grundlagen der Betriebswirtschaftslehre, 1: Die Produktion. (10. neubearbeitete Auflage) Berlin, u. a.: Springer.

Hall, E. T. (1976): Die Sprache des Raumes. Düsseldorf: Schwann.

Habermas, J. (1971): Vorbereitende Bemerkungen zu einer Theorie der kommunikativen Kompetenz. in: Habermas, J., Luhmann, N.: Theorie der Gesellschafts- oder Sozialtechnologie. (101–141) Frankfurt: Suhrkamp.

Habermas, J. (1981): Theorie des kommunikativen Handelns. 1. u. 2. Frankfurt: Suhrkamp.

Habermas, J. (1983): Moralbewußtsein und kommunikatives Handeln. Frankfurt: Suhrkamp.

Habermas, J. (1984): Vorstudien und Ergänzungen zur Theorie des kommunikativen Handelns. Frankfurt: Suhrkamp.

Habermas, J. (1985): Die neue Unübersichtlichkeit. Frankfurt: Suhrkamp.

Harlan, V., Rappmann, R., Schata, P. (1984): Soziale Plastik. Materialien zu Joseph Beuys. (3. erweiterte und ergänzte Auflage) Achberg: Achberger Verlag.

Heller, E. (1986): Poesie – ins Exil verdammt? *Süddeutsche Zeitung*, vom 12./13. April 1986, 167.

Henscheid, E., u. a. (1985): Dummdeutsch, Ein satirisch-polemisches Wörterbuch. Frankfurt: Fischer.

Hill, W., Fehlbaum, R., Ulrich, P. (1981): Organisationslehre, 1. u. 2. (3. Auflage) Bern – Stuttgart: Haupt.

Höhn, R. (1970): Führungsbrevier der Wirtschaft. (7. Auflage) Bad Harzburg: Verlag für Wissenschaft, Wirtschaft und Technik.

Holz, F. (1982): Methoden fairer und unfairer Verhandlungsführung. (3. Auflage) Kissing u. a.: Weka.

Howell, W. S. (1982): The Empathic Communicator. Belmont (Cal.): Wadsworth.

Hübner, K. (1985): Die Wahrheit des Mythos. München: C. H. Beck.

Inglehart, R. (1977): The Silent Revolution, Changing Values and Political Styles Among Western Publics. Princeton: Princeton University Press.

Jahnke, J. (1975): Interpersonelle Wahrnehmung. Stuttgart u. a.: Kohlhammer (Urban TB).

James, M., Jongeward, D. (1974): Spontan leben, Übungen zur Selbstverwirklichung. Reinbek bei Hamburg: Rowohlt.

Jens, W. (1983): Von deutscher Rede. (3. erweiterte Neuausgabe) München – Zürich: Piper.

Jungblut, M. (1986): Nicht nur faul und geldgierig, Die „Lernstatt" fördert Integration und Kommunikation der BMW-Mitarbeiter. Die Zeit, vom 17. Januar 1986, 26–27.

Kelley, R. L. (1977): Introduction to Communication. Menlo Park (Cal.): Cummings.

Kets de Vries, M. F. R. (1980): Manager können Mitarbeiter in den Wahnsinn treiben. Harvard manager, 3, 56–65.

Kets de Vries, M. F. R. (Ed. 1984): The Irrational Executive. Psychoanalytic Explorations in Management. New York: International Universities Press.

Kets de Vries, M. F. R., Miller, D. (1984a): The Neurotic Organization. Diagnosing and Changing Counterproductive Styles of Management. San Francisco, Washington, London: Jossey-Bass Publishers.

Kets de Vries, M. F. R. (1986): Die Schattenseiten des Entrepreneurs. Harvard manager, 2, 7–10.

Kevenhörster, P. (1972): Arbeitszeit im Management. Die 60-Stunden-Woche ist unnötig. Manager magazin, 10, 53–57.

Kiehne, D. (1985): Den Schutt wegräumen. Manager magazin, 11, 334–343.

Kirchner, B. (1980): Sprechen vor Gruppen. Stuttgart: Klett.

Kirschner, J. (1974): Manipulieren – aber richtig, Die acht Gesetze der Menschenbeeinflussung. München: Knaus.

Klipstein, M. von, Strümpel, B. (1984): Der Überdruß am Überfluß, Die Deutschen nach dem Wirtschaftswunder. München: Olzog.

Kohlberg, H. (1974): Zur kognitiven Entwicklung des Kindes. Frankfurt: Suhrkamp.

Korn, K. (1958): Sprache in der verwalteten Welt. Frankfurt am Main: Scheffler.

Kotter, J. P. (1983): Was wirkungsvolle General Manager wirklich tun. Manager magazin, 2, 78–83.

Kubicek, H. (1984): Kabel im Haus - Satellit überm Dach. Reinbek b. Hamburg: Rowohlt.

Laing, R. D., Phillipson, H., Lee, A. R. (1978): Interpersonelle Wahrnehmung. (4. Auflage) Frankfurt: Suhrkamp.

Langer, I., Schulz von Thun, F., Tausch, R. (1981): Sich verständlich ausdrücken. (2. völlig neubearb. Auflage) München: Reinhardt.

Lay, R. (1976): Dialektik für Manager, Einübung in die Kunst des Überzeugens. Reinbek b. Hamburg: Rowohlt.

Lay, R. (1980): Manipulation durch die Sprache. Reinbek b. Hamburg: Rowohlt.

Lay, R. (1981): Führen durch das Wort. Reinbek b. Hamburg: Rowohlt.

Lemmermann, H. (1982): Lehrbuch der Rhetorik. München: Goldmann.

Lenk, K. (1982): Informationstechnik und Gesellschaft. in: Friedrichs, G., Schaff, A. (Hrsg.): Auf Gedeih und Verderb. (289–326) Wien – München – Zürich: Europaverlag.

Lotmann, J. (1977): Two Models of Communication. in: Lucid, D. P. (ed. and trans.): Soviet Semiotics: An Anthology. Baltimore: John Hopkins Universitypress.

Luhmann, N. (1976): Einfache Sozialsysteme. in: Auwärter, M., u. a.: Seminar: Kommunikation, Interaktion, Identität. (3–29) Frankfurt: Suhrkamp.

Luhmann, N. (1984): Soziale Systeme. Grundriß einer allgemeinen Theorie. Frankfurt: Suhrkamp.

Matenaar, D. (1983): Vorwelt und Organisationskultur. *ZfO (Zeitschrift für Organisation)*, 1, 19–27.

Maturana, H. R. (1985): Erkennen: Die Organisation und Verkörperung von Wirklichkeit. (2. durchgesehene Auflage) Braunschweig – Wiesbaden: Vieweg.

McClelland, D. C., Burnham, D. H. (1976): Erfolgreiche Manager lieben die Macht. *Manager magazin*, 8, 61–65.

Mead, G. H. (1973): Geist, Identität und Gesellschaft. Frankfurt: Suhrkamp.

Meggle, G. (1981): Grundbegriffe der Kommunikation. Berlin: Walter de Gruyter.

Merten, K. (1977): Kommunikation. Eine Begriffs- und Prozeßanalyse. Opladen: Westdeutscher Verlag.

Mintzberg, H. (1980): The Nature of Managerial Work. Englewood-Cliffs, N. J.: Prentice-Hall.

Mintzberg, H. (1981): Der Managerberuf: Dichtung und Wahrheit. *Harvard manager*, 11, 66–78.

Möntmann, H. G. (1986): Rambo im Büro. *Management Wissen*, 5, 82–83.

Molchow, S. (1983): Körpersprache. München: Mosaik.

Morris, D. (1982): Der Mensch, mit dem wir leben. Ein Handbuch unseres Verhaltens. München – Zürich: Droemer Knaur.

Mühlen-Achs, B. (1984): Wie sich Macht gebärdet. *Psychologie heute*, 8, 60–66.

Müller, A. (Hrsg., 1964): Lexikon der Kybernetik. Quickborn b. Hamburg: Schnelle.

Müller-Wolf, H. M., u. a. (1983): Trainingsmaterialien zum Kommunikations- und Verhaltenstraining. in: Fittkau, B., u. a.: Kommunizieren lernen (und umlernen). (3. Auflage) (335–395) Braunschweig: Westermann.

Myers, G. E., Myers, M. T. (1976): The Dynamics of Human Communication: A Laboratory Approach. (second Edition) New York u. a.: McGraw-Hill.

Naisbitt, J. (1984): Megatrends, 10 Perspektiven, die unser Leben verändern werden. (2. Auflage) München: Hestia.

Narr, W.-D. (1979): Hin zu einer Gesellschaft bedingter Reflexe. in: Habermas, J. (Hrsg.): Stichworte zur „Geistigen Situation der Zeit". (489–528) Frankfurt: Suhrkamp.

Neuberger, O. (1973): „Organisationsstruktur" und „Organisationsklima". *Problem und Entscheidung*, 10, 26–87. München – Augsburg.

Neuberger, O. (1976): Führungsverhalten und Führungserfolg. Berlin: Duncker/Humblot.

Neuberger, O. (1977): Organisation und Führung. Stuttgart u. a.: Kohlhammer.

Neuberger, O. (1980): Das Mitarbeitergespräch. Goch: Bratt.

Neuberger, O. (1982): Miteinander arbeiten – miteinander reden! Vom Gespräch in unserer Arbeitswelt. München: Bayerisches Staatsministerium für Arbeit und Sozialordnung.

Neuberger, O. (1983): Rational, rationaler, irr-rational, irrational. Über die Allgegenwart irrationalen Handelns in Organisationen. Augsburg: Uni.

Neuberger, O. (1984): Führung: Ideologie – Struktur – Verhalten. Stuttgart: Enke.

Neuberger, O. (1985): Unternehmenskultur und Führung. Augsburg: Uni.

Neuberger, O. (1985 a): Im Reden verzaubern wir uns selbst. *Psychologie heute*, 11, 32–35.

Neuberger, O. (o. J.): Divide et impera – Teile und Herrsche! Strategien der Macht in Organisationen. Vorlesungsmanuskript der Universität Augsburg.

Neuberger, O., Kompa, A. (1986): Das Gesicht der Firma, Serie: Firmenkultur. *Psychologie heute*, 6, 61–68.

Noelle-Neumann, E. (1983): Störfaktoren. Das Arbeitsleben der Deutschen. *Capital*, 9, 101–112.

Opp, K.D. (1976): Methodologie der Sozialwissenschaften, Einführung in Probleme ihrer Theorienbildung. (2. erw. Auflage) Reinbek b. Hamburg: Rowohlt.

Pelz, H. (1975): Linguistik für Anfänger. Hamburg: Hoffmann und Campe.
Perls, F. (1980): Grundlagen der Gestalt-Therapie. (4. Auflage) München: Pfeiffer.
Peters, Th.J., Waterman, R.H. jun. (1982): In Search of Excellence, Lessons from America's Best-run Companies. New York u.a.: Harper/Row. (Deutsch: Auf der Suche nach Spitzenleistungen. Landsberg: Verlag Moderne Industrie, 1984).
Petzold, H. (1976): Konzepte der Transaktionalen Analyse. in: Petzold, H., Paula, M. (Hrsg.): Transaktionale Analyse und Skriptenanalyse. (13–71) Hamburg: Altmann.
Piontkowski, U. (1982): Psychologie der Interaktion. (2. Auflage) München: Juventa.
Pöppel, E. (1982): Lust und Schmerz. Grundlagen menschlichen Erlebens und Verhaltens. Berlin: Quadriga (Severin und Siedler).
Popper, K.R., Eccles, J.C. (1982): Das Ich und sein Gehirn. (2. Auflage) München – Zürich: Piper.
Porter, L.W., Roberts, K.H. (1976): Communication in Organizations. in: Dunette, M.D. (Ed.): Handbook of Industrial and Organizational Psychology. Chicago: Rand Mc.Nally.

Raddatz, F.J. (1986): Mein Tagebuch soll mein Spiegel sein. Die Zeit, vom 16. Mai 1986, 41–44.
Rapoport, A. (1976): Kämpfe, Spiele und Debatten, Drei Konfliktmodelle. Darmstadt: Darmstädter Blätter.
Reuter, E. (1985): Zwischen Management und Mythos, Über Macht und Ohnmacht des Geistes – Reflexionen über die Führung eines Unternehmens. Die Zeit, vom 22. März 1985, 39–40.
Richter, H.E. (1979): Lernziel Solidarität. Reinbek b. Hamburg: Rowohlt.
Riedl, R. (1981): Biologie der Erkenntnis, Die stammesgeschichtlichen Grundlagen der Vernunft. Berlin – Hamburg: Parey.
Riegger, M. (1983): Lernstatt erlebt, Praktische Erfahrungen mit Gruppeninitiativen am Arbeitsplatz. Essen: Windmühle.
Rinderspacher, J. (1984): Der Feierabend, der keiner ist. Psychologie heute, 8, 38–41.
Rogers, C.R. (1979): Entwicklung der Persönlichkeit. Stuttgart: Klett.
Rogers, C.R. (1985): Die Kraft des Guten, Ein Appell zur Selbstverwirklichung. Frankfurt: Fischer.
Rogers, C.R. (1986): Schranken und Wege der Kommunikation. Harvard manager, 2, 124.
Rosenstiel, L. von (1972): Motivation im Betrieb. München: Goldmann.
Rosenstiel, L. von (1975): Die motivationalen Grundlagen des Verhaltens in Organisationen, Leistung und Zufriedenheit. Berlin: Duncker/Humblot.
Rosenstiel, L. von, Stengel, M. (o.J.): Identifikationskrise? Zielkonflikte junger Akademiker beim Berufseinstieg. Vorlesungsmanuskript der Uni Augsburg.
Roth, G. (1986). Selbstorganisation – Selbsterhaltung – Selbstreferentialität. in: Dress, A., u.a. (Hrsg.): Selbstorganisation, Die Entstehung von Ordnung in Natur und Gesellschaft. (149–180) München – Zürich: Piper.
Ruch, F.L., Zimbardo, P.G. (1974): Psychologie. (8. Auflage) Berlin u.a.: Springer.
Rückle, H. (1982): Körpersprache für Manager. (2. Auflage) Landsberg: Verlag moderne Industrie.
Rühle, H. (1982): Persönliche Arbeitstechniken: Funktionsneutrale individuelle Qualifikationen. Goch: Bratt.
Rüssmann, K.H. (1982): Die Kosten der Hierarchie. Manager magazin, 8, 74–81.
Rüssmann, K.H. (1984): Nur um den Einsamen schleichen Gespenster – Über das Kommunikationsverhalten von Top-Managern. Manager magazin, 10, 48–61.
Rüttinger, B. (1980): Konflikt und Konfliktlösen. Goch: Bratt-Institut.

Rüttinger, B., Kruppa, R. (1981): TA-Manual, Praxis der Transaktions-Analyse in Beruf und Organisation. München: Preisinger.

Satir, V. (1982): Selbstwert und Kommunikation. Familientherapie für Berater und zur Selbsthilfe. (5. Auflage) München: Pfeiffer.

Schaff, A. (1973): Einführung in die Semantik. Reinbek b. Hamburg: Rowohlt.

Schmidtchen, G. (1984): Neue Technik, neue Arbeitsmoral – eine sozialpsychologische Untersuchung über Motivation in der Metallindustrie. Köln: Deutscher Institutsverlag.

Schmidtchen, G. (1985): Die neue Arbeitsmoral. *Die Zeit*, vom 5. Oktober 1985, 37–39.

Schneider, W. (1979): Wörter machen Leute, Magie und Macht der Sprache. Reinbek b. Hamburg: Rowohlt.

Schnelle, E. (Hrsg., 1978): Neue Wege der Kommunikation – Spielregeln, Arbeitstechniken und Anwendungsfälle der Metaplan-Methode. Königstein/Ts.: Hanstein.

Schnelle, W., Stoltz, J. (1978): Interaktionelles Lernen, Leitfaden für die Moderation lernender Gruppen. Quickborn: Metaplan.

Schroder, H. M., Driver, M. J., Streufert, S. (1975): Menschliche Informationsverarbeitung, Weinheim – Basel: Beltz.

Schuler, H. (1980): Das Bild vom Mitarbeiter, Leistungsbeurteilung im Betrieb. (3. überarb. Auflage) Goch: Bratt.

Schulz von Thun, F. (1981): Miteinander reden: Störungen und Klärungen, Psychologie der zwischenmenschlichen Kommunikation. Reinbek b. Hamburg. Rowohlt.

Schulz von Thun, F. (1983): Psychologische Vorgänge in der zwischenmenschlichen Kommunikation. in: Fittkau, B. u. a.: Kommunizieren lernen (und umlernen). (9–100) (3. Auflage) Braunschweig: Westermann.

Schwäbisch, L., Siems, M. (1974): Anleitung zum sozialen Lernen für Paare, Gruppen und Erzieher. Kommunikations- und Verhaltenstraining. Reinbek b. Hamburg, Rowohlt.

Seipp, W. (1983): Management by Provocation. *Manager magazin*, 9, 112–121.

Selvini Palazzoli, M., u. a. (1981): Paradoxon und Gegenparadoxon: Ein neues Therapiemodell für die Familie mit schizophrener Störung. (3. Auflage) Stuttgart: Klett.

Selvini Palazzoli, M., u. a. (1984): Hinter den Kulissen der Organisation. Stuttgart: Klett.

Sichrovsky, P. (1985): Linke Ideen zu rechten Preisen. *Kursbuch* 82 (Die Therapie-Gesellschaft). Berlin: Kursbuch/Rotbuch-Verlag. 105–113.

Simon, F. B., Stierlin, H. (1984): Die Sprache der Familientherapie: Ein Vokabular. Stuttgart: Klett – Cotta.

Snyder, C. R. (1985): Warum wir Ausreden gebrauchen. *Psychologie heute*, 4, 21–27.

Sontheimer, M. (1984): Blicke auf Teufels Traumfrau. *Die Zeit*, vom 13. Januar 1984, 40.

Stadler, M., Seeger, F., Raithel, A. (1977): Psychologie der Wahrnehmung. (2. Auflage) München: Juventa.

Städtler, T. (1986): Die großen und die kleinen Stars. *Die Zeit*, vom 16. Mai 1986, 72.

Staehle, W. H. (1985): Management, Eine verhaltenswissenschaftliche Einführung. (2. Auflage) München: Vahlen.

Stangl, A. (1977): Die Sprache des Körpers. Düsseldorf – Wien: Econ.

Sternberg, D. (1986): Erinnerung an die Zwanziger Jahre in Heidelberg, Eine Rede zum Jubiläumsjahr der Universität. *Frankfurter Allgemeine Zeitung*, vom 15. März 1986, (ohne Seitenangabe).

Stroebe, R. W. (1977): Kommunikation I, Arbeitshefte zur Führungspsychologie. 5, Heidelberg: I. H. Sauer.

Strümpel, B. (1977): Die Krise des Wohlstandes, Das Modell einer humanen Wirtschaft. Stuttgart u. a.: Kohlhammer.

Tausch, R., Tausch, A.-M. (1981): Gesprächspsychotherapie, Einfühlsame hilfreiche Gruppen- und Einzelgespräche in Psychotherapie und alltäglichem Leben. (8. ergänzte Auflage) Göttingen u. a.: Hogrefe.

Tietzel, M. (1981): Die Rationalitätsannahme in den Wirtschaftswissenschaften oder der Homo oeconomicus und seine Verwandten. *Jahrbuch der Sozialwissenschaften*, 32, 115–137.

Trebesch, K. (1983): Organisatoren und Organisationsentwicklung. *ZfO (Zeitschrift für Organisation)*, 2, 84–89.

Trebesch, K., Jäger, D. (1971): Analyse der Bedeutung und Verteilung von Statussymbolen in bürokratischen Organisationen. *Kommunikation, Zeitschrift für Planung und Organisation*, 4, 139–167.

Türk, K. (1976): Grundlagen einer Pathologie der Organisation. Stuttgart: Enke.

Türk, K. (1984): Personalführung – soziologisch betrachtet. *Harvard manager*, 3, 63–71.

Ulrich, H. (1970): Die Unternehmung als produktives soziales System, Grundlagen der allgemeinen Unternehmungslehre. (2. überarbeitete Auflage) Bern – Stuttgart: Haupt.

Ulrich, H. (Hrsg. 1981): Management-Philosophie für die Zukunft, Gesellschaftlicher Wertewandel als Herausforderung an das Management. Bern – Stuttgart: Haupt.

Ulrich, P. (1981): Wirtschaftsethik und Unternehmungsverfassung: Das Prinzip des unternehmungspolitischen Dialogs. in: Ulrich, H.(1981): Management-Philosophie für die Zukunft, Gesellschaftlicher Wertewandel als Herausforderung an das Management. (57–78). Bern – Stuttgart: Haupt.

Ulsamer, B. (1985): NLP, Konzentration auf das Wesentliche. *Psychologie heute*, 12, 52–59.

Varela, F. (1985): Der kreative Zirkel; Skizzen zur Naturgeschichte der Rückbezüglichkeit. in: Watzlawick, P. (Hrsg.): Die erfundene Wirklichkeit (294–309). München – Zürich: Piper.

Vester, F. (1983): Unsere Welt, ein vernetztes System. München: dtv.

Vester, F. (1983 a): Ballungsgebiete in der Krise, Vom Verstehen und Planen menschlicher Lebensräume. München: dtv.

Vester, F. (1984): Neuland des Denkens, Vom technokratischen zum kybernetischen Zeitalter. München: dtv.

Vollmer, G. (1983): Evolutionäre Erkenntnistheorie. (3. Auflage) Stuttgart: Hirzel.

Vopel, K.W., Kirsten, R.E. (1980): Kommunikation und Kooperation, Ein gruppendynamisches Trainingsprogramm. (4. Auflage) München: Pfeiffer.

Walser, M. (1978): Ein fliehendes Pferd. Frankfurt: Suhrkamp.

Walser, M. (1982): Brief an Lord List, Frankfurt: Suhrkamp.

Watzlawick, P. (1979): Münchhausens Zopf und Wittgensteins Leiter; Zum Problem der Rückbezüglichkeit. in: Peisl, A., Mohler, A. (Hrsg.): Der Mensch und seine Sprache (Schriften der Carl Friedrich von Siemens Stiftung). (243–264) München: Oldenbourg.

Watzlawick, P. (1982): Wie wirklich ist die Wirklichkeit? Wahn, Täuschung, Verstehen. (9. Auflage) München: Piper.

Watzlawick, P. (1983): Anleitung zum Unglücklichsein. München – Zürich: Piper.

Watzlawick, P., Weakland, J.H., Fish, R. (1979): Lösungen: Zur Theorie und Praxis menschlichen Wandels. (2. Auflage) Bern u. a.: Huber.

Watzlawick, P., Beavin, J.H., Jackson, D.D. (1980): Menschliche Kommunikation, Formen, Störungen, Paradoxien. (5. unveränd. Auflage) Bern u.a.: Huber.

Weber, M. (1972): Wirtschaft und Gesellschaft, Grundriß einer verstehenden Soziologie. 1. (1. Auflage 1921) Tübingen: Mohr.

Weick, K. (1979): The Social Psychology of Organizing. (2nd. ed.) Reading Mass.: Addison-Wesley. (Deutsch: Der Prozess des Organisierens. Frankfurt: Suhrkamp, 1985).

Weidenmann, B. (1975): Dikussionstraining. Überzeugen statt überreden, argumentieren statt attackieren. Reinbek b. Hamburg: Rowohlt.

Weidenmann, B. (1978): Fragen. in: Badura, B. u.a.: Reden und reden lassen. Rhetorische Kommunikation. (95–111) Wiesbaden: Gabler.

Weizenbaum, J. (1977): Die Macht der Computer und die Ohnmacht der Vernunft. Frankfurt: Suhrkamp.

Westerlund, G., Sjöstrand, S.-E. (1981): Organisationsmythen. Stuttgart: Klett – Cotta.

Whorf, B. L. (1984): Sprache – Denken – Wirklichkeit. (Neuauflage) Reinbek bei Hamburg: Rowohlt.

Winograd, T., Flores, F. (1986): Understanding Computers and Cognition: A New Foundation of Design. Norwood, New Jersey: Ablex Publishing Corporation.

Wunderer, R., Grunwald, W. (1980): Führungslehre. 1 u. 2. Berlin – New York: Walter de Gruyter.

Zeidler, K. (1974): Kommunikation in Organisationen. in: Specht, G., u. a.: Soziologie im Blickpunkt der Unternehmungsführung. (73–92) Berlin – Herne: Neue Wirtschafts-Biefe.

Zimmer, D. E. (1984): Die edle Rechte und die schlimme Linke. *Zeitmagazin*, 17, 38–53; 18, 44–53.

Zimmer, D. E. (1985): Das sogenannte Unbewußte. *Zeitmagazin*, 44, 38–46; 45, 36–46; 46, 41–53; 47, 45–52; 48, 37–47.

Zimmer, D. E. (1986): So kommt der Mensch zur Sprache. Über Spracherwerb, Sprachentstehung und Sprache & Denken. Zürich: Haffmans.

Zimmer, D. E. (1986 a): Redens Arten. Über Trends und Tollheiten im neudeutschen Sprachgebrauch. Zürich: Haffmans.

Zöchbauer, F., Hoekstra, H. (1974): Kommunikationstraining. Heidelberg: Quelle/Meyer.

Zundel, R. (1986): Der Kalif und der Sänger, oder: Wie macht man erfolgreich Politik? *Die Zeit*, vom 3. Februar 1986, 52.

Zurhorst, G. (1983): Wie „echt" können wir leben? *Psychologie heute*, 8, 20–29.

Personenregister

Adler, A. 111
Albers, H. 53
Arendt, H. 86
Argyle, M. 24, 33, 115f, 125, 128, 198, 200

Bandler, R. 184, 200
Bartram, P. 46, 72
Bateson, G. 5, 25, 36, 89, 174
Bavelas, A. 72
Beishon, R.J. 49f
Benesch, H. 102f
Bennis, W. 214
Berger, P.L. 21
Bergler, R. 17
Berkel, K. 131, 169, 212
Berlo, D.K. 30f
Berne, E. 172
Berthold, H.J. 206f
Beuys, J. 219
Birkenbihl, V.F. 200
Blakeslee, T.R. 14
Bodenheimer, A.R. 140
Bödicker, M.-L. 202
Brandstätter, H. 74
Breitschwerdt, W. 53
Brinkmann, G. 49
Brönimann, Ch. 46, 72
Broms, H. 54, 60f
Bucerius, G. V
Buddenberg, H. 53
Bühler, K. 40f, 94f
Burgoon, M. 7
Burns, T. 49

Caroll, S.J. 49
Casagrande, D.O. 38, 46
Casagrande, R.J. 38, 46
Coch, L. 57
Cohn, R.C. 94f, 100, 108, 118f, 124f
Conrad, Ch. 46
Cooper, M.R. 83
Copeman, G. 49
Crott, H. 29, 68, 190
Crozier, M. 3, 65, 149, 158, 160, 165, 171, 178

Däumling, A.M. 187
Davis, K. 136
Deal, T.E. IX, 85
Degen, R. 18
Derschka, P. 63, 66, 200
Deutsch, M. 169
Ditfurth, H. von 11, 13, 15
Domsch, M. 209
Drucker, P.F. 54
Dubin, R. 49
Duss- von Werdt, J. 148

Eccles, J.C. 8, 10ff
Eco, U. 85f
Evans, J. 81
Ewing, D.W. 83

Fayol, H. 69
Feyerabend, P. V
Fisher, R. 68
Fittkau, B. 129, 132, 177, 201, 206
Flores, F. 221
Ford, H. 23
Franke, H. 98
French, J.R.P. 57
Frey, S. 113f, 116
Friedberg, E. 3, 65, 149, 158, 160, 165, 171, 178
Friedrichs, G. 80
Frisch, M. 19

Gahmberg, H. 54, 60f
Galtung, J. 101f, 169
Gebert, D. 79, 203, 207, 212, 215
Geissler, J. 203, 209
Gernhardt, R. 43
Goethe, J.W. von 112
Goffman, E. 116, 156, 164, 191
Gombrich, E. 113
Gordon, Th. 120, 123, 200
Gottschall, D. 54, 63, 86, 133, 201, 217
Grabowski-Gellert, J. 114
Graumann, C.F. 1f, 29ff
Graves, D. 49
Grice, H.P. 146
Grinder, J. 184, 200

Sachregister